हिन्दी का आत्मकथात्मक साहित्य

हिन्दी का आत्मकथात्मक साहित्य

डॉ॰ चम्पा श्रीवास्तव

वाणी प्रकाशन

वाणी प्रकाशन
4695, 21-ए, दरियागंज, नयी दिल्ली 110 002
शाखा
अशोक राजपथ, पटना 800 004
फ़ोन: +91 11 23273167 फ़ैक्स: +91 11 23275710
www.vaniprakashan.in
vaniprakashan@gmail.com

HINDI KA ATMAKATHATMAK SAHITYA
by Dr. Champa Srivastava

ISBN : 978-93-5072-578-8
Criticism

प्रथम (वाणी) संस्करण
मूल्य : ₹400

न्यू कृष्णा ऑफ़सेट, दिल्ली-110093 में मुद्रित

वाणी प्रकाशन का लोगो मक़बूल फ़िदा हुसेन की कूची से

पुरोवाक्

आत्मकथा व्यक्ति का वह अन्तःसाक्ष्य है जो उसकी सम्पूर्ण जीवन यात्रा का प्रामाणिक दस्तावेज प्रस्तुत करता है। आत्मकथाकार अपने विगत जीवन की महत्त्वपूर्ण घटनाओं को सच्चाई और ईमानदारी के साथ तटस्थ होकर अभिव्यक्त करता है।

अपने विषय में कुछ बताने की इच्छा मानव मात्र में स्वाभाविक रूप से विद्यमान रहती है। इस शाश्वत और स्वाभाविक इच्छा को ही कार्य रूप में परिणत करने के लिए मानव आत्मकथा के सृजन हेतु अग्रसर होता है। हिन्दी साहित्य में इस विधा के अतिरिक्त कोई भी ऐसी विधा नहीं है, जो प्रत्येक रूप से मानव के व्यक्तित्व का उद्घाटन करने में समर्थ हो। इस दृष्टि से साहित्य की अन्य सभी विधाओं में सबसे अनुकूल एवं सहज विधा आत्मकथा ही प्रतीत होती है।

पृष्ठभूमि की विवेचना के लिए स्फुट रूप से प्राचीन और मध्यकालीन आत्मकथात्मक उक्तियों संस्मरणों तथा रेखाचित्रों आदि का स्पष्टीकरण किया है। इस विधा के द्वारा साहित्यकार का व्यक्तित्व जितना उभरता है, उतना किसी अन्य विधा के द्वारा नहीं। हिन्दी साहित्य में भारतेन्दु युग से लेकर आज तक जितने भी युग प्रवर्तक और स्वनामधन्य साहित्यकार हुए हैं, उन सबने किसी न किसी रूप में आत्मकथाओं के माध्यम से स्वयं के अतीत का उद्घाटन किया है। आत्मकथाओं के आलोक में ही सम्बन्धित आत्मकथाकार के साहित्यिक व्यक्तित्व का, उसके विकासक्रम का तथा उसके जीवन सर्वस्व का प्रामाणिक परिचय प्राप्त किया जा सकता है। यदि आत्मकथाओं में घोषित नीतियों और साहित्यिक सिद्धान्तों को उनकी रचनाओं में घटित करके उनका पूर्वापर सापेक्ष और व्यावहारिक अध्ययन किया जाये तो उससे विभिन्न साहित्यकारों के व्यक्तित्व और कृतित्व का एक नया परिप्रेक्ष्य उद्घाटित किया जा सकता है। कहने का आशय यह है कि इन साहित्यकारों की कथनी और करनी का तुलनात्मक विवेचन किया जा सकता है। अभी तक साहित्यकारों की आत्मकथाएँ प्रचार और प्रसार के अभाव में दबी सी थीं, उन्हें खोज निकालने का श्रम ही नहीं किया गया था। यही कारण है कि विषय की सार्थकता को ध्यान में रखते हुए मैंने उक्त शीर्षक ही चुना जिससे हिन्दी साहित्य का इतिहास एक पक्षीय ही न रह जाये। भारतेन्दु युग, द्विवेदी युग, छायावाद युग एवं स्वातन्त्र्योत्तर तथा वर्तमान युग में इस विधा का क्रमिक विकास हुआ है, जिसका विस्तृत विवेचन हमने आगे के अध्यायों में किया है।

आत्मकथा, गद्य की अन्य विधाओं के समान ही हिन्दी साहित्य के लिए आधुनिक काल की उपज है। आत्मकथा लेखन की भावना का उदय भारतेन्दु युग से ही हुआ। इस युग से लेकर आज तक इस विधा की व्याप्ति दृष्टिगोचर होती है।

भारतेन्दु युग से लेकर आज तक इस विधा का जिस प्रकार पल्लवन और विकसन हुआ है, उसे युगानुरूप ही लिखा गया है। भारतेन्दु युग में आत्मकथा लेखन का अधूरा प्रयास परिलक्षित होता है, जिसका स्पष्टीकरण तृतीय अध्याय के अन्तर्गत किया गया है। द्विवेदी युगीन आत्मकथाओं का विवेचन चतुर्थ अध्याय में किया गया है। छायावाद युग आते-आते इस विधा ने विकास के चरम को धारण कर लिया और युगीन आत्मकथाकारों ने स्वयं के अतीत का जो कच्चा चिट्ठा पाठकों के सम्मुख प्रस्तुत किया, वह भविष्य में स्मरणीय रहेगा। इसके पश्चात छायावादोत्तर तथा वर्तमान युग में भी यह विधा विकासोन्मुख ही है। इस प्रकार युग के अनुसार ही शोध-विषय की व्याप्ति को प्रस्तुत किया है। युगीन आत्मकथाओं को प्रस्तुत करने के पूर्व युगीन परिस्थितियों का भी उल्लेख किया है, क्योंकि कोई भी आत्मकथाकार युग विशेष से ही प्रभावित होकर आत्मकथा लेखन हेतु अग्रसर होता है। आत्मकथाकार के युग को ही ध्यान में रखकर उनकी आत्मकथाओं का विवेचन किया गया है जैसे—हरिवंशराय 'बच्चन' की आत्मकथा।

पुस्तक में साहित्यकारों की आत्मकथाएँ ही ली गई हैं फिर भी उसे अद्यतन बनाने हेतु कतिपय अन्य आत्मकथाओं का भी अध्ययन किया गया है।

विषय की सुविधा की दृष्टि से इसे आठ भागों में प्रस्तुत किया है :

प्रथम भाग को पाँच भागों में विभक्त किया गया है। प्रथम भाग के अन्तर्गत आत्मकथा का स्वरूप, परिभाषा और आत्मकथात्मक साहित्य के अन्तर्गत आने वाली विभिन्न विधाएँ जैसे रेखाचित्र संस्मरण, इण्टरव्यू, यात्रा-वृतान्त, पत्र तथा डायरी आदि के स्वरूप पर प्रकाश डाला गया है। इसी अध्याय के द्वितीय भाग के अन्तर्गत आत्मकथात्मक साहित्य की व्याख्या प्रस्तुत की गयी है। आत्मकथा के समस्त प्रामाणिक तत्त्वों जैसे-वर्ण्य विषय, चरित्र-चित्रण, देशकाल और वातावरण, उद्देश्य और शैली आदि का विस्तार से वर्णन किया गया है क्योंकि भावी अध्यायों में इन्हीं तत्त्वों को आधार मानकर आत्मकथाओं की आलोचना की गयी है। इसके पश्चात् तृतीय भाग में आत्मकथाओं का लेखकों तथा शैली के आधार पर विभाजन किया गया है। चतुर्थ भाग में महिलाएँ और आत्मकथा लेखन पर प्रकाश डाला गया है। इसी अध्याय के अन्तिम और पाँचवें भाग में साहित्य की अन्य ललित विधाओं में अभिव्यक्त आत्मकथात्मक अंशों का विवेचन करके अध्याय को समाप्त किया गया है।

द्वितीय भाग में सर्वप्रथम प्राचीन संस्कृत कवियों में आत्मकथा लेखन, आत्म प्रचार-प्रसार एवं आत्मविज्ञापन का जो अभाव दृष्टिगोचर होता है, उसके कारणों पर प्रकाश डाला गया है। इस अभाव के बावजूद कतिपय प्राचीन संस्कृत कवियों ने आत्मकथात्मक उक्तियाँ लिखी हैं, उनका वर्णन किया गया है। संस्कृत की ही भाँति प्राचीन हिन्दी कवियों ने भी आत्मविज्ञापन से अपने को जो दूर रखा है उसके कारणों पर भी विचार किया गया है। अध्याय के अन्त में अर्द्धकथानक तथा प्रणाली सम्प्रदाय के बीतक साहित्य का विशद विवेचन किया गया है।

तृतीय भाग में भारतेन्दु युग जिसे सांस्कृतिक पुनर्जागरण का युग कहा जाता है, के राजनीतिक एवं सामाजिक परिवेश का प्रस्तुतीकरण किया गया है। इसके अनन्तर शिवप्रसाद सितारे हिन्द, भारतेन्दु हरिश्चन्द्र, प्रतापनारायण मिश्र, अम्बिकादत्त व्यास तथा राधाचरण गोस्वामी के आत्मचरित लेखन के प्रयास का उद्घाटन किया गया है। अन्त में निष्कर्ष रूप में

यह स्पष्ट किया गया है कि युगीन आत्मकथाकारों ने आत्मचरित के नाम पर स्वयं के जन्म स्थान, जन्म तिथि तथा वंश परिचय का ही अभिव्यक्तीकरण किया है।

चतुर्थ भाग में द्विवेदी युगीन राजनीतिक और सामाजिक पृष्ठभूमि के वर्णन के साथ ही युगीन आत्मकथा लेखन की प्रेरणाभूमि और बिन्दु का विवेचन किया गया है। तत्पश्चात् श्रीधर पाठक, महावीर प्रसाद द्विवेदी, श्यामसुन्दर दास, प्रेमचन्द्र, रामचन्द्र शुक्ल, मैथिली शरण गुप्त तथा सियाराम शरण गुप्त के आत्मकथ्यों का विवेचन किया गया है। इस युग में भी भारतेन्दु युग के समान आत्मकथाकारों ने स्वतन्त्र रूप से आत्मकथा का सृजन नहीं किया है, बल्कि स्फुट रूप से आत्म जीवन का प्रकाशन किया है।

पंचम भाग में छायावाद युग की राजनीतिक, समाजिक व सांस्कृतिक परिस्थितियों के व्यक्तीकरण के साथ ही आत्मकथा लेखन की प्रेरणाभूमि का व्यक्तीकरण किया गया है। इसके पश्चात् युगीन स्वतंत्र आत्मकथाओं का विवेचन किया गया है। यह युग आत्मकथाओं की पूर्ण समृद्धि का सूचक है। इस युग में संतराम बी. ए. बाबू गुलाबराय, वृन्दावनलाल वर्मा, राहुल सांकृत्यायन, पदुमलाल पुन्नालाल बक्शी, सेठ गोविन्ददास, वियोगी हरि, निराला, व्यौहार राजेन्द्रसिंह, बेचन शर्मा 'उग्र' सुमित्रानन्दन पन्त तथा शान्तिप्रिय द्विवेदी आदि आत्मकथा लेखकों ने अपने विगत जीवन की घटनाओं का वर्णन बड़ी ही ईमानदारी और सच्चाई के साथ किया है। उपुर्यक्त प्रमुख आत्मकथाकारों के अतिरिक्त महादेवी वर्मा तथा हजारी प्रसाद द्विवेदी आदि लेखकों ने भी आत्मकथ्य का निरूपण किया है। अन्त में यह निश्चित किया गया है कि इस युग में आत्मकथा साहित्य की अभूतपूर्व उन्नति हुई है जो प्रशंसनीय है।

षष्ठ भाग में छायावादोत्तर तथा वर्तमान युग की आत्मकथाओं का विवेचन किया गया है। इस युग में प्रमुख रूप से यशपाल, हरिवंशराय 'बच्चन' डॉ. राजबली पाण्डेय, देवेन्द्र सत्यार्थी, डॉ. बरसानेलाल चतुर्वेदी, पोद्दार रामावतार 'अरुण' मोहन राकेश, कृष्ण चन्दर, अमृता प्रीतम तथा अनीता राकेश कन्हैयालाल नंदन, कांतिकुमार जैन, शीला इंद्र, उषा महाजन तथा कृष्णा अग्निहोत्री की आत्मकथाओं का वर्णन किया गया है तथा अप्रमुख रूप से रामधारी सिंह 'दिनकर', उपेन्द्रनाथ 'अश्क', अज्ञेय, विष्णु प्रभाकर तथा जगदीशचन्द्र माथुर आदि के स्फुट आत्मकथ्यों, संस्मरणों तथा यात्रा-वृत्तान्तों का विवेचन किया गया है। युगीन समस्त आत्मकथाकारों ने आत्मकथागत तत्त्वों के आधार पर सफलता प्राप्त किया है। अपने जीवन के यथार्थ जीवन की झाँकी पाठक के समक्ष प्रस्तुत करके उन्हें लाभान्वित करने का प्रयास किया है। युगीन आत्मकथाओं के विवचेन से यह पूर्णतया स्पष्ट हो जाता है कि आत्मकथात्मक साहित्य नित्यप्रति विकास की ओर ही उन्मुख है।

सप्तम भाग में समस्त आत्मकथात्मक साहित्य का साहित्यिक मूल्यांकन किया गया है। अध्याय के प्रथम भाग में पाठकनिष्ठ और लेखकनिष्ठ प्रेरणाओं, आत्मकथ्य में घटनाओं का चयन और उनके आधार, स्मृत तत्त्व, सत्य का स्वरूप तथा उसके उद्देश्य पर विचार किया गया है तथा द्वितीय भाग में आत्मकथात्मक साहित्य में शैली और शिल्प के स्वरूप विशेषताओं का निर्धारण किया गया है।

अष्टम भाग पुस्तक का 'उपसंहार' है जिसमें साहित्येतिहास के परिप्रेक्ष्य में आत्मकथा साहित्य की महत्ता पर प्रकाश डाला है। आत्मकथा साहित्य का साहित्य की अन्य विधाओं के

सहजीकरण में क्या योगदान होता है, इस पर प्रकाश डाला गया है। आत्मकथा साहित्य की ऐतिहासिक, सामाजिक, सांस्कृतिक, साहित्यिक शैली विज्ञान और स्वतन्त्र विधा की दृष्टि से उपलब्धियों को प्रस्तुत किया गया है।

हिन्दी के आत्मकथात्मक साहित्य की यह पूर्व संकल्पना है कि इसमें हिन्दी के प्रतिनिधि आत्मकथा लेखकों की अन्तर्घटित विवेचना की गयी है। साहित्यकारों की यह कहानी उनकी ही जबानी विभिन्न आन्दोलनों, साहित्यिक तथा सामाजिक घटनाओं और रचनाओं पर नया प्रकाश डालेगी ऐसा मेरा विश्वास है।

आभार

कृतज्ञता ज्ञापन का कार्य सम्पन्न करते समय सर्वप्रथम मैं अपने परम पूजनीय गुरु पद्मश्री स्व. लक्ष्मीनारायण दुबे भू.पू. प्रो. हिन्दी-विभाग, सागर विश्वविद्यालय, सागर का स्मरण करती हूँ जिनके भगीरथ प्रयास के परिणामस्वरूप ही मैं इस पुस्तक को लिखने में समर्थ हो सकी हूँ। आपने अपने व्यस्त जीवन से समय निकालकर मुझे जिस सहज आत्मीयता एवं स्नेह से आमूल्य निर्देशन एवं मार्गदर्शन प्रदान किया है, उसे शब्दों के द्वारा व्यक्त करने में अपने को मैं असमर्थ पाती हूँ। मैं केवल इतना ही कह सकती हूँ कि मेरे इस ग्रन्थ में जो भी सार्थक और उपयोगी है वह आपके ही आशीर्वाद का सुफल है एवं जो कुछ त्रुटि है, वह मेरी अल्पज्ञता का परिणाम है। यदि आपके द्वारा मार्ग निर्देशन न प्राप्त हुआ होता, तो यह कार्य सम्पन्न करना मेरे लिए कदाचित सम्भव न होता।

इस शुभ अवसर पर मैं पूज्य दीदी जी (श्रीमती रमाकान्ति दुबे) के आत्मीय स्नेह को नहीं भूल सकती, जिन्होंने सदैव ही पूर्ण सहयोग, सद्भाव एवं वास्तव में बड़ी बहन के कर्तव्यों का निर्वाह किया इसके लिए मैं उनके प्रति आभार प्रदर्शन करके उऋण नहीं होना चाहती।

इस विषय पर कार्य करने के लिए सर्वप्रथम डॉ. सूर्य प्रसाद दीक्षित, अध्यक्ष एवं आचार्य, हिन्दी विभाग, लखनऊ विश्वविद्यालय, से मैंने सम्पर्क स्थापित किया था। उन्होंने मुझे यह विषय लिखने के लिए सुझाया एवं सारगर्भित निर्देश भी दिए। उनके प्रति मैं अपनी अकृत्रिम कृतज्ञता ज्ञापित करती हूँ।

इस शुभ अवसर पर मैं अपने श्रद्धास्पद पारिवारिक जनों को विस्मृत नहीं कर सकती हूँ जिनमें श्रद्धेय कुंवर बहादुर श्रीवास्तव एवं आदरणीय दुर्गा प्रसाद श्रीवास्तव प्रमुख हैं।

उपर्युक्त स्वजनों एवं मेरे पतिदेव (श्री राजेन्द्र बहादुर श्रीवास्तव) ने इस कार्य में जो सहयोग और प्रोत्साहन दिया, उसके लिए मैं पूर्ण श्रद्धा और निःशेष कृतज्ञता अभिव्यक्त करना निजी धर्म समझती हूँ।

अन्त में मैं इस पुस्तक के प्रकाशक अरुण माहेश्वरी के प्रति भी अनुगृहीत हूँ जिन्होंने इसे वाणी प्रकाशन से बहुत सुन्दर ढंग से प्रकाशित किया।

बी-64 आनन्द नगर
रायबेरली- 229001

–चम्पा श्रीवास्तव

अनुक्रम

अन्त में **248-260**

1. आत्मकथाओं का स्वरूप और प्रकृति 2. साहित्येतिहास के परिप्रेक्ष्य में आत्मकथा साहित्य की महत्ता 3. आत्मकथा साहित्य का युगीन आकलन 4. आत्मकथा साहित्य का साहित्य की अन्य विधाओं के सहजीकरण में योगदान 5. हिन्दी आत्मकथा साहित्य की उपलब्धियाँ—(क) ऐतिहासिक (ख) सामाजिक (ग) सांस्कृतिक (घ) साहित्यिक (ङ) शैली विज्ञान (च) स्वतन्त्र विधा 6. प्रमुख आत्मकथाकारों का तुलनात्मक अध्ययन 7. आत्मकथा साहित्य का हिन्दी साहित्य को प्रदेय 8. सम्भावनाएँ 9. निष्कर्ष।

आत्मकथा प्रकृति एवं स्वरूप

'आत्मकथा यथार्थ से यथार्थ तक पहुँचने की प्रक्रिया है।'

–अमृता प्रीतम

आत्मकथा साहित्य की परिभाषा एवं स्वरूप

आधुनिक युग साहित्यिक क्षेत्र में बहुविधि प्रयोगों का युग है। आज गद्य का जो विविधोन्मुखी विकास दिखायी देता है, वह भी आधुनिक युग की ही देन है। यूरोपीय सभ्यता का वहन करने वाली अंग्रेजी भाषा के अध्ययन एवं अध्यापन के परिणामस्वरूप साहित्यिक जगत में नूतन प्रवृत्तियों का समावेश हुआ और अनेक नवीन विधाएँ भी प्रकाश में आईं या इस प्रकार भी कहा जा सकता है कि साहित्य में जैसे-जैसे यथार्थता का समावेश होता जाता है, वैसे ही वैसे उसकी गद्यात्मक विधाओं की समृद्धि होती जाती है। यही कारण है कि आधुनिक युग में आत्मकथा, संस्मरण, रेखाचित्र, यात्रा-वृत्तान्त, डायरी, पत्राचार तथा इण्टरव्यू आदि नवीन विधाओं का अनवरत परिष्कार हो रहा है। इन सम्पूर्ण विधाओं में आत्मकथात्मक साहित्य सर्वोत्तम कलापूर्ण एवं मानवीय विधा है, जिसने अपनी विशिष्ट विशिष्टताओं के कारण पृथक अस्तित्व स्थापित कर लिया है।

आत्मकथा हिन्दी साहित्य की नवविकसित विधा के रूप में प्रतिष्ठित है, जिसका शाब्दिक अर्थ है–'अपनी कथा' अर्थात् इसमें लेखक स्वयं के बीते हुए जीवन की कहानी का विवेचन यथार्थता के साथ करता है।

आत्मकथा के वास्तविक अभिप्राय को समझने के लिए उसकी कतिपय परिभाषाएं इस प्रकार हैं।

1. डा. धीरेन्द्र वर्मा : 'आत्मकथा, लेखक के अपने अतीत का समग्र वर्णन है। आत्मकथा के द्वारा अपने बीते हुए जीवन का सिंहावलोकन और एक व्यापक पृष्ठभूमि में अपने जीवन का महत्त्व दिखलाया जाता है।

2. डा. बच्चन : 'आत्मकथा का अर्थ है–'आत्म चित्रण'

3. पोद्दार रामावतार 'अरुण' : 'आत्मकथा व्यक्ति के संघर्षमय जीवन का वह सत्यांकित इतिहास है, जो स्वयं मेघ की तरह उमड़कर बरस जाता है-जो स्वयं फूल की तरह खिलकर झड़ जाता है।

4. श्रीमती अमृता प्रीतम : 'आत्मकथा यथार्थ से यथार्थ तक पहुँचने की प्रक्रिया है।

5. त्रिलोकी नाथ शर्मा : आत्मकथा, आत्मकथाकार के द्वारा लिखित उसके निज जीवन

की अनुभूतियों एवं जीवन के विकासात्मक इतिहास की कलात्मक अभिव्यक्ति है, जिसमें जीवन-सत्य और युग-सत्य का समावेश रहता है।

इन सभी परिभाषाओं पर दृष्टिपात करने से स्पष्ट हो जाता है कि आत्मकथा, आत्मकथाकार के विगत जीवन की स्पष्टता ईमानदारी के साथ प्रस्तुतीकरण है। इसी बात को उपर्युक्त विद्वानों ने शब्दों के अन्तर के साथ प्रस्तुत किया है।

आत्मकथा में लेखक स्वयं के व्यक्तित्व का ही निरीक्षण करता है और अपने बीते हुए जीवन की एक व्यापक पृष्ठभूमि पाठक के समक्ष प्रस्तुत कर देता है। इस प्रक्रिया में उसे कठिनाई यह होती है कि वह आत्मकथा को किस प्रकार प्रस्तुत करे क्योंकि अपने विषय में तटस्थ रहकर कुछ भी कहना बिल्कुल ही सम्भव नहीं होता है। इतना होने के बावजूद आत्मकथाकार विश्लेषणात्मक प्रवृत्ति को अपनाकर अपनी जीवन गाथा को सतर्कता के साथ प्रस्तुत ही करता है।

आत्मकथाकार का अभीष्ट एक मात्र अपना विश्लेषण करना या अतीत की स्मृतियों को पुनर्जीवित करना ही होता है। इससे पूर्णतः स्पष्ट हो जाता है कि आत्मकथा एक व्यक्ति के समस्त जीवन का इतिहास ही नहीं बल्कि उसमें वर्णित घटनाओं की क्रिया एवं प्रक्रियाओं का भी अंकन है।

आत्मकथा लेखक समाज का प्रतिष्ठित प्राणी होता है। प्रतिष्ठित व्यक्ति की कुछ विशेष विशेषताएँ होती हैं जिसे भावी समाज जानने हेतु आतुर हो जाता है। यही कारण है कि वह प्रतिष्ठा प्राप्त व्यक्ति अपने समर्थकों के अनुरोध से प्रेरणा प्राप्त कर उनकी आतुरता को शान्त करने के लिए आत्मकथा लेखन आरम्भ करता है।

आत्मकथात्मक साहित्य के अन्तर्गत आने वाली विभिन्न विधाएँ और उनके अन्तर्बन्ध

आत्मकथा आधुनिक हिन्दी साहित्य की नव्य विधा है, जिसके सहारे आत्मकथाकार अपने अतीत का वर्णन बड़ी ही सहजता, स्पष्टता, यथार्थता तथा ईमानदारी के साथ करता है। इसके स्वरूप का विवेचन पिछले पृष्ठों में किया जा चुका है इसलिए यहाँ पर इस विधा पर संक्षेप में ही प्रकाश डाला गया है।

(ख) जीवनीः जब कोई लेखक किसी विशेष व्यक्ति के जीवन की वास्तविक घटनाओं एवं परिस्थितियों का कलात्मक रूप से वर्णन करता है तो साहित्य का वह रूप जीवनी कहलाता है। 'जीवनी साहित्य' का भवन अनुभूत और साक्षात्कृत सात्यों की आधारशिला पर प्रतिष्ठित है। जीवन में स्वप्न जिस सीमा तक यथार्थ में ढल चुका है, अभिव्यक्त हुआ है, उसी सीमा तक जीवन-साहित्य उसका वाहक बनता है। अनुभूति की सीमा में न अँटने वाला यथार्थ जीवनी-साहित्य सृष्टि की दृष्टि में मिथ्या से भिन्न नहीं होता है। जीवन के निष्कर्ष पर अपनी विशुद्धि प्रमाणित न कर पाने वाला सत्य जीवनी साहित्य के लिए अभिनन्दनीय नहीं होता।

जीवनी साहित्य के सर्जक को सन्दर्भित जीवन की ऊँचाइयों तक उठना पड़ता है और गहराइयों तक डूबना पड़ता है, क्योंकि मनुष्य का जीवन कभी सरल रेखा की तरह नहीं चलता है। जीवन की भूमि पर उगने, पनपने एवं विकसित होने के कारण जीवनी साहित्य में

इतिहास का महत्त्वपूर्ण स्थान होता है। इतिहास की चेतना की उपस्थिति इसमें होती है जिसके आलोक में अन्धी शक्तियों के द्वन्द्व जीवन की अजेयता तथा आस्था की अपराजेयता के दर्शन होते हैं।

इस प्रकार जीवन में लेखक व्यक्ति के आन्तरिक एवं वाह्य व्यक्ति का स्पष्ट रूप से विवेचन करता है, उसके वर्णन में एक विशेष प्रकार की कलात्मकता होती है जो उसे अन्य विधाओं से पृथक करती है।

जीवनी के तत्त्व

1. वर्ण्य विषय : वर्ण्य विषय जीवनी साहित्य का महत्त्वपूर्ण तत्त्व है। इसमें नायक के सम्पूर्ण जीवन का पूर्ण विश्लेषण होता है, जिसका आधार उसके जीवन की वास्तविक घटनाएँ ही होती हैं। वर्ण्य विषय को उत्कृष्ट बनाने के लिए सत्यता या सच्चाई, रोचकता या प्रसादात्मकता, संक्षिप्तता एवं सुसंगठितता आदि गुणों की परम आवश्यकता होती है। इन गुणों के अभाव में जीवनी आदर्श का स्पर्श नहीं कर पाती है।

2. चरित्र-चित्रण : जीवनी में लेखक अपने नायक का चरित्र चित्रण ही नहीं करता, अपितु उसका विश्लेषण एवं विवेचन भी करता है। जीवनीकार के लिए यह आवश्यक होता है कि वह नायक के गुणों के साथ ही साथ चारित्रिक त्रुटियों का वर्णन भी इस प्रकार से करें कि पाठक ऐसा न अनुभव करने लगे कि लेखक का लक्ष्य नायक की दुर्बलताएँ ही प्रस्तुत करना है। इसके अतिरिक्त जीवनी लेखक नायक की वाह्य वेशभूषा आदि का ज्ञान भी अवसरानुकूल पाठक को कराता चलता है।

3. देश काल एवं वातावरण : जीवनी के नायक के समस्त जीवन की घटनाएँ किसी देश एवं काल से ही सम्बन्धित होती हैं, अतः उसमें देश एवं काल का भी विवेचन अपरिहार्य होता है। नायक के व्यक्तित्व को उभारने के लिए लेखक तत्कालीन परिस्थितियों का वर्णन भी करता है। यदि नायक साहित्यिक व्यक्ति है तो उसकी जीवनी में तत्कालीन साहित्यिक परिस्थितियों का चित्रण होगा। इसी प्रकार यदि नायक राजनीतिक है तो हमें जीवनी में राजनीतिक परिस्थितियों के दर्शन होंगे।

भाषा शैली : विषय वस्तु को सजाने हेतु जीवनीकार जीवनी शैली ही अपनाता है जिसके सहारे वह इस दुरूह कार्य में सफलता प्राप्त कर सके। जीवनी शैली में सुसंगठितता, सहृदयता तथा निरपेक्षता आदि गुणों का होना आवश्यक है।

जहाँ तक भाषा का प्रश्न है, जीवनीकार अपनी भावनाओं एवं विचारों को अभिव्यक्त करने के लिए भावनुकूल शुद्ध स्पष्ट एवं परिमार्जित भाषा का प्रयोग करता है। जीवनी की भाषा में प्रसाद गुण का होना भी आवश्यक होता है। इस गुण के कारण जीवनी में रोचकता आद्यन्त बनी रहती है।

4. उद्देश्य : अन्य विधाओं की भाँति जीवनी भी एक सोद्देश्य रचना होती है। जीवनीकार का उद्देश्य होता है विर्णित नायक के चरित्र को वाह्य एवं आन्तरिक रूपों में प्रस्तुत करके पाठक को शिक्षा देना। इसी उद्देश्य की पूर्ति हेतु वह एक चित्रकार के समान नायक के व्यक्तित्व को सम्पूर्ण रूप से अभिव्यक्त कर देता है।

जीवनी का वर्गीकरण

(क) वर्ण्य विषय के आधार पर

1. साहित्यिक पुरुषों की जीवनियाँ साहित्यकारों ने हिन्दी को प्रगति के पथ पर अग्रसर करने 2. राजनीतिक पुरुषों की जीवनियाँ—राजनीतिक पुरुषों की जीवनियों के अन्तर्गत घनश्यामदास बिड़ला की 'बापू, जमुनालाल बजाजकृत 'बल्लभभाई पटेल' गंगाप्रसाद गुप्त की 'दादा भाई नौरोजी' तथा पद्मनन्दन प्रसाद मिश्र की 'राजा राम मोहन राय' आदि जीवनियाँ राजनीति से ही सम्बन्धित हैं। इन जीवनियों की सबसे बड़ी विशेषता यह है कि इसमें पाठक को नायक के व्यक्तित्व के साथ ही तत्कालीन परिस्थितियों का भी पूर्ण आभास हो जाता है।

3. ऐतिहासिक वीर पुरुषों की जीवनियाँ—कतिपय ऐसी जीवनियाँ भी प्राप्त होती हैं, जिनके नायक ऐतिहासिक वीर पुरुष हैं। ऐसी जीवनियाँ पाठक को अधिक प्रेरित करने वाली होती हैं। इस प्रकार की जीवनियों में ठाकुर प्रसाद खत्रीकृत 'हैदरअली', सतीशचन्द्र मिश्र द्वारा लिखी गयी 'रणधीर महाराणा प्रताप सिंह', सूर्यकुमार वर्मा का 'मुगल सम्राट अकबर', रामानन्द द्विवेदीकृत 'सम्राट हर्षवर्धन' आदि विशेष उल्लेखनीय हैं।

(ख) शैली के आधार पर किया गया वर्गीकरण

इसके अन्तर्गत संस्मरणात्मक, निबन्धात्मक तथा औपन्यासिक शैली में लिखी गयी जीवनियाँ प्राप्त होती हैं। औपन्यासिक शैली में लिखी गयी हिन्दी साहित्य में श्रेष्ठ जीवनी अमृतराय द्वारा लिखित 'प्रेमचन्दः कलम का सिपाही' है। इसी प्रकार की एक जीवनी श्रीमती सुधा अमृतराय ने अपनी माँ श्रीमती सुभद्राकुमारी चौहान पर 'मिला तेज से तेज' लिखी है।

उपर्युक्त विवेचन के आधार पर स्पष्ट हो जाता है कि जीवनी भी अन्य नव्य विधाओं की भाँति एक विधा है।

जीवनी और आत्मकथा जहाँ एक दूसरे से सम्बन्धित है वहीं दोनों में अन्तर भी दृष्टिगोचर होता है। जीवनी कोई दूसरा व्यक्ति लिखता है जबकि आत्मकथा स्वयं के द्वारा लिखी जाती है। इसके अतिरिक्त जीवनी और आत्मकथा दोनों में ही सत्य का महत्त्वपूर्ण स्थान होता है। अतः स्पष्ट हो जाता है कि आत्मकथा एवं जीवनी एक दूसरे से अधिक सम्बन्धित है।

(ग) रेखाचित्र और शब्द चित्र

आधुनिक हिन्दी गद्य की अनेक नवीन विधाओं के समान ही रेखाचित्र भी एक नवीन विधा है। 'रेखाचित्र' शब्द का शाब्दिक अर्थ है-रेखाओं द्वारा निर्मित चित्र। इस विधा का सम्बन्ध चित्र से अधिक है। 'जिस प्रकार विभिन्न रंगों के अनुपात में तूलिका चित्र सजीव हो जाता है उसी प्रकार मानव की आकृति उसके अंग के अनुपात में, उसके अंग विशेष तथा उसके स्वभाव वैशिष्ट्य से शब्दों का रेखाचित्र रंगीन हो उठता है। मानव प्रकृति की किन रेखाओं और मन के किस विकार से उनका मन अन्तर्निहित है, उन्हें खोजकर खींचना रेखाचित्र की

सफलता है। चित्रकार जिस प्रकार 'स्कैच' में रेखाओं से आन्तरिक भावों को उभार देता है, उसी प्रकार रेखा-चित्रकार लेखनी तुलिका से वर्णन द्वारा।

रेखाचित्र की आधारभूमि एक ठोस यथार्थ से युक्त होती है। उसमें कल्पना का कोई भी स्थान नहीं होता। रखाचित्रकार अपनी भावनाओं को बड़ी ही सादगी के साथ व्यक्त करता है। भावनाओं को सजाकर प्रस्तुत करने का समय उसके पास नहीं होता है। भावनाओं के प्रस्तुतीकरण में इतनी अधिक तीव्रता होती है कि वह यथार्थ से हटकर कभी कल्पना की ओर जा ही नहीं सकता है।

इस विधा को कभी-कभी शब्द चित्र के नाम से ही अभिहित किया जाता है, चूँकि शब्दों का ही सहारा लेकर लेखक किसी भी व्यक्ति अथवा घटना का चित्रण करता है, इसलिए रेखाचित्र को शब्द चित्र भी कह दिया जाता है। शब्दों में ही यह ताकत विद्यमान रहती है जिसके माध्यम से लेखक किसी घटना को सजीव रूप में प्रस्तुत करता है।

रेखाचित्रकार एक निश्चित सीमा में किसी चित्र को निर्मित करता है। सीमित शब्दों के ही माध्यम से उसे एक जीवन्त स्वरूप उपस्थित करना होता है। वह छोटे-छोटे वाक्यों के ही सहारे मर्म का स्पर्श करने वाली विशेषताओं का उद्‌घाटन करता है।

1. वर्ण्य विषय : वर्ण्य विषय रेखाचित्र का प्रमुख तत्त्व है। रेखाचित्र, वस्तु, व्यक्ति अथवा घटना का शब्दों के द्वारा निर्मित वह मर्मस्पर्शी रूपविधान होता है जिसमें रेखाचित्रकार का संवेदनशील हृदय और सूक्ष्म दृष्टि का विशेष महत्त्व होता है। रेखा चित्रकार साधारण से साधारण व्यक्ति या घटना को लेकर उसके मार्मिक स्थलों को उभारता है। रोचकता रेखाचित्र का प्रमुख गुण है। लेखक अपने विषय को इस प्रकार भावात्मक प्रक्रियाओं से समाविष्ट करके प्रस्तुत करता है कि पाठक के लिए रुचिकर प्रतीत हो और उसे आद्यन्त पढ़ता ही जाये।

2. चरित्र चित्रण : रेखाचित्र का द्वितीय महत्त्वपूर्ण तत्त्व है—पात्रों के चरित्र का चित्रण करना। रेखाचित्रकार घटनाओं को व्यक्त ही इस प्रकार करता है कि उसमें वर्णित पात्रों का चरित्रांकन अपने आप ही हो जाये।

रेखाचित्रकार स्कैचों में व्यक्ति विशेष के आचरण एवं आकृति मात्र की ही अभिव्यक्ति नहीं करता वरन उसके व्यक्तित्व के कुछ विशिष्ट तत्त्वों को भी उभारता है।

3. देश काल एवं वातावरण : रेखाचित्र आधुनिक साहित्य की वह विधा है जिसका सम्बन्ध देश से ही होता है काल से नहीं के बराबर होता है। इसका मुख्य कारण यह है कि रेखाचित्रकार का नायक किसी स्थान विशेष का ही प्राणी होता है और उसके चारों ओर जो परिस्थितियाँ होती हैं उन्हीं का अंकन रेखाचित्रकार को करना होता है। जहाँ तक वातावरण का प्रश्न है रेखाचित्रकार चारों ओर फैली हुई परिस्थिति का आभास केवल सांकेतिक रूप से करा देता है।

4. शैली एवं भाषा : शैली किसी भी कृति का वह ढंग कहा जा सकता है जिसका प्रयोग करके कृतिकार अपनी रचना को साज-सज्जा से युक्त कर देता है। रेखाचित्र की शैली के लिए यह आवश्यक होता है कि वह चित्रात्मक हो, क्योंकि रेखाचित्रकार रेखाओं के द्वारा व्यक्ति या घटना का चित्रात्मक रूप ही प्रस्तुत करता है। रेखाचित्र के स्पष्टीकरण में रेखाचित्रकार के लिए यह भी परमावश्यक होता है कि वह प्रभापूर्ण शैली का प्रयोग करें, जिससे पाठक के

ऊपर उसका स्थायी प्रभाव पड़े। प्रभावपूर्ण शैली के प्रस्तुतीकरण हेतु रोचकता की आवश्यकता पड़ती है क्योंकि रुचिकर वस्तु या घटना ही पाठक को अपनी ओर आकर्षित करने में समर्थ होती है। संक्षिप्तता भी इस शैली का विशेष गुण है क्योंकि आज के व्यस्त जीवन में मानव किसी घटना या वस्तु के बारे में कम से कम शब्दों के द्वारा ही अवगत होना चाहता है।

जहाँ तक भाषा का प्रश्न है-भावनाओं को अभिव्यक्ति प्रदान करने के लिए कृतिकार जिस माध्यम का प्रयोग करता है उसे ही भाषा कहते हैं। विषयानुकूल एवं भावनुकूल भाषा रेखाचित्र के पाठक द्वारा आसानी से ग्राह्य हो जाती है।

5. उद्देश्य-उद्देश्य किसी भी रचनाकार का वह अभीष्ट होता है, जिसे व्यक्त करने के लिए वह अपनी कृति की रचना करता है। रेखाचित्रकार का प्रमुख उद्देश्य होता है-चरित्र विशेष के वाह्य और आभ्यन्तर दोनों ही के मार्मिक एवं संवेदनशील तत्त्वों को उभारकर पाठकों के सम्मुख प्रस्तुत कर देना।

उपर्युक्त विवेचना से स्पष्ट है कि रेखाचित्रकार किसी भी वस्तु, घटना अथवा व्यक्ति के आन्तरिक एवं वाह्य दोनों ही स्वरूपों का उद्घाटन करता है। रेखाचित्रकार व्यक्ति अथवा घटना के चित्रण के माध्यम से अपने जीवनादर्शों को भी पाठक के सम्मुख उद्घाटित करता है।

रेखाचित्र को दो आधारों पर बाँटा जा सकता है–

1. वर्ण्य विषय के आधार पर 2. शैली के आधार पर

1. वर्ण्य विषय के आधार पर हम इस विधा को निम्नांकित भागों में बाँट सकते हैं–

(क) साहित्य की रचना करने वाला अपनी अतीत की अनुभूतियों के ही आधार पर रेखाचित्र का प्रणयन करता है। उसका विषय मानव ही है अर्थात् साहित्यकार अपनी अतीत की रेखाओं को भावमय एवं प्रभावपूर्ण ढंग से प्रस्तुत करके एक ऐसे चित्र का निर्माण कर देता है, जो पाठक के समक्ष सजीव रूप धारण कर उपस्थित हो जाते हैं। इस प्रकार के रेखाचित्रों की यह विशेषता होती है कि इसमें रेखाचित्रकार को अपने रेखाचित्र में वर्णित चरित्र के व्यक्तीकरण में बहुत ही सावधानी बरतनी पड़ती है। हिन्दी साहित्य में रामवृक्ष बेनीपूरी तथा बनारसी दास चतुर्वेदी आदि रेखाचित्रकार माने जाते हैं।

(ख) राजनीतिक पुरुषों के रेखाचित्र : रेखाचित्रकार अन्ततः एक मानव होता है, इसलिए कभी-कभी अपने सम्पर्क में आने वाले राजनीतिक पुरुष से भी प्रभावित हो जाया करता है। यही कारण है कि रेखाचित्र साहित्य में जहाँ हमें साहित्यिकों के रेखाचित्र मिलते हैं, वहीं पर राजनीतिक पुरुषों के रेखाचित्र भी प्राप्त होते हैं। उदाहरण के लिए गाँधी जी पर जो भी रेखाचित्र लिखे गये हैं वे साहित्य की अमूल्य निधि हैं, जिसमें उनके वाह्य एवं आन्तरिक स्वरूप का पूर्ण विवेचन एवं विश्लेषण दिखाई देता है। श्री बेनीपुरी ने भी राजेन्द्र प्रसाद पर जो रेखाचित्र लिखा है, वह राजनीतिक पुरुष के रेखाचित्र के अन्तर्गत आता है। इसमें श्री बेनीपुरी जी ने राजेन्द्र प्रसाद के व्यक्तित्व द्वय का जीता जागता चित्र खींचा है, जिसे साहित्य की धरोहर कहा जा सकता है।

(ग) साधारण पुरुषों के रेखाचित्र : यह रेखाचित्र का तृतीय प्रकार है, जिसमें उस व्यक्ति का चित्र खींचा जाता है, जो न तो समाज का प्रसिद्ध मानव होता है और न ही उसे विशिष्ट

मानव आदर प्रदान करता है। वह तो सामान्य मानव होता है जो साहित्यकार के सम्पर्क में आकर या साहित्यकार को प्रभावित करने के कारण उसके वर्णन का विषय बन जाता है। इस प्रकार के रेखाचित्रकारों में महादेवी जी श्रेष्ठ स्थान की अधिकारिणी हैं। इन्होंने भक्तिन, लछमा तथा गुंगिया आदि सामान्य मानवो के चित्र को चित्रित करके रेखाचित्र साहित्य में विशिष्ट स्थान प्राप्त कर लिया है।

(घ) मानवेतर प्राणियों के रेखाचित्र : जब साहित्यकार मानवेतर प्राणियों से प्रभावित होकर रेखाचित्र लिखता है तो उसे मानवेतर प्राणियों के रेखाचित्र के नाम से पुकारा जाता है। इन रेखाचित्रों की सबसे बड़ी विशेषता यह होती है कि मानवेतर और मानव के सम्बन्ध का स्थापन भी हो जाता है, जैसे यदि किसी नदी या झरने का रेखाचित्र प्रस्तुत किया गया तो रेखाचित्रकार यह भी स्पष्ट करता है कि उस नदी या झरने का मानव से क्या सम्बन्ध है तब ये मानवेतर रूप मानव के व्यक्तित्व को झकझोरने में किस प्रकार सहायक होते हैं। इस प्रकार के रेखाचित्रकारों में महादेवी वर्मा, अयोध्या प्रसाद गोयलीय और मार्कण्डेय वाजपेयी जी ही श्रेष्ठ कहे जा सकते हैं। वाजपेयी ने अपने रेखाचित्रों के संग्रह में 'मेढक का कोप', 'वैद्य जी के चूहे' तथा 'जबर्दस्त मक्खियाँ' अदि को स्थान दिया है। महादेवी वर्मा का 'मेरा परिवार' इस दिशा में सर्वश्रेष्ठ है।

2. शैली के आधार पर विभाजन : प्रत्येक कृतिकार अपनी कृति को सँवारने के लिए कोई न कोई ढंग का प्रयोग करता है उसे सजाने के ढंग को कई रूपों में रखा जा सकता है।

(क) कथात्मक शैली में लिखे हुए रेखाचित्र : पात्रों के जीवन में घटित घटनाओं का प्रस्तुतीकरण ही शैली में अधिक होता है। इस शैली का प्रयोग अधिकतर ऐतिहासिक व्यक्तियों वस्तुओं एवं घटनाओं आदि के चित्रों को प्रस्तुत करते समय किया जाता है। कथात्मक शैली की यह विशेषता होती है कि लेखक वर्णन और संवाद दोनों का ही सहारा लेता है। इस प्रकार के रेखाचित्र प्रस्तुत करने वालों में रामवृक्ष बेनीपुरी, प्रकाशचन्द्र गुप्त और बनारसीदास चतुर्वेदी आदि का नाम आदर से लिया जाता है। बेनीपुरी जी के सम्पूर्ण रेखाचित्र इसी शैली में लिखे गये हैं, उदाहरण में निम्नलिखित पंक्तियाँ प्रस्तुत की जा सकती हैं—

'एकाएक बड़े जोरों का हो-हल्ला हुआ। सभी लोग एक ओर दौड़ रहे हैं और वहाँ लाठियों की खटाखट जारी है। यह खटाखट खेल नहीं है, कई सिरों से खून के फव्वारे छूट रहे हैं, और यह बीच में कौन है-बलदेव सिंह। पुराने हँसमुख रसीले बलदेव सिंह नहीं। बलदेव सिंह साक्षात् भीम बने हुए।'

(ख) संस्मरणात्मक शैली में लिखे हुए रेखाचित्र : जब किसी भी व्यक्ति, घटना या वस्तु का वर्णन स्मृति के आधार पर किया जाता है तो उसे संस्मरणात्मक रेखाचित्र के नाम से पुकारते हैं। इन रेखाचित्रों में प्रयुक्त शैली संस्मरणात्मक शैली कही जाती है। इस शैली में लिखे गये रेखाचित्रों का सम्बन्ध पूर्णरूपेण रेखाचित्रकार की भावनाओं और स्मृतियों से ही होता है। यही कारण है कि वह पात्रों के सुख-दुःख तथा घटनाओं के साथ अपनत्व का भी अनुभव करता चलता है। ऐसे रेखाचित्र में पाठक का मन अधिक रमता है। हिन्दी साहित्य में महादेवी जी के रेखाचित्र इसी कोटि के हैं। इनकी 'स्मृति की रेखाएँ' तथा 'अतीत के चलचित्र' में प्रारम्भिक रेखाचित्र 'रामा' के आरम्भ में ही इस शैली के दर्शन हो जाते हैं।

'रामा हमारे यहाँ कब आया यह न मैं बता सकती हूँ और न मेरे भाई बहन। बचपन में जिस प्रकार हम बाबूजी की विविधता भरी मेज से परिचित थे, जिसके नीचे मैं दोपहर के सन्नाटे में खिलौनों की सृष्टि बसाती थी, अपने लोहे के स्प्रिंगदार विशाल पलंग को जानते थे...।

(ग) प्रतीकात्मक शैली में लिखे गये रेखाचित्र : किसी अन्य चीज को माध्यम बनाकर जब रेखाचित्रकार अपनी भावनाओं को चित्रित करता है तो उसे प्रतीकात्मक रेखाचित्र कहते हैं। इस शैली में लिखे हुए रेखाचित्रों में लेखक घटनाओं या व्यक्तियों के चित्रण के माध्यम से कोई लाक्षणिक अर्थ व्यक्त कर देता है। इस शैली का प्रयोग करने वालों में बेनीपुरी जी का नाम ही अग्रगण्य है। इनकी 'गेहूँ और गुलाब' इसी शैली का आदर्श कहा जा सकता है जिसमें गेहूँ उपयोगितावाद का और गुलाब आनन्दवाद का प्रतीक है, जिसे प्राप्त करने के लिए मानव बेकरार रहता है।

इस प्रकार निश्चित हो जाता है कि विभिन्न प्रकार की शैलियों का प्रयोग करके रेखाचित्रकार अपनी भावनाओं को चित्रित करता है।

(ग) संस्मरण : आधुनिक गद्य के अन्तर्गत संस्मरण भी श्रेष्ठ स्थान का अधिकारी है।

'संस्मरण' शब्द की व्युत्पत्ति सम् + स्मृ + ल्युट (अण) से हुई है, जिसका अर्थ है-सम्यक स्मरण। 'सम्यक' शब्द का अर्थ है पूर्णरूपेण। पूर्णरूपेण का आशय है-सहज आत्मीयता तथा गम्भीरता से किसी व्यक्ति, घटना, दृश्य, वस्तु आदि का स्मरण करना। स्मृति पर आधारित इस विधा के सम्बन्ध में डॉ. नागेन्द्र ने अपने द्वारा सम्पादित 'मानविकी परिभाषिक कोश' के 'साहित्य खण्ड' में पृ. 168 पर लिखा है-'व्यक्तिगत अनुभव तथा स्मृति से रचा गया इतिवृत्त अथवा वर्णन की संस्मरण है। इसमें लेखक प्रायः अपने जीवन का वृत्तान्त अथवा अपने जीवन में घटित घटनाओं का वर्णन करता है। इस दृष्टि से यह साहित्य रूप आत्मकथात्मक होता है पर आत्मकथा और इसमें एक अन्तर यह है कि आत्मकथा की भाँति इसमें पूर्णता का आग्रह नहीं होता...।

डॉ. चन्द्रावती सिंह ने संस्मरण को इस प्रकार परिभाषित किया है।

जीवन की बहुत सी बातों में, संसार की हलचलों में, दफ्तर की किसी कार्यवाही में या किसी सभा में जो समय-समय पर बातें घटी हैं, उनका अलग-अलग वर्णन संस्मरण कहा जा सकता है। इसमें आत्म-चरित्र की एकता नहीं हो सकती...।

इन्होंने संस्मरण को स्पष्ट करने का प्रयास अवश्य किया है, परन्तु उस स्पष्टीकरण में अस्पटीकरण की झलक दिखाई देती है। सही रूप में संस्मरण में संस्मरणकार किसी भी व्यक्ति या घटना आदि से सम्बन्धित जो स्वयं की अनुभूति है उसी को सजीवता प्रदान करके एक निश्चित आकार में ढाल देता है। ये समस्त भावनाएँ उसे तब तक परेशान करती रहती हैं, जब तक वह सम्पूर्ण भावनाओं को एक रूप नहीं प्रदान कर देता है। यही कारण है कि भावनाओं से प्रेरित होकर वह संस्मरण साहित्य की रचना करने को बाध्य हो जाता है।

संस्मरण में संस्मरणकार के व्यक्तित्व की स्पष्ट झलक हमें दिखाई देती है। इस तथ्य के स्पष्टीकरण हेतु डॉ. गोविन्द त्रिगुणायत ने इस प्रकार कहा है—'भावुक कलाकार जब अतीत की अनन्त स्मृतियों में से कुछ रमणीय अनुभूतियों को अपनी कोमल कल्पना से अतिरंजित

कर व्यंजनामूलक विशिष्टकर रोचक ढंग से यथार्थ रूप में व्यक्त कर देता है, तब उसे संस्मरण कहते हैं।'

संस्मरण साहित्य अपने अन्दर प्रतिभा एवं यथार्थता को भी पर्याप्त स्थान देता है। डॉ. ओमप्रकाश शास्त्री ने संस्मरण को इस प्रकार परिभाषित किया है जिसमें यथार्थता एवं प्रतिभा का पूर्ण समन्वय भी किया है–

'अतीत की अनन्त घटनाओं में से जब कलाकार किसी अधिक स्मरणीय तथा अविस्मरणीय घटना को अपने व्यक्तित्व में रंगकर रोचक शैली में यथार्थ रूप में प्रस्तुत करता है उसे संस्मरण कहते हैं।'

संस्मरण के तत्त्व–

1. वर्ण्य विषय : वर्ण्य विषय संस्मरण का महत्त्वपूर्ण तत्त्व होता है। संस्मरण का विषय चयन का अर्थ यह है कि लेखक अपने संस्मरण में क्या कहना चाहता है? संस्मरण उसके अपने जीवन से सम्बन्धित है। वह व्यक्ति किस कोटि अथवा वर्ग का है, साहित्यिक है, राजनीतिज्ञ है, धार्मिक है या जननेता है। कुछ भी हो, विषय चयन में लेखक की विद्वता और कौशल की परीक्षा होती है।

वस्तुतः संस्मरण किसी प्रसिद्धि प्राप्त मानव के जीवन की घटना का स्पष्टीकरण ही होता है, जिसमें स्मृति का प्रमुख स्थान होता है या इस प्रकार भी कहा जा सकता है कि स्मृति को आधार बनाकर किसी महान् व्यक्ति के जीवन की घटना का मूल्यांकन संस्मरण होता है।

संस्मरण के लिए यह आवश्यक है कि वह रोचक हो क्योंकि मानव की प्रवृत्ति रुचि की ओर ही होती है। उसे जो चीज अच्छी लगती है उसी को वह शीघ्रातिशीघ्र ग्रहण करता है। इसी प्रकार साहित्य में भी उसे जो पसन्द आ जाता है, उसके पठन हेतु उसका मानस उद्वेलित हो जाता है। रुचिकर संस्मरण पाठक को तन्मय कर देते हैं। रुचिकर संस्मरणकारों में कन्हैयाला मिश्र 'प्रभाकर' श्रेष्ठ स्थान के अधिकारी हैं, उदाहरणार्थ 'दीप जले शंख बजे' संस्मरण में रोचकता द्रष्टव्य है–

'उस नरक कुण्ड में पलकर जो बालक निकला उसके रोम-रोम में व्याप्त मिला मानव का प्रेम, सभी प्रकार के भेद-भावों से ऊपर जीवन के कण-कण में छाई ममता और ईश्वर विश्वास। ओह! ऐसा, कि सन्तों को ईर्ष्या हो। यह थे मेरे स्वर्गीय पिताजी...पण्डित रमादत्त मिश्र।'

रोचकता के अतिरिक्त संस्मरण में स्पष्टता, संक्षिप्तता एवं यथार्थता आदि गुणों का होना परम आवश्यक होता है, जिससे कोई भी संस्मरण सजीव एवं पूर्ण बनता है।

2. चरित्र-चित्रण : यह संस्मरण का द्वितीय महत्त्वपूर्ण तत्त्व है। संस्मरण लेखक के मानस पटल पर जो व्यक्तित्व छाये हुए होते हैं उन्हीं के जीवन में घटित होने वाली महत्त्वपूर्ण घटनाओं को अभिव्यक्ति प्रदान करना ही उसका उद्देश्य होता है। संस्मरण साहित्य में ऐसे कम ही लेखक हमें दिखाई देते हैं, जिन्होंने स्वयं के जीवन को संस्मरण में रखा हो। 'हिन्दी संस्मरण साहित्य' में बहुत कम लेखक हैं जिन्होंने अपने जीवन को आत्मकथात्मक शैली में संस्मरण में रखा हो। फुटकर संस्मरण तो इस शैली में अनेक साहित्यकारों के मिल जाते हैं,परन्तु सम्पूर्ण

जीवन की झाँकी संस्मरण के रूप में कवेल शान्तिप्रिय द्विवेदी के 'परिव्राजक की प्रजा' में ही मिलती है।'

उपर्युक्त विवेचन से पूर्णतया स्पष्ट है कि संस्मरणकार चरित नायक के जीवन की महत्त्वपूर्ण घटना को रोचक शैली में प्रस्तुत करता है।

3. वातावरण : संस्मरण को वास्तविकता से मण्डित करने के लिए उचित वातावरण का होना भी परमावश्यक होता है, क्योंकि मानव अपने चारों ओर फैले हुए वातावरण में ही रात-दिन रहता है। अतः उसका पूर्ण अंकन संस्मरण के लिए आवश्यक होता है।

संस्मरण लेखक परिस्थितियों की पात्र पर प्रतिक्रिया का भी वर्णन करता है। कहीं-कहीं ग्राम तथा नगर के प्राकृतिक दृश्यों का भी अंकन संस्मरण में करना पड़ता है, किन्तु यह वर्णन भी तभी सफल हो पाता है जबकि लेखक ने स्वयं इसका साक्षात्कार किया हो। यात्रा सम्बन्धी संस्मरण में तो कई स्थलों पर वाह्य जगत् का देश काल का विवरण अधिक विस्तार से उपस्थित करना अनिवार्य हो जाता है।'

कभी-कभी तो हम संस्मरणों में नगर या किसी स्थान विशेष का वर्णन भी देखते हैं। इस कोटि के संस्मरणों में राहुल जी अग्रगण्य हैं। 'यात्रा के पन्ने' नामक पुस्तक में इन्होंने यात्रा सम्बन्धी संस्मरण लिखे हैं।

4. भाषा शैली : शैली किसी भी कृति को सजाने का वह ढंग है, जिसके माध्यम से कृतिकार अपनी रचना को सजीव बना देता है। संस्मरण में जिस शैली की आवश्यकता होती है उसमें प्रभावोत्पादकता का गुण अनिवार्य होता है। प्रभावपूर्ण शैली में लिखा गया संस्मरण अत्यधिक रोचक होता है, जो पाठकों के लिए आसानी से ग्राह हो जाता है। शैली का द्वितीय गुण संक्षिप्तता है। 'संक्षिप्तता' भी शैली का एक महत्त्वपूर्ण अंग है। लेखक को घटना अथवा विषय का इस ढंग से वर्णन करना चाहिए कि वह संक्षिप्तता में भी पाठकों को आकर्षित कर सके। संस्मरण का अत्यधिक विस्तार अवरोध का कारण बन जाता है। इस प्रकार शैली में लेखक की कल्पना शक्ति व स्मृति दोनों की अत्यधिक सम्पन्नता एवं उर्वरता की आवश्यकता है।

जहाँ तक भाषा का प्रश्न है, वह भावनाओं को व्यक्त करने का साधन है जिसके माध्यम से कृतिकार अपनी भावनाओं को सजीव बनाता है और एक आकार देता है। संस्मरण की भाषा शुद्ध एवं परिमार्जित होना चाहिए। इसके अतिरिक्त संस्मरण की भाषा पात्रानुकूल, सरस, स्पष्ट एवं प्रसाद गुण सम्पन्न होना चाहिए। भाषा को सजाने हेतु अलंकरण की भी आवश्यकता पड़ती है जिसके प्रयोग से संस्मरण उत्कृष्ट कोटि का हो जाता है।

5. उद्देश्य : कोई भी रचना निरुद्देश्य नहीं होती है। प्रत्येक रचनाकार की रचना का अपना कोई न कोई अभीष्ट होता है। जिसकी पूर्ति हेतु अपनी कृति की रचना करता है। संस्मरण भी एक उद्देश्ययुक्त रचना होती है। इसमें लेखक समय के इतिहास को लिखना चाहता है। किन्तु इतिहासकार के वस्तुपरक रूप से वह बिल्कुल अलग है। संस्मरण में लेखक जो कुछ स्वयं अनुभव करता है, जो स्वयं देखता है उसी का वर्णन करता है। उसके वर्णन में उसकी अनुभूतियाँ, संवेदनाएँ भी रहती हैं। वह वास्तव में अपने चतुर्दिक जीवन का सर्जन करता है सम्पूर्ण भावना के साथ। इतिहासकार के समान यह विवरण प्रस्तुत करने वाला नहीं।

संस्मरण का वर्गीकरण : चूँकि संस्मरण, के माध्यम से मानव जीवन के यथार्थ का स्पष्टीकरण किया जाता है, इसलिए इसके विभिन्न रूप भी दृष्टिगोचर होते हैं। संस्मरणों का वर्गीकरण निम्नांकित आधारों पर किया गया है—

1. संस्मरण लेखक के आधार पर : संस्मरण साहित्य के विकास से स्पष्टतः कहा जा सकता है कि केवल साहित्यिक व्यक्तियों ने ही संस्मरण नहीं लिखे हैं अपितु राजनीतिक एवं क्रान्तिकारी व्यक्तियों ने भी संस्मरण की रचना करके अपनी विद्वता का परिचय दिया है। अतः इस प्रकार के कई संस्मरणकार दिखाई देते हैं—

(क) कवियों के संस्मरण : कोई भी प्रसिद्ध कवि जब किसी अतिस्मरणीय घटना या व्यक्ति का मूल्यांकन करता है तो उसे कवियों के संस्मरण के नाम से पुकारते हैं। इस प्रकार के संस्मरणकारों में डॉ. हरिवंशराय बच्चन, महादेवी वर्मा तथा सुमित्रानन्दन पन्त आदि कवि आते हैं, जिन्होंने अपने संस्मरणों के माध्यम से जीवन के यथार्थ स्वरूप का चित्रण किया है। इन कवियों ने संस्मरणों के माध्यम से जीवन के यथार्थ स्वरूप का चित्रण किया। इन कवियों के संस्मरणों में हमें उनका भावुक हृदय एवं उनकी कोमल भावनाएँ स्पष्ट परिलक्षित होती हैं। महादेवी द्वारा रचित 'निराला' संस्मरण उल्लेखनीय है—

'एक युग बीत जाने पर भी मेरी स्मृति से एक भी घटा भरी अश्रुमुखी सावनी पूर्णिमा की रेखाएँ नहीं मिट सकी हैं। उन रेखाओं के उजले रंग नजाने किस व्यथा से मिले हैं कि अब तक सुख नहीं पाये हैं, उड़ना तो दूर की बात है। उस दिन मैं बिना कुछ सोचे हुए भाई निराला से पूछ बैठी थी—आपको किसी ने राखी नहीं बाँधी?...।

(ख) कथा लेखकों के संस्मरण : वर्णनात्मक शैली को अपनाकर जब कोई संस्मरणकार जीवन के यथार्थ रूप का व्यक्तीकरण करता है तो उसे कथा लेखकों के संस्मरण कहते हैं। इस प्रकार के संस्मरणकारों में डॉ. वृन्दावनलाल वर्मा, जैनेन्द्र तथा यशपाल आदि आते हैं। जैनेन्द्र के सभी संस्मरण 'ये और वे' में संग्रहीत हैं। इन्होंने इसमें वीर माता का अत्यन्त ही सजीव चित्रण किया है। इन संस्मरणों में उनके व्यक्तित्व की भी पूर्ण छाप दिखाई देती है जिससे कि वे रोचक एवं प्रभावोत्पादक हो गये हैं।

(ग) आलोचकों के संस्मरण : कवियों और कथा लेखकों के अतिरिक्त आलोचकों के संस्मरण भी प्राप्त होते हैं, जिसमें उनके व्यक्तित्व के पहलू का भी पूर्ण चित्रण दृष्टिगोचर होता है। आलोचक होने के नाते वे अपने व्यक्तित्व के किसी पक्ष को निस्संकोच रूप से स्पष्ट कर देते हैं। ऐसे संस्मरणकारों में डॉ. श्यामसुन्दर दास, आचार्य नन्ददुलारे वाजपेयी तथा डॉ. हजारी प्रसाद द्विवेदी के संस्मरण श्रेष्ठ कहे जाते हैं।

2. वर्ण्य विषय के आधार पर किया गया भेद : चूँकि संस्मरणकारों के वर्णन का विषय अलग-अलग होता है, इसलिए संस्मरणों में भी अनेकरूपता आ जाती है।

(क) साहित्यिकों के संस्मरण : हिन्दी साहित्य में साहित्यिकों के संस्मरण का पर्याप्त विकास हुआ है। साहित्यकारों के द्वारा दो प्रकार के संस्मरण लिखे जाते हैं। पहला तो वह जिसमें साहित्यकार स्वयं के बारे में लिखता है, और दूसरा वह जिसमें साहित्यकार किसी अन्य साहित्यिक जीवन की अविस्मरणीय घटना का उद्घाटन करता है। संस्मरणकारों में व्रजमोहन व्यास तथा महादेवी जी के नाम अग्रगण्य है। महादेवी जी का 'पथ के साथी' इसी कोटि की

रचना कही जा सकती है। व्रजमोहन व्यास द्वारा लिखे गये संस्मरणों में बालकृष्ण भट्ट से सारे जीवन का स्वरूप स्पष्ट हो गया है। उनके व्यक्तित्व का सुन्दर रूप उन्होंने व्यक्त किया है, 'भट्ट जी को दूध का बड़ा शौक था। उन्होंने एक गाय पाल रखी थी। कुड़मुड़ा कर उसके सब नखरे बर्दाश्त कर लेते थे एक दिन 'हस्ब मामूल अपने तख्त पर बैठे थे कि एक घासवाली सामने वाली गली में जाती दिखलायी दी। जोर से पुकारा—'ओ घासवाली' कितने की घास देवे? बोली 'बाबा' तीन पैसे की। बाबा का सम्बोधन सुनते ही कुढ़ गये।

(ख) राजनीतिक पुरुषों के संस्मरण : कोई भी संस्मरणकार राजनीतिक पुरुष से भी प्रभावित होकर उसी प्रकार संस्मरण लिखता है, जिस प्रकार कवि या लेखक से प्रभावित होकर। यही कारण है कि राजनीतिज्ञों से सम्बन्धित संस्मरण भी हिन्दी साहित्य में प्रचुरता के साथ पाये जाते हैं, जैसे महात्मा गाँधी, नेताजी सुभाष चन्द बोस, राजेन्द्र बाबू तथा नेहरू जी आदि नेताओं से सम्बन्धित संस्मरण। इसके अलावा संस्मरण ग्रन्थों में भी राजनीतिक पुरुषों के संस्मरण प्राप्त होते हैं। दिनकर जी ने डॉ. जाकिर हुसैन के व्यक्तित्व को इन पंक्तियों में स्पष्ट करने का सफल प्रयास किया है—'उनका चरित्र साधु का चरित्र था। दुःखियों का दुःख बाँटने में उन्हें सन्तोष मिलता था। वे एक आदमी को बड़ा और दूसरे को छोटा नहीं समझते थे। जब मैं अपने जीवन की सबसे बड़ी विपत्ति पुत्र शोक में पड़ा, तब उपराष्ट्रपति जाकिर हुसैन दिल्ली में मुझ अपदार्थ के घर आये थे। मैं जब तक नमस्कार करूँ, तब तक उन्होंने मुझे आलिंगन में बाँध लिया और बोले भाई दिनकर, कुछ भी कहने सुनने नहीं आया हूँ। यह परमात्मा की देन है और उसी रूप में इसे बर्दाश्त करना है।'

इस प्रकार राजनीतिकों के संस्मरण का भी पूर्ण विवेचन संस्मरण साहित्य के अन्तर्गत किया गया है।

(ग) समाज सुधारकों के संस्मरण : जब कोई समाज सुधारक सशक्त एवं मनमोहक व्यक्तित्व को प्राप्त कर लेता है तो संस्मरण लेखक उससे भी प्रभावित होकर संस्मरण लिखने लगता है। यही कारण है कि अन्धविश्वासों, कुरीतियों और रूढ़ियों के विरोध में क्रान्ति मचाने वाले समाज सुधारकों के संस्मरण भी हिन्दी में प्राप्त होते हैं, राहुल जी द्वारा प्रस्तुत में जिनका मैं कृतज्ञ हूँ' में इसी प्रकार के संस्मरण हैं। इस प्रकार के संस्मरणों की संख्या हिन्दी में कम ही दिखाई पड़ती है। महर्षि दयानन्द सरस्वती तथा स्वामी श्रद्धानन्द विषयक संस्मरण हिन्दी साहित्य की बहुमूल्य निधि है।

(घ) यात्रा सम्बन्धी संस्मरण : कभी-कभी लेखक जिस-जिस स्थान का भ्रमण करता है, उन सब स्थलों का वर्णन अपनी संस्मरणात्मक कृति में कर देता है, उदाहरणार्थ राहुल सांकृत्यायन के यात्रा सम्बन्धी संस्मरण 'यात्रा के पन्ने' पुस्तक में एकत्रित है। इसके अतिरिक्त गुलाबराय, महादेवी तथा बच्चन के भी यात्रा सम्बन्धित संस्मरण मिलते हैं। हरिवंशराय बच्चन ने झील के किनारे का वर्णन, नये-पुराने झरोखे कृति' में इस प्रकार किया है—

'सुबह होते ही झील की सतह पर काश्मीर का जीवन देखिए। एक शिकारा आ रहा है, तरह-तरह के फूलों से लदा है। एक फल बेचने वाल का, किसी में लकड़ी का सामान, किसी में शाल दुशाले, किसी में पेपरमेसी की चीजें किसी में सुई कढ़ाई के बारीक काम। श्रीनगर में कोई चीज खरीदना बहुत होशियार का क्रम है...।

इसी प्रकार गुलाबराय जी ने अपनी 'कसौली यात्रा' में कसौली नगर का चित्रण पूर्णता एवं रोचकता के साथ किया है। 'अज्ञेय' तथा डॉ. नगेन्द्र के यात्रा सम्बन्धी वृत्तान्त अत्यन्त लोकप्रिय हुए।

(ङ) मानवीय गुणों से सम्पन्न व्यक्तियों के संस्मरण : जब लेखक उन साधारण व्यक्तियों का चरित्र पाठक के समक्ष प्रस्तुत करता है जो समाज के प्रसिद्धि प्राप्त मानव नहीं है, और वे लेखक के सम्पर्क में आने के कारण मानवीय गुणों से युक्त हो गये हैं तो उन्हें मानवीय गुणों से युक्त प्राणियों के संस्मरण के नाम से पुकारा जाता है। इस प्रकार के संस्मरणकारों में महादेवी जी अग्रगण्य हैं। उन्होंने लक्षमा, रधिया और गुंगिया जैसे साधरण पात्रों को अपने संस्मरण का विषय बनाया है। लक्षमा के व्यक्तित्व का अंकन निम्नांकित पंक्तियों में महादेवी ने इस प्रकार किया है–

'लक्षमा में मैंने अविचलित रहने की शक्ति भी देखी और बड़े से बड़े अपकार को क्षमा कर देने की उदारता भी। न वह दूसरों की निन्दा कर हल्की बनती है, और न अपनी सफाई देकर आत्म विश्वास की न्यूनता प्रकट करती है। एक बार तो जब एक सज्जन मेरे घर में बैठकर मुझे लक्षमा के कल्पित दोष गिना रहे थे तब वह दरवाजे के बाहर खड़ी होकर उन्हें छोटे बच्चों की तरह मुँह चिढ़ा रही थी।'

महादेवी जी के अलावा राधिकारमण, विष्णु प्रभाकर तथा कन्हैयालाल मिश्र 'प्रभाकर' ने भी मानवीय गुणों से युक्त साधारण प्राणियों के चरित्र का उद्‌घाटन पाठक के समक्ष किया है।

3. शैली के आधार पर किया गया वर्गीकरण : प्रत्येक लेखक के अभिव्यक्त करने का ढंग अलग-अलग होता है, इसलिए संस्मरण के माध्यम से अपने व्यक्तित्व को स्पष्ट करने का सफल प्रयास करता है। इस दृष्टि से संस्मरणों को निम्नांकित रूपों में विभाजित कर दिया गया है-

(क) आत्मकथात्मक शैली में लिखे गये संस्मरण : कुछ संस्मरणकारों ने उत्तम पुरुष में अपनी कृति को लिखने का प्रयास किया है। इन संस्मरणों को कथात्मक संस्मरण कहा जा सकता है। इस श्रेणी के लेखकों में शान्तिप्रिय द्विवेदी, किशोरीदास वाजपेयी तथा बाबू गुलाबराय श्रेष्ठ हैं। शान्तिप्रिय द्विवेदी ने 'परिव्राजक की प्रजा' में इस शैली का पूर्ण चित्रण किया है। इस संस्मरण में कहीं-कहीं पर बिल्कुल ही संकोच रहित होकर आत्म विश्लेषण किया है।

'मेरे स्वभाव में चांचल्य नहीं था, परिस्थितियों ने मुझे समय से पहले ही गम्भीर बना दिया था चंचल और नटवर बनने का अवसर हीं नहीं मिला। कशमकश और खींचतान से मेरे जीवन का व्यायाम नहीं हो सका। यदि हाई स्कूल तक पढ़ जाता तो शायद लड़कों की क्रीड़ा कुशलता और लोकपटुता में मैं भी सुदक्ष हो जाता...।

इसी प्रकार पाण्डेय बेचन शर्मा 'उग्र' ने भी चोरी कप वर्णन 'अपनी खबर' में इस प्रकार किया है–

मैं जिस दर्जे में पढ़ता था उसी में एक काला लड़का था, किसी छोटी जाति का। वह अपने बस्ते में हनुमान चालीसा की एक प्रति रोज ले आता था, और मैं ललचाकर, तड़पकर रह जाता था, उस दो पैसे की विख्यात पुस्तक के लिए। मैं ऊँचा लड़का वह नीचा, लेकिन मैने उसकी हनुमान चालीसा चुरा ली और बड़े चाव से उसका पाठ करने लगा।

अतः आत्मकथात्मक शैली में लिखे गये संस्मरण अत्यन्त ही रोचक और प्रभावशाली बन पड़े हैं।

(ख) निबन्धात्मक शैली में लिखे गये संस्मरण : निबन्धात्मक शैली का प्रयोग अन्य व्यक्तियों के जीवन को उद्‌घाटित करने के लिए होता है। इस शैली का प्रयोग शान्तिप्रिय द्विवेदी और बाबू गुलाबराय ने व्यक्तिगत अनुभव पर आधारित कुछ घटनाओं का वर्णन इसी शैली में अपनी कृति में किया है, जिसमें इन्हें सफलता भी प्राप्त हुई है। इसी प्रकार शान्तिप्रिय द्विवेदी ने बहन सम्बन्धी लिखे गये संस्मरणों को इसी शैली में प्रस्तुत किया है।

'छुटपन में ही वह विधवा हो गयी थी। उस अबोध वय में उसने जाना ही नहीं कि उसके भाग्य क्षितिज में क्या पट-परिवर्तन हो गया। जन्म काल से जो माँ का आँचल उसके अपने मस्तक पर ज्यों का त्यों पाया मानों शैशव उसके जीवन में अक्षुण्ण हो गया...।

पत्र-पत्रिकाओं में प्रकाशित संस्मरणों में भी इसी शैली के दर्शन होते हैं।

(ग) डायरी शैली में लिखे गये संस्मरण : आजकल इस शैली के माध्यम से भी संस्मरण लिखने का चलन हो रहा है। हिन्दी साहित्य में केवल राहुल जी ने डायरी शैली का प्रयोग किया है। इन्होंने अपनी यात्रा का वर्णन तिथियों के अनुसार किया है, उदाहरण के लिए पंक्तियाँ द्रष्टव्य हैं।

'20 अक्टूबर को पास के पहाड़ों पर नयी बरफ दिखाई पड़ी उस दिन हवा भी तेज थी। खैरियत हुई कि अगले दिन (21 अक्टूबर) को 2 बजे तक हमने कापी करने का काम खत्म कर दिया। अब फोटो लेकर धोने का तजुर्बा करना था। फोटो लेने के लिए पुस्तकों की कमी न थी। हमने 21 अक्टूबर को कुछ प्लेट महल में रखकर फोटो उतारे, धोने पर फिल्म बहुत मोटा रहा।

राहुल के अतिरिक्त 'दिनकर' ने भी इसी शैली का सहारा लेकर छुटपुट संस्मरणों की रचना की है।

(घ) पत्रात्मक शैली में लिखे संस्मरण : पत्रात्मक शैली का प्रयोग करके संस्मरण लिखने वालों में राहुल जी अग्रगण्य हैं। 'यात्रा के पन्ने' संस्मरण में 'प्रवास के पन्ने' शीर्षक में इसी शैली का प्रयोग किया है। इसी प्रकार जैनेन्द्र ने भी कुछ संस्मरण इसी शैली में लिखे हैं, जिसके द्वारा प्रेमचन्द्र सम्बन्धी संस्मरणों का आभास हो जाता है।

अतः उपुर्यक्त विवेचन से स्पष्ट है कि संस्मरण लिखने के भी अनेक ढंग होते हैं, जिन्हें समयानुसार संस्मरणकार अपना लेता है और अपनी भावनाओं को अभिव्यक्ति प्रदान कर देता है।

(ङ) इण्टरव्यू : इण्टरव्यू भी रेखाचित्र, आत्मकथा, संस्मरण तथा डायरी की भाँति एक नवीन साहित्यिक विधा है, जिसे पूर्णरुपेण पश्चिम की ही देन कहा जा सकता है। आज इण्टरव्यू अत्यन्त ही महत्त्वपूर्ण एवं उपयोगी विधा के रूप में प्रतिष्ठित है। इण्टरव्यू का स्थानापन्न अभी कोई हिन्दी पर्याय हमारी भाषा में सामान्यतया स्वीकृत और प्रचलित नहीं हुआ है। यद्यपि 'भेट', 'भेटवार्ता', 'साक्षात्कार', 'चर्चा', 'विशेष चर्चा' जैसे कुछ पर्याय पत्र पत्रिकाओं में प्रयुक्त हुए हैं, किन्तु अधिकतर लेखकों ने 'इण्टरव्यू' शब्द ही इस विशेष विधा के लिए ग्रहण किया है और यही शब्द इस समय अधिक प्रचार में है।

'इण्टरव्यू' ने आज एक स्वतन्त्र विधा का रुप धारण कर लिया है। अब तो समस्त भारतीय भाषाओं में इण्टरव्यू साहित्य सृजित किया जाने लगा है। दैनिक, साप्ताहिक तथा मासिक पत्र-पत्रिकाओं से इसका जन्म माना जा सकता है। वहीं से जन्म लेने के बाद आज इसने प्रौढ़ता को भी प्राप्त कर लिया है। कहने का आशय यह है कि इस नवीन विधा का आश्चर्यजनक विकास हो रहा है। इस विधा को पद्मसिंह शर्मा 'कमलेश' जी ने इस प्रकार स्पष्ट किया है।

'जब कोई कृति पाठक के भीतर जिज्ञासा जागा जाती है और वह पूरी तरह जुझ लेने पर भी उनसे उबर नहीं पाता तो कृति की आत्मा को पाने की चेष्टा में वह उसके सृजन की पृष्ठभूमि तक पहुँचने का प्रयत्न करता है। जब कभी कृतिकार से उसका साक्षात्कार होता है, वह उसके सृजन क्षणों की झाँकी पाने के लिए मचल उठता है। इस प्रकार जब कृतिकार और उसके पाठक अथवा आलोचक (आलोचक मूलतः पाठक ही होता है—एक प्रबुद्ध पाठक) आमने-सामने बैठकर चर्चा करते हैं, तो कृति तथा कृतिकार के अनेक ऐसे रूप प्रकट होते हैं जो तब तक अचिंत्य थे, और उनके प्रकाश में कृति को नये सन्दर्भ मिल जाते हैं। ऐसी भेंट वार्ताएँ साहित्य की अमूल्य निधि बन जाती हैं।

अतः उपर्युक्त विवेचन से इतना तो स्पष्ट ही हो जाता है कि इण्टरव्यू वह विधा है, जिसमें कोई भी जिज्ञासु व्यक्ति अन्य किसी व्यक्ति से प्रत्यक्ष रूप से मिलकर उसके आन्तरिक एवं वाह्य व्यक्तित्व के बारे में जानकारी प्राप्त करता है। इण्टरव्यू की परिभाषा विश्वनाथ शुक्ल ने इस प्रकार किया है—

'इण्टरव्यू' शब्द से आज एक ऐसी विशिष्ट कोटि की साहित्यिक विधा का बोध होता है, जिसमें एक जिज्ञासु व्यक्ति जीवन के किसी क्षेत्र में विद्यमान अन्य किसी व्यक्ति (विशेषकर प्रख्यात और मंहत्त्वपूर्ण व्यक्ति) से प्रत्यक्ष मिलकर उसके बारे में सीधे-सीधे जानकारी प्राप्त करता है।

इस प्रकार इण्टरव्यू एक महत्त्वपूर्ण विधा के रूप में प्रतिष्ठित है, जिसके द्वारा व्यक्ति के आन्तरिक एवं वाह्य व्यक्तित्व तथा उसके सम्पूर्ण परिवेश का रोचक मनोरंजक ढंग से ज्ञान प्राप्त हो जाता है।

जैसा कि ऊपर कहा गया है कि इस विधा का विकास पत्र पत्रिकाओं के माध्यम से ही समग-समय पर होता रहा। आज भी अधिकांश इण्टरव्यू पत्र-पत्रिकाओं में ही प्रकाशित होते हैं। यही कारण है कि आज पुस्तक रूप में प्रकाशित इण्टरव्यू अधिकतर पहले पत्र-पत्रिकाओं में ही प्रकाशित हो चुके हैं।

हिन्दी साहित्य में इस विधा का प्रारम्भ करने का श्रेय बनारसीदास चतुर्वेदी का है। उन्होंने 'रत्नाकर जी से बातचीत' शीर्षक इण्टरव्यू सितम्बर के 'विशाल भारत' में प्रकाशित किया था। इसके कुछ ही महीने के बाद 'प्रेमचन्द जी के साथ दो दिन' शीर्षक से उन्हीं का द्वितीय इण्टरव्यू जनवरी के 'विशाल भारत' में ही प्रकाशित हुआ। इस प्रकार, छूट-पुट भेंट वार्ताएँ प्रकाश में समय-समय पर आती रहीं किन्तु इस विधा का व्यवस्थित रूप हमें पद्मसिंह शर्मा 'कमलेश' द्वारा लिखा गया 'मैं इनसे मिला' में ही प्राप्त होता है। यह पुस्तक इस विधा की प्रथम पुस्तक के रूप में प्रतिष्ठित है।

'मैं इनसे मिला' पुस्तक दो खण्डों में प्राप्त होती है। प्रथम खण्ड में बाबू गुलाबराय, रामनरेश त्रिपाठी, 'निराला', धीरेन्द्र वर्मा, चतुरसेन शास्त्री तथा महादेवी वर्मा आदि बारह साहित्यकारों द्वारा लिये गये साक्षात्कार समाविष्ट हैं एवं द्वितीय खण्ड में श्री विद्यावाचस्पति, रायकृष्ण दास, बालकृष्ण शर्मा 'नवीन' आदि से हुई दस सजीव भेंट वार्ताएँ हैं। ये समस्त भेंट वार्ताएँ उसकी साहित्यिक परिधि तक ही सीमित न रहकर वरन उनके जीवन के विभिन्न पक्षों पर भी प्रकाश डालती हैं।

इसी प्रकार का दूसरा महत्त्वपूर्ण प्रयत्न है डॉ. रणवीर रांग्रा की पुस्तक 'सृजन की मनोभूमि' जिसमें 21 साहित्यकारों के साथ समय-समय पर हुई उनकी भेंट वार्ताएँ संकलित हैं। इनमें से प्रमुख साहित्यकारों के नाम इस प्रकार हैं—सुदर्शन, गुप्तबन्धु, दिनकर, बच्चन, जैनेन्द्र कुमार, इलाचन्द्र जोशी, यशपाल, सुमित्रानन्दन पन्त तथा नगेन्द्र आदि। इन समस्त भेंट वार्ताओं में डॉ. रांग्रा ने अपनी जिज्ञासाएँ साहित्यकारों के सृजन तक ही केन्द्रित की हैं और स्वयं के प्रश्नों के द्वारा उनके 'सृजन की मातृभूमि' तक पहुँचने का सफल प्रयास किया है।

इसके अतिरिक्त कुछ साहित्यकारों ने अपनी भेंट वार्ताओं के संकलन भी प्रकाशित किये हैं। इनमें प्रथम प्रयास है 'जैनेन्द्र की विचारधारा' जिसका सम्पादन डॉ. प्रभाकर माचवे ने किया। इसी प्रकार अन्य भी कुछ साहित्यकारों ने अपनी भेंट वार्ताओं के संकलन प्रस्तुत किये हैं।

अन्त में स्पष्ट है कि इण्टरव्यू एक ऐसी स्वतन्त्र और नवीन विधा है, जिसका भविष्य हमें उज्ज्वल ही दिखाई देता है। यह भी सम्भव है कि भविष्य में उसमें नये-नये आयाम जुड़ते जायें और लगातार इस विधा का स्थान बढ़ता जाये।

(ङ) यात्रा वृत्तान्त : मानव स्वभाव से ही संचरणशील होता है। अपनी आवश्यकताओं की पूर्ति हेतु वह एक स्थान से दूसरे स्थान को जाता ही रहता है। जीवन निर्वाह करने के लिए उसे यात्रा का ही सहारा लेना पड़ता है। द्वारिका प्रसाद शर्मा ने 'यात्रा' शब्द के अर्थ का प्रतिपादन इस प्रकार किया है—

'यात्रा' शब्द का अर्थ है, एक स्थान से दूसरे स्थान पर जाने की क्रिया।

उपर्युक्त परिभाषा से भी यही स्पष्ट होता है कि अपनी आवश्यकताओं की पूर्ति के लिए एक स्थान से दूसरे स्थान को जाना ही यात्रा के नाम से अभिहित किया जाता है।

यही कारण है कि मानव अपनी जिन्दगी को सुखमय एवं सफल बनाने के लिए सदैव ही स्थान परिवर्तन किया करता है, जहाँ जाने पर वह अपने अभीष्ट या सौख्य को प्राप्त कर सकता है वहीं पर जाकर वह रहने लगता है। डॉ. पद्मसिंह शर्मा 'कमलेश' ने भी हिन्दी वाङ्मय बीसवीं शदी में यात्रा के स्वरूप का स्पष्टीकरण किया है।

"यात्रा शब्द का अर्थ है—एक स्थान से दूसरे स्थान को जाने की क्रिया और इसका प्रमुख लक्षण है-संचरणशीलता अर्थात् निरन्तर स्थान-परिवर्तन करना और एक स्थान से दूसरे स्थान को चलते जाना। कदाचित् इसीलिए रवीन्द्र नाथ ठाकुर ने मनुष्य को 'सनातन यात्री' की संज्ञा दी है। आध्यात्मिक दृष्टि से यह सम्भव है कि कोई पुनर्जन्म न माने और कहे कि इसी जन्म से उसका सम्बन्ध है, लेकिन इससे कोई इनकार नहीं कर सकता कि संसार में रहते

हुए कोई चले बिना रह नहीं सकता है। उसे अपने जीवन को धारण करने के लिए भी सदैव चलते रहना पड़ता है। ऐतरेय ब्राह्मण का 'चरैवेति-चरैवेति' मंत्र भी इसका प्रमाण है।"

यात्रा की परम्परा आरम्भिक युग से ही दिखाई देती है। वैदिक युग से आरम्भ होकर यह परम्परा पौराणिक युग, रामायण युग और महाभारत युग में होती हुई आज तक चली आती दृष्टिगोचर होती है। हिन्दी साहित्य के विकास में भारतेन्दु युग का वशिष्ट स्थान है, जिसमें प्रगतिशील लेखकों का ध्यान यात्रा साहित्य की ओर गया, स्वयं भारतेन्दु जी ने 'सरयू पार की यात्रा', 'लखनऊ की यात्रा' तथा 'हरिद्वार की यात्रा' आदि प्रमुख यात्रा वृत्तान्त लिखे हैं। इसी परम्परा में बालकृष्ण भट्ट आते हैं, जिन्होंने 'कतिकी का नहान' तथा 'गया यात्रा' लिखकर इस परम्परा को अग्रसर किया है। इसी प्रकार भगवानदास वर्मा, दामोदर शास्त्री तथ देवी प्रसाद खत्रीकृत यात्राएँ लिखी गयी हैं, जिससे पूर्णरूपेण स्पष्ट हो जाता है कि भारतेन्दु युग यात्रा वृत्तान्त की दृष्टि से धनी है। भारतेन्दु-युगीन यही यात्रा वृत्तान्त द्विवेदी युग व छायावाद युग में और भी उन्नति की ओर बढ़ता सा नजर आने लगा। इनमें एक ओर तो 'सरस्वती', 'मर्यादा', 'इन्दू' तथा 'गृहस्वामी' आदि प्रमुख पत्रिकाओं में 'विलायत की सैर', 'युद्ध की सैर', 'जापान की सैर' तथा 'देहरादून-शिमला' यात्रा आदि वृत्तान्त प्रकाशित होने लगे तो दूसरी ओर कुछ साहित्यिक यात्रा ग्रन्थों के अन्तर्गत देश यात्रा, विदेश यात्रा तथा तीर्थ स्थान यात्रा आदि तीनों प्रकार की यात्राएँ प्रकाशित होनें लगीं। विदेशी यात्रा विषयक ग्रन्थों में सत्यदेव परिब्राजककृत 'अमेरिका का दिग्दर्शन', गोपालराम गहमरीकृत 'लंका यात्रा का विवरण' तथा केशरी शुक्लकृत 'तिब्बत में सवा वर्ष' विशेष उल्लेखनीय हैं, क्योंकि उनका तो सम्पूर्ण जीवन ही यात्रामय है। इन सम्पूर्ण यात्रा-वृत्तान्तों को देखकर ऐसा आभास होता है यात्रा-साहित्य दिन प्रतिदिन उन्नति ही करता गया है।

तत्पश्चात सन् 1936-37 से जहाँ एक ओर प्रगतिबाद के आन्दोलन के परिणामस्वरूप रूस और चीन की ओर भारतीयों का ध्यान गया तो दूसरी ओर द्वितीय महायुद्ध की समाप्ति पर स्वतन्त्र भारत के देशों से सांस्कृतिक सम्बन्ध स्थापित हुए। ऐसे मौके पर हमारे कवि और लेखक वर्ग भी विदेशी यात्राओं का शुभ अवसर प्राप्त करने लगे हैं। अतः स्पष्ट है कि यह युग उन्नति का ही युग है। इस युग में सबसे अधिक रूस की यात्राएँ हुई हैं। रूस की यात्रा करने वालों गें डॉ. सत्यनारायण, राहुल जी, यशपाल, महेश प्रसाद तथा डॉ. नगेन्द्र आदि विशेष उल्लेखनीय हैं। सत्यनारायण जी ने 'रोमांचक रूस', 'रूस में 25 मास' आदि का विस्तृत वर्णन किया है। यशपाल ने 'लोहे की दीवार के दोनों ओर' लिखकर यात्रा वृत्तान्त को समृद्ध बनाया है। आज तो 'अज्ञेय' की 'अरे यायावर रहेगा याद', 'मोहन राकेश की 'आखिरी चट्टान' तक क्रान्ति सागरकृत 'खोज की पगडंडियो' और 'खण्डहरों का वैभव' तथा प्रभाकर द्विवेदीकृत 'पार उतरि' कहँ जइहौं' आदि यात्रा वृत्तान्त आधुनिक युग की स्मरणीय यात्राएँ कही जा सकती हैं, जो हिन्दी साहित्य की अक्षय निधि है। ये ही यात्राएँ हैं, जिससे यात्रा साहित्य का भविष्य हमें उज्ज्वल दिखाई पड़ता है।

(च) पत्र : आधुनिक साहित्य की अन्य नवीन विधाओं के साथ ही 'पत्र-साहित्य' भी प्रकाश में आता है। 'पत्र' स्वयं के हृदयगत भावनाओं को स्पष्ट करने का एक सहज माध्यम है जिसमें पत्र लेखक का वाह्म एवं आन्तरिक संघर्ष, उसकी रुचि आदि समाविष्ट रहती है।

'पत्र' जीवन का दर्पण है, जिसमें उसका निखरा हुआ चित्र स्पष्ट रूप से दिखलाई देता है। दर्पण में से लेखक की मनोवृत्तियाँ, उसकी आकांक्षाएँ उसके जीवन की कठिनाइयाँ, उसकी विचारधारायें उसकी प्रगतियाँ, उसके जीवन का मानसिक विकास तथा कार्यक्रम चित्रित हो उठते हैं। किसी भी व्यक्ति का यह निखरा हुआ चित्र उसके पत्रों के अतिरिक्त उसकी अन्य किसी रचना अथवा मौखिक वार्तालाप से प्राप्त नहीं होता।

अतः उपुर्यक्त विवेचन से स्पष्ट है कि पत्र अपनी भावनाओं को किसी दूरस्थ व्यक्ति के पास भेजने का एक सरल तरीका है। पत्र साहित्य को निम्नांकित तत्त्वों के द्वारा और भी आसानी से समझा जा सकता है।

1. वर्ण्य विषय : किसी भी पत्र का वर्णित विषय होता है—अपने आत्मीय एवं इष्ट मित्र को अपनी सम्पूर्ण भावनाओं से अवगत कराना। इसके अन्तर्गत जिन्दगी के उलझनों से सम्बन्धित, दैनिक कामकाज से सम्बन्धित, व्यावसायिक धन्धों से सम्बन्धित या साहित्यिक, राजनीतिक तथा दार्शनिक पहलुओं से सम्बन्धित पत्र आता है, इन समस्त पत्रों के लिए रुचिकर होना परमावश्यक होता है। यदि पत्र लेखक अपने व्यक्तित्व को ईमानदारी के साथ लिखता है, तो वह रोचकता की कोटि में आ जाता है, उदाहरणार्थ रामचन्द्र शुक्ल जी के केदारनाथ पाठक को लिखे गये पत्र में अपनी पारिवारिक घटना का वर्णन इस प्रकार किया है कि वह सहज ही रोचक हो गया है।

'प्रियवर, आजकल मेरे ऊपर ईश्वर की अथवा शनैश्चर की बुरी दृष्टि है। एक के बाद दूसरी, दूसरी के बाद तीसरी विपत्ति में आ फँसता हूँ। सुनिये मैं काशी जाने की पूरी तैयारी कर चुका था, परन्तु बीच में मेरे घर ही में एक विलक्षण षड्यंत्र रचा गया। मेरे पिताजी इधर कई दिनों से दौरे पर हैं, इसी बीच मेरी विमाता जी को भी भयंकर मूर्ति धारण करने की सूझी। 400 रुपये का जेवर गायब करके कह दिया कि मेरे पास ही से घर में से चोरी हो गया।

रोचकता के अतिरिक्त संक्षिप्तता तथा स्पष्टता आदि गुण भी पत्र के लिए आवश्यक होते हैं।

2. पात्र एवं घटनाएँ : पत्र में वर्णित प्रत्येक घटना एवं व्यक्ति के साथ पत्र लेखक का व्यक्तिगत सम्बन्ध होता है। पत्र लेखक बड़ी ईमानदारी के साथ व्यक्ति और घटना का वर्णन करता है यदि वह ऐसा नहीं करता है तो पत्र में एक प्रकार की कृत्रिमता सी आ जाती है, जबकि पत्र के लिए तो यह आवश्यक हुआ करता है कि उसमें स्वाभाविकता के दर्शन पूर्ण मात्रा में हों। पत्र की विशेषता यह भी है कि पत्र लेखक पत्रों एवं घटनाओं का तो चित्रण करता ही है, वह अपने मन की प्रतिक्रिया का भी पूर्ण विवेचन करता चलता है। जैसे-बनारसीदास को पद्मसिंह शर्मा के द्वारा 29-4-28 का लिखा हुआ पत्र यह स्पष्ट करता है कि उन्होंने बनारसीदास जी के सम्पादकीय पद की आलोचना व्यक्त किया है।

'मालूम होता है कि अब आप पूरे सम्पादक बन गये हैं, तभी तो हमारी पसन्द की कविताएँ नापसन्द करके छापने से इनकार कर दिया यह सम्पादकीय मद प्रायः आ ही जाता है।'

इससे स्पष्ट है कि पत्र लिखने वाला पात्र और घटना के वर्णन के साथ ही साथ अपनी प्रतिक्रिया भी समाविष्ट करता है।

3. देश काल एवं वातावरण : वास्तविकता या यथार्थता से अवगत होने के लिए वातावरण का प्रमुख स्थान होता है। पत्र लेखक आसपास की परिस्थितियों से प्रभावित होकर पत्र लिखता है। यही कारण है कि उसके पत्र में परिस्थिति का भी पूर्ण विवेचन प्राप्त हो जाता है, उदाहरणार्थ-प्रेमचन्द्र ने 11 मई सन् 1930 में जैनेन्द्र जी को जो पत्र लिखा था उसमें तत्कालीन परिस्थितियों का भी मूल्यांकन किया है।

'पहली तारीख को आया, तो यहाँ काँग्रेस के उलझनों में पड़ा रहा। शहर पर फौज का कब्जा है। अमीनाबाद में दोनों पार्कों में सिपाही और गोरे, डेरे डाले पड़े हैं, 144 धारा तोड़ने के फिक्र में हैं। डण्डे की नयी पालिसी ने लोगों की हिम्मत तोड़ दी है।

अतः स्पष्ट है कि पत्र लिखने वाला चारों ओर फैली हुई परिस्थिति का दास होता है। अपने पत्र में वह विचारों के साथ ही साथ सम्पूर्ण परिस्थितियों का भी चित्रण करता है।

शैली एवं भाषा : कोई भी साहित्यकार एक ढंग विशेष का प्रयोग करके अपनी कृति को सफल बनाने का प्रयास करता है। यही ढंग या तरीका शैली कहलाता है। पत्र लेखन की तो अपनी ही एक विशेष शैली होती है, जिसका एकमात्र कारण यह होता है कि लेखक का उद्देश्य केवल अपने बारे में ही लिखना होता है। यही कारण है कि इस शैली की कुछ स्वयं की ही विशेषताएँ होती हैं।

'सर्वप्रथम इस शैली की विशेषता आत्मीय है। पत्र में लेखक की आत्मीयता प्रकट होनी चाहिए। वर्ण्य विषय की दृष्टि से जब लेखक लिखता है, तब उसका अपनापन दबा रहता है, वह सीधे रूप में सम्मुख नहीं आता। पत्र साहित्य में आत्मीयता अर्थात् सापेक्ष दृष्टि की अत्यन्त आवश्यकता होती है। आत्मीयता का सम्बन्ध लेखक के अपने व्यक्तित्व के साथ भी है, और दूरस्थ व्यक्ति के साथ भी।

शैली की ही भाँति भाषा का भी पत्र में विशेष स्थान होता है। पत्र लेखक के लिए यह आवश्यक होता है कि स्वयं के व्यक्तित्व को स्पष्ट करने के लिए पत्र में जिस माध्यम को अपनाये वह सरल, स्पष्ट एवं भावानुकूल हो। इन विशिष्टताओं के अभाव में पत्र की रोचकता एवं प्रभावात्मकता समाप्त सी हो जाती है।

उद्देश्य : आत्माख्यान, पत्र लेखक का प्रमुख उद्देश्य होता है। जहाँ पर पत्र लेखक किसी विशेष व्यक्ति को कोई ज्ञान की चीज बताता है, वहाँ पर पत्र में आत्मीयता की मात्रा कम होती है और वह अन्य साहित्यिक विधा के नजदीक हो जाता है, किन्तु जहाँ पर स्वयं के वृत्तान्त का ही प्रदर्शन लेखक का उद्देश्य होता है, वहाँ वह अन्य साहित्यिक विधा से दूर दिखायी देने लगता है।

पत्र साहित्य का सम्पूर्ण रूप से अवलोकन करने पर उसे निम्नांकित रूपों में प्रस्तुत किया जा सकता है—

1. साहित्यिक पत्र : साहित्यिक पत्र वे होते हैं, जिनमें साहित्य से ही सम्बन्धित विषय होता है। इस प्रकार के पत्रों में पत्र लेखक का उद्देश्य विषय को अच्छी प्रकार समझाकर स्वयं के विचार भी प्रकट करना होता है। इसमें विषय को ही प्रमुखता प्रदान की जाती है। श्रीधर

पाठक, महावीर प्रसाद द्विवेदी एवं पद्मसिंह शर्मा 'कमलेश' आदि के पत्र इसी कोटि के हैं। श्रीधर पाठक के अधिकांश पत्रों का विषय साहित्यिक ही है। इसी प्रकार पद्मसिंह शर्मा तथा महावीर प्रसाद द्विवेदी के पत्रों में भी साहित्यिकता का पुट है। डॉ. 'बच्चन' के द्वारा संकलित तथा सम्पादित 'पंत के सौ पत्र' और पन्त के 'दो सौ पत्र' इस दिशा में अत्यन्त महत्त्वपूर्ण हैं।

2. आत्मकथात्मक पत्र : इस प्रकार के पत्रों में लेखक अपने मित्र या सम्बन्धी को अपने बारे में अवगत कराता है। इन पत्रों में आत्मकथात्मक शैली का ही सहारा लिया जाता है। इस प्रकार के पत्र के लिए यह आवश्यक होता है कि उसमें स्वाभाविकता एवं स्पष्टता हो। इन पत्रों में हमें लेखक का सम्पूर्ण व्यक्तित्व स्पष्ट परिलक्षित होता है। इस प्रकार के पत्र लेखकों में प्रेमचन्द, महावीर प्रसाद द्विवेदी, पद्मसिंह शर्मा तथा रामचन्द्र शुक्ल आदि प्रमुख हैं। मुंशी प्रेमचन्द ने अपने एक पत्र में अपने विषय में इस प्रकार लिखा है–

'मेरे हालात नोट कर लें। तारीख, पैदायश संवत 1937। बाप का नाम मुंशी आजाबलाल। सुकूनत मौजा मढ़वाजम ही। मुत्तलिस पाण्डेपुर। बनारस। इब्तदाअन आठ साल तक फारसी पढ़ी। फिर अंग्रेजी शुरू की। बनारस के कालेजिएट स्कूल से एन्ट्रेस पास किया...

3. वर्णात्मक पत्र : वर्णात्मक पत्र वे पत्र होते हैं, जिनमें किसी भी प्रकार के पत्र लेखकों में डॉ. धीरेन्द्र वर्मा अग्रगण्य हैं। इस प्रकार के पत्रों के लिए यह आवश्यक होता है कि वह रोचक एवं सजीव हो। डॉ. धीरेन्द्र ने अपने पत्रों में नगर व स्थान के वर्णन के साथ ही वहाँ के स्त्री व पुरुषों का भी चित्रण किया है। बेल्जियम के स्त्री व पुरुषों का वर्णन इस प्रकार है-

'बेल्जियम के स्त्री, पुरुषों के मुख और व्यवहार से शराफत टपकती है।...इंग्लैण्ड के लोगों का अक्खड़पन तथा पेरिस की कामुकता यहाँ नहीं दिखाई पड़ती। लोग बहुत मीठे ढंग से बात करते हैं। अगर उन्हें अनुमान भी हो जाता था कि हम लोगों को किसी वजह की तलाश है, तो खुद पूछ लेते थे।

4. विचार प्रधान पत्र : विचार प्रधान पत्र वे होते हैं जिनमें किसी समस्या पर पूर्ण प्रकाश डाला जाता है। यह पत्र अधिकतर उपदेश प्रधान होते हैं। इनमें मानवता, नैतिकता और अध्यात्म का आदर्श रूप दिखाई देता है। कमलापति तथा विवेकानन्द के पत्र इसी कोटि के हैं। स्वामी दयानन्द के पत्र न केवल उपदेशात्मक ही हैं अपितु उनकी गणना हिन्दी के आरम्भिक पत्र-साहित्य में की जाती है।

इस प्रकार स्पष्ट है कि पत्र चाहे वह किसी भी श्रेणी का हो, मानव हृदय का दर्पण अवश्य होता है। इसके माध्यम से पत्र लेखक का व्यक्तित्व द्वय हमारे समक्ष प्रस्तुत होता है।

(छ) दैनन्दिनी (डायरी) : यूरोपीय साहित्य के प्रभाव के परिणामस्वरूप डायरी साहित्य का विकास हुआ है। यही कारण है कि आधुनिक हिन्दी साहित्य में उतनी डायरियाँ हमें नहीं प्राप्त होती हैं, जितनी अंग्रेजी भाषा में।

डायरी गद्य का वह रूप है, जिसमें लेखक प्रतिदिन घटने वाली सम्पूर्ण घटनाओं का वर्णन करता है, यही कारण है कि डायरी को दैनन्दिनी, दैनिकी और रोजनामचा के नाम से भी पुकारते हैं। मानव मन पर किसी वस्तु या घटना का जो भी प्रभाव पड़ता है, डायरी में वह उसी समय लिखित रूप में सँजोकर रख लेता है, क्योंकि मानव मस्तिष्क पर अंकित यादें समय-समय पर धूमिल होती रहती हैं। लेखक के व्यक्तित्व के प्रकाशन का सबसे अधिक

प्रामाणिक रूप डायरी कही जा सकती है। इसमें लेखक अपने व्यक्तित्व को निस्संकोच रूप से खोलकर रख देता है, जिसका एक मात्र कारण यह है कि डायरी सदैव ही लेखक के पास रहती है, उसमें लिखित बातों को पढ़ने का अधिकार अन्य किसी को नहीं होता है, जब तक कि लेखक स्वयं न कहे।

डायरी में एक विशेष ध्यान योग्य बात यह है कि यदि लेखक अपनी डायरी को प्रकाशित करवाने में रुचि रखता है, तो वास्तविकता को छिपाकर उसमें कृत्रिमता का समावेश कर देता है–

1. विषय वस्तु का विस्तार : विषय वस्तु डायरी का महत्त्वपूर्ण अंग होता है। विषय वस्तु के प्रस्तुतीकरण का आशय यह है कि डायरी लेखक खाने-पीने तथा सोने आदि का ही नहीं बल्कि जिन्दगी में घटने वाली घटनाओं तथा नवीन अनुभवों आदि का विवरण अपनी दैनन्दिनी में करता है। डायरी लेखक के लिए यह आवश्यक होता है कि जिन्दगी की समस्त साधारण घटनाओं का विवेचन अपनी डायरी में न करे, जिससे अधिक विस्तार के परिणामस्वरूप डायरी समाज के लिए प्रशंसनीय हो जाती है।

रोचकता के साथ ही संक्षिप्तता भी डायरी का महत्त्वपूर्ण गुण होता है, क्योंकि संक्षिप्त घटनायें पाठक को जल्द ही प्रभावित कर लेती हैं। अत्यधिक विस्तृत चीज विषय को नीरस बना देती हैं। उदाहरण के लिए मुक्तिबोध ने केशव के सम्पूर्ण व्यक्तित्व को कुछ ही पंक्तियों में व्यक्त कर दिया है–

'वह बालक सचमुच बहुत दयालु, धीर गंभीर तथा भीषण कष्टों को सहज ही सह लेने वाला था, किन्तु साथ ही वह शिथिल स्थिर आचंल और सहज स्नेही था। उसमें सबसे बड़ा दोष यह था कि उसमें बालकोचित गुण-दोष नहीं थे...।

इन गुणों के अतिरिक्त स्पष्टता एवं सुसंगठितता भी डायरी का महत्त्वपूर्ण गुण होता है।

2. सम्बन्धित व्यक्तियों और घटनाओं से लेखक का सम्बन्ध : डायरी में लेखक उन्हीं घटनाओं और व्यक्तियों का चित्रण करता है, जिनसे उसका घनिष्ठ सम्बन्ध होता है। डायरी में वह तत्कालीन उन सम्पूर्ण परिस्थितियों का भी अंकन करता है, जिनका उसके ऊपर प्रभाव पड़ता है। यदि लेखक किसी पारिवारिक घटना का चित्रण करता है, तो उससे किस प्रकार से वह प्रभावित हुआ है, इसका भी पूर्ण विवेचन अवश्य करता है।

3. देश-काल एवं वातावरण : वातावरण उन परिस्थितियों का सामूहिक नाम कहा जा सकता है, जो लेखक के चारों ओर फैली रहती हैं। डायरी लेखक भी चूँकि चारों ओर की परिस्थितियों के मध्य में ही अपना जीवन-यापन करता है, इसलिए उसका चित्रण भी जाने या अनजाने में उसकी डायरी में स्पष्ट हो जाता है। इस सन्दर्भ में एक बात ध्यान देने योग्य है कि परिस्थिति का अंकन ही सब कुछ नहीं है, बल्कि उसका साहित्य पर क्या प्रभाव पड़ता है, यह भी स्पष्ट करना आवश्यक होता है। उदाहरणार्थ धर्मवीर भारती द्वारा लिखित निम्नांकित पंक्तियाँ प्रस्तुत की जा सकती हैं, जिसमें आधुनिक साहित्य को परिस्थिति से प्रभावित दिखाया है–

'आज का युग मानव चेतना के लिए कितना भयानक रेगिस्तान साबित हुआ है, उसमें कितनी पथभ्रष्ट करने वाली मृग-मरीचिकाएँ रही हैं (जिनमें से कुछ की असलियत वर्षों पहले

खुल गईं, कुछ की अब खुल रही हैं) और मानव की सहज रस-स्निग्धता को निगलने के लिए कितने भूखे पशु विचरण कर रहे हैं...।

4. शैली एवं भाषा : शैली वह ढंग होता है जिसके माध्यम से लेखक अपनी कृति को साज-सज्जा प्रदान करता है। लेखक डायरी में आपबीती घटना को शैली के ही माध्यम से प्रस्तुत करता है। डायरी की शैली अन्य विधाओं की शैली से भिन्न हो जाती है। इसमें लेखक का उद्देश्य मात्र आत्मविश्लेषण ही होता है। सच्ची डायरी वही कहलाती है, जिसमें उसका लेखक अपने ऊपर बीतने वाली समस्त परिस्थितियों का अंकन सच्चाई या नग्नता के साथ करे। उदाहरण के लिए डॉ. धीरेन्द्र वर्मा ने अपनी डायरी में कालेज के सात वर्षों का यथार्थ चित्रण किया है। परिचय में उन्होंने स्वीकार किया है–

व्यक्तिगत होते हुए भी यह डायरी किसी भी संवेदनशील आदर्शवादी किन्तु संकोची 18, 19, से 25, 26 वर्ष की आयु के नवयुवकों के हृदय का चित्र हो सकती है, व्यक्तिगत अंशों को भी इसी रूप में देखा जा सकता है।

डायरी शैली में सजीवता, स्पष्टता एवं सत्यता की पर्याप्त मात्र होनी चाहिए तभी वह घटित घटनाओं के व्यक्तीकरण को पूर्णता प्रदान करने में सफल होगी।

जहाँ तक भाषा का प्रश्न है, वह साधन है, जिसके माध्यम से लेखक अपनी भावनाओं को अभिव्यक्ति प्रदान करता है। शुद्ध एवं भावानुकूल भाषा ही पाठक को आकर्षित करने में समर्थ होती है, इसलिए यह आवश्यक होता है कि लेखक की भाषा शुद्ध, परिमार्जित और भावानुकूल हो। भाषा में अलंकारिकता का अभाव होना चाहिए नहीं तो वह कृत्रिमता के नजदीक पहुँच जाती है। भाषा में स्वाभाविकता की भी आवश्यकता होती है। मुक्तिबोध की डायरी से इसका एक उदाहरण इस प्रकार द्रष्टव्य है–

यह मुस्कराहट मुझे चुभ गयी। तो क्या मैं इतना पागल हूँ कि बात करके भटक जाता हूँ। इस साले ने बहुत ध्यानपूर्वक मेरे स्वभाव का अध्ययन किया होगा, शायद मैं भी इसे 'बोर' करता रहूँगा।

5. उद्देश्य : डायरी लेखक का उद्देश्य होता है घटित घटनाओं के प्रति मानसिक प्रतिक्रिया का चित्रण करना। इसी उद्देश्य की पूर्ति हेतु वह डायरी लेखन हेतु अग्रसर होता है।

वर्गीकरण : यद्यपि हिन्दी साहित्य में बहुत ही कम डायरियाँ उपलब्ध हैं, फिर भी जितनी दृष्टिगोचर होती हैं, उनके आधार पर डायरी का वर्गीकरण विभिन्न आधारों पर इस प्रकार है-

(क) डायरी लेखकों के आधार पर विभाजन–

1. कवियों की डायरी : हिन्दी साहित्य में बहुत कम कवि ऐसे दिखायी देते हैं, जिन्होंने डायरी लिखी है। धर्मवीर भारती तथा गजानन माधव मुक्तिबोध आदि कवियों ने दैनन्दिनी लिखकर अपना नाम उज्ज्वल किया है। दोनों ही डायरियों में कवि हृदय का श्रेष्ठ स्वरूप दृष्टिगोचर होता है। मुक्तिबोध ने एक साहित्यिक की डायरी में बड़े ही सीधे ढंग से अपने व्यक्तित्व को प्रस्तुत किया है–

'आज से कोई बीस साल पहले की बात है मेरा एक मित्र केशव और मैं दोनों जंगल-जंगल घूमा करते। पहाड़-पहाड़ चढ़ा करते, नदी-नदी पार किया करते।

2. कथा लेखकों की डायरियाँ : कथा लेखकों में डॉ. 'बच्चन' की 'प्रवासी की डायरी' ने उनकी आत्मकथा के मार्ग को प्रशस्त किया। इसी में उपेन्द्रनाथ अश्क तथा इलाचन्द्र जोशी का नाम भी आता है। अश्क जी की 'ज्यादा अपनी कम पराई' में इनकी नयी पुरानी डायरी के पन्ने प्राप्त हो जाते हैं। इसी प्रकार इलाचन्द्र जोशी की पुस्तक 'साहित्य चिन्तन' में 'इनकी डायरी के पन्ने' सन्निहित हैं। इन्होंने अपनी जिन्दगी की ग्यारह घटनाओं का चित्रण इसमें किया है।

3. आलोचकों की डायरी : आलोचकों की डायरी में बाबू गुलाबराय, विनय मोहन शर्मा तथा व्यौहार राजेन्द्र सिंह का नाम आता है। डॉ. गुलाबराय की पुस्तक 'मेरी असफलताएँ' में 'मेरी दैनिकी का एक पृष्ठ' में उनका सम्पूर्ण व्यक्तित्व प्रकाश में आ जाता है। इसमें बाबू गुलाबराय ने केवल एक ही दिन 21 सितम्बर सन् 1945 का वर्णन किया है। व्यौहार राजेन्द्र सिंह ने सन् 1920 में डायरी लेखन का कार्य आरम्भ किया। जब अन्तर्राष्ट्रीय स्तर पर सन् 1969 में महात्मा गाँधी की जन्म शताब्दी मनायी गयी, उस समय इनकी डायरी बड़े काम और उपयोग की सिद्ध हुई। मध्य प्रदेश में सन् 1933 में गाँधी जी का ऐतिहासिक हरिजन दौरा हुआ था, उस समय की समस्त सुचनाएँ व्यौहार जी की डायरी से ही प्राप्त हुईं।

4. राजनीतिक पुरुषों की डायरी : हिन्दी साहित्य में कुछ राजनीतिक पुरुषों ने भी अपनी जिन्दगी की घटनाओं को डायरी के रूप में प्रस्तुत किया है। ऐसे पुरुषों में घनश्यामदास बिड़ला, कृष्ण दत्त भट्ट और सुन्दरलाल त्रिपाठी तथा चन्द्रशेखर आते हैं। बिड़ला की 'डायरी के पन्ने' पुस्तक है, जिसमें इन्होंने गाँधी जी के साथ दूसरी गोल मेज सभा में जो भाग लिया था, उसी का वर्णन किया है। इन्होंने उसका इतना सजीव वर्णन किया है कि पाठक पढ़कर आनन्द विभोर हो जाता है। इनके अतिरिक्त गाँधी जी ने भी 'दिल्ली डायरी' लिखी है, जिसमें इन्होंने 10.9.47 से 30.1.48 तक के प्रार्थना का संग्रह प्रस्तुत किया है। चन्द्रशेखर की 'मेरी जेल डायरी' इस दिशा में महत्त्वपूर्ण है।

(ख) विषय वस्तु के आधार पर डायरी का वर्गीकरण–

1. प्रकृति का चरित्र प्रधान डायरियाँ : हिन्दी साहित्य में कुछ ऐसे भी लेखक हैं, जिन्होंने अपने व्यक्तित्व के विश्लेषण का माध्यम प्रकृति को अपनाया है। डॉ. रघुवंश द्वारा लिखित 'हरि घाटी' इसी प्रकार की डायरी है। इनके अतिरिक्त धर्गवीर भारती तथा गजानन माधव मुक्तिबोध आदि लेखकों ने भी प्रकृति को ही अपने व्यक्तित्व के स्पष्टीकरण का साधन माना है।

2. संस्मरण प्रधान डायरियाँ : जब डायरी लेखक अपने जीवन की विशेष घटना या अवस्था को संस्मरण रूप में लिख देता है तो उसे संस्मरण प्रधान डायरी कहते हैं। इसमें उन डायरी लेखकों को भी रखा जाता है, जिन्होंने किसी अन्य प्रतिष्ठित व्यक्ति के जीवन का चित्रण डायरी शैली में ही संस्मरण के रूप में किया है। उपेन्द्र नाथ अश्क एवं डॉ. विनय मोहन शर्मा ने इस प्रकार की डायरियाँ लिखी हैं। जहाँ तक अन्य प्रतिष्ठित व्यक्ति के जीवन चित्रण का प्रश्न है, उनमें वाल्मीकि चौधरी की 'राष्ट्रपति भवन की डायरी' है जिसमें चौधरी जी ने राष्ट्रपति डॉ. राजेन्द्र प्रसाद का जीवन चरित्र डायरी शैली में ही संस्मरण रूप में लिखा है।

आत्मकथा की व्याख्या

आधुनिक युग में गद्य की जितनी भी नवीन विधाओं ने जन्म लिया है, उन सबमें 'आत्मकथा' एक श्रेष्ठ एवं स्वतन्त्र विधा है। आत्मकथा को हम हिन्दी साहित्य का अनमोल रत्न कह सकते हैं, जिसमें आत्मकथाकार स्वयं के जीवन का आद्योपान्त वर्णन करता है।

'आत्मकथा स्वयं लिखी जाती है। दूसरे के विषय में लिखने के लिए जहाँ सामग्री संचयन और उसके प्रस्तुतीकरण दोनों की कठिनाई का सामना करना पड़ता है वहाँ आत्मकथा में प्रस्तुतीकरण की ही कठिनाई विशेष रहती है, क्योंकि अपने विषय में तटस्थ रहकर कुछ कहना सम्भव नहीं हो पाता। अपनी क्रमबद्ध गाथा में विश्लेषणात्मक प्रवृत्ति को ग्रहण करना पड़ता है, जिसमें एक ओर आत्मनिरीक्षण या आत्मपरीक्षण होता है। और दूसरी ओर अतीत की स्मृतियों को पुनर्जीवित करके अपनी स्थिति का दर्शन करना या अपने-अपने अनुभवों से दूसरों को लाभान्वित कराना होता है, इसलिए आत्मकथा को आत्मचरित या आत्मकहानी भी कहा जाता है।

आत्मकथा में ईमानदारी का महत्त्वपूर्ण स्थान होता है। यदि आत्मकथा लेखक ईमानदारी के साथ स्वयं गुण-दोषों का विवेचन नहीं करता है तो अपनी कृति को कृत्रिमता के नजदीक ले जाकर रख देता है। उसका व्यक्तित्व उसी रूप में पाठक के समक्ष प्रस्तुत नहीं हो पाता है।

आत्मकथा जीवनी साहित्य का ही उन्नतिशील अंग है। इसमें चरित्रनायक स्वयं अपनी जीवनी लिखता है। जब से मनुष्य ने चेतना की अवस्था प्राप्त की, उसी समय से अपने मनोभावों को, अपने को तथा अपने व्यक्तित्व को व्यक्त करने लगा, उसी समय से आत्मचरित, जीवनी साहित्य का अंग हो गया।

आत्मकथा में जिन्दगी में घटित होने वाली सम्पूर्ण घटनाओं का एक कच्चा चिट्ठा रहता है। कच्चे चिट्ठे से अभिप्राय है कि आत्मकथाकार केवल अनुरूप या सुखमय घटनाओं को ही अपना विषय नहीं बनाता है, बल्कि दुखमय एवं अशोभनीय घटनाओं को भी पूर्ण स्थान देता है। वह निस्संकोच भाव से अपने सम्पूर्ण जीवन को प्रस्तुत कर देता है।

आत्मकथा साहित्य की यह नव्यतम विधा है, जिसमें वाह्य विश्व का विवेचन नहीं किया जाता है। यद्यपि आत्मकथाकार चाहे तो अपने व्यक्तित्व को और ज्यादा निखारने के लिए वाह्य विश्व को भी ले सकता है। किन्तु उसकी कोई विशेष आवश्यकता न होने के कारण आत्मकथा लेखक उसे छोड़ देते हैं। केवल स्वयं के व्यक्तित्व से सम्बन्धित घटनाओं का ही प्रस्तुतीकरण करता है। आत्मकथा लेखन व्यक्तिगत अनुभवों को व्यक्त करने का अच्छा साधन है, क्योंकि प्रत्येक मानव आपबीती घटनाओं को किसी के समझ अपना भार हल्का करने के लिए या यादगार को पुनर्जीवित करने के लिए प्रस्तुत करना चाहता है। यही कारण है कि आत्मकहानी लिखकर स्वयं के व्यक्तित्व का एक जीता जागता चित्र पाठक के सम्मुख प्रस्तुत कर देता है। आत्मकथा तो आत्मकथाकार के जीवन के इतिहास का प्रस्तुतीकरण है।

आत्मकथाकार एक सामाजिक प्राणी होता है, किन्तु सामान्य नहीं बल्कि प्रतिष्ठा प्राप्त व्यक्ति होता है। प्रतिष्ठा प्राप्त व्यक्ति ही अपनी कथा लिखने की ओर प्रवृत्त होता है। इसका एकमात्र कारण यह है कि सामान्य मानव के जीवन के इतिहास को काई भी प्राणी पढ़ने को तैयार नहीं होता है, वह तो उस मानव की जिन्दगी के बारे में जानकारी प्राप्त करना चाहता है

जो महत्त्वपूर्ण या महान् हो। साधारणतया मनुष्य उस प्रतिष्ठा प्राप्त व्यक्ति के अतीत को जानने हेतु उत्सुक हो जाया करता है। इसी उत्सुकता के शमन हेतु वह सम्मानित व्यक्ति से अनुरोधपूर्ण शब्दों में जिन्दगी के इतिहास को व्यक्त करने के लिए कहता है और प्रेरित होकर आत्मकथा लिखने लगता है।

आत्मकथा के तत्त्व

1. वर्ण्य विषय : आत्मकथाकार का मुख्य विषय अपनी बीती हुई जिन्दगी का फिर से व्यक्तीकरण करना ही होता है, इसलिए वर्ण्य विषय आत्मकथा का प्रमुख तत्त्व स्वीकार किया गया है। आत्मकथा लेखक के व्यक्तित्व के अनुरूप ही विषय का प्रस्तुतीकरण होता है। यदि आत्मकथाकार साहित्यिक है, तो उसकी आत्मकथा में तत्कालीन साहित्य की परिस्थितियों का भी वर्णन होगा। इसी प्रकार यदि आत्मकथा लेखक सामाजिक है, तो उसकी आत्मकथा में सामाजिक परिस्थितियों का अंकन होगा। यही बात धार्मिक व्यक्ति के आत्मकथा के सम्बन्ध में भी है। कहने का आशय यह है कि आत्मकथाकार का तत्कालीन परिस्थिति से कोई मतलब नहीं होता है किन्तु चूँकि वह भी एक सामाजिक प्राणी होता है, इसलिए अप्रत्यक्ष रूप से उसकी कृति में परिस्थिति का मूल्यांकन हो जाता है।

आत्मकथागत वर्ण्य विषय का प्रमुख गुण है–सत्यता और यथार्थता। आत्मकथाओं का विषय काल्पनिक न होकर वास्तविक होता है। आत्मकथाओं के अध्ययन से स्पष्ट पता चलता है कि जितने भी साहित्यिक पुरुषों ने आत्मकथाएँ लिखी हैं, उनमें सत्य एवं यथार्थ अपनी चरम सीमा में दिखायी देता है। उदाहरण के लिए डॉ. श्यामसुन्दर दास के आत्मकथा की निम्नांकित पंक्तियाँ द्रष्टव्य हैं–

मेरे जीवन में दो बातें मुख्य विशेषता रखती हैं। एक तो मेरा जीवन सदा संघर्ष में बीता विरोध का सामना करने में मुझे प्रयत्नशील रहना पड़ा।...दूसरी विशेष बात मेरे जीवन में यह हुई कि वैयक्तिक रूप से मैने जिन जिन की सहायता की, उनमें से अधिकांश प्रायः कृतघ्न हुए।

वर्ण्य विषय का अन्य गुण है रोचकता। आत्मकथा लेखक के लिए यह आवश्यक होता है कि वह अपने अतीत की घटनाओं को इस प्रकार लिखे, कि पाठक पूर्ण रुचि के साथ पढ़े। आचार्य चतुरसेन शास्त्री एक ऐसे आत्मकथाकार हैं जिन्होंने अपनी आत्मकथा में घटनाओं को इस प्रकार प्रस्तुत किया है कि पाठक उसे आद्यन्त पढ़ने को मजबूर हो जाता है। इन्होंने विषयानुसार रोचकता का पूर्ण समावेश किया है जैसे निम्नांकित पंक्तियों में इस प्रकार देखा जा सकता है।

'मैं एक आहत किन्तु अपराजित योद्धा हूँ। अपने चिर जीवन में मैने सब कुछ खोया है, पाया कुछ भी नहीं। मैने एक भी मित्र जीवन में नहीं उत्पन्न किया। आज जीवन की संध्या में मैं अपने को सर्वथा असहाय और निस्संग अनुभव करता हूँ।

उपर्युक्त विशेषताओं के अतिरिक्त आत्मकथा के वर्ण्य विषय में संक्षिप्तता का होना भी परमावश्यक है, क्योंकि आज के व्यस्त जीवन में मानव विस्तृत चीज को सुनना या पढ़ना पसन्द नहीं करता है।

2. चरित्र-चित्रण : चरित्र चित्रण आत्मकथा का द्वितीय महत्त्वपूर्ण तत्त्व है। कभी-कभी आत्मकथा को आत्मचरित्र का नाम ही दे दिया जाता है, जिसका एकमात्र कारण यह है कि आत्मकथाकार अपनी आत्मकथा में अपने ही चरित्र का विश्लेषण करता है। आत्मचरित्र के विश्लेषण में उसे आत्मश्लाघा और आत्मदोषों को भी उद्घाटित करना पड़ता है। डॉ. श्यामसुन्दर दास जैसे श्रेष्ठ आत्मकथाकार भी आत्मश्लाघा के अहंकार से नहीं बच पाए। उन्होंने भी अपनी विशिष्टताओं का वर्णन करते हुए स्वाभिमान का व्यक्तीकरण किया है–

'मैंने नागरी प्रचारिणी सभा तथा हिन्दी भाषा और साहित्य की उन्नति में भरसक उद्योग किया और अपनी तथा अपने कुटुम्ब की चिन्ता छोड़कर इनकी सेवा में अपना शरीर अर्पण कर दिया। भारतेन्दु हरिश्चन्द्र के उपरान्त हिन्दी बड़ी शोचनीय अवस्था में थी। उसे कोई पूछने वाला नहीं था। नागरी प्रचारिणी सभा की स्थापना, 'सरस्वती' पत्रिका के प्रकाशन तथा हिन्दी प्रकाशन तथा हिन्दी साहित्य सम्मेलन के आयोजन से हिन्दी दृढ़ता से उन्नति करने लगी।'

आत्मकथाकार अपने व्यक्तित्व के स्पष्टीकरण में अन्य सम्बन्धित व्यक्तियों के चरित्र पर भी प्रकाश डालता है। इस प्रवृत्ति से दो लाभ होते हैं एक तो लेखक का व्यक्तित्व स्पष्ट हो जाता है। और दूसरा उस व्यक्ति के विषय में गौण रूप से पाठक को पता चल जाता है।

3. देश काल एवं वातावरण : वातावरण चारों ओर फैली हुई परिस्थितियों का ही संकुल नाम है, जिनसे हर समय आत्मकथाकार को संघर्ष करना पड़ता है। आत्मकथाकार किसी काल और देश विशेष में ही रहकर अपनी जिन्दगी व्यतीत करता है। हिन्दी साहित्य में साहित्यिक पुरुषों की आत्मकथाओं के साथ ही साथ सामाजिक, राजनीतिक तथा धार्मिक पुरुषों की भी आत्मकथाएँ प्राप्त होती हैं। इन समस्त आत्मकथाकारों की आत्मकथाओं में हमें तत्कालीन परिस्थितियों का चित्रण अप्रत्यक्ष रूप से प्राप्त ही हो जाता है, क्योंकि आत्मकथाकार भी समाज का ही प्राणी होता है, उन्हीं परिस्थितियों में वह अपनी विकास की सीमाओं को निर्धारित करता है। अतः उससे प्रभावित होकर उसका पूर्ण उल्लेख करना उसके लिए स्वाभाविक ही होता है। उदाहरण के लिए जवाहरलाल नेहरू, महात्मा गाँधी, विजय लक्ष्मी पण्डित तथा श्याम सुन्दर दास आदि की आत्मकथाओं में राजनीतिक एवं साहित्यिक परिस्थितियों का आभास मिलता है।

इस प्रकार निश्चित होता है कि आत्मकथा लेखक अपने व्यक्तित्व को अधिक निखारने के लिए तत्कालीन परिस्थितियों का वर्णन करता चलता है। देश और काल के उभय पक्षों में वास्तविकता लाने के लिए स्थानीय ज्ञान का होना आवश्यक है। हिन्दी आत्मकथा साहित्य में केवल राहुल सांकृत्यापन ही ऐसे आत्मकथाकार हैं, जिन्होंने इसकी ओर विशेष ध्यान दिया है। राहुल जी ने अपनी 'जीवन यात्रा' में जिन-जिन स्थानों का भ्रमण किया है, उन सभी का विस्तार से चित्रण किया है।

4. उद्देश्य : आत्मकथा साहित्य भी हिन्दी की एक उद्देश्ययुक्त विधा है। आत्मकथाकार का एक निश्चित प्रयोजन होता है, जिसे पूरा करने के लिए वह आत्मकथा लिखने की ओर अग्रसर होता है। आत्मकथा लेखन का उद्देश्य अन्य विधाओं से भिन्न होता है। इसका उद्देश्य होता है-आत्मनिर्माण, आत्मपरीक्षण, अतीत की स्मृतियों का पुनर्जीवित करने का मोह या जटिल विश्व के उलझावों में अपने आपको अन्वेषित करने का प्रयास।

डॉ. चन्द्रावती सिंह ने आत्मकथा लेखन के उद्देश्य को इस प्रकार व्यक्त किया है–

'आधुनिक समाज में व्यक्ति की दो प्रवृत्तियाँ उत्तरोत्तर तीव्र होती जा रही हैं–(1) वह आत्म प्रचार चाहता है अपने को समाज के सम्मुख ला देना चाहता है, वह अपने व्यक्तित्व का उभार चाहता है और अपने विचारों मनोभावों के प्रति समाज की सहानुभूति प्राप्त करना चाहता है। (2) वह आत्म-अध्ययन और आत्मविश्लेषण कर विश्व और मानव समाज को समझना चाहता है। वह नित्य छानबीन में लगा है और उसमें वह अपनी परीक्षा किया करता है। इन दो प्रवृत्तियों का अनिवार्य परिणाम आत्मजीवनी साहित्य का भविष्य में अधिक प्रसार और उत्थान है।

5. शैली एवं भाषा : शैली उस तरीके या ढंग को कहते हैं जिसके द्वारा आत्मकथाकार अपनी कथा को साज-सज्जा से युक्त कर देता है। आत्मकथा लेखन हेतु विभिन्न आत्मकथाकार विभिन्न प्रकार की शैलियों को अपनाते हैं, जिनमें कतिपय विशिष्टताओं का भी होना आवश्यक होता है।

शैली का प्रथम गुण है–प्रभावात्मकता। लेखक को चाहिए कि वह इस प्रकार की शैली का प्रयोग करे, जिसका प्रभाव पाठक के ऊपर स्थायी रूप में पड़े। यदि उसकी शैली प्रभावपूर्ण होगी तो उसमें अपने आप ही रोचकता का समावेश भी हो जायेगा। इसमें एक बात और भी जानने योग्य है कि लेखक के द्वारा प्रयुक्त शैली में प्रभावात्मकता के दर्शन उसी समय सम्भव होते हैं, जब वह आत्मविश्लेषण निर्भय होकर करे। यदि वह अपने दोषों को छिपा लेता है या दोषों को लिखने में संकोच करता है तो उसकी लेखन शैली में प्रभावात्मकता नहीं आ पाती है।

आत्मकथा की शैली की द्वितीय महत्त्वपूर्ण विशेषता है–संक्षिप्तता। शैली में आत्मकथाकार यदि अनावश्यक घटनाओं को भी विस्तृत रूप प्रदान करने लगता है, तो उसकी लाघवता का हनन हो जाता है और पाठक रुचि के साथ उसे नहीं पढ़ता है, जिसका परिणाम यह होता है कि निम्न कोटि की आत्मकथा के अन्तर्गत उसका नाम आ जाता है। अतः आत्मकथा को रोचक और प्रभावपूर्ण बनाने के लिए यह आवश्यक होता है कि वह संक्षिप्तता के गुण से युक्त हो।

अतः आत्मकथा की शैली में प्रभावात्मकता, संक्षिप्तता एवं रोचकता आदि गुणों का होना आवश्यक होता है।

जहाँ तक भाषा का प्रश्न है, भावनाओं को व्यक्त करने के लिए कोई भी आत्मकथाकार जिस माध्यम को अपनाता है, उसे ही भाषा कहते हैं। आत्मकथा लेखक के लिए यह आवश्यक होता है कि वह सरल, स्पष्ट तथा भावनुकूल भाषा का ही प्रयोग करे जिससे उसकी आत्मकथा सर्वग्राह्य हो सके और अधिक मात्रा में पाठक को प्रभावित कर सके।

इस प्रकार भाषा शैली में भाषा के शब्द, पद, वाक्य, उक्ति शैलियों के विभिन्न रूपों आदि का क्षेत्र सम्मिलित होता है। बिना भाषा और शैली के आत्मकथा की रचना सम्भव ही नहीं है। अतएव, भाषा और शैली आत्मकथा का एक महत्त्वपूर्ण तत्त्व है।

आत्मकथाओं का वर्गीकरण

(क) व्यक्तिपरक

1. समाज सुधारकों की आत्मकथाएँ : हिन्दी में कतिपय आत्मकथा लेखकों ने जनकल्याण तथा मानव कल्याण की भावना से प्रेरित होकर भी आत्मकथाएँ लिखी हैं, यथा दयानन्द सरस्वती द्वारा लिखित 'आत्म चरित्र' श्रद्धानन्द की 'कल्याण पथ का पथिक', स्वामी सत्यभक्तकृत 'आत्मकथा', महात्मा नारायण स्वामी की 'आत्मकथा', गणेश नारायण सुमाणीकृत 'मेरी जीवन कहानी', अजित प्रसाद जैनकृत 'अज्ञात जीवन', नरदेव शास्त्री की 'आत्मकथा', स्वामी सत्यानन्द अग्निहोत्रीकृत 'मुझमें देव जीवन का विकास' तथा गणेश प्रसाद वर्णीकृत 'मेरी जीवन गाथा'। इन समाज सुधारकों ने जनकल्याण हेतु ही अपने जीवन की घटनाओं का उल्लेख किया है।

2. राजनीतिज्ञों की आत्मकथाएँ : हिन्दी में राजपुरुषों ने भी स्वयं के अतीत का स्पष्टीकरण करके तत्कालीन संघर्षो का पूर्ण परिचय दिया है। ऐसी आत्मकथाओं में महात्मा गाँधी द्वारा लिखित 'सत्य के प्रयोग अथवा आत्मकथा' जो मुलतः गुजराती भाषा में लिखी गयी है। इस आत्मकथा के अनुवादक हरिभाऊ उपाध्याय हैं। राजेन्द्र प्रसादकृत 'आत्मकथा', जवाहलाल नेहरूकृत 'मेरी कहानी', मौलाना अब्दुल कलाम आजादकृत 'आजादी की कहानी भाग एक'। इस आत्मकथा का दूसरा भाग (1936-1948 तक) अभी मौलाना आजाद की इच्छानुसार मुहरबन्द राष्ट्रीय अभिलेखागार में रखा है। इसके अतिरिक्त पृथ्वी सिंह आजाद की 'क्रान्ति पथ का पथिक', वीर श्रेष्ठ 'श्री रासबिहारी बोस की आत्मकथा', चन्द्रशेखर की 'मेरी जेल डायरी' तथा विजय लक्ष्मी पण्डित की 'आत्मकथा' भी इस दिशा में महत्त्वपूर्ण है।

उपर्युक्त आत्मकथाओं में महात्मा गाँधी की आत्मकथा 'सत्य के प्रयोग' श्रेष्ठ राजनीतिक आत्मकथा है। यह आत्मकथा आत्म-स्वीकारोक्ति का महाकाव्य है। इससे 'सत्य' के ऐसे प्रयोग हैं, जो मानव जीवन के लिए स्फूर्तिदायक एवं प्रेरणा देने वाले हैं। इन्होंने तटस्थ भाव से अपने जीवन के गुण एवं दोषों की एक-एक परत को खोलकर प्रस्तुत किया है। महात्मा गाँधी के लिए 'सत्य' ही परमेश्वर था। वे सत्याग्रही तो थे ही साथ ही 'सत्योपासक' भी थे जिसका पूर्ण विवेचन इन्होंने अपनी आत्मकथा में किया है।

भारत के प्रथम राष्ट्रपति डॉ. राजेन्द्र प्रसाद द्वारा लिखित 'आत्मकथा' का हिन्दी की राजनीतिक आत्मकथाओं में महत्त्वपूर्ण स्थान है, क्योंकि राष्ट्र के शीर्ष नेता होते हुए भी इन्होंने अपनी आत्मकथा हिन्दी में लिखी है। इसमें इन्होंने अपनी जीवन गाथा बड़े ही सहज रूप में लिखी है। अपनी कहानी के साथ ही साथ राष्ट्र की स्वतन्त्रता का इतिहास भी लिखते गए हैं। यह सम्पूर्ण आत्मकथा छोटे-छोटे शीर्षकों में लिखी गयी है। इस 870 पृष्ठों की आत्मकथा में लगभग 700 पृष्ठों में राष्ट्र का इतिहास ही समाहित है।

राजपुरुषों की आत्मकथाओं में जवाहर लाल नेहरू की 'मेरी कहानी' भी अत्यन्त ही महत्त्वपूर्ण है। नेहरू जी की मूल आत्मकथा अंग्रेजी में प्रकाशित हुई थी। इसका हिन्दी अनुवाद हरिभाऊ उपाध्याय ने किया है। आत्मकथा के अधिकांश में धर्म, देश, जाति, भाषा, इतिहास

तथा शासन आदि विषयों को प्रस्तुत किया गया है। विश्व की विभिन्न समस्याओं पर जितना विशद् चिन्तन इस आत्मकथा में व्यक्त हुआ है, वैसा अन्य किसी आत्मकथा में दृष्टिगोचर नहीं होता है।

भवानीदयाल संन्यासी भी मूलतः प्रवासी भारतीय हैं। अपनी आत्मकथा 'प्रवासी की आत्मकथा' में इन्होंने अपने क्रान्तिकारी व्यक्तित्व की झलक दिखायी है। डॉ. द्वारका प्रसाद मिश्र द्वारा लिखित अंग्रेजी आत्मकथा का हिन्दी अनुवाद 'युग जो मैंने जिया' भी प्रकाशित हो चुका है।

3. साहित्यकारों की आत्मकथाएँ–

(क) लेखकों के आधार पर आत्मकथा का विभाजन : हिन्दी साहित्य के सर्वांग अवलोकन से यह पता चलता है कि उसमें केवल साहित्यकारों की ही आत्मकथाएँ नहीं मिलती है वरन अन्य लेखकों की भी आत्मकथाएँ विखरी पड़ी हैं जिन्हें श्रेष्ठ स्थान का अधिकारी स्वीकार किया जा सकता है। लेखकों के आधार पर आत्मकथा का वर्गीकरण इस प्रकार है-

1. कवियों की आत्मकथाएँ : हिन्दी आत्मकथा साहित्य में प्रसिद्ध कवियों ने अपने अतीत की घटनाओं को लिखकर अपनी जिन्दगी को दूसरों के समक्ष स्पष्ट किया है। हिन्दी साहित्य में भारतेन्दु हरिशचन्द्र (सन् 1850-1885), मैथिली शरण गुप्त (सन् 1886-1964) निराला (सन् 1897-1961) सुमित्रानन्दन पन्त (सन् 1900-1978) तथा महादेवी वर्मा (सन् 1907) आदि कवियों की आत्मकथाएँ हिन्दी में प्राप्त हैं। इस समस्त कवियों की आत्मकथाओं को पढ़ने से स्पष्ट हो जाता है कि इन्होंने आत्मकथाओं के माध्यम से चरित्र चित्रण को ही महत्त्व नहीं दिया है, वरन अपने कवि जीवन को भी निखारने का प्रयास किया है। कहीं-कहीं पर तो अपने बारे में लिखते-लिखते बड़े भावुक होने लगते हैं। उदाहरण के लिए सुमित्रानन्दन पन्त के द्वारा प्रस्तुत की गयी निम्नांकित पंक्तियाँ द्रष्टव्य हैं–

पर्वत प्रदेश के निर्मल चंचल सौन्दर्य ने मेरे जीवन के चारों ओर अपने नीरव सौन्दर्य का जाल बुनना शुरू कर दिया था। मेरे मन के भीतर बरफ की ऊँची चमकीली चोटियाँ रहस्य भरे शिखरों की तरह उठने लगी थीं, जिन पर खड़ा हुआ नीला आकाश रेशमी चंदोवे की तरह आँखों के सामने फहराया करता था।

आत्मकथा शैली की प्रमुख विशेषता-संक्षिप्तता, इन समस्त कवियों की आत्मकथाओं में पर्याप्त मात्रा में दृष्टिगोचर होती है। इसका एक मात्र कारण यह है कि इन कवियों ने स्वयं का पूर्ण चरित्र नहीं लिखा है। थोड़े ही शब्दों के माध्यम से बहुत कुछ कह देना इन कवियों की विशेषता है।

2. कथाकारों की आत्मकथाएँ : कथाकार रोचक शैली के माध्यम से अपने व्यक्तित्व को स्पष्ट करने के लिए आत्मकथा लिखने की ओर प्रवृत्त होता है। कथाकारों में शरत्, मुंशी प्रेमचन्द, कन्हैयालाल माणिकलाल मुंशी, मूलचन्द अग्रवाल, आचार्य चतुरसेन शास्त्री तथा उपेन्द्रनाथ अश्क, का स्थान श्रेष्ठ है। मुंशी प्रेमचन्द ने अपनी आत्मकथा को रोचक बनाने के लिए कहीं-कहीं पर वार्तालाप को भी ज्यों का त्यों लिख दिया है। उदाहरणार्थ निम्नलिखित पंक्तियाँ देखी जा सकती है–

एक महीने के बाद मै फिर मि. रिचर्डसन से मिला और सिफारिशी चिट्ठी दिखलायी। प्रिंसिपल ने मेरी तरफ तीव्र नेत्रों से देखकर पूछा, 'इतने दिन से कहाँ थे?'

'बीमार हो गया था।'

'क्या बीमारी थी?'

मैं इस प्रश्न के लिए तैयार न था। अगर ज्वर बताता हूँ तो शायद झूठा समझें-मैंने कहा-पेलपिटेशन आफ हार्ट सर।

इनके अतिरिक्त सभी कलाकारों की आत्मकथाओं में मनोरंजक तत्त्व की प्रधानता दिखायी देती है।

3. आलोचकों की आत्मकथाएँ : आलोचक वर्ग की आत्मकथाओं में आत्म विश्लेषण एवं आत्मनिरीक्षण अधिक मात्रा में रहता है, जिसका कारण यह है कि वह आलोचक प्रवृत्ति को अपनी आत्मकथा में भी निहित कर देता है। आलोचकों की आत्मकथाओं के अन्तर्गत डॉ. श्याम सुन्दर दास (सन् 1875 से 1945) आचार्य रामचन्द्र शुक्ल (सन् 1884 से 1941) तथा बाबू गुलाबराय (सन 1888 से 1963) आदि की आत्मकथाएँ समाविष्ट की जाती हैं। डॉ. श्यामसुन्दर दास ने अपनी आत्मकथा के माध्यम से अपने गुण दोषों का विवेचन तो किया ही है, साथ ही टीका टिप्पणी भी किया है। इससे इनका आलोचक रूप हमारे सामने स्पष्ट हो जाता है। यही बात बाबू गुलाबराय की आत्मकथा में देखी जा सकती है। इन्होंने अपनी जिन्दगी की छोटी से छोटी बात को भी इस ढंग से लिखा है कि इनका आलोचक व्यक्तित्व बिल्कुल ही स्पष्ट हो गया है। सबसे बड़ी बात यह है कि इन्होंने आत्मविश्लेषण में सच्चाई और ईमानदारी का आदर्श प्रस्तुत किया है, उदाहरणार्थ–

'मैं तर्कशास्त्र के विद्यार्थियों में अग्रगण्य था। इस विषय के अवैतनिक ट्यूशन करने का मुझे व्यसन सा हो गया था और कुछ को केवल शान जताने के लिए क्योंकि शान जताने के लिए मेरे पास कुछ और न था। कपड़ों के नाम से पट्टू का कोट था और समान के नाम पर एक टूटा चीड़ का बक्सा। फिर भी ज्ञान किस चीज का दिखाता हैं।

(ब) शैली के आधार पर आत्मकथा का विभाजन–

1. निबन्धात्मक शैली के माध्यम से लिखी गयी आत्मकथाएँ : आचार्य महावीर प्रसाद द्विवेदी (सन् 1864-1938) श्यामसुन्दर दास (सन् 1875-1945) तथा बाबू गुलाबराय जैसे महान् एवं प्रसिद्ध आत्मकथाकारों ने निबन्धात्मक शैली का ही सहारा लिया है। डॉ. श्याम सुन्दर दास की 'मेरी आत्म कहानी' इस शैली का आदर्श है, जिसमें एक महत्त्वपूर्ण विशेषता यह है कि आत्मकथा से यदि एक भाग को अलग कर दिया जाय, तो दूसरा भाग अपना स्वतन्त्र अस्तित्व रखता है। इसी प्रकार मुंशी प्रेमचन्द और बाबू गुलाबराय की आत्मकथा ऐसी ही है, जिसमें प्रत्येक भाग एक स्वतन्त्र अस्तित्व लिए हुए है।

2. संस्मरणात्मक शैली में लिखी गयी आत्मकथाएँ : हिन्दी साहित्य के अध्ययन से यह ज्ञात होता है कि कुछ ऐसे भी आत्मकथाकार हुए हैं, जिन्होंने संस्मरण के रूप में आत्मकथाएँ लिखी हैं। इन आत्मकथाकारों में सुमित्रानन्दन पन्त, शान्तिप्रिय द्विवेदी (सन् 1906-1967) तथा महादेवी वर्मा आदि प्रमुख हैं। शान्तिप्रिय द्विवेदी की आत्मकथा 'परिव्राजक की प्रजा' इसी

शैली का आदर्श है। इसमें इन्होंने उन्हीं घटनाओं को प्रश्रय दिया है, जो पाठकों को आसानी से प्रभावित कर सकती है।

3. डायरी शैली में लिखी गयी आत्मकथाएँ : हिन्दी साहित्य के आत्मकथाओं के अध्ययन से यह स्पष्ट हो जाता है कि कन्हैयालाल माणिकलाल मुंशी की ही आत्मकथा इस शैली में लिखी गयी है। इन्होंने अपनी आत्मकथा में जिन्दगी की प्रत्येक घटना का वर्णन करते समय स्थान, समय और सन् आदि को भी लिख दिया है। इनके अतिरिक्त राहुल सांकृत्यायन ने भी 'मेरी जीवन यात्रा' में इसका आंशिक प्रयोग किया है।

महिलाएँ और आत्मकथा लेखन

आत्मकथा, आधुनिक हिन्दी साहित्य की वह नव्यतम विधा है, जिसमें जीवन की घटनाओं को अभिव्यक्त करने में ईमानदारी, तटस्थता, सच्चाई एवं निश्छलता की परम आवश्यकता होती है आत्मकथा में गुण के साथ ही साथ दोषों का भी अभिव्यक्तीकरण अपेक्षित है।

अपने जीवन के अशोभनीय अनुभवों को लिखने का साहस प्रायः आत्मकथाकार में नहीं होता है क्योंकि वह इस बात से अवगत होता है कि पाठक उसकी आत्मकथा के माध्यम से उसके सम्पूर्ण व्यक्तित्व से परिचित हो जायेगा। पुरुष जिसे साहसिक कार्यो को करने का प्रतीक माना गया है, आत्मकथा लेखन में स्वयं के शोभन एवं अशोभन में सन्तुलन बनाये रखने से कतराता है, अतः महिलाओं का इस क्षेत्र में सीमित होना अप्रत्याशित नहीं है क्योंकि भारतीय महिलायें स्वभावतः अधिक संकुचित एवं लज्जाशील हुआ करती हैं।

कदाचित यही कारण है कि आत्मकथा साहित्य लेखन में महिलाओं ने अधिक सक्रियता नहीं दिखाई है, किन्तु इसके बावजूद छायावाद युगीन श्रेष्ठ कवयित्री महादेवी वर्मा तथा छायावादोत्तर युग में अमृता प्रीतम तथा अनीता राकेश ने इस विधा को आगे बढ़ाने हेतु साहसिक कार्य किया है।

श्रीमती महादेवी वर्मा ने स्वतन्त्र रूप में कोई आत्मकथा नहीं लिखी है, किन्तु 'स्मृति की रेखाएँ', 'स्मरिका', 'अतीत के चलचित्र' तथा मेरा परिवार के माध्यम से आत्मचरितात्मक तथ्यों को स्पष्ट किया है। ये स्वतन्त्र रूप से आत्मकथा लिखने के पक्ष में नहीं है। इनकी मान्यता है कि जब भी व्यक्तित्व के किसी पक्ष के अभिव्यक्तिकरण की आवश्यकता महसूस हो उसे आंशिक रूप से ही व्यक्त कर देना चाहिए।

अमृता प्रीतम वर्तमान युग की श्रेष्ठ महिला आत्मकथाकार हैं। इनके द्वारा लिखित आत्मकथा 'रसीदी टिकट' इस दिशा का साहसिक कदम है। इनकी आत्मकथा में बेबाक सच्चाई दर्शनीय है। जिन्दगी के कई पल जो समय की कोख में जनमें और वक्त की ही कब्र में गिर गये, उन सबका कच्चा चिट्ठा रसीदी टिकट में मौजूद है। अपने जीवन के विषय से विषम तथ्यों को भी इन्होंने कुरेद-कुरेदकर पाठक के समक्ष रख दिया है। जैसे—

मेरी मिट्टी को सिर्फ मेरे बच्चों के और इमरोज के हाथ काफी है।...सिर्फ काफी ही नहीं, गनीमत है।

इस प्रकार आत्मकथा लेखन के क्षेत्र में पुरुष आत्मकथाकारों में जो उच्च स्थान हरिवंशराय बच्चन का है, वही स्थान महिला आत्मकथाकारों में अमृता प्रीतम का है।

इस दिशा में अनीता राकेश द्वारा लिखी गयी आत्मकथा 'चन्द सतरें और' विशेष उल्लेखनीय है। विगत जीवन की कठोर परिस्थितियों ने इन्हें आत्मकथा लिखने के लिए बाध्य कर दिया। अनीता राकेश की जिन्दगी संघर्षों की जिन्दगी है, जिसे शब्दों में रूपायित करके आत्मकथा के क्षेत्र में उच्च स्थान प्राप्त किया है। इन्होंने अपने अतीत की साहित्यिकताओं, सामाजिकता का अनुपम वर्णन करके साहस का परिचय दिया है। अपने दुखमय बचपन को इस प्रकार लिखा है–

आज भी उस बीते बचपन की यादें रोमांचित कर जाती है। एक ऐसा घर जो अपने लिए एक सराय से ज्यादा कुछ नहीं था।

अपनी आत्मकथा के एक सौ आठ पृष्ठों में इन्होंने जिस सच्चाई एवं ईमानदारी के साथ अपने जीवन के गुणों एवं दोषों या कमियों का उद्घाटन किया है, वह आत्मकथा साहित्य के क्षेत्र में विशेष महत्त्वपूर्ण है।

इस दिशा में कतिपय जननेत्रियों के प्रयास भी उल्लेखनीय हैं जानकी देवी बजाजकृत 'मेरी जीवन यात्रा' (सन् 1965), श्रीमती विजयलक्ष्मी पण्डित की 'आत्मकथा' (सन् 1979), मदर टेरेसा की 'आत्मकथा' तथा कामरेड मोनालिजा कृत 'आत्मकथा' आदि।

अन्ततः हम कह सकते हैं कि आत्मकथा लेखन की दिशा में उपर्युक्त महिला आत्मकथाकारों के नाम महत्त्वपूर्ण हैं। महिलाओं के द्वारा आत्मकथा न लिखने का एक कारण यह भी है कि आधुनिक हिन्दी साहित्य के विकास में पुरुष की अपेक्षा महिलाओं का योगदान कम रहा है। अतः यह स्वाभाविक ही है कि महिला आत्मकथाकार कम हों।

साहित्य की अन्य ललित विधाओं के अभिव्यक्त आत्मकथात्मक अंश

आधुनिक हिन्दी साहित्य में आत्मकथा विधा को स्वतन्त्र स्थान प्रदान किया गया है। इसके अतिरिक्त साहित्य की अन्य ललित विधाओं, जैसे-कविता, उपन्यास, कहानी, संस्मरण तथा रेखाचित्रों के माध्यम से भी कतिपय लेखकों ने अपने व्यक्तित्व का उद्घाटन किया है। वे आत्मकथाएँ नहीं है केवल आत्मकथात्मक अंशों को स्पष्ट करने में सफल हैं। उदाहरण के लिए मुंशी प्रेमचन्द का मंगलसूत्र आत्मकथात्मक उपन्यास ही माना गया है जो कि अधूरी कृति रह गयी है।

जयशंकर प्रसाद ने भी अपनी कतिपय कविताओं में आत्मकथात्मक अंशों को संकेतात्मक रूप में प्रस्तुत किया है, जैसे–

"मधुप गुनगुनाकर कह जाता है
कौन कहानी यह अपनी।"

अर्थात् कवि का कथन है कि जब मधुप केवल गुनगुनाने में ही विश्वास करता है तो कवि अपने जीवन को समाज के समक्ष क्यों प्रस्तुत करे। कवि तो अपने विषय में कहने में संकोच करता है केवल वह दूसरों की सुनता है जैसा कि प्रसाद ने लिखा भी है–क्या यह अच्छा नहीं कि औरों की सुनता मैं मौन रहूँ। 'स्कन्दगुप्त' नाटक का मातृगुप्त वस्तुतः 'प्रसाद' का ही प्रतिरूप है।

बालकृष्ण शर्मा 'नवीन' ने भी अपनी कहानियों में अपने को ही स्पष्ट किया है। डॉ. लक्ष्मी नारायण दुबे के मतानुसार बालकृष्ण शर्मा 'नवीन' की सात कहानियाँ प्रकाशित हुईं जैसे—'गोई', 'जीजी', 'सन्तू', मेरा छोटे' तथा 'बावली' इत्यादि। इनमें भी नवीन जी की आत्मकथा ही स्पष्ट रूप से अभिव्यक्त हुई है।

सूर्यकान्त त्रिपाठी 'निराला' कृत 'कुल्लीभाट' उनका चरितोपन्यास है। इसके सम्बन्ध में रामविलास शर्मा ने लिखा है-'कुल्ली भाट' निराला की जीवन गाथा या आत्मकथा है।

'कुल्ली भाट' के अतिरिक्त 'विल्लेसुर बकरिहा' तथा देवी (कहानी) भी आत्मकथात्मक अंशों को अभिव्यक्त करने में पूर्ण सफल है।

इसी प्रकार अमृतलाल नागर के उपन्यास 'अमृत और विष' के नायक अरबिन्द शंकर का चरित्र वास्तव में नागर जी की आत्मकथा है। इसे अतिरिक्त कुबेरनाथ रायकृत 'प्रिया नीलकण्ठ' में होमर एक आत्मकथ्य, जिसमें एक ग्रीक प्रोषितपतिका के आत्मकथ्य भी इस दिशा में एक प्रयोग के रूप में उल्लिखित है।

निष्कर्षः आत्मकथा की प्रकृति और स्वरूप, उसके तत्त्व एवं विभाजन के सर्वांग से पूर्ण परिचित हो जाने के पश्चात् यह निष्कर्ष सहज ही निकलता है कि आत्मकथा आज के युग में एक स्वतन्त्र विधा के रूप में प्रतिष्ठित हो चुकी है। गद्य की अन्य विधाओं के सदृश ही इस विधा के द्वारा समाज के प्रतिष्ठित व्यक्ति के अतीत का प्रत्यक्षीकरण किया जा सकता है। यही कारण है कि आधुनिक युग में इस विधा का महत्त्वपूर्ण स्थान निर्धारित हो गया है।

आत्मकथा साहित्य का उद्भव एवं विकास

'आत्मकथा में एक जीवन दर्शन कहीं न नहीं कार्यरत रहता है कि 'स्व' का निर्माण बाह्य जगत के कारण ही होता है। इसलिए प्रत्येक आत्मकथा में अपने युग के संस्कारों को व्यक्त करने की अनिवार्य इच्छा छिपी हुई है।'

–राय पास्कल

प्राचीन संस्कृत कवियों में आत्मकथा लेखन एवं आत्म प्रचार का अभाव और उनके कारण–

संस्कृत साहित्य के विशाल प्रांगण में कवियों की जीवन-गाथा और उनके जीवन काल का कोई स्पष्ट उल्लेख न होना इस विधा विशेष का एक दुर्बल स्थल स्वीकार किया जा सकता है। इसका प्रमुख कारण स्वयं कवियों में जीवन-चरित्रों एवं आत्मकथाओं की प्रवृत्ति का अभाव है। संस्कृत साहित्य के प्राचीन कवियों में आत्म विज्ञापन की भावना बिल्कुल ही नहीं थी, उन्होंने तो अपनी सम्पूर्ण प्रतिभा का विनियोग जनता की ही पूजा करने में कर दिया था और इसी प्रक्रिया में वे जीवन की सार्थकता के दर्शन भी कर लिया करते थे। आत्मचरितों के इतने अभाव का एक मात्र कारण है–आत्मगोपन की गहरी प्रवृत्ति। ये समस्त कवि अत्यन्त महान् होने के बावजूद स्वतः को स्पष्ट करने में संकोच ही किया करते थे। अपने पूर्ववर्ती महापुरुषों पर विशाल काव्य ग्रन्थों का सहज एवं सहर्ष ही प्रणयन किया किन्तु आत्मगोपन की प्रवृत्ति के ही कारण स्वयं के सम्बन्ध में दो-चार पंक्तियाँ भी लिखना पाप समझते रहे हैं। इन समस्त बातों का कारण यही कहा जा सकता है कि प्राचीन संस्कृत के कविगण अपने गुण एवं अवगुणों को जनता के सामने रखने में बिल्कुल ही विश्वास नहीं करते थे क्योंकि गुणों का स्पष्टीकरण करने में आत्मश्लाघा की प्रवृत्ति उभरती है तथा इसके विपरीत यदि वे ईमानदारी के साथ अपनी बीती हुई जिन्दगी के आत्म-दोषों का व्यक्तीकरण करते हैं तो इससे उनका कमजोर व्यक्तित्व जनता के समक्ष प्रस्तुत हो जाता है। अतएव दोनों ही प्रवृत्तियों को प्रकाश में लाने के इच्छुक न होने के कारण प्राचीन संस्कृत कवियों ने आत्मचरित लिखने का प्रयास ही नहीं किया। एक सच्ची आत्मकथा की कसौटी आत्मप्रकाशन ही होती है, आत्मगोपन नहीं। चूँकि प्राचीन संस्कृत कवियों को आत्मप्रकाश में बिल्कुल ही विश्वास नहीं था इसलिए इन कवियों में आत्मचरित लिखने का पूर्ण अभाव दृष्टिगोचर होता है।

बाणभट्ट की आत्मकथा : आत्मचरित लिखने की प्रथा का पूर्ण अभाव होते हुए भी बाण भट्ट जैसे गद्यकार एवं कुछ अन्य कवि इसके अपवाद भी स्वीकार किये जा सकते हैं। प्रसिद्ध संस्कृत लेखक बाणभट्टकृत 'हर्षचरित' और 'कादम्बरी' दोनों ही ऐसे ग्रन्थ हैं जिसमें

बाण ने अपने जीवन, की कुछ घटनाओं का उल्लेख किया है। उल्लेख तो बहुत ही संक्षिप्त है किन्तु उतने से ही बाण की बाल्यावस्था, देशाटन, परिवार, ज्ञान-पिपासा एवं उनके हर्षचरित को गद्यमय चरित प्रधान ग्रन्थ ही कह दिया जाता है जिसमें हमें एक सुप्रसिद्ध साहित्य मनीषी के जीवन की बहुमुखी प्रवृत्तियों की संक्षिप्त किन्तु गहरी झलक मिल जाती है।

प्रथम उच्छ्‌वास में ही बाण ने अपने वंश की उत्पत्ति का विस्तार के साथ वर्णन किया है। बाण ने अपने वंश को देवी सरस्वती के साथ सम्बद्ध किया है।

जहाँ तक इस आत्मचरित की शैली का प्रश्न है बाण की शैली की यह प्रमुख विशेषता है कि उनकी रचना में भाव एवं कला पक्ष दोनों का समुचित परिपाक है। गद्य कैसा होना चाहिए इस विषय में बाण ने स्वयं लिखा है-

नवोऽर्थो जातिरग्राम्मा श्लेशो क्लिष्टः स्फुटोरसः।
विकटाक्षरबन्धश्च कृत्स्नमैकत्र दुर्लभम्॥

अर्थात् नये चमत्कार से युक्त अर्थ, मनोरम या सरल श्लेष, स्पष्ट प्रतीत होने वाले रस तथा अक्षरों की बद्धता ये सभी गुण बाणभट्ट की रचना में स्पष्ट रूप से प्राप्त होते हैं।

गद्य सम्राट बाण के अतिरिक्त अपना परिचय अपने ग्रन्थों में देने वाले संस्कृत लेखकों में विल्हण और मङ्खक कवि के नाम लिये जा सकते हैं। कविवर विल्हण ने 'विक्रमङ्खदेव चरित' नामक रचना निर्मित कर आत्मचरित बहुत ही संक्षेप रूप में दिया है। इतना अवश्यक कहा जा सकता है कि उस संक्षेप रूप में ही इन्होंने बड़ी ही ईमानदारी के साथ अपने व्यक्तित्व को स्पष्ट किया है। मङ्खक कवि ने 'श्रीकण्ठ चरित' नामक कृति की रचना किया है जिसके माध्यम से इनके व्यक्तित्व की संक्षिप्त रूपरेखा प्रस्तुत होती है।

प्राचीन हिन्दी कवियों में आत्मकथा लिखने एवं आत्म-प्रचार का अभाव और उनके कारण

प्राचीन हिन्दी कवियों में आत्मकथा लिखने का पूर्ण अभाव दृष्टिगोचर होता है। प्राचीन हिन्दी कवि इस दृश्यमान जगत् से परे चिरन्तन सत्य की खोज में तत्पर रहे हैं। उन समस्त कवियों ने पारलौकिकता के आगे ऐतिहासिकता को कभी भी महत्त्व नहीं दिया। भौतिकतावादी विचारधाराओं ने कभी-कभी किसी युग में मानव दृष्टि को स्थूल जगत् की ओर मोड़ना चाहा जैसे चार्वाक आदि ने, किन्तु इस देश की चिन्ता शक्ति को स्थूल से सान्त्वना न मिली। तात्विक ज्ञान की पिपासा के कारण जीवन का उद्देश्य भी आध्यात्मिक महासत्य को प्राप्त करने का ही रहा। अतः यहाँ के दार्शनिकों ने अपने अस्तित्व के विषय मे कुछ न लिखा।

अपने विषय में कुछ न लिखने का कारण यह था कि वे अपने को अत्यन्त ही क्षुद्र निम्न मानकर महासिन्धु ब्रह्म में समाहित होना चाहते थे। वे तो मोक्ष प्राप्ति हेतु ही दिवा रात्रि विकल रहते थे। मोक्ष प्राप्ति की ही चिन्ता में, जिसमें अपने अस्तित्व का कोई भी महत्त्व नहीं होता है, अपने जीवन पर प्रकाश डालने की कोई आवश्यकता नहीं समझी। वे लोग तो समष्टि के लिए व्यष्टि की कुर्बानी करते रहे। वैदिक ऋषियों से लेकर महाभारत, रामायण तथा पुराण युग तक किसी भी ग्रन्थकर्ता ने अपने जीवन के विषय में प्रायः कुछ भी नहीं लिखा।

अठारह पुराणों का सृष्टा अपने ऊपर कुछ न लिख सका यह भारतीय दार्शनिक एवं साहित्यिक लेखन के आध्यात्मिक दृष्टिकोण का ही परिणाम था।

अशोक के स्तूपों एवं स्तम्भों के द्वारा अशोक के विषय में कुछ बातों का ज्ञान होता है किन्तु अशोक का उद्देश्य तो धर्मप्रचार ही था, आत्म-प्रचार नहीं।

प्राचीन हिन्दी कवियों ने राजाओं के सम्बन्ध में अत्यन्त ही चमत्कारपूर्ण घटनाएँ लिखीं, किन्तु अपने सम्बन्ध में उनकी वाणी बिल्कुल ही मूक रही। टीकाकारों ने कवियों पर अवसरानुकूल प्रकाश डाला, परन्तु वह काव्य सम्बन्धी वाद-विवाद का रूप ही अधिक पा सका, जीवन चरित्र जैसी वस्तु प्रकाश में न आ सकी।

इस प्रकार कहा जा सकता है कि प्राचीन हिन्दी कवियों ने आध्यात्मिकता में डूबे होने के कारण अपने विषय में बिल्कुल ही कुछ नहीं लिखा।

इतना होने के बावजूद अपवाद तो सर्वत्र ही दिखायी देते हैं।

5. प्राचीन हिन्दी कवियों की आत्मकथात्मक उक्तियाँ : प्राचीन हिन्दी कवियों एवं सन्तों ने आत्म प्रचार पर विश्वास न करने के कारण स्वयं के सम्बन्ध में लेखनी नहीं चलाई, किन्तु इसके बावजूद तुलसीदास आदि कुछ कवियों ने अपने सम्बन्ध में जहाँ-तहाँ बड़े ही संकोच से लिख दिया है। भारतीय कवियों की परम्परा में आत्मचरित लिखने के प्रति उदासीनता के वातावरण में तुलसीदास जी का आविर्भाव हुआ। वे भक्त कवि थे एवं सन्त महात्मा थे। ईश्वर के ही गुणगान में निमग्न कवि आत्मकहानी लिखने की ओर उन्मुख होगा, ऐसा विश्वास नहीं होता है। अपनी बात को स्पष्ट करने के लिए उस समय एक ही माध्यम रहता है आत्मनिवेदन। यही कारण है कि आत्मनिवेदन के अवसरों पर उन्होंने आत्मचरितात्मक उक्तियों का उल्लेख किया है। आत्मकथात्मक उक्तियों की दृष्टि से तुलसीदास जी की पाँच रचनाएँ महत्त्वपूर्ण हैं—कवितावली, दोहावली, विनयपत्रिका, रामचरितमानस और बरवे रामायण।

तुलसी दास (संवत् 1554) ने ब्राह्मणकुल में जन्म लिया था इस बात को उन्होंने विनय पत्रिका में लिखा है—

दियो सुकुल जनम सरीरा सुन्दर हेतु जो फल चारिको।
जो पाई पंडित परम पद पावत पुरारि मुरारि को॥

आपबीती घटना के अन्तर्गत तुलसीदास जी ने कहा है कि जन्म लेते ही मेरी माता एवं पिता का देहान्त हो गया। विनय पत्रिका में उन्होंने इसे इस प्रकार लिखा है—"तनु जन्यो कुटिल कीट ज्यों तज्यों मातु पिताहु।"

कवितावली में भी तुलसीदास जी ने बाल्यावस्था की इस दीन अवस्था को इस प्रकार लिखा है—

"मातु पिता जग जाय तज्यौ विधिहू न लिखी कछु भाल भलाई।"

इस प्रकार बाल्यावस्था से सम्बन्धित दुर्भाग्य को तुलसीदास ने उपर्युक्त उक्तियों में कोसा है। तुलसीदास का पहले का नाम रामबोला था। इनके माता-पिता की तो मृत्यु हो ही गयी थी इन्हें यह नहीं पता कि रामबोला नाम किसने रखा इसीलिए वे कहते हैं कि राम ने मेरा यह नाम रखा था—

"राम को गुलाम नाम रामबोला राख्यों राम।"

तुलसीदास ने गुरु की जो वन्दना किया है उसका उद्देश्य है-कृतज्ञता ज्ञापन करना। तुलसी के गुरु एक सिद्ध महात्मा थे, श्रेष्ठ विद्वान् एवं राम कथा के मर्मज्ञ पण्डित थे उन्होंने अज्ञानाधंकार को दूर करके गुरु की सार्थकता को स्पष्ट किया है। तुलसीदास के मन में ज्ञान की ज्योति जाग्रत किया था जिसे तुलसीदास ने अपनी लेखनी के माध्यम से इस प्रकार लिखा है–

"बन्दौ गुरु पदपंकज कृपा सिन्धु नर रूप हरि।
महामोह तम पुंज जासु बचन रविकर निकर॥"

राम नाम का उच्चारण करते हुए, घर घर रोटी के टुकड़े माँगते हुए बालक रामबोला को गुरु ने बुलाकर पूछा-क्या चाहते हो। उस समय की स्व-उक्ति को तुलसीदास (रामबोला) ने विनयपत्रिका में इस प्रकार लिखा है–

"बूक्ष्यौ ज्यों ही कस्यौ मैं हूँ चैरो ह्वैहो रावरोजू।
मेरो कोऊ नाहि, चरन गहता हौं।"

इस उक्ति के सुनने मात्र से ही कृपासिन्धु गुरु ने रामबोला की पीठ पर हाथ फेरा और उनकी बाँह पकड़कर उसे अपना लिया जिसे तुलसीदास ने विनयपत्रिका में इस प्रकार कहा है, "मीजौं गुरु पीठ अपनाइ गहि बाँह बोलि।"

इस प्रकार रामबोला, जो राम राम बोलते हुए भीख माँगता फिरता था, दरिद्रता के समुद्र में डुबता उतराता एक किनारे लग गया। उसकी दशा पर तरस खाकर गुरु नरसिंह ने उसे स्वजाति का समझकर अपनी शरण में ले लिया। इसी घटना के तुरन्त पश्चात् रामबोला का नाम तुलसीदास हुआ।

गुरु के पास वे युवावस्था तक रहे। तुलसीदास के गुरु रामोपासक थे वे प्रायः राम की कथा ही कहा करते थे। तुलसीदास ने सर्वप्रथम गुरुमुख से ही राम कथा सुनी थी, पर उस समय वे बिल्कुल बच्चे थे जिसके परिणामस्वरूप वे उसे ठीक-ठाक समझने में असफल रहे। इस तथ्य को उन्होंने रामचरित मानस में स्वयं ही स्वीकार किया है–

"मैं पुनि निज गुरु सन सुनी, कथा सो सूकर खेत।
समुझि परी नहीं बालपन, तब अति रहेउँ अचेत॥" (रामचरित मानस)

गुरु के मुख से अनेक बार राम का नाम सुनने के ही परिणामस्वरूप वे रामचरित मानस लिखने में समर्थ हो सके। रामचरित मानस लिखने की योग्यता जब प्राप्त कर लिया तो प्रतिज्ञा किया कि–

"भाषाबद्ध करिब मैं सोई। मोरे मन प्रबोध जेहिं होई॥"

अर्थात् गुरु से सुनी हुई रामकथा को साधारण बोलचाल की भाषा में लिखूँगा और स्वयं की परीक्षा लूँगा कि रामकथा ठीक से समझी है या नहीं। इस बात को तो उन्होंने रामचरित मानस के प्रारम्भ में भी कहा है कि मैंने राम कथा अपने सन्तोष के लिए लिखा है–

"स्वान्तः सुखाय तुलसी रघुनाथ गाथा, भाषा निबद्धमति मंजुलमातनेर्हति।"

तुलसीदास की कृतियों में ऐसा कोई उल्लेख नहीं मिलता है जो उनके विवाह एवं गृहस्थ जीवन पर पूर्ण प्रकाश डाल सके। कतिपय आत्मचरितात्मक उक्तियाँ ही इस दिशा में प्रकाश डालती हैं। इतना तो निश्चित ही है कि तुलसीदास का विवाह हुआ था। विनय पत्रिका में उन्होंने स्पष्ट स्वीकार किया है–

"लरिकाई बीती अचेत चित चंचलता चौगुनो चाय।
जोबन जर जुबती कुपथ्य करि भयो त्रिदोस भरे मदन बाय॥"

विद्याध्ययन के पश्चात् तुलसीदास ने विवाह किया था। विवाह के उपरान्त वे गृहस्थी सफलतापूर्वक चलाना चाहते थे जिसके परिणामस्वरूप उद्योग धन्धों में लगे। कवितावली में वे स्पष्ट लिखते हैं–

"बालपने सूधे राम सनमुख भयौ, राम नाम लेत मांगि खात टूकटाक हों।
परयौ लोक-रीत में पुनीत प्रीति रामाराय, मोहबस बैठो तोरि तरकि तराक हों॥"

लोक रीति में पड़ने और मोहवश रामायण की पुनीत प्रीति को तोड़ बैठने के प्रयास को विवाह के अतिरिक्त और कुछ भी नहीं कहा जा सकता है। धन प्राप्ति हेतु तुलसीदास ने खेती किया, व्यापार किया यही नहीं और भी अनेक उपाय रचे जिसे पत्रिका में बड़े ही सहज भाव से कहा है–

"मध्य बयस धन हेतु गंवाई कृषि बनिज नाना उपाय।" (विनयपत्रिका)

इसके अतिरिक्त व्यापारी समाज में प्रचलित बहुत से प्रयोग उनकी कविता में मिलते है। तुलसीदास जी ने व्यापार भी किया था उन्होंने विनयपत्रिका में लिखा है कि–"स्वारथ के साथ मेरे हाथ सो न ते वा देई।"

"लेवा दई' ठेठ व्यापारी प्रयोग है जिसका वर्णन उन्होंने किया है। तुलसीदास का विरक्त होना तो सर्वविदित ही है परन्तु किन परिस्थितियों ने उन्हें वैराग्य लेने के लिए मजबूर किया इस विषय में कोई भी अन्तः साक्ष्य प्राप्त नहीं होता है। घर छोड़ने के बाद वे कहाँ कहाँ भ्रमण करते रहे, कहाँ सत्संग करते रहे, इसका भी कुछ पता नहीं चलता है। उनकी कृतियों के अनुशीलन से केवल कुछ उक्तियों के आधार पर ज्ञात हो जाता है कि इनके साहित्यिक जीवन का प्रारम्भ विरक्ति के ही बाद हुआ था। विनयपत्रिका में निहित निम्नांकित पंक्तियों में लौकिक जीवन की मोहमाया से परेशान चित्रकुट यात्रा के प्रति जो बेचैनी व्यक्त किया है उससे स्पष्ट झलकता है कि तुलसीदास ने गृह-त्याग के पश्चात् ही चित्रकूट की यात्रा किया था–

"अब चित चेति चित्रकूटहि चलु।
कोपित कलि लोपित मंगल मगु विलसत बढ़त मोह माया मलु॥"

इस प्रकार प्रयाग, चित्रकूट और काशी की यात्रा करके वे अयोध्या में जा बैठे थे, जहाँ उन्होंने 'रामचरित मानस' लिखना प्रारम्भ किया था। बालकाण्ड, अयोध्या काण्ड और अरण्यकाण्ड लिखने के पश्चात् ये काशी चले गए और वहीं पर उन्होंने किष्किधाकाण्ड प्रारम्भ किया था जिसे इस प्रकार लिखा है–

"मुक्तिजन्म महि जानि, ज्ञान खानि अघहानिकर।
जहँ बस संधु भवानि, सो कासी सेइय कस न॥" (किष्किन्धाकाण्ड)

इसी प्रकार तीर्थराज प्रयाग के प्रति भी उनके मन में बड़ी श्रद्धा थी इसलिए वे प्रयाग आते जाते ही रहते थे जिसे कवितावली में इस प्रकार लिखा है-

"देव कहें अपना अवलोकन तीरथराज चलोरे।
देखि मिटे अपराध अगाध निमज्जत साधु समाज भलो रे।' (कवितावली)"

इस भ्रमण में तुलसीदास जी को चाहे अनचाहे देवतात्मा साधु एवं राक्षसी वृत्ति वाले मानव के सम्पर्क में आना पड़ा क्योंकि वह विश्व तो दोनों ही प्रकार के मानव का एक रूप है—

'इस में गुण-दोषमय विश्व देवात्मा साधु भी हैं और राक्षसी प्रवृत्ति वाले असाधु भी एक शीलगुणकार हैं, अमर्ष रहित हैं, दूसरे परद्रोही हैं।"

तुलसीदास की बढ़ती हुई कीर्ति विरोधियों को उत्तेजित करती थी और वे उनकी जाति पाँति के सम्बन्ध में भी पूछताछ करते और मनचाहा उत्तर न पाकर उनके विषय में अपमानजनक बातें फैलाते थे। उन्हें सुन-सुनकर परम विरक्त और केवल मरने ही के लिए काशी में आए हुए तुलसी दास भी विक्षुब्ध हो उठे होंगे। उन्होंने प्रतिद्वन्द्वियों को जो उत्तर दिया है उससे उनकी झुँझलाहट पर पूर्ण प्रकाश पड़ता है-

"धूत कहौ अवधूत कहौ रजपूत कहौ जोलहा कहौ कोऊ।
काहू की बेटी सौ बेटा न ब्याहब काहु की जाति बिगारि न सोऊ॥"

इन पंक्तियों में तुलसीदास ने पूर्ण आवेश व्यक्त किया है।

इसके अतिरिक्त तुलसीदास के अन्तः साक्ष्य से स्पष्ट है कि उनकी वृद्धावस्था बड़े ही दुख में व्यतीत हुई थी उनको अनेक प्रकार के शारीरिक एवं मानसिक पीड़ाओं का शिकार होना पड़ा। तुलसीदास ने वृद्धावस्था के ती प्रकार के कष्टों का उल्लेख किया है-जरा, जीर्णता, बाहु-पीड़ा और बरतोर। वृद्धावस्था में उनका शरीर विविध रोगों में आक्रान्त था जैसा कि उनकी आत्मचरितात्मक उक्ति से पूर्ण स्पष्ट है—

रोग निकर तनु जर उपनु तुलसी संग कलोग।
राम कृपा लै चलिए दी न पालिवे जोग॥

जिन्दगी के अन्तिम वर्षों में एक बार पीड़ाओं से युक्त हो जाने के बाद फिर उन्हें मुक्ति नहीं मिल पाई और उसके परिणामस्वरूप उनका देहान्त हो गया जो कि कवितावली के कुछ पंक्तियों से ध्वनित होता है कि पीड़ाग्रस्त कवि मृत्यु की प्रतीक्षा सी कर रहा है—

"जीबे की लालसा दयाल महादेव मोहिं, मालुम है तौहिं मरिबेई को रहतु हों।

इस प्रकार तुलसी दास जी ने अपने कुछ रचनाओं के माध्यम से जिन्दगी की घटनाओं को हमारे समक्ष प्रस्तुत किया है।

भक्तिकालीन कवियों के अन्तर्गत केशवदास (सन् 1612) का नाम हिन्दी साहित्याकाश के जगमगाते हुए नक्षत्र के रूप में लिया जाता है। उन्होंने अपनी जीवनी को अन्धकार में नहीं रखा है। 'यद्यपि उनका वंश परिचय तथा उनके जन्म-मरण की तिथियाँ और जीवन सम्बन्धी मुख्य घटनाएँ निश्चित रूप से ज्ञात नहीं है फिर भी उन्होंने अपनी रचनाओं में इतना कुछ कह दिया है कि उसके आधार पर हम उनकी जीवनी से भली-भांति परिचित हो सकते हैं।

कविवर केशवदास ने बिखरे हुए रूप में काव्य के ही माध्यम से अपने बारे में हमें पर्याप्त जानकारी दे दी है जिसके सहारे उनके सम्पूर्ण जीवन वृत्त को समझने में किसी प्रकार की कठिनाई का सामना नहीं करना पड़ता है। केशवदास ने स्वयं 'कविप्रिया' के दूसरे प्रभाव में अपने वंश का परिचय इस प्रकार दिया है—

'ब्रह्मजु के चित ते प्रगट भये सनकादि।
उपजे तिनके चित ते सब सनौढ़िया आदि ॥1॥
परशुराम भृगुनन्द तब उत्तम विप्र विचारी।
दये बहत्तर ग्राम तिल तिनके पायं पखारि ॥2॥
जगपावन बैकुण्ठपति रामचन्द्र यह नाम।
मथुरा मण्डल में दये तिन्हें सात सौ ग्राम ॥3॥
सौमवंश यदुकुल कलस त्रिभुवन पाल नरेश।
फेरि दये कलिकाल पुर तेई तिन्हें सुदेश ॥4॥
कुम्भवार उद्देसकुल प्रगटे तिनके वंश।
तिनके देवानन्द सुत उपजे कुल अवतंस ॥5॥
तिनके सुत जयदेव जग थापे पृथ्वीराज।
तिनके दिनकर सुकुलसुत प्रगटे पण्डितराज ॥6॥
दिल्ली पति अलाउद्दीन किन्ही कृपा आपार।
तीरथ गया समेत जिन अमर करे बहुवार ॥7॥
गया गदाधार सुत भये तिनके आनन्दकन्द।
जयानन्द तिनके भये विद्यायुत जगवन्द ॥8॥
भये त्रिविकम मिश्र तब तिनके पण्डितराय।
गोपालगढ़ दुर्गपति तिनके पूजे पाय ॥9॥
भये शर्म तिनके भये जिनके बुद्धि अपार।
भये शिरोमणि मिश्र तब षट दर्शन अवतार ॥10॥
मानसिंह सों रोष करि जिन जीती दिसि चारि।
ग्राम बीस तिनको दये राना पांव पखारि ॥11॥
तिनके पुत्र प्रसिद्ध जग कीन्हें हरि हरिनाथ।
तामरिपति तजि और सौं भमलि न औइयौ हाथ ॥12॥
पुत्र भये हरिनाथ के कृष्णदत्त शुभवेश।
सभा शाह संग्राम की जीति गढ़ी अशेष ॥13॥
तिनको वृत्ति पुराण की दीन्ही राजा रुद्र।
तिनके काशीनाथ सुत सोमे बुद्धि समुद्र ॥14॥
जिनको मधुकरशाह नृप बहुत फर्‌ायौ सनमान।
तिनके सुत बलभद्र शुभ प्रगटे बुद्धि निधान ॥15॥
बालहि ते मधुशाह नृप जिनपै सुनै पुरान।
तिनके सोदर द्वे भये केशवदास कत्यान ॥16॥

उपर्युक्त पंक्तियों के सहारे केशवदास ने अपने पूरे वंश का एक चित्र हमारे समक्ष प्रस्तुत कर दिया है। जिसे पढ़कर पाठक केशवदास के वंश की पूरी जानकारी प्राप्त कर लेता है। वंश वृक्ष को जिस तरह से शब्द रूप में प्रस्तुत कर दिया है वह अपने आप में अनोखी उपलब्धि कही जा सकती है।

केशवदास ने रामचन्द्रिका के आरम्भ में भी अपने वंश का परिचय दिया है। जिसमें कवि के विषय में सम्पूर्ण जानकारी प्राप्त हो जाती है इतना अवश्यक है कि रामचन्द्रिका में जो परिचय दिया है वह कविप्रिया में उल्लिखित पद से श्रेष्ठ नहीं है। उदाहरणार्थ रामचिन्द्रका में स्वयं के वंश आदि का परिचय इस प्रकार दिया है जिसमें सनाढ्यों का बड़े उत्साह से वर्णन किया है–

"सनाढ्य जाति गुनाढ्य है जन्म सिद्ध शुद्ध सुभाव।
सुकृष्णदत्त प्रसिद्ध है माहि मिश्र पण्डितराव॥
गणेश सो सुत पाइयौ बुध काशिनाथ अगाध।
अशेष शास्त्र विचारि के जिन जानयौ मत साथ॥4॥
उपज्यौ तेहि कुल मंदमति शठ कवि केशवदास।
रामचन्द्र की चन्द्रिका भाषा करी प्रकास॥5॥

केशवदास ने आत्मकथा के नाम पर अपने वंश के अतिरिक्त कुछ भी नहीं लिखा है। अपने जीवन की आपबीती घटनाओं पर कहीं भी संकेत नहीं किया है। केवल अपने वास्तविक नाम के सम्बन्ध में स्वयं केशवदास ने 'कविप्रिया' में लिखा है–

"भाषा बोलि न जानई, जिनके कुल कौ दास।
भाषा कवि भौ मन्दमति, तिहि कुल केशवदास॥"

केशवदास की रचनाओं से पूर्ण स्पष्ट है कि उन्होंने कुछ शिष्यों को दीक्षा एवं कुछ को शिक्षा दी थी। जहाँ तक दीक्षा का प्रश्न है, इन्द्रजीत सिंह ने केशवदास का गुरुत्व स्वीकार किया था और उनके पैरों का प्रक्षालन करके इक्कीस ग्राम दक्षिणा में दिये थे। 'कविप्रिया' में निहित इस बात को उन्हीं के शब्दों में देखा जा सकता है।

"गुरु करि मान्यौ इन्द्रजीत, तनु मन कृपा विचारि।
ग्राम दए इक बीस तब, ताके पांय पखारि॥

शिक्षा की दृष्टि से केशवदास की प्रिय शिष्या रायप्रवीण है क्योंकि उसी को काव्य शिक्षा देने के लिए केशवदास को 'कविप्रिया' नाम ग्रन्थ की रचना करना पड़ा था इस तथ्य को केशवदास ने स्वीकार किया है जिसे उनके ही द्वारा रचित निम्न पंक्तियों में देखा जा सकता है।

"सबिता जू कविता दई, ता कह परम प्रकास।
ताके काज कविप्रिया, कीन्हीं केशवदास॥"

इस प्रकार अपनी रचनाओं के ही माध्यम से केशवदास ने अपने वंश, गुरुत्व एवं 'कविप्रिया' की रचना के प्रेरणास्रोत को स्पष्ट कर दिया है जिसे पढ़कर पाठक केशव के सम्बन्ध में पर्याप्त जानकारी प्राप्त कर लेता है।

रीतिकालीन कवि बिहारीदास (सन्) ने भी कुछ आत्मचरितात्मक पंक्तियों के द्वारा अपने वंश एवं स्वयं का परिचय दिया है।

स्वयं के नाम के सम्बन्ध में बिहारी ने निम्नांकित दोहा लिखा है–

"कविता सों मन हरि गयो लग्यो कान्ह सों ध्यान।
लाल बिहारी है गए दास बिहारी मान॥"

अर्थात् इनका स्वयं कहना है कि पहले मेरा नाम बिहारीलाल था किन्तु ईश्वरोन्मुख होने के पश्चात् बिहारीदास हो गया।

अपने सुत आदि के सम्बन्ध में 'बिहारी बिहार' में बिहारीदास ने इस प्रकार लिखा है–

"नाम बिहारी जानयतु मम सुत कृष्णा जान।
रवितनया पूजिय सुभग लहियत शुभ वरदान॥"

बिहारीदास ने अपने पिता और पितामह आदि का परिचय भी बिहारी बिहार में इस प्रकार दिया है–

"यहै जानि हमहूं करी तात मात की सेव।
मम पितुमह बसुदेव जू पिता जु केशव देव॥"
बसत मधुपुरी मधुपुरी केशव देव सुदेव।
नाम छःधरा गाइयतु चौबे माधुर देव॥"

जहाँ तक स्वयं के परिचय देने का सम्बन्ध है बिहारी ने एक ऐसा दोहा भी आत्मचरितात्मक रूप में प्रस्तुत किया है। जिसे पढ़कर पाठक उनके जन्म, बचपन तथा विवाह आदि से पूर्णरूपेण परिचित हो जाते हैं–

"जन्म ग्वालियर जानिए, खण्ड बुन्देले बाल।
तरुनाई आई सुधन मथुरा बसि ससुराल॥"

अर्थात् उनका जन्म ग्वालियर में हुआ, लड़कपन बुन्देलखण्ड में व्यतीत हुआ, विवाह मथुरा में हुआ और युवावस्था का वहीं आना निश्चित रूप से प्रमाणित होता है।

बिहारी ने अपने कुल का परिचय देते हुए अपने पिता का नाम केशवदास बताया है–

"प्रगट भए द्विजराज कुल सुबस बसे ब्रज आय।
मेरौ हरौ क्लेश सब केसौ केसौराय॥"

बिहारीदास स्वामी हरिदास के सम्प्रदाय के अनुयायी और महात्मा नरहरिदास जी के शिष्य थे। निम्नांकित दोहे में इन्होंने उक्त महात्मा के गुणों का गान बड़े ही विनम्र शब्दों में किया है–

"जनम करिह मुंड तरहरि परयो इहिं धरहरि चितु लाई।
विषय-तृषा परिहरि अजौ नरहरि के गुन गावु॥"

इसके अतिरिक्त कहीं-कहीं पर बिहारीदास ने अपने दोहों के माध्यम से अपनी काव्य प्रतिभा को स्पष्ट कर दिया है। एक दोहे में इन्होंने शाहजहाँ के आगमन का वृतान्त वर्णित किया है और उसी स्थान पर महाकवि ने अपनी कविता भी सुनायी थी जिसे सुनकर शाहजहाँ हर्ष विभोर हो गये थे और बिहारी को आगरे आने के लिए निमन्त्रण दे आए थे। वह दोहा इस प्रकार है-

"हम उनकी कविता करी, भये प्रसन्न बड़ भाव।
चलन कही हमसों, अर्गलपुर में आव॥"

इस दोहे के माध्यम से बिहारी की काव्य प्रतिभा उन्हीं के शब्दों में निखर उठी है।

अतएव बिहारी भी यद्यपि राजाश्रित ही थे। इनके पास भी अन्य रीतिकालीन कवियों की भाँति समयाभाव था, फिर भी इन्होंने कतिपय दोहों का सहारा लेकर आत्म परिचय देने का सफल प्रयास किया है।

रीतिकालीन कवियों के ही अन्तर्गत मतिराम (सन् 1604) भी श्रेष्ठ स्थान के अधिकारी स्वीकार किए जा सकते हैं। वैसे तो मतिराम ने आत्मकथा के रूप में किसी भी ग्रन्थ की रचना नहीं की, क्योंकि अन्य रीति कालीन कवियों की भाँति ये भी राजाश्रित थे। अपने राजा की प्रशंसा हेतु ही ये भी ग्रन्थ की रचना करते थे। स्वयं के बारे में लिखने का समय ही नहीं प्राप्त हो पाता था। जीविकोपार्जन हेतु राजा की प्रशंसा के ही गीत गाया करते थे। इतना होने के बावजूद मतिराम ने कुछ ग्रन्थों का सहारा लेकर स्वयं के बारे में महत्त्वपूर्ण जिन्दगी के तथ्य हैं उनसे अवगत करा दिया है।

मतिराम वर्ण से ब्राह्मण थे, यह तो सर्वविदित है किन्तु कौन से ब्राह्मण थे तथा उनका गोत्र क्या था, इस विषय में स्वयं वे प्रमाण रूप में हो सकते हैं। अपनी रचना 'वृत्तकौमुदी' के अन्त में स्वयं का परिचय देते हुए मतिराम ने सबसे पहले वर्ण और गोत्र का ही उल्लेख किया है—

"तरपाठी बनपुर बसे वत्स गोत्र सुनि गेह।
विबुध चक्रमणिपुत्र तह गिरिधर देह॥
भूमिदेव बलभद्र हुव तिनहि तनुत मुनि गान।
मंडित पंडित मंडली, मंडन मही महान्॥
तिनके तनय उदार मति विश्वनाथ हुव नाम।
दुतिधर को अनुज सकल गुननि को धाम॥

तासु पुत्र मतिराम कवि..."

उपर्युक्त परिचय के अतिरिक्त मतिराम ने और कुछ भी नहीं लिखा। उनकी जिन्दगी की महत्त्वपूर्ण घटनाएँ क्या थीं? कब घटीं इसका बिल्कुल ही उल्लेख उन्होंने अपने ग्रन्थ में नहीं किया है। इसका एक मात्र कारण था-समयाभाव। जिन्दगी का अधिकांश समय राजा की प्रशंसा के गीत गाने में व्यतीत हो जाने के कारण उनकी स्वयं की जिन्दगी अन्धकार के गर्त में छिपी रह गयी। चाहते हुए भी उसका स्पष्टीकरण वे नहीं कर पाये।

रीतिकालीन कवि भिखारीदास (संवत् 1775) ने भी अपने जीवन के सम्बन्ध में कुछ संकेत 'काव्यनिर्णय' तथा 'छन्दोर्णव पिंगल' में दिया। है जिसके आधार पर उनके वंश तथा विद्वता की स्पष्ट झलक मिल जाती है। छन्दोर्णव पिंगल तथा काव्यनिर्णय में भिखारीदास ने निम्नलिखित पंक्तियों में अपने वंश का परिचय इस प्रकार दिया है—

"अभिलाषा करी सदा ऐसानिका होथ वित्य सब ठौर दिन सब याही सेवा चरचानि। लौभा लई नीचे ज्ञान हलाहल की को अंशु अन्त है क्रिया पाताल निन्दा रस ही को खानि।
सेनापति देवी केर शोभा गनती को भूप पन्ना मोती हीरा हैम सौदा हास ही को जानि।
हीय पर देव पर बदे यश रटे नाउं खगासन नगधर सीतानाथ कोलापानि।

उपर्युक्त कविता भिखारीदास ने अपना वंश परिचय देने के ही उद्देश्य से लिखा है। इस कविता के माध्यम से उनका वंश किस प्रकार से प्रकाश में आ जाता है। इसका उल्लेख भी उन्होंने किया है—

"या कवित्त अंतवरण लै तुकंत द्वै छंडि।
दासनाम कुल ग्राम कहि नाम रसमंडि॥"

उपर्युक्त कविता के अनवर्णों अर्थात् बीच में एक एक वर्ण छोड़कर लिखा जाय तो भिखारीदास का नाम, उनका वंश परिचय और उनके निवास स्थान का पूरा पता चल जाता है। "दोहे के अनुसार वंश परिचय जानने के लिए तुकान्त के दो वर्णों को छोड़ना पड़ेगा अन्यथा कुल निरर्थक हो जायेगा।

उपर्युक्त निर्देशानुसार यदि कविता का पठन किया जाये तो कवि का नाम, कुल तथा ग्राम का परिचय इस प्रकार प्राप्त हो जाता है–

भिखारीदास कायत्थ, बरन बहीवार, भाई चैनलाल को सुत कृपालदास को, नाति वीराभान को, यरवर देश, ठैउंगा नगर ताथला।

अर्थात् कवि का नाम भिखारी दास कायस्थ तथा वर्ण बहीवार था। इनके भाई का नाम चैनलाल, पिता का नाम कृपालदास, पितामह का वीरभानु तथा प्रपितामह का रामदास था। ये अरवर प्रदेश में ट्यौङ्गा ग्राम के निवासी थे।

भिखारी दास अपने समय के आचार्य माने जाते हैं। इनका अध्ययन गम्भीर एवं विशाल था। इन्होंने जिन ग्रन्थों की रचना किया है उनमें संस्कृत के काव्यशास्त्र सम्बन्धी ग्रन्थों की सहायता लिया है, जैसा कि 'काव्यनिर्णय' नामक ग्रन्थ में स्वयं ने स्वीकार भी किया है–

"बूझि सुचन्द्रालोक अरु काव्यप्रकासहु ग्रन्थ।
समुझि सुरुचि भाषा कियौ ले औरौ कवि पन्थ॥"

उपर्युक्त पंक्तियों से पूर्ण स्पष्ट हो जाता है कि उन्होंने काव्यनिर्णय की रचना करते समय 'चन्द्रलोक' तथा 'काव्यप्रकाश' की सहायता लिया था। इसके साथ ही साथ अन्य कवियों के भावों को भी ग्रहण किया। 'छन्दोर्णव पिंगल' ग्रन्थ की रचना करते समय भी उन्होंने यह स्वीकार किया है कि उन्होंने प्राकृत भाषा तथा संस्कृत के अनेक पिंगल ग्रन्थों का अध्ययन करने के पश्चात् ही छन्दोर्णव पिंगल की रचना की। 'छन्दोर्णव पिंगल' में उन्होंने इस प्रकार स्पष्ट किया है–

"प्राकृत भाषा संस्कृत लखि बहु द्वन्दोग्रन्थ।
दास कियौ छन्दौरणव भाषा रचि शुभ पंथ॥"

भिखारी दास ने प्राचीन तथा अपने समय के कवियों एवं आचार्यो की रचनाओं का आद्योपान्त अध्ययन किया था और इस बात को वे स्वीकार भी करते थे कि उन्हीं की प्रेरणा से वे कवि मार्ग पर अग्रसर हुए हैं, यही कारण है कि भिखारी दास ने उन कवियों की पदवन्दना भी किया है। क्योंकि उन्होंने उनसे बहुत कुछ सीखा था जैसा कि 'शृंगार निर्णय' में लिखा भी है–

"बन्दौ सुकविन के चरन अरु सुकविन के ग्रन्थ।
जातै कुछ हौंहू लह्यौ कविताई को पंथ॥"

भिखारीदास ने उन बुद्धिमान व्यक्तियों को महत्त्वपूर्ण स्थान का अधिकारी माना है जो महज ही रस के विषय में जानकारी प्राप्त कर लेते हैं। 'रस सारांश' नामक ग्रन्थ का आरम्भ करते समय स्पष्ट रूप से कहा है कि रस के इच्छुक व्यक्तियों के लिए ही हमने 'रस सारांश' की रचना किया है–

“चाहत जानि जु थौर ही रस कवित्त को वंश।
तिन रसिकन के हेत यह कीन्हौं रस सारांश॥”

जहाँ तक भिखारीदास के आश्रयदाता का प्रश्न है। अन्तः साक्ष्य के आधार पर उनके आश्रयदाता के सम्बन्ध में विशेष विवरण नहीं प्राप्त होता है। इतना अवश्यक पता चलाता है कि वे 'उत्तरवर' प्रदेश के राजा पृथ्वीपति के भ्राता के आश्रित थे। भिखारीदास ने अपने अधिकतर ग्रन्थों की रचना अपने आश्रयदाता को प्रसन्न करने के उद्देश्य से किया था। उन्होंने स्वयं भी कहा है–

“जगत् विदित उदयाद्रि सौं अरवरदेस अनूप।
रवि लौ पृथ्वीपति उदित तहाँ सौमकुल भूप।
सौदर तनके ज्ञाननिधि हिन्दूपति शूभ नाम।
जिनकी सेवा में लह्यौ दास सकुल सुख धाम॥”

इस दोहे से तो स्पष्ट झलकता है कि इनके आश्रयदाता 'काव्यनिर्णय' की रचना के समय तक स्वयं राजा नहीं थे, केवल अरवरपति के सहोदर ही थे। भिखारीदास ने अपने ग्रन्थों की रचना इन्हीं आश्रयदाता को प्रसन्न करने के लिए किया था। अपने ग्रन्थ–शृंगार निर्णय में उन्होंने इस बात को स्वीकार किया है–

“श्री हिन्दूपति रीझि हित समुझि ग्रन्थ प्राचीन।
दास कियौ शृंगार को निरनय सनौ प्रवीन॥

“नाम प्रकाश” के अन्त में भिखारीदास ने अपने आश्रयदाता का नाम देते हुए बताया है कि वे महाराजा छत्रधारीसिंह के आत्मज थे–

इति श्री भिखारी कृतै सौमवंशावतंश श्री 108 महाराज छत्रधारी सिंहात्मज श्री बाबू हिन्दूपति सम्मते अमर तिलकै नाम प्रकाशे तृतीय काण्है अनैकार्थ वर्ग सम्पूर्णम्।

इस प्रकार हम कह सकते हैं कि भिखारीदास ने अपने ग्रन्थों के माध्यम से ही अपने वंश आदि के बारे में पूर्ण परिचय प्रदान कर दिया है।

6. अन्य आत्मकथा साहित्य : परिचयी साहित्य के अन्तर्गत भक्तमाल परम्परा की रचनाएँ समाविष्ट हैं। इनमें भी भक्तों के प्रायः सम्पूर्ण चरित्र का वर्णन मिलता है। अनन्तदास की परिचयियाँ सर्वाधिक प्राचीन हैं। इसमें पीपा, त्रिलोचन, घना, नामदेव कबीर, रैदास, तथा राकगांका की परिचयियाँ मिलती हैं। अपने समय तक प्रचलित सभी जनश्रुतियों का प्रयोग अनन्तदास ने किया है। परवर्ती साहित्य पर इन परिचयियों का पर्याप्त प्रभाव है। परवर्ती परिचयियों के नाम इस प्रकार हैं–

(1) जगगोपालकृत : श्री दादू जन्म परिचयी। (2) रघुनाथकृत : हरिदास परिचयी। (3) रूपदासकृत : स्वामी सेवकदास की परिचयी। (4) रामरूपकृत : चरन दास की परिचयी। (5) बोधेदासकृत : जगजीवदा की परिचयी। (6) वक्ताद्यालबालकृत : रामदास जी की परिचयी। (7) सुधरदासकृत : मूलदास की परिचयी। (8) सैमकृती : सिंगाजी की परिचयी।

इन सभी परिचयियों में अपने चरित्र नायकों का वर्णन अलौकिक एवं चमत्कार पूर्ण वातावरण में हुआ है।

वार्ता साहित्य

चौरासी वैष्णवन की वार्ता तथा दो सौ बावन वैष्णवन की वार्ता–

जीवनी साहित्य के अन्तर्गत वार्ता साहित्य का विशेष महत्त्व है। वार्ता साहित्य में चौरासी वैष्णवन की वार्ता तथा दो सौ बावन वैष्णवन की वार्ता का अत्यधिक महत्त्व है। ये पुष्टिमार्गीय सम्प्रदाय की रचनाएँ हैं। बल्लभाचार्य जी की मुख्य 84 शिष्य थे और गोसाईं गोकुलदास के 252 शिष्य थे। इन्हीं के आधार पर दोनों वार्ताओं का नामकरण किया गया है, जिसका विवेचन इस प्रकार है–

चौरासी वैष्णवन की वार्ता : जैसा कि नाम से स्पष्ट है कि इसमें चौरासी वार्ताएँ लिखी गई हैं, इसलिए इसका नाम चौरासी वैष्णवन की वार्ता है। गद्य में लिखी होने के कारण इन वार्ताओं का विशेष महत्त्व है। इसमें अनेक भक्तों की जीवनियाँ गुम्फित हैं। इनके जीवन की घटनाओं का सहज आभास इन वार्ताओं का पठन करने से हो जाता है। एक बात अवश्य है कि धार्मिकता से मंडित होने के कारण भक्तों के जीवन की घटनाओं पर अलौकिकता का आवरण छाया हुआ है। इनमें बहुत से ऐसे भक्त कवि भी हैं, जिनका पूर्ण सम्बन्ध हिन्दी साहित्य से ही है जैसे अष्टछाप के कवि।

इस वार्ता के अन्तर्गत बल्लभाचार्य जी के शिष्य समुदाय के जीवन की घटनाओं का विवेचन किया गया है। धार्मिक महत्त्व के साथ ही साथ इस वार्ता का साहित्यिक महत्त्व भी है। भक्तों के जीवन के गोपनीय प्रसंगों को प्रस्तुत करके इस वार्ता ने जीवनी साहित्य में स्थान प्राप्त किया है तथा राजघरानों आदि से ही उनका सम्बन्ध जोड़कर बल्लभ सम्प्रदाय की प्रतिष्ठा में भी वृद्धि हुई है।

दो सौ बावन वैष्णवन की वार्ता : इसमें गोसाईं गोकुलनाथ के दो सौ बावन शिष्य भक्तों की जीवनी पर प्रकाश डाला गया। उनके जीवन की महत्त्वपूर्ण धार्मिक, सामाजिक और साहित्यिक घटनाओं का उल्लेख करके साहित्य एवं धर्म दोनों ही क्षेत्रों में उनके महत्त्व का स्थापना किया गया है। यही कारण है कि जीवनी साहित्य के अन्तर्गत इन वार्ताओं का विशेष स्थान है। इन वार्ता साहित्य में समस्त भक्त शिष्यों के चरित्र के समस्त पहलुओं पर बड़ी ही स्पष्टता के साथ प्रकाश डाला गया है। इन वार्ताओं के लिए यह कहा जाता है कि कतिपय शिष्यों के जीवन की बिल्कुल वही घटनाएँ वर्णित हैं जो चौरासी वैष्णवन की वार्ता में प्रस्तुत हैं। किन्तु हमारा इससे कोई सम्बन्ध नहीं है। वार्ता साहित्य के प्रस्तुतीकरण का एक मात्र कारण है जीवनी साहित्य का महत्त्वपूर्ण अंग होना।

इस प्रकार वार्ता साहित्य का महत्त्व हिन्दी साहित्य के इतिहास निर्माण एवं भक्तों के जीवन वृत्तों के सम्बन्ध में अधिक है। साहित्य का इतिहास लिखते समय हमें वार्ता साहित्य से विभिन्न भक्त कवियों का और उनकी रचनाओं का काल निर्धारण करने में अधिक सहायता प्राप्त होती है।

वार्ता साहित्य में भक्तों और सन्तों की आध्यात्मिक गरिमा का तो स्पष्ट उल्लेख है ही, किन्त उसमें उनके लौकिक जीवन से सम्बन्धित अनेक तथ्य बिखरे हैं, जिन्हें हम उचित परीक्षण एवं विश्लेषण के उपरान्त ग्रहण कर सकते हैं। साहित्यिक महत्त्व के अतिरिक्त वार्ता

साहित्य का धार्मिक, राजनीतिक और सामाजिक महत्त्व है। गद्यात्मक होने के कारण इन वार्ताओं का विशेष महत्त्व है।

7. अर्द्धकथानक : जहाँ तक आत्मकथा लिखने की प्रथा का सम्बन्ध है आधुनिक भारतीय भाषाओं में हिन्दी का प्रथम ही स्वीकार किया जाता है। कविवर बनारसीदास चतुर्वेदी जैनकृत 'अर्द्धकथानक' आज से 339 वर्ष पूर्व सन् 1641 ई. में लिखा गया। इसमें पुराना आत्मचरित मिलना असम्भव एवं दुष्कर है। अर्द्धकथानक एक ऐसी सरल, शुद्ध एवं निर्लिप्त भाव से रची गयी पद्यवद्ध आत्मकथा है जिस पर प्रत्येक वर्ग एव धर्म के पाठक की आत्मीयता अपने आप ही हो जाती है। कविवर बनारसीदास जैन ने इसका प्रणयन किसी भी धर्म, सम्प्रदाय, वर्ग अथवा जाति की संकुचित सीमाओं से अलग हटकर निश्छल भाव से मानवता के धरातल को ही स्पर्श किया है। बनारसीदास जी ने मानव की आयु 110 वर्ष अनुमानित किया था। यही कारण है कि उसमें कवि ने स्वयं के जीवन की साधारण से साधारण घटनाओं की ही चर्चा नहीं किया अपितु अपने दुश्चरित्रों को भी बड़ी ईमानदारी के साथ स्पष्ट कर दिया है। उन्होंने किसी भी प्रकार का दुराव छिपाव नहीं दिखाया।

"बनारसीदास ने अर्द्धकथानक में अपनी दुर्बलताओं का निस्संकोच भाव से खुलकर वर्णन किया है। वे अपने व्यक्तिगत जीवन में जैसे कुछ थे, उसी रूप में पाठकों के सम्मुख उपस्थित हो गए। अपनी भूलों, दुर्बलताओं और असफलताओं के इतने स्पष्ट विवेचन पर समाज में कितनी कटु आलोचना होगी, कितने तिरस्कार से लोग देखेंगे। सामाजिक बहिष्कार का क्षण-क्षण कितना विष वमन करेंगे, आदि वातों की रंचमात्र चिन्ता न करके इन्होंने अपने जीवन के प्रत्येक उत्थान-पतन, सुख-दुःख, लाभ-हानि तथा राग-विराग आदि का यथाघटित उल्लेख निश्छल भाव से किया है।

कभी-कभी आत्मकथा व्यक्ति की जीवन घटनाओं, क्रिया-कलापों आदि से परिवेष्ठित होने के कारण शुष्कता की कोटि में आ जाती है। किन्तु योग्य लेखक घटनाओं को बिना अतिरंजित किए हुए अपनी सरल एवं निश्छल अभिव्यक्ति के द्वारा अत्यन्त ही रोचक बना लेते हैं। हमारे कवि ने अपने इस पद्यमय आत्मकथा में इन गुणों का सन्निवेश कर अत्यन्त ही उज्ज्वल आदर्श उपस्थित किया है, इसीलिए कवि की आत्मकथा को पढ़ने पर कहीं भी भावावेश, अतिरंजना तथा शब्दाडम्बर आदि के दर्शन नहीं होते हैं।

महाकवि ने जिन अनुचित प्रेम व्यापारों को अपनाया एवं उन व्यापारों का जीवन पर जो कटु प्रभाव पड़ा, उन सबकों निस्संकोच रूप से वर्णित किया है। बनारसीदास जी का जीवन पौराणिक पुरुषों जैसे अतिरंजनाओं, चमत्कारों एवं अनैतिक कल्पनाओं का समूह नहीं है, उसमें हमें सर्वत्र एक भौतिक मानव की लौकिक परिस्थितियों के बीच पतित एवं उत्थित जीवनधारा प्रवाहमान हो रही है। पन्द्रह वर्ष की ही आयु में प्रेम की जंजीर में बँधकर वे इतने निर्लज्ज एवं उन्मादित हो उठे कि माता-पिता एवं गुरुजन आदि को तिलांजलि दे बैठे—

"विद्या पढ़ि विद्या में रमै, सौल से सत्तावने समै।
तजि कुल कानि लोक की लाज, भयौ बनारसि आसिखबाज॥"

बनारसीदास ने अपनी विषयासक्ति की तीव्रता का स्वयं ही स्पष्ट उल्लेख किया है। किसी प्रेमिका के लिए पान और मिठाई भेजना, सदैव ही उसी के ध्यान में निमग्न रहना और

काव्य प्रतिभा का उपयोग भी आशिकी की रचनाओं में ही करना बनारसीदास जी का जीवन सा बन गया था। दो वर्षों तक इनका जीवन इसी प्रकार व्यतीत हुआ था जैसा कि स्वीकार भी किया है–

"करि आसिखी पाठ सब पढ़ै, संवत सोल सौ उनसठै।"

इसी विषयासक्ति ने इन्हें बरबाद कर दिया और ये भयंकर रोग से पीड़ित हो गये–

"भयौ बनारसीदास तन कुष्ठ रूप सरबंग। हाड़-हाड़ उपजी विधा, केस रौभ भुवभंग॥"

हमारे महाकवि ने जिन्दगी की दुर्बलताओं का विवेचन निर्भीकतापूर्वक प्रकट किया है। स्वयं की हीनताओं को स्पष्ट करने में किसी भी प्रकार का संकोच नहीं किया है। अपनी नवरस रचना के सम्बन्ध में बनारसीदास जी ने स्वयं ही लिखा है–

"पौधी एक बनाई नई मित हजार दोहा चौपाई। तामे नव रस रचना रसी,
पै विसेस बरन आसिखी। ऐसे कुकवि बनारसि भये, मिथ्या ग्रन्थ बनाये नये॥"

"आपके ग्रन्थों में जहाँ भी विषय चयनादि में त्रुटि हुई है आपने उसकी कटु आलोचना किया है। उक्त पंक्तियों में आपने अपनी रचना और उसके कारण बनने वाली स्वयं की ओछी कुरुचिपूर्ण कवित्व शक्ति का स्पष्ट उल्लेख करके आज के कवियों के सम्मुख निश्चित रूप से एक उज्ज्वल आदर्श प्रस्तुत किया है।"

बनारसीदास ने केवल जीवन की घटनाओं के द्वारा ही दुर्बलताओं का उद्घाटन नहीं किया है बल्कि अवसरानुकूल उनका स्वतन्त्र रूप से भी अनावरण किया है। उनकी आत्मकथा उनके सम्पूर्ण जीवन को प्रकाशित करती है। अपने जीवन के कटु एवं मधुर दोनों ही पक्षों को कवि ने स्पष्ट करने का सफल प्रयास किया है। अवगुणों की ही भाँति अपने समस्त सदगुणों का उल्लेख भी बड़ी ही विनम्रता के साथ किया है। यहाँ पर विशेष बात तो यह है कि यदि बनारसीदास स्वयं की त्रुटियाँ ही बताकर रह जाते तो उनकी आत्मकथा अपूर्ण ही रह जाती जबकि एक सच्ची आत्मकथा के लिए तो यह आवश्यक हुआ करता है कि उसमें दुर्बलता एवं आत्मश्लाघा दानों का ही पूर्ण समन्वय हो।

अपनी प्रमुख विशेषताओं के सम्बन्ध में बनारसी दास जी ने लिखा है-

"भाषा कविता और अध्यात्म ज्ञान में अनुपम है। क्षमावान और सन्तोषी है। संस्कृत और प्राकृत का शुद्ध वाचन करता है। विविध देश भाषाओं का ज्ञाता है। कवित्त पढ़ने की अनोखी कला से परिपूर्ण है, सांसारिक प्रपंचों से दूर है।"

कवि ने अपनी किशोरावस्था और युवावस्था में जीवन को जिन दुर्व्यसनों, अन्धविश्वासों और मानवीय दुर्बलताओं के रास्ते पर पूर्णरूपेण छोड़ दिया था। जिन-जिन रास्तों को उन्होंने पार किया सबका पूर्ण विवेचन ईमानदारी के साथ कर दिया है।

कविवर की आत्मकथा समस्त दृष्टियों से एक सच्ची आत्मकथा की कसौटी पर खरी उतरती है। पं. बनारसीदास चतुर्वेदी जिनका अधिकांश जीवन आत्मकथाओं के अध्ययन-मनन में ही व्यतीत हुआ था। लिखा है–

"आत्मचित्रण में दो ही प्रकार के व्यक्ति विशेष सफलता प्राप्त कर सकते हैं। या तो बच्चों की तरह भोले-भाले आदमी जो अपनी सरल निरभिमानता से यथार्थ बातें लिख सकते हैं अथवा कोई फक्कड़ व्यक्ति जिसे लोक लज्जा का कोई भय नहीं है।"

कविवर बनारसीदास ने अपनी जिन्दगी की आपबीती घटनाओं का तो उल्लेख ईमानदारी के साथ किया है, साथ ही साथ तात्कालिक सामाजिक, धार्मिक, घटनाओं का भी जो किसी भी प्रकार साहित्य की रचना में असम्भव हो जाता है। यही कारण है कि बनारसीदासकृत 'अर्द्धकथानक' देश की परिस्थितियों से युक्त है।

जहाँ तक अर्द्धकथानक की भाषा का प्रश्न है। वह बनारसीदास जी के भावों को स्पष्ट करने में पूर्ण समर्थ है। अर्द्धकथानक का अवलोकन करने पर यही निष्कर्ष निकलता है कि भाषा का विशुद्ध रूप अर्द्धकथानक में सन्निहित है। बनारसीदास जी ने 55 वर्ष का विवरण अत्यन्त सरल, स्वाभाविक एवं देश भाषा के माध्यम से व्यक्त किया है। इस ग्रन्थ की भाषा के सम्बन्ध में बनारसीदास ने स्वयं ही लिखा है—"मध्य देश की बोली बोल। गर्भि बात कहौ हियखोल।"

बोली का मतलब उस समय की बोलचाल की भाषा है, साहित्यिक भाषा नहीं। बनारसीदास उच्चकोटि के कवि थे। उनकी अन्य रचनाएँ प्रायः साहित्यिक नहीं है परन्तु उन्होंने इस आत्मकथा को बिना आडम्बर के सीधी-सीधी भाषा में लिखा है। जिसे सर्वसाधारण सुगमता से पढ़ सके...।

अर्द्धकथानक के भाषा की सबसे बड़ी विशेषता यह है कि उसमें ब्रजभाषा के साथ ही खड़ी बोली का भी मिश्रण है यद्यपि इस आत्मकथा में उर्दू, फारसी और संस्कृत के शब्दों का भी यथावत प्रयोग किया गया है किन्तु प्रमुख रूप से उस समय की प्रचलित जनभाषा ही प्रयुक्त हुई है। इसमें उर्दू, कोतवाल, हाकिम, मुकाम, माफ तथा स्याबास आदि।

आत्मकथा को सरल, ललित एवं हृदयग्राही बनाने के लिए बनारसीदास जी ने लोकोक्तियों मुहावरों और सूक्तियों को भी पर्याप्त मात्रा में स्थान दिया है, यही कारण है कि अर्द्धकथानक की भाषा में गतिशीलता एवं सजीवता के दर्शन होते हैं जैसे-

"सुख दुःख दाऊ फिरती छांह।" "जैसे मति तैसी गति होई।" "सुख दुःख कोदाता भगवन्त।"

अतएव भाषा के सन्दर्भ में कतिपय निष्कर्षों की स्थापना करते हुए हम कह सकते हैं कि बनारसीदास जी ने अर्द्धकथानक की भाषा में ब्रजभाषा की भूमिका लेकर उस पर मुगल काल में बढ़ते हुए प्रभाव वाली खड़ी बोली का नाम दिया है जिससे स्पष्ट पता चलता है कि यह मिश्रित भाषा उस समय मध्य देश में प्रचलित हो चुकी थी। इस प्रकार अर्द्धकथानक भाषा की दृष्टि से श्रेष्ठ आत्मकथा के अन्तर्गत आता है।

"अर्द्धकथानक में सरलता, संक्षिप्तता, सरसता एवं प्रवाहमयता की स्रोतस्विनी सर्वत्र दिखायी देती है। सत्य जितने ही सीधे ढंग से प्रस्तुत किया जायेगा, उतना ही मार्मिक होगा। उस पर शब्दाम्बर, आंलकारिकता एवं अनावश्यक विस्तार का भार पड़ते ही उसकी मार्मिकता उतनी नहीं रहती। कविवर की शैली में न पर्वतीय नदियों जैसी घर्घराहट और उतार चढ़ाव है और न इश्तहारी जैसी लचर एवं निर्जीव भाषा के कठघरे में आबद्ध शुष्कता ही है। आपकी शैली में पाण्डित्य प्रदर्शन की प्रयत्नशीलता का बोझिलपन भी नहीं है।"

जिस शैली का प्रयोग बनारसीदास जी ने किया है वह उनके सरल एवं साहसी व्यक्तित्व को अनायास ही व्यक्त कर देती है। इनकी शैली प्रसाद गुण से युक्त है जिसे पढ़कर उनका

निश्छल एवं उदार व्यक्तित्व अपने आप ही स्पष्ट हो जाता है। अपने दुःखमय जीवन की अभिव्यंजना करने के लिए उन्होंने निम्नांकित पंक्तियों का सहारा लिया है जिसे पढ़कर मानव हृदय आन्दोलित सा होने लगता है-

"कही पचावन बरस लों, बनारसि की बात। तीनि बिवाही मार जा, सुता दोई सुत सात॥"

"नौ बालक हुए मुए, रहे नारि नर दोई। ज्यौ तरवर पतझार हूवै, रहे ठूंठ से होई॥"

व्यक्तिगत दुःख का साधारणीकरण आत्मकथाकार ने अत्यन्त ही सहजता के साथ किया है। महाकवि पर लगातार नौ सन्तानों और दो पत्नियों के आकस्मिक मरण की हृदय विदारिणी विभीषिका का प्रकोप हुआ परन्तु उन्होंने उस समय भी अपने अन्तस को विचलित नहीं होने दिया बराबर साहस और धैर्य का परिचय देते रहे।

"इस प्रकार अर्द्धकथानक में कविवर की अत्यन्त पुष्ट कोटि की भावुकता की भी फुहार है जो उसकी आकर्षण वृद्धि में भारी सहायिका है। इनकी शैली का प्रसाद गुण प्रायः उनकी सभी रचनाओं में है। कविवर की शैली में संक्षिप्तता और तीव्र भाव प्रेषणीयता अद्‌भुत कोटि की है। असह्य दुःख को भी कवि ने सरल, किन्तु हृदयस्पर्शी शब्दों के द्वारा व्यक्त किया है।"

जहाँ तक कवि की आत्मकथा के उद्देश्य का प्रश्न है, किसी भी कृतिकार का वह ईष्ट हुआ करता है जिसे पूर्ण करने के लिए वह कृति का निर्माण करता है। प्रस्तुत आत्मकथा लिखने में बनारसी दास जी का उद्देश्य था अपनी दुःख-दर्दमय जीवन की घटनाओं को स्मरण करना। कवि के जीवन में उमड़ता हुआ दुःख का सागर दिखायी देता है। बीते हुए जीवन की उसी दुःखमय अवस्था को पुनर्जीवित करने के लिए कवि ने आत्मकथा की रचना किया है। वह अपने साहस एवं धैर्य के आदर्श को पाठक के सम्मुख स्पष्ट कर देना चाहता था इसी उद्देश्य को लेकर बनारसीदास जी ने अर्द्धकथानक का निर्माण किया। यदि कवि ने इस रचना को हमारे सम्मुख रखा होता तो हम उसके बीते हुए जीवन की दुःखमय कहानी जानने से वंचित रह जाते। अतः पूर्ण विवेचन के पश्चात् स्पष्ट हो जाता है कि आत्मकथा के सभी तत्त्वों की दृष्टि से अर्द्धकथानक महत्त्वपूर्ण आत्मकथा है। यह भाषा, भाव, सहृदयता और अन्य उपयोगी विवरणों से भरा हुआ है। न केवल हिन्दी साहित्य का वरन भारतीय साहित्य का एक अनूठा रत्न स्वीकार किया जा सकता है। बनारसीदास जी की आत्मकथा का सम्बन्ध राजमहलों से न होकर मध्यम व्यापारी वर्ग से है जिसे पग-पग पर कठिनाइयों का सामना करना पड़ता है। दुःख ही जिसकी जिन्दगी हुआ करती है। जिन्दगी के इस दुःखमय वातावरण में साहस की नितान्त आवश्यकता होती है। बनारसीदास जी का व्यक्तित्व साहस से युक्त था इसीलिए उन्हें कोई भी कुचल नहीं सका था। कविवर बनारसीदास जी ने अनोखी सरलता, विनम्रता और दृढ़ता के साथ भयंकर अर्थाभाव और पारिवारिक वैषम्य में जीवन यापन करके पाठक के समक्ष एक उज्ज्वल आदर्श प्रस्तुत किया है। इस प्रकार कवि की आत्मकथा अपनी विशिष्टताओं के कारण हिन्दी साहित्य की अमर निधि है और भविष्य में भी रहेगी।

8. प्रणामी सम्प्रदाय का 'बीतक' साहित्य : प्रणामी सम्प्रदाय का बीतक साहित्य जीवन साहित्य की विधा में एक मौलिक देन स्वीकार किया जा सकता है। प्रणामी सम्प्रदाय में बीतकों का स्थान अत्यन्त महत्त्वपूर्ण है। जीवनी के लिए ही बात, वार्ता, परचई तथा 'बीतक' आदि का प्रयोग किया गया है।

"बीतक" शब्द का शाब्दिक अर्थ है-'बीता हुआ'। इस शब्द का निर्माण संस्कृत के वृत्त शब्द से हुआ है यही शब्द सन्त साहित्य में 'जीवनवृत्त' के अर्थ में प्रयुक्त हुआ है। प्रणामी सम्प्रदाय में इसका इसी अर्थ में प्रयोग किया गया है। वस्तुतः 'बीतक' शब्द संस्कृत पर से गुजराती के तद्भव 'बीतक' ही आया जान पड़ता है क्योंकि गुजराती में 'बीतक' का प्रयोग 'जो गुजर चुका है' या जिसका अनुभव हुआ है के अर्थ में होता है।

प्रणामी सम्प्रदाय के प्रवर्तक प्राणनाथ का जन्म सन् 1618 में हुआ था। उनके गुरु देवचन्द के जीवन को लेकर प्रणामी साहित्य में लालदास, ब्रजभूषण, हंसराज, मुकुन्द या नौरंग स्वामी की बीतक अधिक महत्त्वपूर्ण है।

"जीवनी की दृष्टि से लालदास की बीतक ही सबसे सुन्दर है, जिसमें पूरा वर्णन है। धर्म तथा प्रचार की दृष्टि से लिखे होने के कारण बीतकों में भी निरपेक्षता नहीं है, इसी कारण केवल गुणों का वह भी प्रायः बढ़ा-चढ़ाकर वर्णनहै।"

स्वामी लालदास प्राणनाथ जी के प्रमुख शिष्य थे। धर्म प्रचार करते हुए जिस समय स्वामी प्राणनाथ ढट्ठा नगर पहुँचे उस समय चतुरा नामक एक ब्राह्मण के द्वारा लालदास ने प्राणनाथ के दर्शन किया। इसका उल्लेख स्वयं लालदास ने अपनी बीतक में किया है--

"चतुरै आए अरज करी, लाल चाहे करे दीदार। लक्षमन उनका नाम है, तालिव
धनी निरधार॥"

इनकी बीतक रचना महत्त्वपूर्ण है।

अपने बीतक के 11वें प्रकरण से लेकर 59वें प्रकरण तक लालदास ने स्वामी प्राणनाथ के सम्पूर्ण जीवन और कार्य का वर्णन किया है। अन्तिम 12 प्रकरणों में पन्ना में प्राणनाथ की आठों प्रहर की दिनचर्या प्रस्तुत किया है। प्रस्तुत बीतक हिन्दी में लिखा हुआ प्राणनाथ जी का जीवन चरित्र सम्बन्धी ग्रन्थ है।

प्रणामी सम्प्रदाय के बीतकों में नवरंग स्वामी के बीतक को भी महत्त्वपूर्ण स्थान का अधिकारी स्वीकार किया गया हैं। इन्होंने अपने द्वारा रचित बीतक में श्रीकृष्ण, गुरु देवचन्द जी और प्राणनाथ जी का जीवन चित्रित किया है। 25 वर्ष की वय में ही प्राणनाथ जी का शिष्यत्व ग्रहण कर बीतक साहित्य का निर्माण प्रारम्भ कर दिया था।

प्रणामी साहित्य में ब्रजभूषणकृत बीतक 'वृतान्त मुक्तावली' का एक निराला स्थान है। 'इन्होंने प्राणनाथ जी का जीवन चरित्र संस्कृत में लिखा है।' वृतान्त मुक्तावली' के आरम्भिक मार्ग में अर्थात् 35 प्रकरणों तक गुरु देवचन्द जी का वर्णन है। 36वें प्रकरण से 65वें प्रकरण तक स्वामी प्राणनाथ का जीवन चरित्र चित्रित किया गया है।

प्रणामी सम्प्रदाय के बीतकों में भावुकता एवं कवित्व के दर्शन बक्शी हंसराज के बीतक 'श्री मिहिराज चरित्र' में ही होते हैं। इनके द्वारा रचित प्रस्तुत रचना बीतक साहित्य में अधिक महत्त्वपूर्ण कही जा सकती है। जिसमें स्वामी प्राणनाथ जी का पद्यबद्ध जीवन चरित्र है और प्राणामी सम्प्रदाय के धर्म ग्रन्थों में इसका श्रेष्ठ स्थान है। इसमें लालदास जी की बीतक का भी सहारा लिया गया है।

प्रणामी सम्प्रदाय के उपर्युक्त विवेचन से स्पष्ट हो जाता है कि अपनी समृद्ध साहित्यिक निधि के द्वारा प्रणामी साहित्य ने भी आत्मकथात्मक साहित्य में चार चाँद लगाने का सफल

प्रयास किया है। वैसे आत्मकथात्मक साहित्य और प्रणामी साहित्य को आपस में सम्बद्ध नहीं किया जा सकता है। फिर भी आत्मकथात्मक साहित्य को श्रेष्ठ एवं महत्त्व प्रदान करने के लिए प्रणामी सम्प्रदाय का महत्त्वपूर्ण योगदान रहा है जो अविस्मरणीय है।

आत्मकथा साहित्य का विकास

भारतेन्दु युग : भारतेंन्दु युग में भी आत्मकथा लेखन की नींव पड़ी। युगीन आत्मकथाकारों में शिवप्रसाद सितारे हिन्द प्रथम आत्मकथाकार हैं। इन्होंने अपनी अंतिम अवस्था में 'आत्मचरित' लिखा था। यह पुस्तक सन् 1894 ई. में नवल किशोर प्रेस, लखनऊ ने छापी थी।

इसके पश्चात् साहित्यकार के विराट रूप भारतेन्दु हरिशचन्द ने 'एक कहानी : कुछ आप बीती कुछ जग बीती' नाम आत्मकथा लिखी है। इसका प्रकाशन कवि वचन सुधा (सन् 1968) के भाग 8 में हुआ था। इसमें भारतेन्दु जी ने चारों ओर के वातावरण का बड़ा ही मार्मिक चित्रण किया है।

प्रतापनारायण मिश्र ने 'प्रताप चरित्र' शीर्षक से आत्मचरित लिखना प्रारम्भ किया था। शीर्षक से तो ज्ञात होता है कि इसमें प्रतापनारायण मिश्र की जीवन गाथा है, किन्तु वास्तविकता यह है कि इस पुस्तक में मिश्र जी के पूर्वजों का ही चरित्र-चित्रण है, मिश्र जी का नहीं।

भारतेन्दु युगीन आत्मकथाकारों में अम्बिकादत्त व्यास का श्रेष्ठ स्थान है। इन्होंने 'निज वृतान्त' लिखा है, जिसमें मुख्य रूप से विद्याध्ययन एवं साहित्यिक सेवाओं का स्पष्टीकरण किया है।

राधाचरण गोस्वामी ने अपना 'जीवन चरित्र' लिखा है। इसमें उन्होंने जीवन की कुछ महत्त्वपूर्ण घटनाओं का खुलकर वर्णन किया है।

इस प्रकार भारतेन्दु युग को आत्मकथा का उद्भव काल कहा जा सकता है। युगीन आत्मकथाकारों ने जिस विशाल भवन की नींव डाली, उसे ही भावी युगों ने विकसित किया।

द्विवेदी युग : आत्मकथा की दृष्टि से द्विवेदी युग पल्लवकाल कहा जा सकता है। इस युग के अग्रदूत श्रीधर पाठक ने 'स्वजीवनी' लिखी है, जिसमें इन्होंने स्वयं के वंश परिचय, जन्म स्थान, जन्मतिथि तथा जीवन की अन्य महत्त्वपूर्ण घटनाओं का परिचय दिया है।

इसके पश्चात् हिन्दी साहित्य के परिष्कारक आचार्य महावीर प्रसाद द्विवेदी द्वारा लिखित आत्मकथा 'मेरी जीवन रेखा' नामक आत्मकथा के माध्यम से अपने व्यक्तित्व का उद्घाटन किया है। इन्होंने अपने पारिवारिक और साहित्यिक जीवन का जो यथार्थ चित्रण किया है, वह आत्मकथा के अनुकूल है।

डॉ. श्याम सुन्दर दासकृत 'मेरी आत्मकहानी' एक श्रेष्ठ आत्मकथा है। इसमें इन्होंने अपने विगत जीवन में जिन-जिन परिस्थितियों का सामना किया था तथा जो विघ्न-बाधायें आयी थीं, उनका वर्णन किया है।

मुंशी प्रेमचन्द ने 'मेरा जीवन' आत्मकथा लिखकर अपने अतीत की झाँकी बड़ी ईमानदारी और सत्यता के साथ प्रस्तुत किया है।

आचार्य राम चन्द्र शुक्ल ने आत्म-समर्पण लिखा है। केवल तीन पृष्ठों के इस आत्म-समर्पण

में शुक्ल जी ने साहित्यिक जीवन में प्रविष्ट होने के पूर्व अपने जीवन का स्पष्टीकरण किया है।

द्विवेदी युगीन आत्मकथाकारों में मैथिलीशरण गुप्त भी श्रेष्ठ स्थान के अधिकारी हैं। इन्होंने अपने विषय में' आत्मकथा लिखी है जिसका प्रकाशन 'साहित्यकार' पत्रिका के प्रथम अंक में सन् 1955 में हुआ था।

इनके पश्चात् सियाराम शरण गुप्त का नाम आता है। इन्होंने स्वतन्त्र रूप में कोई आत्मकथा नहीं लिखी। सन् 1939 में प्रकाशित 'झूठ-सच' नाम निबन्धसंग्रह में आत्मवृत्ति निरूपक कुछ रचनाएँ संकलित हैं, जैसे बाल्य-स्मृति तथा छुट्टी आदि।

इस प्रकार द्विवेदी युगीन आत्मकथाकारों ने आत्मकथा लेखन के महत्त्व को पूर्णतया समझ लिया था। यही कारण है कि अपने व्यक्तित्व के उभय पक्षों को स्पष्ट करने का अधिकतम प्रयास किया है।

छायावाद युग : आत्मकथा की दृष्टि से छायावाद युग चरम विकास का युग है। आत्माभिव्यक्ति की भावना इस युग में इतनी व्याप्त हो गयी थी कि आत्मकथा लिखने की परम्परा ही चल पड़ी।

छायावाद युग के प्रथम आत्मकथाकार सन्तराम बी. ए. हैं। इनके द्वारा लिखित आत्मकथा 'मेरे जीवन के अनुभव' आत्मकथा साहित्य की अमूल्य निधि है। अपने छिहत्तर वर्षों के अनुभव को इन्होंने चौदह प्रकरणों में लिखा है।

बाबू गुलाबराय की 'मेरी असफलताएँ' भी छायावाद की श्रेष्ठ आत्मकथा है, जिसमें आत्मकथा लेखक ने अपने को मूर्खता का केन्द्र-बिन्दु मानकर हास्य रस के आलम्बन के रूप में अपने को चित्रित किया है।

वृन्दावन लाल वर्मा लिखित आत्मकथा 'अपनी कहानी, छायावादी आत्मकथा का आदर्श है। अपनी आत्मकथा में इन्होंने अपने पारिवारिक और साहित्यिक जीवन का जो कच्चा चिट्ठा प्रस्तुत किया है, वह आत्मकथा साहित्य के लिए गौरव की बात है।

इसके पश्चात् माखनलाल चतुर्वेदी द्वारा लिखित 'आत्म जीवनी' है, जिसे माखनलाल चतुर्वेदी ने स्वयं नहीं लिखा, बल्कि वे बोलते गए थे और ऋषि जैमिनी 'बरुआ' उसे उन्हीं के शब्दों में लिखते गए थे।

जयशंकर प्रसाद ने स्वतन्त्र रूप से आत्मकथा नहीं लिखी। प्रेमचन्द जी के बार-बार अनुरोध करने पर 'हंस' का 'आत्मकथांक'जो 1932 में प्रकाशित हुआ था, में आत्मकथात्मक कविता भेजी थी।

आचार्य चतुरसेन शास्त्री (सन् 1891-1960) ने 'मेरी आत्मकहानी' लिखी है। इन्होंने इसमें बचपन से लेकर अन्तिम समय तक की घटित घटनाओं का बड़ा ही विशद् वर्णन किया है।

छायावाद के अन्य आत्मकथाकार राहुल सांकृत्यायन हैं, जिन्होंने 'मेरी जीवन यात्रा' (कई भागों में) लिखी है। अपनी आत्मकथा में स्वयं के चरित्र का सच्चा स्वरूप वर्णित किया है।

पदुमलाल पुन्नालाल बख्शी (सन् 1895) में 'मेरी अपनी कथा' के माध्यम से अपने निबन्धकार, कथाकार, समालोचक एवं अध्यापकीय जीवन पर प्रकाश डाला है।

सेठ गोविन्द दासकृत 'आत्म निरीक्षण' छायावाद युग की श्रेष्ठ आत्मकथा है। इन्होंने 'आत्म निरीक्षण' के तीनों खण्डों में आपबीती और जगबीती का विस्तार से वर्णन किया है।

वियोगी हरि द्वारा लिखित आत्मकथा 'मेरा जीवन प्रवाह' है। यह आत्मकथा वियोगी हरि की साधारण एवं असाधारण घटनाओं का अभिव्यक्तीकरण है।

इसके पश्चात् बालकृष्ण शर्मा 'नवीन' (सन् 1897-1960) ने 'मेरी अपनी बात' लिखी है। यह आत्मकथा स्वतन्त्र रूप में नहीं है। 'साहित्यकारों की आत्मकथा' पुस्तक में इनकी आत्मकथा का प्रकाशन हुआ था। इसमें इन्होंने अपने जीवन के संघर्षों को सच्चा रूप प्रदान किया है।

निराला ने भी स्वतन्त्र रूप से कोई आत्मकथा नहीं लिखी है। स्वयं के द्वारा विरचित विविध विधाओं में यत्र-तत्र स्फुट रूप से अपने बारे में लिखा है, जिसे डॉ. सूर्य प्रसाद दीक्षित ने एकसूत्र में पिरोकर उन्हीं के शब्दों में आत्मकथा लिखी है।

इसके पश्चात् व्यौहार राजेन्द्रसिंह ने 'सेवा, सृजन और संघर्ष, नामक आत्मकथा लिखी है। इन्होंने इसमें अपने बाल्यकाल से लेकर सन् 1920 ई. तक की जिन्दगी के अतीत का बड़ी ही ईमानदारी व तटस्थता के साथ वर्णन किया है।

पाण्डेय बेचन शर्मा 'उग्र' (सन् 1900-1967) ने 'अपनी खबर' आत्मकथा लिखी है। इन्होंने अपनी आत्मकथा में अपने जन्म, माता-पिता, भाई तथा बाल्यकाल के वातावरण का बड़ा ही सजीव चित्रण किया है।

उपर्युक्त छायावाद युगीन प्रमुख आत्मकथाकारों के अतिरिक्त कुछ गौण आत्मकथाएँ भी प्राप्त हैं, जैसे राहुल सांकृत्यायनकृत 'यात्रा के पन्ने' तथा 'बचपन की स्मृतियाँ, हजारी प्रसाद द्विवेदी की आत्मकथा, महादेवी वर्मा द्वारा लिखित 'अतीत के चलचित्र', 'स्मृति की रेखाएँ', तथा 'पंथ के साथी', कन्हैयालाल माणिकलाल मुंशीकृत 'सीधी चढ़ान' (प्रथम व द्वितीय भाग) तथा 'स्वप्न सिद्धि की खोज में (तृतीय भाग), शरतकृत 'आत्मकथा', 'हरिभाऊ उपाध्याय की 'आत्मकहानी' गणेश प्रसाद वर्णीतकृत 'मेरी जीवन गाथा' मूलचन्द अग्रवाल द्वारा लिखित 'पत्रकार की आत्मकथा', तथा विनोद शंकर व्यास के द्वारा लिखा हुआ 'उलझी स्मृतियाँ आदि।

अतः छायावाद युगीन आत्मकथाकारों ने आत्मकथात्मक साहित्य का चरम विकास करके हिन्दी साहित्य को नया योगदान दिया है।

छायावादोत्तर तथा वर्तमान युग : इस युग (सन् 1936-1980) में हिन्दी में श्रेष्ठ एवं साहित्यिक आत्मकथाएँ प्राप्त होती हैं। यशपाल (1901-1976) इस युग के श्रेष्ठ आत्मकथाकार हैं। इनके द्वारा प्रणीत आत्मकथा 'सिंहावलोकन' (3 भागों में), उनकी क्रान्तिकारी तथा संघर्षपूर्ण जिन्दगी को व्यक्त करने में पूर्ण सफल है। बचपन में ही यशपाल जब अपने समाज में सर्वत्र अंग्रेजों का ही आतंक देखते हैं, तो उस समय से अत्यन्त दुःखी हो जाते हैं। उसकी प्रतिक्रिया हमें उनकी आत्मकथा में दृष्टिगोचर होती है।

इस युग के द्वितीय मुख्य आत्मकथाकार है—हरिवंशराय बच्चन। वे इस युग के अत्यन्त लोकप्रिय आत्मकथाकार हैं। इन्होंने 'क्या भूलूँ क्या याद करूँ' 'नीड़ का निर्माण फिर' तथा 'बसेरे से दूर' दशद्वार से सोपान तक चार खण्डों में अपने अतीत की घटनाओं को लिखा है।

अपनी आत्मकथा में इन्होंने अपने सम्पूर्ण जीवन का जैसे कच्चा चिट्ठा प्रस्तुत किया है, वैसा अन्यत्र दुर्लभ है। भाषा एवं शैली का आदर्श भी आत्मकथा को श्रेष्ठ बनाने में सहायक है।

इसके पश्चात् राजबली पाण्डेय ने अधूरी आत्मकथा लिखी है, जिसमें इन्होंने स्वयं के जीवन के संस्कार, जन्मभूमि एवं परिवार का जो चित्रण किया है वह ईमानदारी और सच्चाई का आदर्श कहा जा सकता है।

इसके अनन्तर देवेन्द्र सत्यार्थी ने 'चाँद सूरज के बीरान' आत्मकथा लिखी है, जिसमें अपने जीवन के समस्त गुण एवं दोषों का उद्घाटन बड़ी ही ईमानदारी से किया है।

डॉ. बरसानेलाल चतुर्वेदी भी इस युग के उल्लेखनीय आत्मकथाकार हैं इन्होंने स्वतन्त्र रूप से कोई आत्मकथा नहीं लिखी। 'टालू मिक्सचर' व्यंग्य लेख के अन्तर्गत 'आत्मकथा' एक हास्य लेख लिखा है। इसमें इन्होंने अपने साहित्यिक और सामाजिक व्यक्तित्व का स्पष्टीकरण किया है।

इसके बाद पोद्दार रामावतार अरुण की 'आत्मकथा' का नाम आता है, जिसमें अरुणायन ने अपने बाल्यकाल से लेकर साहित्यिक और सामाजिक जीवन का चित्रण यथार्थता के साथ किया है।

मोहन राकेश भी इस युग के श्रेष्ठ आत्मकथाकार हैं। इन्होंने 'आखिरी चट्टान तक' तथा 'बकलम खुद' दो पुस्तकों का प्रणयन आत्मकथा के रूप में किया है। इसमें मोहन राकेश ने अपने जीवन की घटनाओं तथा साहित्यिक जीवन का वर्णन किया है।

कृष्ण चन्दर की आत्मकथा 'आधे सफर की पूरी कहानी' इस युग की की उल्लेखनीय कृति है। इस युग की प्रमुख महिला आत्मकथाकार अमृता प्रीतम की आत्मकथा 'रसीदी टिकट' है। इसमें इन्होंने अतीत की घटनाओं को बड़ी ही सच्चाई एवं ईमानदारी के साथ प्रस्तुत किया है। अनीता राकेश द्वारा लिखित 'चन्द सतरें और भी' उनकी विगत परिस्थितियों के उद्घाटन में पूर्ण सफल हैं।

इस युग में नव्यतम आत्मकथाओं का समावेश किया गया है, जैसे-बरसानेलाल चतुर्वेदीकृत 'आत्मकथा एक हास्य लेखक की' (प्रकाशन सन् 1970) विजयलक्ष्मी पण्डित की 'आत्मकथा' (सन् 1979), सुन्दर लाल त्रिपाठी की 'अपनी खबर' (सन् 1980), मदर टेरेसाकृत 'आत्मकथा' (सन् 1980) तथा कामरेड मोनालिजा की 'आत्मकथा' (सन् 1980) आदि।

उपर्युक्त आत्मकथाकारों के अतिरिक्त कुछ अन्य भी ऐसे युगीन लेखक हैं, जिन्होंने अन्य विधाओं को अपनाकर अपने व्यक्तित्व को स्पष्ट करने का प्रयास किया है, जैसे रामधारी सिंह 'दिनकर' कृत 'संस्मरण और श्रद्धांजलियाँ, उपेन्द्र नाथ अश्क की 'रेखाएँ और चित्र', मंटो मेरा दुश्मन' तथा 'ज्यादा अपनी कम पराई', अज्ञेय द्वारा प्रणीत, 'आत्मनेपद', 'अरे यायावर रहेगा याद' तथा 'एक बूँद सहसा उछली', विष्णु प्रभाकरकृत 'हँसते निर्झर दहकती भट्टी' जगदीशचन्द्र माथुर द्वारा लिखा हुआ संस्मरण 'दस तस्वीरें', 'जिन्होंने जीना जाना' तथा कृष्ण चन्दर द्वारा लिखित 'मिट्टी के सनम' तथा 'मेरी यादों के चिनार' आदि हैं।

इस प्रकार छायावादोत्तर तथा वर्तमान युग का आत्मकथा साहित्य हमें विकास के नव्य पथ का अनुसरण करता हुआ दृष्टिगोचर होता है।

आत्मकथा के विकास में देवव्रत शास्त्री द्वारा सम्पादित सन् 1934 में 'साहित्यकारों की

आत्मकथा' का भी अविस्मरणीय योगदान है। शास्त्री जी ने इस पुस्तक की भूमिका में अपना मत इस प्रकार प्रस्तुत किया है–

"साहित्य में आत्मकथा का महत्त्वपूर्ण स्थान है और यूरोप के तो प्रायः सभी महापुरुष आत्मकथाएँ लिखकर अपने जीवन के बहुमूल्य अनुभवों से अपने देश और समाज को लाभ पहुँचाते हैं, परन्तु हिन्दुस्तान में और खासकर यहाँ के हिन्दी भाषा-भाषियों में, इसका बहुत अभाव है। इस अभाव को दूर करने की इच्छा मेरे मन में बहुत दिनों से रही है।"

इस पुस्तक में शास्त्री जी ने अम्बिकाप्रसाद वाजपेयी, कृष्णदत्त पालीवाल, बालकृष्ण शर्मा 'नवीन' प्रेमचन्द और रामचन्द्र शुक्ल की आत्मकथाओं का संकलन किया है, जिसके द्वारा आत्मकथा की विकसित प्रक्रिया प्रकाश में आती है।

उपर्युक्त विकास क्रम से पूर्णतया स्पष्ट हो जाता है कि हिन्दी का आत्मकथात्मक साहित्य निरन्तर विकास की ओर ही उन्मुख है। इसका एकमात्र कारण यह है कि इस विधा में जिन्दगी का सर्वांग दृष्टिगोचर होता है। आत्मकथात्मक साहित्य का महत्त्व मानव के लिए अत्यधिक है। इस साहित्य के प्रणयन की आवश्यकता का अनुभव मानव सदैव ही करता रहेगा।

निष्कर्ष : अन्त में कतिपय निष्कर्षों की स्थापना करते हुए हम कह सकते हैं कि मानव एक सामाजिक प्राणी है, इसलिए वह आत्म विज्ञापन चाहता है और इसी आकांक्षा से प्रेरित होकर आत्मकथा लेखन की ओर उन्मुख होता है, किन्तु प्राचीन कवियों ने संकोच वृत्ति के कारण चाहते हुए भी अपने को स्पष्ट नहीं होने दिया। व्यक्ति की आत्मकथा उसके जीवन को पूर्णरूपेण खोलकर रख देती है। प्राचीन समय में आत्मकथात्मक साहित्य के अभाव का एक कारण यह भी है कि प्राचीन कवि ईश्वर के समक्ष अपने विषय में कुछ लिखना पाप सा समझते थे। यह बात दूसरी है कि भक्ति तथा दीनता के पद उनकी कमजोरियों और ग्लानि को स्पष्ट करने में समर्थ हैं। तुलसीदास, केशवदास, भिखारीदास तथा मतिराम आदि कुछ प्राचीन कवियों ने अपने को स्पष्ट करने के लिए आत्मचरितात्मक उक्तियों का उल्लेख किया है।

अर्द्धकथानक मुगलकाल की हिन्दी साहित्य में एक मात्र ऐसी पद्यात्मक आत्मकथा है, जिसमें जैन कवि बनारसीदास ने अपने जीवन के पचपन वर्षों के इतिहास को अभिव्यक्त किया है। हिन्दी साहित्य की प्रथम कृति होते हुए भी यह आत्मकथा के गुणों से परिपूर्ण है। इन्होंने अर्द्धकथानक में निश्छल ढंग से अपने अतीत को वर्णित किया है। अपने गुण एवं दोषों को जिस सच्चाई के साथ अभिव्यक्त किया है, वह अन्य किसी युग की आत्मकथा में मिलना असम्भव नहीं तो कठिन अवश्य है। आपबीती घटना को अपनी लेखनी के द्वारा सजीव रूप प्रदान किया है, यही कारण है कि प्राचीन होते हुए भी उसे आत्मकथात्मक साहित्य का अनमोल रत्न कह सकते हैं।

प्रणामी सम्प्रदाय के अन्तर्गत आने वाला बीतक साहित्य भी जीवनी साहित्य को श्रेष्ठ रूप प्रदान करता है, इसलिए संक्षेप में उसका विवेचन भी किया गया है।

सांस्कृतिक पुनर्जागरण युग या भारतेन्दु युग के साहित्यकारों की आत्मकथाएँ

'आत्मकथा लिखना बहुत कठिन काम है, क्योंकि जिनके बारे में आप लिखते हैं, वे लोग अपनी जो शक्ल बनाये हुए हैं, उससे अलग शक्ल नहीं चाहते हैं और बिना दूसरों के बारे में कहे हुए, अपने बारे में आप कह भी नहीं सकते।'

–हरिवंशराय बच्चन

पृष्ठभूमि : जीर्णोद्धार से जिस प्रकार नवनिर्माण का विशेष महत्त्व होता है, उसी प्रकार परम्परा से चले आते हुए पद्य साहित्य के नवनिर्माण का विशेष महत्त्वपूर्ण स्थान हो जाया करता है। नव्य हिन्दी-साहित्य, साहित्यिक परम्परा से मुक्त होकर सर्वप्रथम व्यापक एवं परिष्कृत ढंग से अपने विशिष्ट कलाबोध की ओर उन्मुख हुआ। भारतेन्दु युग रूढ़िबद्ध एवं परम्परागत संकीर्णता से मुक्त व्यापक समसामयिक दायित्व का अनुभव कर चुका था, जिसके परिणास्वरूप ऐसे तत्त्वों का समावेश साहित्य में हुआ, जो साहित्यिक पुनर्जागरण का प्रेरक मन्त्र बन गया।

पुनर्जागरण काल अथवा आधुनिक काल के प्रारम्भिक युग को 'भारतेन्दु युग (सन् 1850 से सन् 1900 तक) के नाम से अभिहित किया जाता है, क्योंकि हिन्दी साहित्य की प्रारम्भिक विभिन्न प्रवृत्तियों को भारतेन्दु-हरिश्चन्द्र ने ही प्रभावित किया था हिन्दी साहित्य को जिस प्रकार इन्होंने गति प्रदान की है, वह अनन्य है। अपने अलौकिक व्यक्तित्व के माध्यम से इन्होंने साहित्यको नूतन प्रवृत्तियों से युक्त कर दिया है। यही कारण है कि नवीनता इस युग की एक विशेष उपलब्धि हो गयी है। नवीनता या आधुनिकता उस सांस्कृतिक संचेतना का दूसरा रूप कहा जा सकता है जिसने वैज्ञानिक आलोक के द्वारा मानवीय धरातल के विभिन्न स्तरों को उजागर किया है। हिन्दी साहित्य में आधुनिकता का प्रवेश नवजागरण के साथ हुआ था और मानव के अन्दर एक ऐसी चेतना उत्पन्न हुई जिससे पश्चिमी जगत् को अधिकाधिक समझने हेतु उत्सुक हो उठा।

"पश्चिमी जगत की सभ्यता ही नव्य सभ्यता थी और अंग्रेज इसे अपने साथ लाए थे, किन्तु अंग्रेजों की नीति के कारण इस नयी पाश्चात्य सभ्यता के सम्पर्क से वह परिणाम तो दृष्टिगोचर न हुआ जो मुसलमानों के आने पर हुआ था, तो भी अंगरेजी राजनीतिक सत्ता स्थापित हो जाने के बाद भारतीय सभ्यता और संस्कृति के प्रत्येक क्षेत्र में उसका प्रभाव पड़ना अवश्यम्भावी था। पश्चिम की एक जीवित जाति के संसर्ग में आकर अधःपतित देश के सामाजिक, धार्मिक, राजनीतिक और आर्थिक जीवन को जो आघात पहुँचा उससे वर्षों से

अलसाये जीवन में नवस्फूर्ति और चेतना का संचार हुआ। जीवन के साथ घनिष्ठ सम्बन्ध होने के कारण साहित्य भी इन नवीन प्रभावों से अछूता न रह सका।"

यही कारण है कि उन्नीसवीं शताब्दी का उत्तरार्द्ध अनेक अंशों में प्राचीनता से अलगाव का ही प्रदर्शन करता है। हिन्दी का गद्य-साहित्य विशेष उन्नति की ओर अग्रसर हुआ। इन समस्त नवीनताओं का बीजारोपण भारतीय संस्कृति एवं सभ्यता का प्रतीक काशी में भारतेन्दु हरिश्चन्द्र के द्वारा हुआ।

"भारतेन्दु-युग में जन-चेतना पुनर्जागरण की भावना से अनुप्राणित थी जिसके परिणामस्वरूप सामाजिक तथा सांस्कृतिक क्षेत्रों में न केवल अतिरिक्त सक्रियता थी, अपितु इन सबमें अन्तः सम्बन्ध भी चरम सीमा पर था। भारतेन्दु युगीन काव्य पर भी इस विविधता का पूर्ण प्रभाव पड़ा। इसकी परिणति विषय चयन में व्यापकता और विविधता के रूप में हुई। भारतेन्दु हरिश्चन्द्र ने जनता को जगाने के लिए 'जातीय संगति' अर्थात् लोक-गीत की शैली पर सामाजिक कविताओं की रचना पर बल दिया।"

इस प्रकार आर्थिक, औद्योगिक और धार्मिक क्षेत्रों में पुनर्जागरण की प्रक्रिया आरम्भ होने लगी थी। पाश्चात्य शिक्षा प्रणाली ने शैक्षिक क्षेत्र में भी वैयक्तिक स्वतन्त्रता की प्रेरणा प्रदान की। अंगरेजी का प्रचार-प्रसार यद्यपि जनता से सम्पर्क साधन और प्रशासकीय आवश्यकताओं के लिए किया जा रहा था, किन्तु अंगरेजी साहित्य के अध्ययन ने अन्य देशों के साथ तुलना का अवर भी प्रदान किया और इस प्रकार विभिन्न क्षेत्रों के विकास के लिए उचित वातावरण बन सका।

निष्कर्ष रूप से कहा जा सकता है कि भारतेन्दु युग का वास्तविक महत्त्व उसके महान् परिवर्तन में ही निहित है।

भारतेन्दु युगीन राजनीतिक परिस्थिति : चूँकि देश काल और परिस्थिति के संघर्ष, उनके घात-प्रतिघात से ही मानव जीवन गतिशील हुआ है। इसलिए किसी भी युग की गतिशीलता को समझने के लिए उस युग की समस्त प्रक्रियाओं से अवगत होने के लिए तत्कालीन परिस्थितियों का अंकन आवश्यक ही नहीं बल्कि अनिवार्य होता है। भारतेन्दु-युग की समस्त गतिविधियों से परिचय प्राप्त करने के लिए हम सर्वप्रथम राजनीतिक परिस्थिति का मूल्यांकन करेंगे।

भारतेन्दु युग (सन् 1850-1900) राजनीतिक दृष्टि से विस्फोटक काल कहा जाना चाहिए। औरगंजेब की मृत्यु के पश्चात् आधुनिकता के चिह्न स्पष्ट दिखायी देने लगते हैं जिसमें प्राचीन पट का पूर्ण परिवर्तन परिलक्षित होता है। औरगंजेब के जीवन तक मुगल साम्राज्य भारत को केन्द्रीय सूत्र में बाँधे हुए था, उसके मरण के पश्चात् केन्द्रीय सूत्र विच्छिन्न हो गए और देश अराजकता की स्थिति का शिकार हो गया। मुगल साम्राज्य के मध्य काल में ही अंगरेजों का आगमन व्यापारी के रूप में हो चुका था और उन लोगों ने देश के विभिन्न स्थानों पर अपना व्यापार विस्तृत कर लिया था। यूरोपीय व्यापारियों ने भारत प्रसिद्ध चीजों जैसे, रेशम, मसाले एवं हाथी दाँत आदि का व्यापार करना प्रारम्भ किया किन्तु 15वीं शताब्दी में तुर्कों का प्रभाव बढ़ जाने से अंग्रेजों का भारत आने का मार्ग अवरूद्ध हो गया। कुछ समय के पश्चात् अंग्रेजों ने भारतीय राजनीतिक परिस्थितियों का लाभ उठाकर अपनी सत्ता स्थापित कर ली। कुछ भारतवासियों ने अनेक कारणों से उनकी सहायता भी की। लार्ड हैस्टिंग्ज

(1813 से 1823 तक) ने भारत में ब्रिटिश साम्राज्य की नींव दृढ की। तत्पश्चात 1833 तक वाह्य और आन्तरिक शान्ति के परिणामास्वरूप शिक्षा का प्रधानतः ईसाई मिशनरियों के प्रयासों से खूब प्रचार हुआ। इन सम्पूर्ण नव्य परिस्थितियों के प्रयासों से खूब प्रचार हुआ। इन सम्पूर्ण नव्य परिस्थितियों का देश के जन-जीवन पर अधिक प्रभाव पड़ा। इसके साथ ही साथ नवीन शासकों ने भी भारतवासियों के प्रति अपना नैतिक उत्तरदायित्व निभाने का प्रयत्न किया। सन् 1838 से क्लाइव की षड्यंत्रपूर्ण नीति प्रारम्भ होती है जिसमें कम्पनी के राज्य का विस्तार होता है। डलहौजी (1848-1856) ने दुर्व्यवस्था के बहाने भी कई रियासतें समाप्त की। इतना ही नहीं अनेक राजाओं और नवाबों के प्राचीन गौरव का स्मरण दिलाने वाली उपाधियों को भी छीन लिया गया था।

इस प्रकार कम्पनी की शासकीय नीति ने देश के हिन्दुओं और मुसलमान राजाओं में असन्तोष फैला दिया। यद्यपि डलहौजी का ब्रिटिश राज्य का निर्माता कहा गया है, तथापि उसके कार्यों ने कम्पनी के भविष्य को संकटग्रस्त कर दिया। जब वह भारत से चला गया तो उसके स्थान पर लार्ड कैनिंग की नियुक्ति हुई। ये डलहौजी द्वारा उत्पन्न किये गए असन्तोष को हटाने में असफल सिद्ध हुए जिसका परिणाम यह निकला कि विद्रोह अपनी चरम सीमा पर पहुँच गया। इसी विद्रोह को भारतीय इतिहासकार स्वाधीनता का प्रथम युद्ध कहते हैं।

"इसके कारणों के सम्बन्ध में विभिन्न मत हैं। पहले मत के अनुसार यह सैनिकों का विद्रोह मात्र था। दूसरे मत के अनुसार यह मुसलमानों के मुगल साम्राज्य को पुनः स्थापित करने का षड्यंत्र था। तीसरे मत के अनुसार यह मराठों का पेशवाशाही की स्थापना का प्रयत्न मात्र था। चौथा मत यह है कि यह हिन्दुओं और मुसलमानों का अंग्रेजों को भारत से निष्काषित करने का संयुक्त प्रयत्न था।"

समग्र रूप से कारण रूप में यह भी कहा जा सकता है कि भारतवासी पुराने समय से चली आती हुई परम्पराओं के प्रति ही पूर्णरूपेण आसक्त थे, उन्हें पाश्चात्य शिक्षा के प्रति अरुचि थी। वे अंग्रेजों की नीति के प्रति शंकालु थे। पश्चिमी संस्कृति की चकाचौंध में उन्हें परम्परागत विश्वासों का अन्त दिखायी दे रहा था। सन् 1848 के पश्चात् कम्पनी के शासकों ने जिस शीघ्रता के साथ साम्राज्य विस्तार तथा शैक्षणिक सुधार किया था, उसने भारतवासियों को विद्रोह की भावना से युक्त कर दिया जो उस समय अस्वाभाविक नहीं था।

"सन 1853 में सिविल सर्विस के लिए जब प्रतिस्पर्धा परीक्षाएँ जारी की गईं, तब शासकों का ध्यान इस बात की ओर दिलाया गया कि हिन्दुस्तानियों के रास्ते में बड़ी-बड़ी रुकावटें पेश आएंगी क्योंकि उनके लिए इग्लैण्ड में जाकर अंग्रेज लड़कों के साथ अंग्रेजी भाषा साहित्य की परीक्षाओं में बाजी मार ले जाना असम्भव होगा और वह भी उन नौकरियों के लिए जो उनके लिए दुर्लभ थीं, परन्तु इस बाधा के रहते हुए भी कुछ हिन्दुस्तानी समुद्र पार गए और उन्होंने सफलता प्राप्त की।"[1] राजनीतिक परिस्थिति के अन्तर्गत सन् 1857 की क्रान्ति अपने आप में अत्यन्त ही महत्त्वपूर्ण कही जा सकती है। इस क्रान्ति के अन्तर्गत सैनिकों में सोये हुए विद्रोह भाव के भड़कने के कई कारण थे। प्रथम यह था कि कैनिंग ने यहाँ आज्ञा प्रचारित की थी कि प्रत्येक सैनिक को जहाँ आज्ञा दी जायेगी वहाँ जाना होगा। इस बात को सैनिकों ने अपने धर्म पर आघात समझा परिणास्वरूप विद्रोहाग्नि फैलने लगी। दूसरा कारण यह था कि जो नयी

राइफल सैनिकों को दी गयी उनके कारतूसों को दाँत से काटना पड़ता था और उनमें जो चर्बी लगी थी वह गाय या सुअर की समझी गयी और विद्रोह मुखरित होने लगा। तीसरा कारण मनोवैज्ञानिकता को लिए हुए है-चीन, क्रीमिया और अफगानिस्तान के युद्धों में अंग्रेज और भारतीय सैनिक साथ-साथ लड़े थे। उनमें भारतीयों की वीरता सिद्ध हो चुकी थी और अंग्रेज कमजोर सिद्ध हुए थे। अतः भारतीयों को ऐसा आभास होने लगा था कि अंग्रेजों को कभी भी, किसी युद्ध में हराकर अपने देश से निकाल सकते हैं।

इसी भावना से प्रेरित होकर सन् 1857 में बैरकपुर में प्रथम विस्फोट हुआ। मंगल पाण्डेय ने चर्बी के नये कारतूस लेने से इनकार कर दिया और अंग्रेज अधिकारी को गोली से मार डाला। विद्रोह की यह अग्नि उत्तर भारत में फैलने लगी। मेरठ में सैनिकों ने खजाना लूट डाला। अंग्रेज अफसरों को मार डाला और दिल्ली की ओर बढ़कर उस पर कब्जा भी कर लिया और तुरन्त ही 83 वर्ष के वृद्ध बहादुरशाह को बादशाह घोषित कर दिया। दिल्ली में हिन्दुओ और मुसलमानों ने मिलकर, भागते हुए अंग्रेजों को मारना प्रारम्भ कर दिया। इधर फैजाबाद के मौलवी अहमदशाह और अवध की बेगमों के प्रोत्साहन से लखनऊ में भी विद्रोहाग्नि भड़क उठी। विद्रोहियों ने अंग्रेजों के निवास स्थान तक घेर लिए। तीन सप्ताह के युद्ध के बाद अंग्रेज जनरल ह्वीलर ने आत्म-समर्पण कर दिया। थोड़े समय के बाद जनरल हैवलाक ने विद्रोहियों को पराजित करके कानपुर की रेसीडेन्सी पुनः अपने अधिकार में कर लिया। मार्च सन् 1858 में सर रोज ने तत्या टोपे की सेना को हराकर झाँसी पर अधिकार जमा लिया। झाँसी और ग्वालियर के मार्ग में साहसी रानी लक्ष्मी बाई लड़ती हुई वीरगति को प्राप्त हुई। 8 जुलाई सन् 1858 को कैनिंग ने युद्ध समाप्ति की घोषणा कर दी। भारतवर्ष के स्वाधीनता के प्रथम युद्ध का अन्त हो गया। विद्रोह को दबाने में अंग्रेजों ने बड़ी नृशंसता का परिचय दिया। यद्यपि विद्रोह सफल नहीं हो पाया तो भी उससे कम्पनी के उस शतवर्षी काले शासन का अन्त अवश्य हो गया जिसकी नींव 1757 के प्लासी के युद्ध में षड्यंत्रकारी और भ्रष्ट गवर्नर क्लाइव ने डाली थी और उसके स्थान पर भारत का शासन सूत्र ब्रिटिश पार्लियामेंट ने अपने हाथ में ले लिया। 1 नवम्बर, 1858 ई. को महारानी विक्टोरिया ने एक घोषणा पत्र जारी किया जिसमें भारतीयों को उनके धर्म तथा संस्कृति की रक्षा का आश्वासन दिया गया और देशी नरेशों को पुरानी संधियों और उनके अधिकारों की रक्षा का वचन दिया गया। महानानी की इस घोषणा से भारतीय शासन-तन्त्र में कोई खास अन्तर नहीं आया। कम्पनी के राज्य में भारत का प्रमुख अंग्रेज शासक गवर्नर जनरल कहलाता था। अब उसके साथ वायसराय शब्द जुड़ गया। वाइसराय के लिए पट्टाभि ने इस प्रकार लिखा है–

“वाइसराय ब्रिटिश सम्राट या साम्राज्ञी का प्रतिनिधि बन गया। यद्यपि पार्लियामेंट द्वारा घोषित नीति भारतीय एवं भारत में सुख और शान्ति स्थापित करने की थी तथापि उससे जनता की दशा में सुधार नहीं हुआ, इसका आभास श्री ह्यूम के उस पत्र से मिल जाता है। जो उसने आकलैंड कोलविन को लिखा था। उसमें उसने शिकायत की थी–(अ) दीवानी अदालतें असुविधाजनक और खर्चीली हैं। (आ) पुलिस घूसखोर है और बड़ी ज्यादतियाँ करती है। (इ) तरीका लगान सख्त है। (ई) शस्त्र और जंगल कानून का अमल चुभन वाला है। जनता की इन शिकायतों पर कोई ध्यान नहीं दिया गया। यह सन् 1880 के प्रारम्भ की स्थिति थी।

नौकरशाही ने केवल नयी सुविधाओं के रोकने में ही अपनी तरफ से कोई कसर नहीं रखी बल्कि जब-जब मौका मिला, पिछले विशेषाधिकार भी छीन लिए—जैसे प्रेस की स्वाधीनता, सभाएँ करने का अधिकार म्युनिसिपल स्वराज्य और विश्वविद्यालयों की स्वतन्त्रता।"

इतनी प्रक्रिया के पश्चात् कांग्रेस की स्थापना के पूर्व 1852 ई. में कलकत्ते में ब्रिटिश एसोसिएशन की स्थापना की गयी थी जो लगभग पच्चास वर्ष तक क्रियाशील रहा। यह मुख्यतः जमींदारों के हित का ध्यान रखता था। कांग्रेस की स्थापना ह्यूम ने भारत में सन् 1857 के विद्रोह की पुनरावृत्ति रोकने के लिए की थी। लार्ड डफरिन ने ह्यूम को यह परामर्श दिया कि वे कांग्रेस को सामाजिक सुधारों तक ही सीमित न रखें बल्कि उसमें राजनीतिक प्रश्नों पर भी विचार किया करें किन्तु यह परामर्श सफल नहीं हो पाया। अंग्रेज शासक उसे ब्रिटिश शासन के लिए भयंकर संस्था समझने लगे। उन्होंने सरकारी कर्मचारियों को उसमें भाग लेने से रोक दिया। उसके अधिवेशनों में रुकावट डालने लगे। शीघ्र ही दमनकारी कानून भी बनाए जाने लगे। सन् 1897 ई. में राजद्रोह की धारा 124-ए और 153-ए भारतीय दण्ड विधान में ही जोड़ी गयी। प्रारम्भ में कांग्रेस सरकारी दमनकारी कानूनों का वैध आन्दोलनों द्वारा विरोध करती थी, साथ ही समय-समय पर अंग्रेजों की न्यायप्रियता की घोषणा करती और ब्रिटिश राज के प्रति श्रद्धा भी व्यक्त करती थी।

लार्ड कर्जन ने अपनी बंग-भंग नीति का प्रसार किया जिसमें बंगाल की भावुक जनता असन्तुष्ट हो गयी। कर्जन बंगाल को मुसलमान और हिन्दू बहुमत के आधार पर विभाजित कर देना चाहता था। किन्तु बंग-भंग नीति का समर्थन उसे नहीं प्राप्त हुआ। बंगाल में इस नीति के विरुद्ध आन्दोलन के परिणामस्वरूप विदेशी वस्तुओं के बहिष्कार के आन्दोलनकारी संस्था में परिवर्तन कर दिया। लार्ड कर्जन ने सन् 1900 में लिखा था कि कांग्रेस का पतन हो रहा है और इग्लैण्ड लौटने के पूर्व में उसका अन्तिम संस्कार देखना चाहूँगा, किन्तु इसके विपरीत ही हुआ कांग्रेस दिन प्रतिदिन शक्तिशाली बनती गयी और कर्जन के उत्तराधिकारियों ने उसके द्वारा ब्रिटिश शासन का ही अन्त देखा।

इस प्रकार राजनीतिक दृष्टि से भारतेन्दु युग अत्यन्त ही अस्त-व्यस्त रहा है।

भारतेन्दु-युगीन सामाजिक परिस्थिति : भारतेन्दु-युग राजनीतिक दृष्टि से ही अस्त-व्यस्त नहीं रहा बल्कि इस युग में सामाजिक उथल-पुथल भी चरम सीमा पर दृष्टिगोचर होती है। भारतवासियों ने राजनीतिक दृष्टि से भले ही पराधीनता स्वीकार कर ली हो किन्तु सामाजिक या सांस्कृतिक दृष्टि से स्वतन्त्र ही रहे। यद्यपि कलकत्ता के कुछ पाश्चात्य सभ्यता के भक्त युवकों ने हिन्दी विश्वासों के प्रति वितृष्णा दिखाकर गौमांसभक्षक क्लब तक की स्थापना किया, तथापि यह आन्दोलन जनता के समर्थन के अभाव में जन्मा ही समाप्त हो गया। समाज के शिक्षित वर्ग ने यह अनुभव किया कि पराधीन होते हुए भी हमें अपनी संस्कृति की रक्षा करना ही चाहिए। इस दिशा में 'राजा राममोहन राय' ने कदम उठाया।

राजा राममोहन राय ने सन् 1828 में 'ब्रह्म समाज' की स्थापना की। इन्होंने पाश्चात्य और भारतीय संस्कृति के समन्वय पर बल दिया और औपनिषदिक सिद्धान्त को समाज सुधार का आधार बनाया। उन्होंने सती-प्रथा का नैतिक आधार पर विरोध किया। वे कट्टर वेदान्ती थे। ब्रह्म समाज की स्थापना के दो वर्ष पश्चात् वे विलायत चले गये। वहीं पर 1833 में

उनका देहावसान हो गया। राजा राममोहन राय कर्मकाण्ड और अन्धविश्वास के घोर विरोधी थे। विरोध करने के लिए उन्होंने उपनिषदों का सहारा लिया और मूर्ति आदि की आराधना को धर्म का आडम्बर कहा। वे अकेले व्यक्ति थे जो अन्ध श्रद्धा रूढ़ियों के विरुद्ध लड़ रहे थे। उनके नेतृत्व में ब्रह्म समाज ने कई प्रकार की सामाजिक कुरीतियों पर प्रहार किया। जाति प्रथा को उन्होंने अमानवीय और राष्ट्र विरोधी कहा था। स्त्री पुरुष के समान अधिकार का ही इन्होंने अपने जीवनकाल में समर्थन किया था और इस सम्बन्ध में पाश्चात्य संस्कृति को मूल्यवान माना था, यही कारण था कि उन्होंने अंग्रेजी शिक्षा प्रणाली के प्रसार में योग दिया और ब्रिटिश राज्य की अच्छाइयों की प्रशंसा की। इनकी मृत्यु के पश्चात् ब्रह्म समाज को देवेन्द्रनाथ टैगोर (1817 से 1905) तक और केशवचन्द्र सेन (सन् 1823 से 1884) तक ने आगे बढ़ाया।

देवेन्द्रनाथ वेदों की अपौरुषेयता पर विश्वास नहीं करते थे, उनकी आस्था अन्तः प्रज्ञा पर अधिक थी। केशवचन्द्र सेन बहुत कुछ प्रयोगवादी थे उन्होंने ब्रह्मसमाज के प्रसार हेतु दूर-दूर की यात्राएँ की थीं। ईसाई धर्म की ओर भी वे झुके हुए थे। उनके कारण ब्रह्मसमाज में दो बार फूट पड़ी और दोनों बार उन्होंने अलग-अलग संस्थाएँ बनायी-साधारण ब्रह्मसमाज और वेदान्त। केशवचन्द्र सेन के बाद ब्रह्मसमाज में ऐसा कोई व्यक्ति नहीं हुआ जो शिक्षित समाज को प्रभावित करता।

समाज सुधार को ही लेकर बम्बई में सन् 1867 ई. में आत्माराम पाण्डुरंग ने 'प्रार्थना समाज' की स्थापना की। ब्रह्मसमाज की भाँति ही यह सम्प्रदाय भी जाति प्रथा का विरोधी था, किन्तु इसमें मूर्तिपूजा एवं परम्परागत हिन्दू आचार धर्म सर्वथा निषिद्ध नहीं था। महाराष्ट्र के निर्गुण भक्ति का केन्द्र होने के कारण वहाँ भक्तिविहीन कोई सुधारवादी मत टिक नहीं सकता था। जस्टिस रानाडे इस ब्रह्मसमाज के समान शिक्षितों तक ही सीमित नहीं रखना चाहते थे, बल्कि उसे जन साधारण तक पहुँचा देना चाहते थे। स्त्री शिक्षा पर उन्होंने बराबर बल दिया है। वे पाश्चात्य विचारधारा से प्रभावित अवश्य थे किन्तु बिना तर्क के उन्होंने उसे स्वीकार नहीं किया। इस समाज के अनुयायियों में सर एन. जी. चन्द्रावरकर, रमाबाई, सर आर. जी. धण्डाकर आदि व्यक्ति हैं। श्री रानाडे के नेतृत्व में वर्षों तक 'प्रार्थना समाज' कांग्रेस का एक प्रमुख समाज सुधारक अंग बनकर चलता रहा।

स्वामी दयानन्द सरस्वती (जन्म सन् 1824 ई.) के द्वारा 10 अप्रैल सन् 1875 में आर्य समाज की स्थापना हुई। स्वामी जी ने वेदों को प्रमाण मानकर भारतीय संस्कृति की नवीन व्याख्या प्रस्तुत की। सच्चे आर्य धर्म के अन्तर्गत मूर्तिपूजा, जातिवाद, बाल-विवाह और बहुदेववाद को कोई भी महत्त्वपूर्ण स्थान नहीं है। आर्य समाज ने विधवा-विवाह एवं निम्न वर्ग के उद्धार के कार्य को प्राथमिकता प्रदान की। इस समाज को महत्त्वपूर्ण सिद्ध करने हेतु ही 24 जून सन् 1877 ई. को आर्य समाज के नियम एवं उपनियम भी बना दिये गये। उदाहरण के लिए प्रत्येक नागरिक को ईश्वर में विश्वास और वेदों में आस्था रखनी चाहिए। समाज के प्रत्येक व्यक्ति को सत्य को स्वीकार करना चाहिए और असत्य को नकार देना चाहिए। विद्या को प्रोत्साहन एवं अविद्या का तिरस्कार करना चाहिए। समाज के प्रत्येक व्यक्ति को दूसरों की उन्नति का यत्न करना चाहिए आदि नियम निर्मित किए गये थे।

स्वामी जी का उद्देश्य था कि संसार के प्रत्येक देश में आर्य समाज की स्थापना हो जाये किन्तु कुछ कारणवश यह सम्भव नहीं हो सका।

आर्य समाज की स्थापना के द्वारा हिन्दू धर्म की रूढ़िवादिता को समाप्त किया एवं जन-साधारण में शिक्षा का प्रचार किया। इस उद्देश्य की पूर्ति हेतु सन् 1886 ई. में दयानन्द ऐंग्लो वर्नाक्युलर स्कूल तथा कालेज खोले गये। इस सम्प्रदाय के द्वारा उन्होंने हिन्दू समाज में नवजागरण का मन्त्र फूँका और उनमें निज गौरव तथा निज देश के अभिमान को जाग्रत किया। स्वामी जी ने अपने 'सत्यार्थ प्रकाश' ग्रन्थ के अन्त में स्वयं का लक्ष्य इस प्रकार लिखा है–

"जो सत्य है उसे मानना मनवाना और जो असत्य है उसे छोड़ना-छुड़वाना मुझको अभीष्ट है। यदि मैं पक्षपात करता तो आर्यवर्त प्रचलित मतों में से किसी एक का आग्रही होता।"

अतएव निष्कर्षतः हम कह सकते हैं कि स्वामीजी के 'आर्य समाज' ने समय-समय पर आक्रमक रूप भी धारण किया किन्तु इसमें तनिक भी शक नहीं है कि हिन्दू धर्म के सुधार और भारतीय संस्कृति के पुनरुद्धार का महत्त्वपूर्ण कार्य किया।

समाज सुधार की ही भावना से प्रेरित होकर रामकृष्ण परमहंस की मृत्यु के बाद उनके परम प्रिय शिष्य स्वामी विवेकानन्द ने सन् 1898 में 'रामकृष्ण मिशन' की स्थापना की। स्वामी जी ने समाज सेवा को ही इस सम्प्रदाय के अन्तर्गत प्रमुख स्थान दिया। स्वामी विवेकानन्द ने वेदान्ताश्रयी भक्ति मार्ग का ही सहारा लेकर पाश्चात्य आचार-विचार को चुनौती दी। उनका मान्य धर्म पुर्णरूपेण वेदान्त पर आधारित था। स्वामी विवेकानन्द ने अपनी पुस्तक 'व्यावहारिक जीवन में वेदान्त' में इस प्रकार इसकी महत्ता को स्वीकार किया है–

"वेदान्त सबसे पहले मनुष्य को अपने ऊपर विश्वास करने के लिए कहना है। जिस प्रकार संसार का कोई-कोई धर्म कहता है कि जो व्यक्ति अपने से अतिरिक्त सगुण ईश्वर का अस्तित्व स्वीकार नहीं करता, वह नास्तिक होता है। अपनी आत्मा की महिमा में विश्वास न करने वाले को ही वेदान्त में नास्तिकता कहते हैं।"

स्वामी विवेकानन्द को रामकृष्ण मिशन स्थापित करने की प्रेरणा ईसाई मिशन से मिली थी। स्वामी जी ने भी जाति-पाति का घोर विरोध ही नहीं किया था बल्कि विधवा विवाह तथा हरिजनों को समाज में समान अधिकार देने का समर्थन किया। हिन्दुओं का अहिन्दुओं में विवाह और अहिन्दू का हिन्दू धर्ग गें परिवर्तन उन्हें गान्य था। गरीवों के प्रति उनकी सहानुभूति प्रगाढ़ थी शिक्षित समुदाय तथा उच्च वर्ण की भर्त्सना करते हुए उन्होंने लिखा है-

"जब तक देश के हजारों लोग भूखे हैं, अज्ञानी हैं, मैं प्रत्येक शिक्षित वर्ग को धोखेबाज कहूँगा। गरीब के पैसे से पढ़कर भी वे उनकी ओर तनिक भी ध्यान नहीं देते...उच्च वर्ग शारीरिक और नैतिक दृष्टि से मर चुका है।"

स्वामी जी ने सर्वप्रथम अमेरिका के सर्वधर्म सम्मेलन में भाषण देकर हिन्दू धर्म की पाश्चात्य देशों में बड़ी प्रतिष्ठा बढ़ाई है। ये समस्त कार्य करने के पीछे एक तो विवेकानन्द की सामाजिक कार्यों के प्रति रुचि कही जा सकती है एवं द्वितीय उनका प्रमुख प्रयोजन था रामकृष्ण परमहंस के उपदेशों का प्रचार हो। इस प्रकार यद्दि राममोहन राय भारत के मस्तिष्क और दयानन्द बलिष्ट बाहु थे तो रामकृष्ण उसकी आत्मा कहे जा सकते हैं।

भारतीय धार्मिक परम्परा पर आधारित थियोसाफिकल सोसाइटी की स्थापना सन् 1875 में मदाम ब्लावस्तु और ओलकार्ट द्वारा न्यूयार्क में हुई थी। इस सोसाइटी के संस्थापक सन् 1879 ई. में भारतवर्ष पहुँचे और सन् 1882 ई. में अड्यार में इसकी शाखा खोल दी गयी। इसी संस्था से सम्बन्धित श्रीमती ऐनीबेसेण्ट सन् 1893 में भारत आयीं और इस सोसाइटी के विकास में तन-मन से जुट गयीं। अपने गतिशील व्यक्तित्व के द्वारा अनेक शिक्षित भारतीयों को आकृष्ट किया। इन्होंने समस्त देश का दौरा किया और हिन्दू धर्म की आध्यात्मिकता के पक्ष में तेजस्वी भाषण दिया।

थियोसोफी का शाब्दिक अर्थ है-ब्रह्म विद्या। इसमें ही अपने आदर्शों को मूर्त प्रदान करने के लिए एनीबेसेण्ट ने शिक्षा संस्थाएँ भी खोलीं और ब्रह्म विद्या का प्रचार किया।

मुसलमान वर्ग में अभी भी नैराश्य और उदासी के भाव छा गए थे। हिन्दुस्तान की सल्तनत खोने के उपरान्त उनमें आत्म बल नहीं रह गया था। अंग्रेजी राज्य की स्थापना के समय मुसलमान अंग्रेजी सभ्यता और भाषा से घृणा करते थे किन्तु हिन्दुओं के नवजागरण से प्रभावित होकर उनमें भी समय के साथ चलने की भावना जागृत हुई। पंजाब में अहमदिया आन्दोलन भी मुसलमानों में सुधार का कार्य कर रहा था। मुसलमानों को आधुनिक ज्ञान-विज्ञान से परिचित कराने के लिए सर सैयद अहमद खाँ ने अलीगंज में ऐंग्लो औरिएंटल कालेज की स्थापना की जिसका प्रिंसिपल भारतीयता विरोधी अंग्रेज था। वह मुसलमानों को राष्ट्रीय आन्दोलनों से दूर रखना चाहता था और सरकारी नौकरियाँ दिलाने की चिन्ता में ही रहता था।

निष्कर्षतः कहा जा सकता है कि यद्यपि अंग्रेजों ने इस देश में नवीन व्यवस्था औद्योगिकता, संचार-सुविधा आदि को निजी स्वार्थों के लिए स्थापित किया था, किन्तु इससे भारत का भी लाभ हुआ। एक निश्चित व्यवस्था से छूटकर देश को नूतन गतिशीलता का अनुभव हुआ। चली आती हुई परम्पराएँ टूटने लगीं। नवीन वातावरण में नागरिक अपने को ढालने लगे। इन बदलती हुई परिस्थितियों ने ही पुनर्जागरण का संचार किया। इसके पूर्व धर्म मानव की इच्छाओं से ही सम्बद्ध था। किन्तु आधुनिक काल में इहलौकिक आकांक्षाओं का वस्त्र धारण करना पड़ा। पुनर्जागरण काल में तर्क पर विशेष बल दिया गया इससे प्राचीन रूढ़ियों को समाप्त करने में विशेष सहायता मिली। इन सबका परिणाम यह निकला कि परम्परावादी और धर्म-सुधारक दोनों ही अतीत के गौरव को जागरित करने में सफल हुए जिससे कि भारतवासियों को आत्मसम्मान का बोध हुआ और बराबरी के स्तर पर पश्चिम का सामना करने तथा स्वतन्त्रता की माँग करने का आत्मविश्वास मिला। यद्यपि परम्परावादी लोग धर्म सुधार में बहुत आस्था नहीं रखते थे, फिर भी राष्ट्रीयता में ही समस्त सुधार समाविष्ट है।

छुआछूत, जातिप्रथा, स्त्री पुरुष में भेद आदि तथ्यों का घोर विरोध, और स्वतन्त्रता तथा समानता आदि का समर्थन इस बात का सूचक है कि इस समय तक नवीन मानवतावाद का आविर्भाव हो चुका है। मानव-मानव की समता तथा स्वतन्त्रता आदि का सामाजिक न्याय के आधार पर समर्थन किया गया।

अतः नवीन युग के समाज में एक ओर तो संस्कृतीकरण बढ़ रहा था तथा दूसरी ओर लौकिकीकरण का खूब जोरों से प्रचार हो रहा था।

भारतेन्दु युगीन साहित्यिक परिस्थिति

भारतेन्दु युग हिन्दी साहित्य के नवोत्थान का प्रथम युग है। इस युग को आधुनिक साहित्य का उषाकाल भी कहा जा सकता है क्योंकि उस समय प्रत्येक साहित्यिक विधा का नयानोन्मीलन हो रहा था। गद्य की नव्य विधाएँ जन्म ले रही थीं। उपन्यास, नाटक, आत्मकथा, संस्मरण, रेखाचित्र, यात्रा साहित्य तथा पत्र साहित्य का प्रादुर्भाव इसी युग की देन है। गद्य के अतिरिक्त पद्य भी विशेष भाषा और शिल्प की दृष्टि से पल्लवित हो रहा था।

राजनीतिक एवं सामाजिक परिस्थिति में बदलाव के अतिरिक्त भारतेन्दुयुगीन साहित्यिक परिस्थितियाँ भी परिवर्तित रूप धारण करके प्रस्तुत हुआ इसका एक मात्र कारण यह है कि आलोच्य युग में साहित्यकार परिस्थितियों के वशीभूत होने के कारण पुनर्जागरण की भावना से ही अनुप्राणित थे जिससे इस युग का साहित्यिक फलक अत्यन्त ही श्रेष्ठ एवं विस्तृत हो गया।

भारतेन्दु युग हिन्दी गद्य के बहुमुखी विकास का युग है। भारतेन्दु युग में सम्पूर्ण देश में सांस्कृतिक जागरण की लहर दौड़ चुकी थी। अंग्रेजी शिक्षा के विकास की गति चाहे जितनी धीमी रही हो एवं उद्देश्य चाहे जितने सीमित रहे हों, उनका व्यापक प्रभाव देश के शिक्षित समाज पर पड़ रहा था।

भारतेन्दुकालीन साहित्य सांस्कृतिक जागरण का साहित्य है। इस युग में गद्य साहित्य की प्रत्येक विधा-नाटक, उपन्यास, कहानी, निबन्ध तथा आलोचना आदि ने विकास की अवस्थाओं को प्राप्त किया।

भारतेन्दु-युग की आत्मकथाएँ, आत्मसंस्मरण और अन्य सम्बन्धित विधाएँ

एक सामान्य परिचय–

भारतेन्दु-युग आधुनिकता का उषाकाल कहा जाता है। उस समय प्रत्येक साहित्यिक विधाओं का नयनोन्मीलन हो रहा था। गद्य की नवीन-नवीन विधाएँ जन्म ले रही थीं जैसे–आत्मकथा, आत्मसंस्मरण तथा यात्रा वृत्तान्त आदि। इस युग में इन नव्य विधाओं के स्वरूप निर्धारण की यथोचित चेष्टा की गयी।

"इस युग में एक ओर तो इन साहित्य रूपों की रचना को निमित्त बनाकर कुछ अधिक मात्रा में साहित्य सृष्टि की गयी और दूसरी ओर उसी अनुपात में उसकी समालोचना के मूल्यांकन भी विकसित हुए। पाश्चात्य साहित्य में उनके तत्त्व एवं स्वरूपादि की विशद् चर्चा बहुत पहले ही हो चुकी थी। हमारे यहाँ इसका अभाव था, लेकिन जब इन विधाओं के सर्जन का प्रचार हुआ तो अनुगता की भाँति आलोचना एवं मूल्यान्वेषण की परिपाटी भी चल निकली।"

उन्नीसवीं शताब्दी के मध्य तक हमारे कवियों एवं लेखकों को आत्मकथा लिखने का बिल्कुल ही शौक नहीं था। उस समय तक वे आत्मगोपन की प्रवृत्ति को ही महत्ता प्रदान करते थे, किन्तु आधुनिक युग में तो आत्मचरित लिखने की प्रथा को सभ्य संसार का आविष्कार माना जाने लगा है।

इसमें सन्देह नहीं है कि आत्मचरित लिखने की इच्छा प्राकृतिक है। अपने को व्यक्त करने और अपने प्रति दूसरों की सहृदय भावना प्राप्त करने का आनन्द अत्यन्त ही स्वाभाविक है।

"आधुनिक युग में व्यक्ति की दो ही प्रवृत्तियाँ उत्तरोत्तर तीव्र होती नजर आती हैं–(1) वह आत्म प्रचार चाहता है। अपने को समाज के सम्मुख ला देना चाहता है। वह अपने व्यक्तित्व का पूर्ण उभार चाहता है, और अपने विचारों, मनोभावों के प्रति समाज की सहानुभूति प्राप्त करना चाहता है। (2) वह आत्म अध्ययन और आत्म विश्लेषण कर विश्व और मानव समाज को समझना चाहता है।"[1]

इन्हीं उपर्युक्त भावनाओं से प्रेरित होकर भारतेन्दुयुगीन साहित्यकारों ने आत्मकथा लिखने का सफल प्रयास किया। भारतेन्दु युग में प्रत्येक साहित्यकार जीवन के खुले रूप को स्पष्ट करने पर विश्वास करता है इसीलिए वह आत्मकथा के भी महत्त्व को पूर्णरूपेण समझता है। अंग्रेजी साहित्य लेखक जार्ज मिच ने आत्मकथा को जीवन का खुला ग्रन्थ स्वीकार किया है और उसके विषय में इस प्रकार लिखा है–

"Even the clever lier, in his fabricated or embricated stories or himself, will be unable to deceive us to his character, will reveal it through the spirit of his lies."

अर्थात् 'चाहे जो भी हो आत्मचरित्र के सम्पूर्ण ग्रन्थ से एक मानव चित्र तो प्रकट होता ही है और दक्ष झूठ बोलने वाला आत्मचरित्र का लेखक भी लोगों को धोखा देने में सफल नहीं हो सकेगा, वरन वह अपने चरित्र को अपनी असत्यवादिता के द्वारा प्रकट कर देगा।

जिस प्रकार अन्य क्षेत्रों में भारतेन्दु ने नवीनता की सृष्टि की, उसी प्रकार आत्मकथा साहित्य में भी यथार्थवादी परम्परा स्थापित की। इनके पूर्व कविवर बनारसीदास (संवत् 1643 वि.) की ही आत्मकथा 'अर्द्धकथानक' (सन् 1698 की) प्राप्त होती है। इसके पश्चात् यह विधा अन्धकार के गर्त में पड़ी रहती है, भारतेन्दु युग में ही इस विधा को पुनर्जागरित करने का सफल प्रयास किया गया।

भारतेन्दु की आत्मकथा एक कहानी 'कुछ आप बीती कुछ जग बीती' हिन्दी आत्मकथा साहित्य का नवीन प्रयास एवं नवीन परम्परा आरम्भ करने का सफल प्रयास कहा जा सकता है।

शिवप्रसाद सितारे हिन्द (संवत् 1880) ने भी इनके पूर्व ही आत्मकथा के नाम पर अपनी वंशावली का परिचय दिया है। किन्तु इनकी चर्चा भारतेन्दु युग के अन्तर्गत उनके पश्चात् ही की जाती है क्योंकि इस विधा में नवीनता एवं जागरण का मन्त्र भारतेन्दु ने ही फूँका था।

भारतेन्दु युगीन लेखकों के अन्तर्गत प्रतापनारायण मिश्र (सन् 1856-1894) ने अपनी कहानी ब्राह्मण पत्रिका में 'प्रताप चरित्र' के नाम से लिखा था। इसमें इन्होंने अपना और अपने वंश का परिचय दिया है। जिसमें उन्हें पूर्ण सफलता प्राप्त हुई।

इसके पश्चात् अम्बिका दत्त व्यास (सन् 1858-1900) ने 'निजवृत्तान्त' के माध्यम से स्वयं के बारे में थोड़ा सा परिचय दिया है जो इस युग की जागरूकता का ही प्रदर्शन करता है।

इसके पश्चात् आत्मकथाकार के रूप में राधारमण गोस्वामी (जन्म सन् 1859 से 1925 तक) ने भी थोड़ा बहुत अपने बारे में लिखा है।

भारतेन्दु युग में 'आत्मसंस्मरण' साहित्य का विकास नहीं हो पाया। गद्य के क्षेत्र में इस विधा का आविर्भाव द्विवेदी युग से ही कहा जा सकता है। इस युग के अन्तर्गत बालमुकुन्द गुप्त (सन् 1863 से सन् 1907 तक) ही ऐसे लेखक हैं जिन्हें हिन्दी संस्मरण के सर्वप्रथम लेखक के रूप में स्वीकार किया जाता है। सन् 1907 में इन्होंने 'प्रतापनारायण' सम्बन्धी वृत्त लिखा है, जिसमें गुप्त जी के स्वभाव एवं जीवन सम्बन्धी सामग्री को संस्मरणात्मक रूप में प्रस्तुत करने का प्रयास किया गया है। इसका प्रारम्भ अत्यन्त ही रोचक है–"हिन्दी साहित्य के आकाश में हरिश्चन्द्र के थोड़े ही दिन पश्चात् एक ऐसा चमकता हुआ तारा उदय हुआ था, जिसकी चमक-दमक देखकर लोग उसे दूसरा चन्द्र कहने लगे थे। उस चन्द्र के अस्त होने पर इस तारे की ज्योति और बढ़ी। बड़े हर्ष के साथ कितनों ही के मुख से यह ध्वनि निकलने लगी कि यह उस चन्द्र की जगह लेगा, पर दुःख की बात है कि वैसा होने से पहले कुछ दिन बाद ही वह उज्ज्वल नक्षत्र भी अस्त हो गया।"

इस प्रकार संस्मरण एक स्वतन्त्र विधा होने के बाद भी इस युग में इस विधा पर साहित्यकारों ने कलम नहीं चलायी।

यात्रा साहित्य भी एक स्वतन्त्र विधा है, जिसका स्पष्ट स्वरूप हमें भारतेन्दु युग में दृष्टिगोचर होता है। इस युग के यात्रावृत्त लेखन की दिशा में भारतेन्दु युग के अनेक लेखकों ने अपना योग दिया है। इस युग के यात्रा साहित्य की दो विशिष्टताएँ हैं–प्रथम रेल के आगमन के द्वारा यात्रा का एक सशक्त साधन उपलब्ध हुआ और दूसरे भारत में मुद्रण यंत्रों द्वारा पत्र-पत्रिकाओं तथा ग्रन्थों के प्रकाशन को प्रसार मिला, जिससे हिन्दी यात्रा साहित्य की पूर्ण उन्नति हुई।

इस युग का अधिकांश यात्रा साहित्य मासिक पत्र-पत्रिकाओं में लेखों के रूप में निकला। भारतेन्दु हरिश्चन्द्र का स्थान इस दृष्टि से विशेष कहा जा सकता है। इनकी यात्रावृत्त विषयक अनेक रचनाएँ है जो 'कविवचनसुधा' तक के अंकों में समय-समय पर प्रकाशित हुई। इन रचनाओं में 'सरयूपार की यात्रा', 'लखनऊ की यात्रा' और 'हरिद्वार की यात्रा' विशेष उल्लेखनीय हैं।

इन यात्रा सम्बन्धी वृत्तान्तों में भारतेन्दु जी ने छोटी से छोटी चीज पर भी अपनी दृष्टि दौड़ाई है। प्राकृतिक सौन्दर्य भी चरम रूप में व्यक्त किया गया है। समस्त यात्रा सम्बन्धी वृत्तान्तों में रीति-रिवाज, खानपान तथा वहाँ की बोलचाल का अत्यन्त ही रोचक ढंग से वर्णन किया है।

बालकृष्ण भट्ट (सन् 1844 से 1913) ने भी इस क्षेत्र में अपनी कलम उठायी है। इन्होंने 'गया यात्रा' नामक वृतान्त लिखा जो हिन्दी प्रदीप के 1 मार्च, 1894 के अंक में प्रकाशित हुआ था।

इनके अतिरिक्त प्रतापनारायण मिश्र (1856 से 1894 तक) ने भी इस विधा के विकास में योगदान दिया है। इन्होंने 'विलायत यात्रा' लिखी जो हिन्दी प्रदीप के नवम्बर 1897 के अंक में प्रकाशित हुई।

पत्र-पत्रिकाओं में प्रकाशित इन यात्रा वृत्तान्तों के अतिरिक्त धीरे-धीरे यात्रा साहित्य के ग्रन्थों का मुद्रण भी आरम्भ हो गया। इस मुद्रित रूप में सर्वप्रथम यात्रा साहित्य में हददेवी का

स्थान प्रमुख है। इन्होंने लन्दन यात्रा (सन् 1883) लिखा। इसी प्रकार भगवानदास वर्माकृत 'मेरी पूर्वदिग्यात्रा' (सन् 1885), पं. दामोदर शास्त्रीकृत 'मेरी दक्षिणी यात्रा' (सन् 1886), तोताराम वर्मा द्वारा लिखित 'केदारनाथ यात्रा' (सन् 1890), लाला कल्यानचन्द्रकृत 'विलायत की यात्रा' (सन् 1892) तथा देवी प्रसाद खत्री द्वारा विरचित 'ब्रजयात्रा' (सन् 1894) आदि उल्लेखनीय हैं।

निष्कर्षत : भारतेन्दु युग यात्रा साहित्य की दृष्टि से समृद्ध दिखायी देता है।

इन विधाओं के अतिरिक्त रेखाचित्र तथा रिपोर्ताज आदि भी नवीन एवं स्वतन्त्र विधाएँ ही हैं किन्तु इनका विकास भारतेन्दु युग में न होकर बल्कि अग्रिम युगों में हुआ है, इसलिए उनका उल्लेख यहाँ पर नहीं किया गया है।

शिव प्रसाद सितारेहिन्द की आत्मकथा

शिव प्रसाद सितारेहिन्द (सम्वत् 1880 वि.) की आत्मकथा की गणना भी भारतेन्दु युगीन आत्मकथाकारों में की जाती है।

इनके नाम के विषय में तो कहा जाता है कि 'इनके पिता को काई संतति नहीं होती थी, इसलिए जब उनके पुत्र हुआ तो उन्होंने उसका नाम शिव प्रसाद रखा।'

राजा शिव प्रसाद सितारेहिन्द ने 'आत्मचरित' अपनी अवस्था में उर्दू में लिखा था। यह पुस्तक सन् 1894 ई. में नवलकिशोर प्रेस, लखनऊ में छपी थी।....

पत्र-पत्रिकाओं के अवलोकन से इनके एवं इनके वंश के बारे में काफी मालूम हो जाता है।

सन् 1781 चैत्र शुक्ल 9 पुष्य नक्षत्र में, मंगलवार को, राजा डालचन्द्र की आज्ञानुसार कवि, रायचन्द्र ने 'कल्पमाव्य' या 'भाषा कल्पसूत्र' नामक ग्रन्थ बनारस में लिखा था। सन् 1887 ई. में नवलकिशोर प्रेस, लखनऊ, से इस ग्रन्थ की द्वितीयावृत्ति प्रकाशित कराते समय राजा शिवप्रसाद ने प्रारम्भ में अपने वंश का परिचय दिया है।

स्वयं राजा साहब द्वारा लिखे गए अपने वंश का परिचय इस प्रकार है–

"कुछ बयान अपने खानदान का...पुराने कागजों से मालूम होता है कि जयपुर की अमलदारी में रणथम्भौर के बीच, जो एक बड़ा मशहूर किला है, संवत् 1045 के दरम्यान परमार वंशी शाखेश्वरी श्रेष्ठि घाँघल हुआ। उसके कोई लड़का न था। जैन धर्म पालक पूज्य श्री जयप्रभु सूरि गुरु के प्रतिशोध से अछुप्ता देवी की आराधना की। देवी ने स्वप्न में वर दिया। देवी के हस्तपुट में पत्रपुष्प और गोखरू था। इसी से जब लड़का हुआ, उसका नाम गोखरू गौत्र चला।

संवत् 1901 में देहरा बनाया। जयप्रभु सूरि ने प्रतिष्ठा कराई। श्री शत्रुंजय का संघ निकला। उसका लड़का धर्मण, उसका कर्मण, उसका पुहपा, उसका मग्गा, उसका अक्का, उसका तौला, उसका मेहका, उसका हीरा, उसका मेघा, उसका भाणा, जब संवत् 1335 सुल्तान अलाऊद्दीन खिलजी ने रणथम्भौर का किला तोड़ा, भाड़ा अपने लड़के नायक समेत बादशाह के साथ चम्पानेर चला आया।

नायक का बेटा खीमा, उसका जयवंत, उसका बीरा, उसका गौरा, संवत् 1485 में

अहमदाबाद में आ बसा। उसका बेटा अभयड़, उसका बासा, उसका बस्ता, उसक बहला, उसका शिवसी, उसका कर्मसी, उसका रांका, उसका श्रीवंत उसका पदमसी। संवत् 1484 (?) में पदमसी साह खम्भात में आ बसा। वहाँ उसने श्री कल्याण सागर सूरि से श्री पार्श्वनाथ स्वामी का स्फटिकमय बिम्ब प्रतिष्ठित कराया। पाँच सोने की कल्पसूत्र और चार मोती के चूड़े भेंट किये। श्री शत्रुंजय का संघ निकाला। पुस्तक भण्डार भरा। उसके दो बेटे थे श्रीपति और अमरदत्त। अमरदत्त ने शाहजहाँ बादशाह को एक ऐसा हीरा नजर दिया कि बादशाह ने प्रसन्न होकर राइ की पदवी बख्शी और दिल्ली ले गया। उसके दो लड़के हुए। राई उदयचन्द और केसरी सिंह। राई उदयचन्द के चार लड़के राई जगत मित्रसेन, समाचन्द्र, फतहचन्द्र और राय सिंह। फतहचन्द्र ने कहतसाली में गल्ला सस्ता करने के कारण मुहम्मदशाह से जगत सेठ की पदवी पाई। लेकिन अपनी बहू बेटे समेत मुर्शिदाबाद में अपने मामू सेठ माणिकचन्द नागौर वाले हीरानन्द शाह के बेटे की गोंद जा बैठे। हीरानन्द साह की बेटी धन बाई राइ उदयचन्द को ब्याही थी। राइ समाचन्द के राइ अमरचन्द और राइ अमरचन्द के राइ मुहकमसिंह और राजा डालचन्द दिल्ली छोड़कर मुर्शिदाबाद आ बसे। निदान शाहजहाँ से लेकर मुहकमदशाह तक बल्कि नाम को शाह आलम और नवाब बजीर आसिफुद्दौला तक बादशाही जवाहिरखाने की मुकीमी तो खानदानी उहदा रहा, लेकिन और भी बहुत से काम भाई, बेटे, भतीजों के सुपुर्द थे। कोई मंसबदार था, कोई सूबों की साइर का इजारदार था कोठियाँ जाबजा जारी थीं। खजाने हाथ में थे। चैन से गुजरती थी। धन दौलत रखने की मानों जगह बाकी न रही थी। इस अरसे में बंगाल के सुबेदार नवाब नाजिम कासिम अली खाँ ने जुल्म पर कमर कसी। रय्यत तंग आई। जनाने में हरदम खौफ लगा रहता था कि नवाब बेइज्जत न कर डाले। नाचार अंग्रेजों से जा मिले। रुपये की मदद दी, नवाब पर चढ़ा लाये, नवाब को खबर हो गई। राइ मुहकमसिंह का परलोकबास हो चुका था। राजा डालचन्द और जगत सेठ फतहचन्द के पोते जगत सेठ महताब राय को पकड़ मंगाया और कैद किया। घर में सलाह हुई कि राजा डालचन्द अपने बाप के अकेले है और जगत सेठ फतहचन्द की औलाद बहुत। बस पहरेवालों को मिलाकर राजा डालचन्द के बदले सेठ महताब राय के चचेरे भाई सरूपचन्द तो कैदखाने में चले आये और राजा डालचन्द वहाँ से भागकर बनारस में, नवाब वजीर सुबेदार अवध की हिमायत में आ बसे। कासिम अली खां इतना ही जानता था कि दो भाई जगत सेठ की कैद हैं, जब भागा तो दोनों को ले लिया। मुंगेर पहुँचकर तीरों से मार डाला। चुन्नी नाम एक खिदमतगार साथ था। जुदा होने को बहुत समझाया लेकिन न माना। जब नवाब तीर मारता सामने आ खड़ा होता था, मानों दोनों भाइयों की ढाल बनता था। जब चुन्नी मरकर गिर लिया है तब दोनों भाइयों के तीर लगा है (कैसे नौकर थे!) हमारी दादी कहती थी कि उस काल जनाने में सब लोग बारूद बिछाकर बैठते थे कि जो नवाब के आदमी बेइज्जत करने को आवें आग लगाकर उड़ जावें। परन्तु भगवान् की कृपा से जल्द ही शहर में अंग्रेजों की डौड़ी पिटी। लोगों के जी में जी आया। सूखा धान फिर लहलहाया। यह राजा डालचन्द हमारे घराने के मानों भूषण हो गये। अजब पुरुष थे तत्वज्ञान और योगाभ्यास के प्रभाव से कहते हैं कि उनके पाँव के नीचे चींटी नहीं मरती थी। खेचरी सिद्ध हुई थी, जिह्वा भृकुटि के मध्य तक पहुँचती थी। आसनादिक और धोती, नेती, बजौली की क्या बात है सब सिद्ध थी, और खेचरी ही मुद्रा

करके देह त्याग किया। संस्कृत, पारसी, अरबी, बंगला, ब्रजभाषा अच्छी तरह जानते थे। जोतिष और वैद्यक में भी निपुण थे। बहुतेरे ग्रन्थ नये रचे। बहुतेरे तजुर्मा अर्थात् भाषांतर हुए। हाथी घोड़े की सवारी, लकड़ी, बांक, पटा, तीरंदाजी, गाना, बाजाना, तैरना सब में पूरे थे। घड़ीसाज की क्रिया, बढ़ई की, सुनार की, लुहार की, जड़िये पटुए की, दर्जी की, जर्दोजा की, मुलम्मेसाज की, मुसब्विर की, सारी क्रिश्स अपने हाथ से कर सकते थे और फिर वैसे ही उदार और शूर भी थे। जिस समय राजा चेतसिंह और वारेन हेस्टिंग्ज का बखेड़ा हुआ, नवाब इब्राहीम अली खाँ ने कहला भेजा कि हम बारेन हेस्टिंग्ज को रिफाकत के बाइस नाहक मारे जाते है। उसी समय जनानी डोली भेजकर चुपचाप बुलवा लिया, और अपने मकान में छुपा रखा ऐसे समय में कौन किसके साथ दोस्ती निभाता है और साहस करके अपनी जान खतरे में डालता है। उनके बेटे राजा उत्तमचन्द ने, जिन्होंने लखनऊ वाले राजा वछराज की बेटी ब्याही थी, पुत्र हीन होने के कारण, अपनी बहिन बीवी रत्नकुंअर के बेटे बाबू गोपीचन्द को गोद लिया, और उन्हीं के बेटे राजा शिवप्रसाद सितारेहिन्द...।"

अतः उपर्युक्त पंक्तियों में शिवप्रसाद सितारेहिन्द ने अपने वंश का परिचय सविस्तार दिया है।

इसके अतिरिक्त सरस्वती (सन् 1990) में भी इन्होंने अपने स्वभाव आदि की आशिंक रूपरेखा प्रस्तुत की।

राजा शिवप्रसाद बीन सुनने के प्रेमी थे। एक बार वे लाला नारायण सिंह के साथ साधारण वेश बनाकर बीनकार के घर जाकर बीन सुन आये। इस घटना के सम्बन्ध में उन्होंने स्वयं लिखा है।

"बीनकार की बैठक में ऐसा बढ़िया मखमली गद्दा बिछा था कि जिसमें दो अंगुल पैर धँसते थे और खूँटियों पर सैकड़ों तरह के साज लटक रहे थे।"

शिव प्रसाद सितारेहिन्द बड़े ही प्राणप्रिय व्यक्ति थे। एक बार ये बलवन्त सिंह के साथ जहाज देखने गये, देखा कि वह जहाज इतना छोटा था कि न गंगा में चल सकता था न समुद्र में तब राजा शिव प्रसाद सितारेहिन्द ने महाराज से निवेदन किया-

"यदि आपको अपने प्राण व्यर्थ में गवाने हों तो इस जहाज पर जाइये मैं तो अपने प्राण देने के लिए इस जहाज पर कदापि न जाऊँगा।"

भारतेन्दु की आत्मकथा

मूल स्रोत : भारतेन्दु हरिश्चन्द्र (सन् 1850 से 1885 तक) एक साहित्यकार ही थे, अपितु साहित्यकार के विराट रूप थे। आत्मकथा, यात्रा, निबन्ध तथा नाटक आदि सभी विधाओं पर भारतेन्दु जी ने कलम उठायी। अब हम विभिन्न स्रोतों से भारतेन्दु जी की कहानी उन्हीं की जबानी लिखने का प्रयास करेंगे।

आत्मकथा : इनके द्वारा लिखी गयी आत्मकथा 'एक कहानी' 'कुछ आप बीती कुछ जग बीती' है इस आत्मकथा में भारतेन्दु ने अपने चारों ओर के वातावरण का बड़ा ही मार्मिक चित्रण किया है। और अपनी पैनी दृष्टि एवं परख का पूर्ण परिचय दिया है। इनकी इस आत्मकथा का प्रकाशन सं. 1933 के 'कविवचन सुधा' (सन् 1968 ई.) के भाग 8 में हुआ

था। यह भारतेन्दु युगीन ऐसी पत्रिका है जिसने साहित्यकारों की एक पूरी पीढ़ी को भाषा, साहित्य और देशभक्ति की शिक्षा दी थी। इसी पत्रिका के द्वारा भारतेन्दु जी ने हिन्दी के प्रचार एवं विकास के लिए आन्दोलन किया था। यह अपूर्ण रचना ही बनकर रह गयी यदि यह आत्मकथा पूर्ण हो जाती तो हिन्दी साहित्य को आत्मकथा का सौन्दर्य प्राप्त हो जाता। भारतेन्दु ने चारों ओर के वातावरण को किस प्रकार शब्द बद्ध किया है निम्नलिखित पंक्तियों में देखा जा सकता है—

"संवत 1930 में जब मैं तेईस वर्ष का था, एक दिन खिड़की पर बैठा था, बसन्त ऋतु की हवा ठण्डी चलती थी। साँझ फुली हुई, आकाश में एक और चन्द्रमा और फूल बेचने वाले सड़क पर पुकार रहे थे। मैं भी जवानी के उमंगों में चूर, जमाने के ऊँच-नीच से बेखबर, अपनी रसकई के नशे में मस्त, दुनिया के मुफ्तखोर सिफारिशों से घिरा हुआ अपनी तारीफ सुन रहा था, पर इस छोटी अवस्था में प्रेम को भलीभाँति पहचानता था।"

इनके व्यक्तित्व की प्रशंसा हेतु मानवगण क्या-क्या कहा करते थे? इस सम्बन्ध में कविवचन सुधा के 8वें भाग में उन्होंने इस प्रकार लिखा है-

"कोई कहता था आपसे सुन्दर संसार में नहीं, कोई कसमें खाता था आप सा पण्डित मैने नहीं देखा, कोई पैगाम देता था, चमेली जान आप पर मरती है, आपके देखे बिना तड़प रही है... ।"

इन पंक्तियों में भारतेन्दु का आत्मप्रशंसक रूप मुखर होकर प्रस्तुत हुआ है जो आत्मकथा के तत्त्वों के ही अनुकूल हैं। उपर्युक्त पंक्तियों में भारतेन्दु की दरबारी प्रवृत्ति का स्पष्ट निरूपण है। रीतिकाल की तथा बादशाही दरबारगीरी की याद अभी लोगों की स्मृति में ताजी थी। लोग बाग चारों ओर से भारतेन्दु को घेरे रहते थे और उनके ही मुँह पर प्रशंसा करते थे। जिसका वर्णन भारतेन्दु ने उपर्युक्त पंक्तियों में किया है।

युगीन परिस्थिति का समाहार : भारतेन्दु जी युगीन परिस्थितियों से पूर्णरूपेण परिचित थे, यही कारण है कि उन्होंने अपने युग के नौकरों की प्रकृति और स्वभाव का चित्रण किया है। जिसे उन्हीं के शब्दों में इस प्रकार कहा जा सकता है-

"यह तो दीवानखाने का हाल हुआ। अब सीढ़ी का तमाशा देखिए...हाय रुपया सबकी जबान पर...कोई रंडी के भडुए से लड़ता है, रुपये में दो आना न दोगे तो सरकार से ऐसी बुराई करेंगे कि फिर बीबी का इस दरबार में दर्शन भी दुर्लभ हो जायेगा, कोई बजाज से कहता है कि वह काली बनात हमें न ओढ़ाओगे तो बरसों पड़े झूलोगे रुपये के नाम पर खाक भी न मिलेगी। कोई दलाल से अलग सट्टा-बट्टा लगा रहा है, कोई इस बात पर चूर है कि मालिक का हमसे बढ़कर कोई भेदी नहीं... ।"

इस प्रकार इन्होंने युगीन समाज का सजीव चित्र अंकित करके सफलता प्राप्त की है।

शैलीगत विशेषताएँ : जहाँ तक शैली का प्रश्न है भारतेन्दु जी ने आत्मकथात्मक शैली के ही माध्यम से स्वयं के जीवन की अनेक घटनाओं पर प्रकाश डाला है। आत्मचरित के प्रारम्भ में ही इस शैली के दर्शन हो जाते हैं।

"हम कौन हैं और किस कुल में उत्पन्न हुए हैं आप लोग पीछे जानेंगे।"

अतः कहा जा सकता है कि भारतेन्दु ने परिमार्जित और स्पष्टता का उदाहरण अपनी शैली के माध्यम से प्रस्तुत किया है।

सामान्य भाषागत विशेषताएँ : भाषा ही भावों एवं विचारों की वाहिका हुआ करती है। इन्होंने अपनी कहानी में अत्यन्त ही सरल एवं स्पष्ट भाषा का प्रयोग किया है। सभी प्रकार के शब्द समूहों को चलते हुए रूप में स्पष्ट किया है उदाहरणार्थ-

"...कोई बोला हाय। आपका फलाना कवत्त पढ़कर रात भर रोते रहे...चौथा बोला आपकी अंगूठी का पन्ना क्या है काँच का टुकड़ा है या कोई ताजी तोड़ी हुई पत्ती है। एक मीर साहब चिड़िया वाले ने चोंच खोली, बेपर की खिलौने हैं तस्वी हैं...।"

निष्कर्षत : उनकी इस आत्मकथा के द्वारा आत्मकथा लिखने की ओर युगीन साहित्यकार अधिक प्रेरित हो सकते थे किन्तु इसके अधूरा रहने के कारण हिन्दी साहित्य को इस गौरव से वंचित रहना पड़ा, फिर भी एक कहानी 'कुछ आप बीती कुछ जग बीती' भारतेन्दु की ही जुबानी उन्हीं की कहानी है जिसे पूर्णरूपेण उनका आत्मचरित ही कहा जायेगा।

अन्य स्रोत : मौलिक स्रोत के द्वारा भारतेन्दु की आत्मकथा का विवेचन करने के पश्चात् अब हम अन्य सूत्रों से यह देखने का प्रयास करेंगे कि उनके माध्यम से इन्होंने स्वयं के बारे में या स्वयं से सम्बन्धित परिवार के बारे में कुछ कहा है या नहीं।

क. नाटकों के माध्यम से भारतेन्दु ने कहीं-कहीं पर स्वयं को स्पष्ट किया है। 'प्रेमजोगिनी नाटिका' (सन् 1875) में भारतेन्दु हरिशचन्द्र ने अपने को हिन्दी के एकमात्र जनक और भाषा नाटकों के एक मात्र जीवनदाता के रूप में प्रस्तुत किया है इस तथ्य को इन्होंने इस प्रकार लिखा है-

"हिन्दी का एक मात्र जनक, भाषा नाटकों का एक मात्र जीवनदाता, हरिश्चन्द्र...।"

भारतेन्दु हरिश्चन्द्र स्वभावतः निर्भीक थे इन्होंने कभी भी परवाह नहीं की। अपने महान् व्यक्तित्व को लेकर ये सत्य मार्ग पर स्थिर रहे। ये आत्मसम्मान और आत्मगौरव के साथ जीवित रहना चाहते थे। "हिन्दी प्रदेश के तत्कालीन सामाजिक, धार्मिक, साहित्यिक, राजनीतिक तथा जीवन के अन्य क्षेत्रों में ये अपने व्यक्तित्व के महत्त्व को भलीभाँति समझते थे, किन्तु इससे ये अहमन्य नहीं हो गये थे। इस बात से इन्हें एक प्रकार का आध्यात्मिक सुख मिलता था जो परोपकार और सेवा मार्ग की ओर प्रेरित करता था।"

स्वयं के इसी व्यक्तित्व को भारतेन्दु ने प्रेमजोगिनी नाटिका में इस प्रकार स्पष्ट किया है—

"कुछ चिन्ता नहीं, तेरा तो बाना है कि कितना भी दुःख हो उसे सुख ही मानना। लोभ के परित्याग के समय नाम और कीर्ति तक का परित्याग कर दिया है और जगत् से विपरीत गति चल के तूने प्रेम की टकसाल खड़ी की है। क्या हुआ जो निर्दयी ईश्वर तुझे प्रत्यक्ष आकर अपने अंक में रखकर आदर नहीं देता और खल लोग तेरी निन्दा करते हैं और तू संसारी वैभव से सुचित नहीं है, तुझे इससे क्या, प्रेमी लोग जो तेरे और तू जिन्हें सरबस है। वे जब जहाँ उत्पन्न होंगे तेरे नाम को आदर से लगे और तेरी रहन सहन को अपनी जीवन पद्धति समझेंगे-तुम तो दूसरों का अपकार और अपना उपकार दोनों भूल जाते हो, तुम्हें इनकी निन्दा से क्या? इतना चित्त क्यों क्षुब्ध करते हो? स्मरण रखों ये कीड़े ऐसे ही रहेंगे और तुम लोग

बहिष्कृत होकर भी इनके सिर पर पैर रखके विहार करोगे, क्या तुम अपना वह कवित्त भूल गए–

"कहै सबै ही नैन नीर भरिभरि पाछे, प्यारे हरीचन्द की कहानी रहि जायेगी।"

चन्द्रावली नाटिका (सन् 1876) के माध्यम से इन्होंने अपने पिता का परिचय दिया है। भारतेन्दु हरिश्चन्द गिरिधर दास के पुत्र थे जैसा कि इन्होंने लिखा भी है-"जिन श्री गिरिधर दास कवि, रचे ग्रन्थचालीस। ता सुत श्री हरिश्चन्द को, को न नवावै सीस॥"

भारतेन्दु हरिश्चन्द्र एक प्रसिद्ध आशुकवि थे, इसका भी उल्लेख उन्होंने स्वयं किया है–

"जग जन रंजन आशुकवि को हरिश्चन्द समान।"

उत्तरार्द्ध भक्तकाल (1877) में भारतेन्दु हरिश्चन्द्र ने अपने पिता के सम्बन्ध में एक छप्पय इस प्रकार लिखा है-

"गिरधर दास कवि कुल-कमल वैश्य भूषन प्रगट। रामायन भागवत गरग संहिता कथामृत। भाषा करि करि रचै बहुत हरिचरित सुभाषित॥"

दान मान करि साधु भक्त मन मोद बढ़ायौ। सब कुल देवन भेटि एक हरि पंथ दृढ़ायौ।।

लक्षावधि ग्रंथन निरमये श्री बल्लभ विश्वास भट। गिरधर दास कवि-कुल-कमल वैश्य वंश भुषन प्रगट॥

निबन्ध : भारतेन्दु ने अपनी जन्मतिथि तथा जन्मस्थान का कहीं कोई स्पष्ट उल्लेख नहीं किया, किन्तु उन्हीं के कथनानुसार उनकी जन्मतिथि का पता लग जाता है। 'नाटक' नामक निबन्ध के परिशिष्ट में उन्होंने लिखा है–

"नहुष नाटक बनने का समय मुझको स्मरण है। आज पच्चीस वर्ष हुए होंगे जबकि मैं सात बरस का था, नहुष नाटक बनता था।"

"नाटक की रचना तिथि सन् 1883 ई. है इसलिए पच्चीस वर्ष पहले का समय 1858 ई. हुआ। यह भारतेन्दु के जीवन का आठवाँ वर्ष था, क्योंकि उस समय ये सात वर्ष के हो चुके थे इस प्रकार उनकी जन्मतिथि 1850 ई. ही निकली है।"

जनवरी सन् 1885 ई. में भारतेन्दु हरिशचन्द्र की मृत्यु हो गयी थी। इससे दो वर्ष पूर्व ये किसी भयंकर रोग रो ग्रस्त हो गये थे। इस घटना का उल्लेख स्वयं भारतेन्दु जी ने इस प्रकार किया है-

"मुद्रा राक्षस का जब मैंने अनुवाद किया तब यह इच्छा थी कि नाटकों के वर्णन का विषय भी इसके साथ दिया जाये...एक तो मनुष्य बुद्धि ही भ्रमात्मिका है, दूसरे मेरी ठीक रुग्णावस्था में यह विषय लिखा गया है इससे बहुत सी अशुद्धियाँ सम्भव हैं...।"

ग्रन्थावली : भारतेन्दु ग्रन्थावली में भारतेन्दु ने अपना वंश परिचय इस प्रकार दिया है–

"वैश्य अग्रकुल में प्रगट, बालकृष्ण कुलपाल।
ता सुत गिरिधर चरन-रत, वह गिरिधरी लाल॥
अमिर चन्द तिनके तनय, फतेहचन्द ता नन्द।
हरषचन्दु तिनको भये, निस कुल सागर चन्द॥

श्री गिरिधर गुरु सेइकै, घर सेवा पधराई।
तारे निज कुल जीव सब, हरि पद भक्ति दृढ़ाइ॥
तिनके सुत गोपाल-ससि, प्रगटित गिरधर दास।
कठिन करमगति मेटि जिन, कीनी भक्ति प्रकास॥"
मेह देव देवी सकल, छोड़ कठिन कुल रीति।
थाप्यां गृह में प्रेम जिन, प्रगटि कृष्ण पद प्रीति॥
पारवती की कुल सों, तिनसो प्रगट अनन्द।
गोकुलचन्द्राग्रज भयौ, भक्त दास हरिश्चन्द॥

इस प्रकार भारतेन्दु के सम्पूर्ण वंश का परिचय उपर्युक्त पंक्तियों से स्पष्ट हो जाता है।

भारतेन्दु हरिश्चन्द्र ने यात्रा वृत्तान्त तथा पत्र आदि के माध्यम से भी कहीं-कहीं स्वयं के जीवन को स्पष्ट किया है।

जहाँ तक यात्रा वृतान्त का प्रश्न है, इन्होंने केवल उस स्थान की विशेषताओं आदि का ही वर्णन किया है। स्वयं के बारे में या स्वयं के परिवार के सम्बन्ध में कोई भी बात नहीं कही है।

चिट्ठी-पत्री : भारतेन्दु ने राधाचरण जी के नाम कुछ पत्र लिखे थे जिनमें कहीं-कहीं पर अपने स्वभाव की विशेषताओं का भी वर्णन कर दिया है। जैसे-

"मैं तीन चार दिन में शायद श्रीवन आऊँ, कृपापूर्वक एक स्थान अपने अतिनिकट रखिए, दो बात, मुख्य आराम देख लीजियेगा एक तो पाखाना स्वच्छ हो और दूसरे दिन को गर्म न हो चाहे अति छोटा हो"

यह पत्र इस तथ्य को स्पष्ट करता है कि भारतेन्दु अत्यन्त ही आरामतलब आदमी थे। तकलीफ सहन करना उन्हें बिल्कुल ही पसन्द नहीं था।

इस प्रकार स्पष्ट है कि विभिन्न स्रोतों का सहारा लेकर भारतेन्दु हरिश्चन्द्र ने स्वयं का एवं स्वयं के वंश का पूर्ण परिचय हमें दिया है। इतनी अल्पायु में इन्होंने जो कुछ लिखा, वह उनके व्यक्तित्व, उनके अन्तरंग जीवन और उनके चारों ओर के वातावरण की जो झाँकी प्रस्तुत करता है, वह अन्यत्र दुर्लभ है।

प्रताप नारायण मिश्र की आत्मकथा

मूल स्रोत–

(क) आत्मकथा : भारतेन्दु-युगीन आत्मकथाकारों में प्रतापनारायण मिश्र (जन्म सन् 1856 से सन् 1894 तक) श्रेष्ठ स्थान के अधिकारी हैं। इन्होंने "प्रताप चरित्र" शीर्षक से आत्मचरित्र लिखना प्रारम्भ किया था। शीर्षक से तो ज्ञात होता है कि इसमें प्रतापनारायण मिश्र की जीवन गाथा है। किन्तु वास्तविकता यह है कि इस पुस्तक में मिश्र जी के पूर्वजों का चरित्र चित्रण है स्वयं मिश्र जी का नहीं। 'प्रताप चरित्र' का प्रकाशन (सन् 1883) 'ब्राह्मण' पत्रिका के खण्ड 5, संख्या 2, 3 और 4 में हुआ था, किन्तु अपने पिता के कानपुर आकर बसने को उल्लेख तक आकर मिश्र जी ने इसे समाप्त कर दिया। वे इसमें स्वयं का भी जीवन चरित्र प्रस्तुत

करना चाहते थे किन्तु यह रचना अपूर्ण ही रह गयी। वैसे इस चरित्र से आगे चलकर आत्मकथात्मक तत्त्वों का ही समावेश कर दिया है और सामान्यतः 'हमारे' और 'अपने' शब्दों का ही प्रयोग किया है।

मिश्र जी आत्मकथा लिखने के अत्यधिक पक्षपाती थे जैसा कि उन्होंने लिखा भी है–

"हमारी समझ में तो जितने मनुष्य हैं सबका जीवन लेखनीबद्ध होना चाहिए। इसका बड़ा लाभ यह होगा कि उसकी भलाई को ग्रहण करके बुराइयों से बच के, दूसरे सैकड़ों लोग अपना भला कर सकते हैं। हमारे देश में यह लिखने की चाल नहीं है, इससे बड़ी हानि होती है। मैं उनका बड़ा गुण मानूगा जो अपना वृत्तान्त लिखकर मेरा साथ देंगे जिसके अनेक मधुर फल लेखकों को यदि न भी मिले तो भी बहुत दिनों तक बहुत से लोग कुछ लाभ उठायेंगे।"

यही उपर्युक्त भावना मिश्र जी में विद्यमान थी जिसके कारण ये आत्मचरित लिखने की ओर उन्मुख हुए थे। 'प्रताप चरित्र' में स्वयं के सम्बन्ध में कहने के पूर्व इन्होंने अपने पूर्व पुरुषों का परिचय दिया है। प्रतापनारायण मिश्र का वंश महर्षि विश्वामित्र से प्रारम्भ होता है जैसा कि इन्होंने लिखा भी है–

"हमारे आदि पुरुष भगवान् विश्वामित्र बाबा हैं। जिनके पिता गाधि महाराज और पितामह कुशिक महाराजा कान्यकुब्ज देश के राजा थे। पर हमारे बाबा ने राज्य का झगड़ा छोड़छाड़ के निज तपोबल से महर्षि की पदवी ग्रहण की ओर यहाँ तक प्रतिष्ठा पायी कि सप्त महर्षियों में चौथे ऋषि हुए।"

अपने वंश परम्परा के अन्तर्गत आने वाले महत्त्वपूर्ण व्यक्तियों के नाम इस प्रकार गिनाये हैं–

'हमारे पिता संकठा प्रसाद मिश्र, पितामह श्री रामदयाल मिश्र, प्रपितामह सेवकनाथ मिश्र वृद्ध पितामह श्री सबसुख मिश्र हैं।

"हमने अपने निज बाबा के दर्शन नहीं पाए क्योंकि हमारे पितृचरण केवल नौ वर्ष के थे जब उन्होंने परलोक यात्रा की थी। सुनते हैं कि वह कवि थे पर काव्य देखने में नहीं आया।"

बाबा के सम्बन्ध में लिखने के पश्चात् मिश्र जी ने अपने पिता के सम्बन्ध में भी लिखा है–

"हमारे पिता नौ वर्ष के थे तब निज पिता से विमुक्त हुए थे फिर थोड़े ही काल में उनकी माता भी बैकुण्ठ गयी। अतः हमको यह लिखना एक गौरव है कि हमारी चाची के हम भी वात्सल्यपात्र थे हमारे पिता भी।'

इसके अतिरिक्त इन्होंने अपने पिता के विवाह आदि को भी लिखा है-

'हमारे पिताजी ने अवध प्रान्त के इब्राहीमपुर नामक ग्राम में काशीराम के वाजपेयी वंश में विवाह किया। हमारी माता श्री मुक्त प्रसाद जी वाजपेयी की कन्या थीं।'

स्वयं के वंश का परिचय देने के पश्चात् प्रतापनारायण मिश्र ने स्वयं को भी आशिंक रूप में प्रस्तुत किया है। इन्होंने अपने जन्म स्थान के सम्बन्ध में इस प्रकार लिखा है-हमारे पिता ने अवध प्रान्त के इब्राहीमपुर नामक गाँव में काशी राम के वाजपेयी वंश में विवाह किया।"

अपना विवरण लिखते हुए उन्होंने अपनी जाति का स्पष्ट संकेत किया है-

'हम विश्वामित्र बाबा के वंश में कात्यायन बाबा के गोत्र में परमनाथ बाबा के असामी (वंशज) हैं। उन्नाव के जिले में पूर्व की ओर पाँच कोस पर बैजेगाँव नामक स्थान है, वहाँ के हम मिश्र हैं।'

आत्म परिचय के अतिरिक्त मिश्र जी ने अपने कुल की देवी एवं देवताओं का भी उल्लेख किया है—

'हमारी कुलदेवी गार्गी, कुलदेवता बूढ़े बाबू, कुल पुरोहित सत्य शुक्ल, यजुर्वेद, धनुर्वेद, शिव इष्ट देवता हैं।'

मिश्र जी स्वच्छन्द प्रकृति के थे यही कारण है कि नौकरी का बन्धन स्वीकार नहीं किया और उसे छोड़ दिया। नौकरी छोड़ने का उल्लेख 15 फरवरी 1886 ई. के 'ब्राह्मण' में इस प्रकार किया है—

हमारे पाठकों में से बहुतों को ज्ञात है कि हम कोई लखपती नहीं हैं, आजकल नौकरी भी छोड़े बैठे हैं।'

ब्राह्मण पत्रिका के सर्वांग सिंहावलोकन से भी मिश्र जी के अधिकांश व्यक्तित्व के बारे में ज्ञात हो जाता है। नवम्बर सन् 1885 ई. में मिश्र जी बहुत बीमार हुए तीन माह तक चारपाई से नहीं उठ सके। इसका वर्णन ब्राह्मण पत्रिका में इस प्रकार किया है—

'हम तीन माह से ऐसे रोगग्रस्त हो रहे हैं जिसका वर्णन नहीं। पाठक यदि देखते तो त्राहि-त्राहि करते। नित्य के मिलने वालों से कोई पूछे जिन्हें किसी-किसी दिन हमारी दशा पर रोना आता था।'

इसके पश्चात् कुछ समय के लिए इनके स्वास्थ्य में सुधार अवश्य आता है किन्तु इसके बाद पुनः बीमार हो जाते हैं इस आप-बीती घटना का वर्णन उन्होंने 1887 की ब्राह्मण पत्रिका में ही इस प्रकार किया है—

'वर्ष भर से बीमारियाँ राड़ें पीछा ही नहीं छोड़ीं। यदि एक ने कुछ मुँह मोड़ा तो दूसरी ने आ दबाया। हम यों ही बड़े बली थे, तिस पर आजकल तो ताकत के मारे कोई हड्डी नहीं है जो मांस को अपने ऊपर आने दे।'

'ब्राह्मण' पत्रिका के अतिरिक्त मार्च 1906 की 'सरस्वती' पत्रिका के माध्यम से भी उनका आंशिक जीवन स्पष्ट हो जाता है। प्रतापनारायण मिश्र आत्म प्रशंसक भी थे। अपने रूप आदि की तारीफ इन्होंने इस प्रकार किया है-

"कौसिक कुल अवतंस श्री, मिश्र संकटादीन।
जिन निज बुधि विद्या विभव, वंश प्रशंसित कीन॥
तासु तनय परतापहरि; परम रसिक बुधराज।
सुघर रूप सतकवित बिन, जिनि रूचत कछु काज॥
प्रेम परायन सुजन प्रिय, सहृदय नंव रस सिद्ध।
निजता निज भाषा विषय, अभिमानी परसिद्ध॥"

प्रशंसा के पात्र होने के साथ ही साथ 'प्रतापनारायण मिश्र बड़े ही काहिल थे। उनके बैठने की जगह तक में कूड़े का ढेर लगा रहता था। लोगों की चिट्ठियों के उत्तर भी ये नहीं देते थे। पं. दुर्गाप्रसाद मिश्र को इन्होंने एक चिट्ठी लिखी थी। उसे 'खड्गविलास प्रेस' ने

छापकर प्रकाशित किया है। उसमें एक जगह चिट्ठियों का उत्तर न देने के विषय में आपने लिखा है-"को सारेन की खैहसि माँ परै।"

यात्रा वृत्तान्त : पत्र-पत्रिकाओं के अतिरिक्त प्रतापनारायण मिश्र ने 'यात्रा वृत्तान्त' के माध्यम से भी कहीं-कहीं पर आप बीती बातों का उल्लेख किया है जिसमें उनकी जिन्दगी प्रकाश में आ जाती है। देशोद्धार के निमित्त मिश्र जी ने दो यात्राएँ की थीं–प्रथम 'कन्नौज में तीन दिन एवं द्वितीय विलायत यात्रा' जो हिन्दी प्रदीप के नवम्बर 1897 ई. के अंक में प्रकाशित हुआ था।

'कन्नौज की यात्रा' मिश्र जी ने स्वामी भास्करानन्द के साथ 'गोरक्षणी सभा' में सम्मिलित होने के लिए की थी। इस यात्रा का वर्णन करते हुए लिखते हैं–

'हमारे प्रिय मित्र हरिशंकर वर्मा और श्यामसुन्दर वर्मा तथा कविवर गदाधर के कारण रेल के तीन घण्टे तो ऐसे आनन्द से बीते कि मीरासराय स्टेशन पर उतरने का जी न चाहता था।–उस पुण्य भूमि की धूल मस्तक पर धारण कर प्रसन्नतापूर्वक मित्रों के संलाप करते हुए फर्श नामक मुहल्ले में आ पहुँचे जहाँ ठहरना था।'

प्रस्तुत उक्ति के माध्यम से मिश्र जी ने अपनी मित्र-मण्डली का सफल हवाला दिया है। इस यात्रा के पीछे मनोरंजन ही नहीं बल्कि उपदेशात्मक रूप भी है जैसा कि लिखा भी है–

'हम आशा करते हैं कि हमारे पाठकगण यात्रा का वृत्तान्त पढ़के मनोरंजन के अतिरिक्त कई एक उपदेश भी ग्रहण करेंगे।'

इस प्रकार आत्मकथा की ही भाँति मिश्र जी का प्रस्तुत यात्रा वृतान्त भी अधूरा ही है इसे वे दुर्भाग्यवश पूरा नहीं कर सके।

इसी प्रकार विलायत यात्रा के माध्यम से मिश्र जी ने उन लोगों पर व्यंग्य किया है जो व्यर्थ में विलायत जैसी जगहों में जाकर पैसा बरबाद कर देते हैं कि देशोद्धार के लिए पैसा खर्च करने में संकोच करते हैं।

इस प्रकार प्रतापनारायण मिश्र ने आत्मचरित एवं यात्रा-वृत्तान्त के द्वारा आप बीती घटनाओं को प्रकाशित करने का सफल प्रयास किया है। मिश्र जी का जीवन संघर्षमय था यदि इनकी उपर्युक्त रचनाएँ पूर्ण हो जाती तो उनकी जिन्दगी का अधिकांश भाग हमारे समक्ष आ जाता।

अम्बिकादत्त व्यास का निजवृत्तान्त–

भारतेन्दु-युगीन आत्मकथाकारों में अम्बिकादत्त व्यास (जन्म सन् 1858 से 1900 तक) भी श्रेष्ठ स्थान के अधिकारी कहे जा सकते हैं। इन्होंने 'निजवृत्तान्त' माध्यम से अपने जीवन को पाठक के सम्मुख प्रस्तुत किया है।

प्रेरणा स्रोत : अम्बिकादत्त व्यास ने आत्मविज्ञापन की भावना से ही प्रेरित होकर निजवृत्तान्त लिखने का प्रयास किया है। इस प्रयास में उन्हें सफलता भी मिली है। इस आत्मवृत्तान्त में व्यास जी ने मुख्य रूप से विद्याध्ययन एवं साहित्यिक सेवाओं का ही स्पष्टीकरण किया है। वृत्तान्त का प्रारम्भ इन्होंने इस प्रकार किया है।

'पण्डित हरिप्रसाद प्रभृति कुछ भी न लिखें तो इस समय के विद्वतगण को उनके ग्रन्थ में इस अभाव को देख नाक सिकोड़नी पड़ती है। परमानन्द पण्डित ने इस समय ग्रन्थ बनाया तो

भी निज शृंगार सप्तरातिका में अपना कुछ भी चरित्र न लिखा यह देख हम लोग इस अंश में उनकी भी चूक कहते हैं। ऐसे ही यदि मैं भी अपने ग्रन्थ में निज विषय में कुछ न लिखूँ तो मुझे विद्वान लोग उनकी अपेक्षा भी अधिक दूषित समझेंगे। इस कारण में किंचित निजवृत्तान्त लिखता हूँ और समझता हूँ कि जैसे लल्लूलाल ने निज ग्रन्थ के अन्त में स्ववृत्तान्त लिखा तो उससे साक्षर समुदाय अधिक प्रसन्न है और कृष्णदत्त का निज विषय में किंचित लिखना बिहारी के भी जीवन का निर्णायक समझते हैं वैसे ही मेरा लेख भी आवश्यक ही समझा जायेगा।'

अतः व्यास जी ने भी कुछ पृष्ठों के द्वारा अपने जीवन के तथ्यों को हमारे सम्मुख रखने का सफल प्रयास किया है।

गोस्वामी का जीवन चरित

भारतेन्दु मण्डल के एक आलोकमय नक्षत्र गोस्वामी (जन्म सन् 1859 से 1925 तक) है। अभिनव के पूजक गोस्वामी जी ने स्वयं का संक्षिप्त जीवन चरित लिखा था जो मथुरा प्रेस से प्रकाशित 'जीवन चरित्र' नाम से प्रसिद्ध है।

प्रेरणास्रोत : स्वयं के जीवन चरित्र लिखने की प्रेरणा बिन्दु को इन्होंने इस प्रकार लिखा है–

'मेरा जीवन चरित्र लिखने की कुछ आवश्यकता न थी पर काशी देवनागरी प्रचारिणी सभा के अनुरोध से लिखना पड़ा।'

लेखन प्रकाशन : गोस्वामीजी का जीवन चरित सन् 1895 में मथुरा प्रेस में प्रकाशित हुआ था।

विषय वस्तु : इस पुस्तक से गोस्वामी जी के तत्कालीन समाज के प्राचीन कवियों का पता लगता है। अपने जीवन की कुछ महत्त्वपूर्ण घटनाओं का खुलकर वर्णन किया है। एक स्थान पर आपने अंग्रेजी भाषा के अध्ययन के सम्बन्ध में लिखा है–

'मुझे अंगरेजी शिक्षा पर बहुत श्रद्धा हुई और मैंने अंग्रेजी पढ़ने की ठान ली। पाठकों को स्मरण रखना चाहिए कि मैं जिस कुल में उत्पन्न हुआ उसमें अंग्रेजी पढ़ना तो दूर की बात है, यदि कोई फारसी, अंग्रेजी का शब्द भूल से भी मुख से निकल जाय तो बहुत पश्चात्ताप करना पड़े। अस्तु मैंने गुप्त रीति से अंग्रेजी आरम्भ की...।'

जीवन में इन्हें कुछ चीजों से विशेष लगाव था जिसका उल्लेख निम्नांकित पंक्तियों में इस प्रकार किया है–

'देशोन्नति नेशनल कांग्रेस, समाज से शोधन, स्त्री स्वातन्त्र्य–यह सब मेरी प्राणप्रिय वस्तु हैं।'

इन्होंने अपने भावी जीवन के सम्बन्ध में इस प्रकार लिखा है–

'आगे मेरा जीवन कैसा होगा मैं नहीं लिख सकता पर विचार यह है कि कुछ आवश्यक प्रबन्ध श्री महाप्रभु जी की सेवा का करके गृहस्थाश्रम को छोड़ दूँगा। और अपने पूर्व पुरुषों के प्रदर्शित पथ का अनुसरण करके ब्रज में कहीं एकान्त में श्रीकृष्ण भजन करके शेष जीवन व्यतीत करूँगा। आगे हरि के साथ निर्वाह।'

शैली एवं भाषा : आत्मकथात्मक शैली का आदर्श बड़ी ही सरलता और सहजता के साथ प्रस्तुत किया है। इस शैली का एक उदाहरण उनके जीवन चरित से इस प्रकार है 'अखबार बाचने का मुझे शौक था, और है, यदि किसी दिन देखने के लिए नया पत्र न मिले तो भोजन पान सब छूट जाता है।'

इनके द्वारा प्रयुक्त शैली में स्पष्टता, रोचकता तथा सुसंगठिता आदि गुण सहज ही प्राप्त हो जाता है।

जहाँ तक भाषा का प्रश्न है इन्होंने संस्कृत, अंग्रेजी व देशज शब्दों का प्रयोग निस्संकोच रूप से किया है जैसे–जिह्वाग्र (5) समाच्छन (7) जेनरेल व्यू (9) अर्थोडाक्स (9) जवून (3) उस्से (4) तथा वांचना आदि।

उद्देश्य : स्वयं का जीवन चरित लिखने का उद्देश्य था अतीत की घटनाओं का पुनर्स्मरण। अतीत में जिये गये जीवन फिर से मानस पटल पर अंकित करने के उद्देश्य से ही इन्होंने आत्मकथा लिखी है। इस उद्देश्य की पूर्ति में इन्हें सफलता भी मिली।

इस प्रकार आत्मकथा के सभी तत्त्वों की दृष्टि से इनकी आत्मकथा श्रेष्ठ है।

निष्कर्ष : अन्ततः हम कह सकते हैं कि आधुनिक गद्य के विकास क्रम में भारतेन्दु-युगीन साहित्य का असाधरण स्थान है। इस युग के साहित्यिक मानवपरक दृष्टि और साहित्य की ओर उन्मुख हुए। प्राचीन समय से चली आती हुई मान्यताओं, ग्रन्थों एवं परम्पराओं को युगीन सन्दर्भानुकूल ही आँकने का सफल प्रयास किया था। पाश्चात्य संस्कृति के प्रभाव से हिन्दी गद्य की उन समस्त विधाओं को प्रकाश में आने का सुअवसर मिला हो इसके पूर्ण वैभव हेतु आवश्यक था। इस युग के साहित्यकारों ने गद्य साहित्य के सृजन की नवीन सारिणियाँ प्रारम्भ कीं। सामयिक परिस्थिति ने युगीन साहित्यकारों को वह बल प्रदान किया, जिसके कारण वैभव की रूपरेखा नवीन सांचे में ढलकर प्रस्तुत हुई। इस युग को वैभव सम्पन्न करने में एवं समकालीनों को प्रभावित करने में भारतेन्दु हरिश्चन्द्र का प्रभूत प्रभाव है। उनके अद्भुत व्यक्तित्व एवं कृतित्व के ही कारण इस युग को 'भारतेन्दु युग' नाम दिया गया। इस युग के गद्य के सभी अंगों पर इनकी स्पष्ट छाप है।

चूँकि भारतेन्दु युगीन साहित्यकार नवीनता के ही पुजारी थे, इसलिए आत्मगोपन की आती हुई परम्परा को तोड़कर आत्मचरित परम्परा का श्रीगणेश किया। आत्मकथा, आत्मसंस्मरण, यात्रा वृत्तान्त एवं चिंट्ठी-पत्रियों का सूत्रपात इसी युग में हुआ। भारतेन्दु-युगीन इस समस्त विधाओं के अनुशीलन से पता चलता है कि इस युग के लेखकों ने आत्मकथा जैसी विधा को लिखने की महत्ता को समझ लिया था और यथाशक्ति लिखने का प्रयास भी किया, किन्तु पूर्ण सफलता किसी को भी नहीं मिल सकी। युगीन समस्त आत्मकथाकारों ने आत्मचरित के नाम पर केवल स्वयं का जन्म स्थान, जन्मतिथि एवं वंश-परिचय के अतिरिक्त और कुछ भी नहीं लिखा। पत्र-पत्रिकाओं के प्रकाशन और प्रचार की गति भी तीव्र होने के कारण युगीन आत्मकथाकारों ने जीवन के विविध क्षेत्रों में अपनी प्रतिभा को समाज के सम्मुख रखा।

सब मिलाकर भारतेन्दु काल का साहित्य व्यापक जागरण का सन्देश लेकर आया, जिससे साहित्य का प्रत्येक पक्ष प्रभावित हुआ। भारतेन्दु युग के साहित्यकारों ने हिन्दी के जिस विशाल भवन की नींव डाली, उसे ही भावी युगों ने अलंकृत करने का कार्य किया।

द्विवेदी युग के साहित्यकारों की आत्मकथाएँ

"आत्मकथा व्यक्ति के संघर्षमय जीवन का वह सत्यांकित इतिहास है, जो स्वयं मेघ की तरह उमड़कर बरस जाता है-जो स्वयं फूल की तरह खिलकर झड़ जाता है।"

–पोद्दारी रामावतार 'अरुण'

सन् 1890 से 1920 तक का काल साहित्य के नवनिर्माण का काल है। यह युग 'द्विवेदी युग'। के नाम से पुकारा जाता है, क्योंकि हिन्दी गद्य के क्षेत्र मे महावीर प्रसाद द्विवेदी (सन् 1864-1938) का युगान्तरकारी प्रभाव दृष्टिगोचर होता है। स्वयं के अपरिमित अनुभव, ज्ञान एवं साहित्य साधना के बल पर हिन्दी गद्य को नवीन प्रगति प्रदान की,, यही कारण है कि द्विवेदी युग भाषा एवं साहित्य दोनों ही दृष्टियों से शौर्य का काल माना जाता है। द्विवेदी जी ने साहित्यिक जीवन में नव्य स्फूर्ति का संचार किया था। उन्होंने लेखक एवं भाषा शिक्षक दोनों ही रूपों में हिन्दी साहित्य की सेवा ही नहीं किया बल्कि उसे सजाने और सँवारने का भी महत कार्य किया।

द्विवेदी युग का नामकरण : हिन्दी साहित्य के क्षेत्र में महावीर प्रसाद द्विवेदी के व्यक्तित्व का इतना प्रभाव पड़ा कि उनकी साहित्य सेवा का काल 'द्विवेदी युग' के नाम से ही प्रख्यात हो गया। इस युग का यह नामकरण क्यों किया गया, इस सम्बन्ध में अनेक मत द्रष्टव्य हैं–

डॉ. दीनदयाल गुप्त के अनुसारः हिन्दी साहित्य के क्षेत्र में द्विवेदी जी का इतना प्रभाव पड़ा कि उनकी साहित्य सेवा का काल 'द्विवेदी युग' के नाम से ही प्रख्यात हो गया। यह उस समय हिन्दी भाषा के विकास और उत्कर्षोन्मुखता का समय था, जो आज भारत की राष्ट्रभाषा है। भाषा और काव्य को नये पथ की ओर प्रगति के साथ चलाने वाले सारथी रूप में द्विवेदी जी का कार्य महान् है। वे वस्तुतः युगान्तकारी सूत्रधार के रूप में माने जाते हैं।'

डॉ. गुप्त ने पूर्णतया यह स्वीकार किया है कि द्विवेदी जी का साहित्यिक व्यक्तित्व महान् था। हिन्दी साहित्य के लिए उन्होंने ऐसा मार्ग प्रशस्त किया जो उसे निरन्तर प्रगति की ओर ले जाने वाला था। उन्होंने लिखा भी है–'द्विवेदी जी का साहित्य क्षेत्र में आना, हिन्दी खड़ी बोली के इतिहास में एक युगान्तर उपस्थित करने वाली घटना हुई थी। उनका आगमन मानों हिन्दी साहित्य कानन में बसन्त का आगमन था। उस समय साहित्यिक जीवन में एक नवीन स्फूर्ति आई।'

डॉ. उदयभानु सिंह के मतानुसार : 'सं. 1960 से सं. 1982 तक के काल को द्विवेदी युग कहने का कारण केवल यही नहीं है कि उस युग की गद्यात्मक और पद्यात्मक रचना द्विवेदी जी की ही शैली पर हुई। उसका महत्तर कारण यह है कि उस युग की अधिकांश देन स्वयं द्विवेदी जी उनके शिष्यों और उनसे प्रभावित साहित्यकारों की ही देन है।'

अपने उपर्युक्त मत में डॉ. उदयभानु सिंह ने सन् 1903 से 1925 तक के काल को 'द्विवेदीकाल' स्वीकार किया है। यह उचित नहीं प्रतीत होता है। 'सरस्वती' पत्रिका का प्रकाशन सन् 1900 ई. में तो द्विवेदी जी सरस्वती के सम्पादक हुए थे। इस प्रकार सन् 1903 ई. से द्विवेदी युग का प्रारम्भ न मानकर सन् 1900 से ही इस युग का प्रारम्भ और 1920 युग का अन्त मानना ही उचित होगा।

डॉ. उमाकान्त के मतानुसार : इस काल खण्ड के पथप्रदर्शक, विचारक और सर्वस्वीकृत साहित्य नेता आचार्य महावीर प्रसाद द्विवेदी के नाम पर इसका नाम 'द्विवेदी युग' उचित ही है।'

डॉ. उमाकान्त ने भी अपने मत में यह स्पष्ट किया है कि अपने व्यक्तित्व के कारण द्विवेदी जी युग का नेतृत्व करते थे। समस्त क्षेत्रों में उनका एवं उनके अनुयाइयों का व्यापक प्रभाव था। इसी व्यापक प्रभाव के परिणामस्वरूप यह युग 'द्विवेदी युग' के नाम से प्रसिद्ध हो गया।

रामचन्द्र टण्डन ने द्विवेदी युग के नामकरण को इस प्रकार प्रस्तुत किया हैः 'लगभग बीस वर्षों' तक, जिस बीच उनका 'सरस्वती' पत्रिका से सक्रिय सम्बन्ध रहा, हिन्दी संसार उनका लोहा मानता रहा, और यह काल उचित रूप से ही, हिन्दी साहित्य के इतिहास में 'द्विवेदी युग' कहलाया।'

'हिन्दुस्तानी' पत्रिका में लिखे गये अपने लेख 'आचार्य महावीर प्रसाद द्विवेदी' में रामचन्द्र टण्डन ने द्विवेदी जी के प्रभाव की ही चर्चा किया है। युगीन अन्य साहित्यकारों ने उन्हीं से प्रेरणा ग्रहण कर साहित्य सृजन किया है। जैसा कि उन्होंने लिखा भी हैः-

'आचार्य द्विवेदी वास्तव में आधुनिक हिन्दी के निर्माताओं में एक गौरव का स्थान रखते थे। आज का शायद ही कोई वयस्क हिन्दी लेखक हो, जिसने किसी न किसी समय आचार्य द्विवेदी से प्रभाव न ग्रहण किया हो।'

आचार्य रामचन्द्र शुक्ल के मतानुसार : इस द्वितीय उत्थान के आरम्भ काल में हम पं. महावीर प्रसाद द्विवेदी को पद्य रचना की एक प्रणाली के प्रवर्तक के रूप में मानते हैं।'

आचार्य नन्ददुलारे वाजपेयी : वाजपेयी जी द्विवेदी जी को नयी हिन्दी के युगप्रवर्तक आचार्य मानते हैं–'नये विचार और नयी भाषा, नया शरीर और नया पोशाक, दोनों ही, नयी हिन्दी को द्विवेदी जी की देन है। इसी कारण वे नयी हिन्दी के प्रथम और युग प्रवर्तक आचार्य हैं।'

नामकरण के सम्बन्ध में उपर्युक्त मतों के उद्धृत करने के पश्चात् समग्र रूप से हम कह सकते हैं कि समस्त विद्वानों ने इस युग को 'द्विवेदी युग' के नाम से अभिहित करने का प्रमुख रूप से एक ही कारण स्वीकार किया है-आचार्य महावीर प्रसाद द्विवेदी का प्रभावकारी व्यक्तित्व। युगीन साहित्य पर उनका एकाधिकार था। आचार्य महावीर प्रसाद द्विवेदी का नाम हिन्दी कविता के लिए कुछ विशिष्ट अर्थों से युक्त है। उनके नाम के साथ ही युग की प्रवृत्तियाँ भी स्पष्ट रूप से उभरकर सम्मुख आ जाती हैं। इस युग के साहित्य को पूर्णरूपेण सजाने और सँवारने का कार्य द्विवेदी जी ने ही किया था, इसलिए यह युग उनके नाम से ही प्रख्यात हो गया।

द्विवेदी युग की काल-सीमा : द्विवेदी जी की जागरूक चेष्टा ने, भारतेन्दु के निधन (सन् 1885) के पश्चात् सन् 1900 ई. के मध्य के काल को इतने साहस और क्षमता के साथ अन्वेषिणी दृष्टि में उतारा कि सम्पूर्ण अतीत का साहित्य नवीन सन्दर्भों से युक्त होकर एकदम मौलिक हो गया। खड़ी बोली के प्रयोग हेतु उन्होंने जो अथक प्रयास एवं मार्गदर्शन किया एवं जिस प्रकार से उन्होंने गुणों की प्रशंसा एवं अवगुणों का निष्कासन शासनपूर्वक किया, उसे देखकर ऐसा प्रतीत होता है कि महावीर प्रसाद द्विवेदी का युग एक विशेषकाल सीमा से प्रतिबोधित किया जाये।

अब हम विभिन्न विद्वानों के मतानुसार द्विवेदी युग की काल सीमा का निर्धारण करने का प्रयास करेंगे–

डॉ. दीनदयाल गुप्त के मतानुसार (सन् 1901-1920 ई.)

इन्होंने अपने मत का व्यक्तिकरण इस प्रकार किया है 'हिन्दी साहित्य क्षेत्र में द्विवेदी जी का इतना प्रभाव पड़ा कि उनकी साहित्य सेवा का काल (सन् 1901-1920) 'द्विवेदी युग' के नाम से प्रख्यात हो गया।'

डॉ. उदयभानु के मतानुसार (सन् 1903 से 1925 ई.)

सं. 1960 में वे 'सरस्वती' के सम्पादक हुए। उन्होंने एक प्रभविष्णु और सफल सेनापति की भाँति हिन्दी के शासन की बागडोर अपने हाथ में ले ली। यहीं से अराजकता युग का अन्त और द्विवेदी युग का प्रारम्भ हुआ।'

डॉ. सुधीन्द्र के अनुसार (सन् 1901 से 1920 ई.)

डॉ. सुधीन्द्र ने 'हिन्दी कविता में युगान्तर' के प्रस्ताविक पृष्ठ पर लिखा है कि 'इसी बीसवीं शताब्दी के प्रारम्भ के दो दशकों की कविता का यह अध्ययन प्रस्तुत करते हुए मुझे आन्तरिक प्रसन्नता हो रही है। बीसवीं शताब्दी के ये बीस वर्ष वस्तुतः खड़ी बोली कविता के विकास के बीस वर्ष हैं–उस खड़ी बोली के, जो आज हिन्दी भाषा का दूसरा नाम है।'

डॉ. सुधीन्द्र ने ही प्रस्ताविक 'ग' पृष्ठ पर इस प्रकार लिखा है–

'प्रस्तुत प्रबन्ध में मेरा प्रयत्न वर्तमान काल की हिन्दी कविता में सन् 1901-1920 का पुनरुत्थान आलेखित करना है।'

केसरी नारायण शुक्ल के मतानुसार 'सन् 1900 में सरस्वती' (जिसका उद्देश्य खड़ी बोली का उत्थान था) के जन्म से यह विजय स्थायी हो गयी। खड़ी बोली के पद्य भाषा बन जाने से नवीन हिन्दी कविता के नूतन उत्थान का आरम्भ होता है।

शुक्ल जी ने भी इस काल का प्रारम्भ सन् 1900 से 1920 तक ही स्वीकार किया है।

डॉ. रामसकलराय शर्मा का मत (सन् 1900 से 1920 ई.) रामचन्द्र शुक्ल ने अपने हिन्दी साहित्य के इतिहास में द्वितीय उत्थान सं. 1950 से 1975 (सन् 1893 ई. से 1918 ई.) तक माना है। गद्य साहित्य का प्रसार द्वितीय उत्थान में उन्होंने लिखा है-'व्याकरण की शुद्धता और भाषा की सफाई के प्रवर्तक द्विवेदी जी ही थे। 'सरस्वती' के सम्पादक के रूप में उन्होंने पुस्तकों के भीतर व्याकरण और भाषा की अशुद्धियाँ दिखा दिखाकर लेखकों को बहुत कुछ सावधान कर दिया।'

आचार्य नन्ददुलारे वाजपेयी के मतानुसार : संक्षेप में यही इस शताब्दी के आरम्भिक बीस

वर्षों के साहित्य की रूपरेखा है। एक पीढ़ी समाप्त हो रही थी और दूसरी का उदय हो रहा था। नये के आगमन का पूर्वाभास और पुराने की विदाई की विलम्बित छाया कभी-कभी कुछ वर्षों का समय घेर लेती है। इस कारण हमें नये के आगमन और पुराने के अवसान की ठीक तिथि निर्धारित करने में कठिनाई भी हो जाती है, परन्तु सन् 1919 में समाप्त होने वाला प्रथम महायुद्ध और सन् 1920 के आसपास भारतीय राजनीति में गाँधी जी का प्रवेश, दो ऐसे स्मारक हैं, जिनके आधार पर इन्हीं वर्षों को नये साहित्यिक उन्मेष की तिथि मान लेने में किसी प्रकार की कठिनाई नहीं है।'

वाजपेयी जी के उपर्युक्त मत से भी पूर्णतया स्पष्ट है कि 'द्विवेदी युग' की काल-सीमा सन् 1900 से 1920 तक है। श्यामसुन्दरदास और रायकृष्णदास के नाम से छपी हुई नन्ददुलारे वाजपेयी द्वारा लिखित 'द्विवेदी अभिनन्दन ग्रन्थ' की प्रस्तावना में 'सन् 1933 ई. तक द्विवेदी युग स्वीकार किया गया है।'

श्रीनाथ सिंह के अनुसार–'सन् 1896 से (जब उन्होंने प्रथम बार लेखनी चलायी थी) सन् 1938 तक (जब उन्होंने इस संसार से विदा ली) का समय द्विवेदी युग कहा जाता है।'

उपुर्यक्त श्रीनाथ सिंह के मत से स्पष्ट है कि उन्होंने सन् 1896 ई. से 1938 ई. तक द्विवेदी युग का प्रसार माना है।

डॉ. रामरतन भटनागर के मतानुसार (सन् 1903 से 1918); इन्होंने अपने मत को इस प्रकार से स्पष्ट किया है–'इसमें सन्देह नहीं कि द्विवेदी युग (सन् 1903-1918) में काव्य की भाषा शैली का बड़ा विकास हुआ।'

इन्होंने द्विवेदी युग का प्रारम्भ सन् 1903 से, और उसका अन्त सन् 1918 माना है जो समीचीन नहीं प्रतीत होता है। क्योंकि सन् 1900 में सरस्वती का प्रकाशन तो हो ही गया था। यह दूसरी बात है कि द्विवेदी जी ने उसका सम्पादकत्व सन् 1903 में लिया, इसलिए द्विवेदी युग का प्रारम्भ सन 1900 ही माना जाना चाहिए।

डॉ. सत्येन्द्र का कथन (सन् 1900 ई. से प्रारम्भ); द्विवेदी युग सरस्वती के साथ आरम्भ हुआ और उसने हिन्दी में एक वास्तविक क्रान्ति उपस्थित कर दी।'

डॉ. गंगाधर झा के मतानुसार; 'सन् 1900 से 1920 तक का युग हिन्दी का द्विवेदी युग है।' जितराम पाठक के मतानुसारः

'हिन्दी साहित्य में 1900 ई. के आसपास से लगभग 1920 ई. तक के काल को द्विवेदी युग माना जाता है।'

उपर्युक्त विद्वानों के मत के अतिरिक्त कतिपय अन्य विद्वानों ने भी द्विवेदी युग कब से कब तक मानना उचित होगा इस पर अपने विचार इस प्रकार प्रस्तुत किए हैं–

डॉ. राममूर्ति त्रिपाठी : सन् 1900 ई. से 1920 तक।

ओंकारनाथ शर्मा : सन् 1900 से 1920 ई.।

डॉ. शैल कुमारी : सन् 1900 से 1920 ई.।

डॉ. रवीन्द्र भ्रमर : सन् 1901 से 1918 ई.।

डॉ. सत्यकाम वर्मा : सन् 1901 से 1918 ई.।

श्री फूलचन्द्र जैन 'सारंग': सन् 1893 ई. से 1925 ई.।

इस प्रकार काल सीमा के सम्बन्ध में उपर्युक्त विद्वानों के मत को प्रस्तुत करने के पश्चात् हम कह सकते हैं कि अधिकांश विद्वानों ने द्विवेदी युग का आरम्भ सन् 1900 ई. से माना है। कुछ विद्वानों ने 1901 ई. और 1903 ई. को द्विवेदी युग का आरम्भ कहा है, किन्तु 1900 ई. को ही मानने वालों की संख्या अधिक है। ऐसे अनेक महत्त्वपूर्ण तथ्य हैं जैसे हिन्दी नागरी का प्रचार 'सरस्वती' का प्रकाशन तथा द्विवेदी जी के द्वारा खड़ी बोली में प्रमुख कवि के रूप में अपनी रचनाएँ आदि प्रकाशित कराने के कारण यह सन् 1900 ई. ही एक ऐसा मोड़ कहा जा सकता है, जहाँ से 'द्विवेदी युग' का आरम्भ माना जा सकता है। 1900 ई. में ही खड़ी बोली का वेग से प्रसार, द्विवेदी जी की सशक्त खड़ी बोली की रचनाएँ, उसका न्यायालयों में प्रवेश तथा सन् 1920 ई. में छायावाद की चन्दन गन्ध से सुवासित नवीन युगारम्भ की सूचना के कारण द्विवेदी युग की काल सीमा 1900 से 1920 तक ही मानना चाहिए।

इस सम्बन्ध में नन्ददुलारे वाजपेयी का मत समीचीन प्रतीत होता है—'संक्षेप में यही इन शताब्दी के आरम्भिक बीस वर्षों के साहित्य की साधारण रूपरेखा है। परन्तु सन् 1919 ई. में समाप्त होने वाला प्रथम महायुद्ध और सन् 1920 ई. के आस-पास भारतीय राजनीति में गाँधी का प्रवेश, दो ऐसे स्मारक हैं कि जिनके आधार पर इन्ही वर्षों को नये साहित्यिक उन्मेष की तिथि मान लेने में किसी प्रकार की कठिनाई नहीं होती है।

कतिपय विद्वानों की मान्यता है कि द्विवेदी जी द्वारा सम्पादित सरस्वती के बीस वर्षों का समय ही द्विवेदी काल है। यदि हम यह मान्यता स्वीकार कर लेते हैं तो चूँकि सन् 1903 में द्विवेदी जी ने सरस्वती का सम्पादकत्व ग्रहण किया है इसलिए 1903 ई. से बीस वर्षों का समय सन् 1923 तक होता है जबकि सन् 1920 तक ही द्विवेदी जी सरस्वती के सम्पादक थे, सन् 1923 तक नहीं। इस आधार पर भी सन 1900 से लेकर सन 1920 तक का समय ही द्विवेदी युग कहा जा सकता है। डॉ. रवीन्द्र सहाय वर्मा का मत द्रष्टव्य है—

"द्विवेदी जी के सम्पादन-काल (सन् 1903-1920) में सरस्वती स्वयं एक संस्था बन गयी थी। उसने खड़ी बोली को काव्य का माध्यम बनाने के लिए इस बीच बड़े महत्त्व का कार्य किया। वास्तव में 20वीं शताब्दी के प्रथम दो दशकों में हिन्दी साहित्य के विकास का इतिहास इस समय की सरस्वती का इतिहास है।

इसी ग्रन्थ में अन्यत्र वर्मा जी ने बड़े ही सहज तरीके से सन् 1900 ई. से 1920 तक के समय को ही 'द्विवेदी युग' के रूप में स्वीकार किया है।'

सम्भवतः सन् 1900 से 1920 तक का समय ही द्विवेदी युग के नाम से पुकारा जाना चाहिए, न कि सन् 1901 से 1920 तक और 1903 से 1925 तक। 1900 ई. ही सरस्वती का प्रकाशन काल है और 1920 ई. ही सरस्वती से उनका पृथक होने का समय है। उनके प्रभावों का यही काल है और यही द्विवेदी युग की काल सीमा है।

द्विवेदी युग की राजनीतिक और सामाजिक पृष्ठभूमि—

भारतेन्दु-युगीन राजनीतिक चेतना में जो कमी रह गयी थी वह द्विवेदी युग में पूर्णता को प्राप्त हो गयी थी। हमारे देश में पश्चिमी विचारों का प्रवेश, अंग्रेजी भाषा का अध्ययन, वैज्ञानिक

दृष्टिकोण का प्रसार और नवजागरण की राष्ट्रोत्थान की भावनाओं ने नवीन राजनीतिक क्रान्ति उत्पन्न कर दी। 1901 ई. से 1920 ई. तक देश की राजनीतिक गतिविधि को स्वराज्य आन्दोलन के रूप में जाना जाता है। युगीन प्रथम दशक राजनीतिक क्षेत्र में नवीन चेतना, रचनात्मक, आतंकवादी और राजद्रोह पूर्ण आन्दोलन से परिपूर्ण था। अंग्रेजी के प्रभुत्वकाल की तीन अवस्थाएँ थीं–(1) गदर के पूर्व (2) गदर के पश्चात् सन् 1919 तक और (3) सन् 1920 से देश के स्वतन्त्र होने तक।

प्रथम स्थिति में अंग्रेजी राज्य की स्थापना ईस्ट इण्डिया कम्पनी के माध्यम से हुई थी, जिसमें 1857 के गदर से एक परिवर्तन आया। यह परिवर्तन मात्र कृतिम कहा जा सकता है। गदर के उपरान्त ब्रिटिश राज्य का भवन बनता रहा, अनेक प्रकार के प्रयत्न इस नींव को हिलाने के लिए हुए किन्तु सफलता न मिली। स्वतन्त्रता प्राप्ति के उपायों में अखिल भारतीय कांग्रेस (1885) के कार्यक्रमों ने व्यापक आन्दोलन को प्रस्तुत करने का कार्य किया। सन् 1919 में प्रसिद्ध जलियावाला बाग का वह काण्ड हुआ जिससे भारतीय राजनीति में एक ज्वर आया सन् 1920 से 1947 तक के भारतीय जनता के प्रयत्नों के नवीन रूप से अखिल भारत का श्रीगणेश किया। गाँधी जी के नेतृत्व में राष्ट्र ने स्वतन्त्रता प्राप्त कर ली। द्विवेदी युग (1900 से 1920) में अंग्रेजी साम्राज्य अपने उत्कर्ष पर था। इस समय राजनीति प्रयोगावस्था से गुजर रही थी। इस शताब्दी के प्रारम्भिक वर्षों में बंगभूमि से राष्ट्रवाद की ऐसी लहर उठी कि उससे देश की काया पलट गयी। सन् 1905 ई. में बंगाल के विभाजन ने भारतीय राजनीति में एक नया मोड़ पैदा किया। 1906 ई. के बाद कांग्रेस भी प्रबल हो गयी। डॉ. पट्टाभि सीतारमैया ने अपने ग्रन्थ में इस प्रकार लिखा है-"1906 के बाद जो नवीन जागृति और नया तेज देश में इस छोर से उस छोर तक फैल गया उसका मूल कारण था बंग-भंग।"

बंगवासियों ने समस्त विदेशी वस्तुओं का बहिष्कार किया। सन् 1900 से 1906 तक जो अकाल, प्लैग, कर, शिक्षा, शासन भेद नीति और साम्राज्यवादी कूटनीतियों ने असन्तोष व्याप्त कर रखा था, बंगाल विभाजन की घटना (20 जुलाई 1905 ई.) ने व्यापक जन-आन्दोलन उत्पन्न कर दिया। 1906 ई. में दादाभाई नौरोजी ने राष्ट्रीय लक्ष्य के रूप में 'स्वराज्य' शब्द का सर्वप्रथम प्रयोग किया। सभाबन्दी कानून (1908) प्रेस एक्ट (8 जून 1908) आदि के कारण उग्रता बढ़ती गयी। लार्डमिन्टो के 1905 ई. में आने के पश्चात् हिंसा, सैनिक विद्रोह, हत्या, बमबाजी और राजद्रोह का स्पष्ट रूप में प्रचार किया जाने लगा। जन-समुदाय दिन प्रतिदिन उग्र होता गया। सन् 1909 में मिण्टो मार्ले सुधार लागू हुआ जो साम्प्रदायिकता का ही पोषक था। सन् 1913 ई. में गदर आन्दोलन ने अंग्रेजों को थका दिया। सन् 1913 ई में ही गाँधी जी ने सफल सत्याग्रह आन्दोलन छेड़ा। सन् 1914 में वे भारत आये। सन् 1916 में गाँधी जी तथा मदनमोहन मालवीय ने मजदूरों को देश के बाहर भेजने की प्रथा का विरोध किया और सन् 1917 में खिलाफत के ही आन्दोलन को लेकर लीग और कांग्रेस का समझौता हुआ। इस समय गाँधी जी और जिन्ना दो नेता थे, किन्तु एक कांग्रेस का और दूसरा मुसलमानों का नेता था। सन् 1914-1918 ई. तक प्रथम महायुद्ध के अवसर पर तिलक और गाँधी ने अंग्रेजों की मदद की, किन्तु इसका परिणाम उल्टा हो गया। दमन और भी तीव्र हो गया। ब्रिटिश कोलम्बिया में प्रवासी भारतीयों पर अत्याचार और अन्य आतंकवादी कार्य दिन-प्रतिदिन बढ़ता

गया। सन् 1915 में श्रीमती ऐना बेसेण्ट ने भारतीय राजनीति में प्रवेश किया। सन् 1914 में तिलक मांडले जेल से छूटे। वे अत्यन्त ही उग्र थे। सन् 1915-1916 में उन्होंने पूना में राष्ट्रीय दल का संगठन किया। बम्बई कांग्रेस ने सन् 1915 में वैध उपायों से ही ब्रिटिश साम्राज्य के अन्तर्गत स्वराज्य प्राप्त करने का प्रस्ताव पास किया। तिलक भी इस प्रस्ताव के स्वागत के साथ ही पुनः कांग्रेस में आ गये। 1917 ई. में कलकत्ता में गरम दल का ही प्रभुत्व था। तिलक ने आयरलैण्ड से प्रेरणा प्राप्त कर अप्रैल 1916 में पूना में होमरूल लीग की स्थापना की, जिससे प्रेरित होकर सम्पूर्ण देश के नवयुवकों में स्वराज्य प्राप्ति की चेतना जागृत हो गयी। राष्ट्रीय साहित्य का निर्माण किया जाने लगा और ब्रिटिश शासन को घात समझा जाने लगा। प्रान्तों का पुनर्निर्माण एवं तिरंगा झण्डा इसी होमरूल आन्दोलन की देन है। सन् 1916 में लार्ड चैम्सफोर्ड आये, जिससे राष्ट्रीय उमंगों ने और जोर मारा। 21 अगस्त, 1917 ई. को मान्टेग्यू चैम्सफोर्ड रिपोर्ट प्रकाशित हुई यह सारे कार्य अंग्रेजों की कूटनीति का आडम्बर था। इस प्रक्रिया से नरम और गरम दल में भेद उत्पन्न हो गया। इसी मतभेद की अवस्था में लिबरल पार्टी का जन्म 1918 ई. में हुआ। सन् 1919 में गवर्नमेण्ट आफ इण्डिया ऐक्ट से देश को अत्यन्त निराश का सामना करना पड़ा। गाँधी जी ने सामूहिक रूप से कानून तोड़ने का कार्यक्रम देश के सम्मुख रखा। सन् 1919 का वर्ष रानजीतिक घटनाओं का ही वर्ष था। इसी वर्ष से गाँधी युग का प्रारम्भ होता है। गाँधी जी ने रोलेट ऐक्ट के विरुद्ध सत्याग्रह किया। सन् 1919 में अमृतसर कांग्रेस में बड़ा वाद-विवाद छिड़ा। बाद में गाँधी जी और तिलक एक दूसरे से बिल्कुल ही अलग हो गये। अगस्त 1920 में तिलक के देहान्त के उपरान्त असहयोग आन्दोलन ने सार्वजनिक रूप ले लिया। सन् 1919 में नवीन कौन्सिलों के चुनाव का देश भर में विरोध करके कांग्रेस ने असहयोग आन्दोलन चलाया। उत्तर प्रदेश में किसान आन्दोलन जारी रखा गया। गुलाम जनता अब गोलियाँ सहन करने के लिए सहर्ष तैयारी थी। गाँधी के सत्य, अहिंसा बन्धुत्व, मानवता और राष्ट्रीयता का साहित्य पर स्थायी प्रभाव पड़ा, जिससे भावी राजनीति का मार्ग निश्चित हो गया। असहयोग आन्दोलन की नीति का सूत्रपात 1 अगस्त 1920 को हुआ। यह आन्दोलन सन् 1941 तक चला। गाँधी जी का साथ देश की समस्त जनता ने दिया।

इस प्रकार द्विवेदी युगीन काव्य (सन् 1900 से 1920) में राष्ट्रीय जागरण का उग्र रूप दिखायी देता है, जिसका प्रभाव भावी साहित्य पर भी पड़ा। सन् 1900 से 1920 तक के समय की अनेक ऐसी राजनीतिक घटनाएँ हैं जिनका प्रभाव हिन्दी काव्य पर पड़ा जैसे-सन् 1905 में बंगभग, 1911 में दिल्ली दरबार में बंगभंग प्रतिषेध, 1912 में लार्ड हर्डिग्ज पर बम फेंकना, 1914-1918 में महासमर से भारतीय योगदान, 1917 में रूस की राज्य क्रान्ति, 1915-1918 तक तिलक के नेतृत्व में होमरूल लीग की हलचलें आदि इस युग की महत्वपूर्ण उपलब्धि है। तिलक का उग्र दल कांग्रेस पर छाया जा रहा था। इस आन्दोलन का उद्देश्य था-देश की संगठित, जागृत चेतना को भटकाव में बचाना तथा उसे दिशा देना। होमरूल आन्दोलन ने स्वशासन की माँग की, एक उत्तराधिकारी शासन माँगा। इस आन्दोलन का कार्यक्षेत्र सम्पूर्ण देश बन गया। इस आन्दोलन की प्रभावात्मकता के विषय में डॉ. राजेन्द्र प्रसाद का निम्नलिखित कथन दर्शनीय है-

“सरकार इससे कुछ घबरा सी गयी। उसने श्रीमती एनी बेसेण्ट को उनके दो साथियों के साथ नजरबन्द कर दिया। इस पर आन्दोलन ने जोर पकड़ा।

तिलक के महत्त्वपूर्ण योगदान के ही कारण यह युग राजनीति का ‘तिलक युग’ भी कहलाता है। राजनीति में सन् 1916 में गाँधी का प्रवेश, 1918 में गाँधी का सत्याग्रह और असहयोग आन्दोलन और सर्वत्र गाँधी युग का सूत्रपात, सन् 1919 को जलियावाला बाग का निरमेघ, 1 अगस्त 1920 को असहयोग का सूत्रपात और तिलक का निधन आदि इन्हीं उपर्युक्त राजनीतिक घटनाओं ने जनता को सबल, निर्भय और सहनशील बना दिया।

सामाजिक परिस्थिति

नवयुग के आविर्भाव के साथ जब राजनीति बदलती है तो सामाजिक विचारधाराओं में भी परिवर्तन आता है। यह तो इतिहास प्रसिद्ध ही है कि भारतवर्ष पहले अंग्रेजों के हाथ बिका फिर उससे शासित हुआ। देश में 1900 ई. में होने वाले दुर्भिक्षों में भारतीय जनता इतनी अधिक त्रस्त हो गयी कि चारों ओर रोजी और रोटी की ही तलाश में जनता घूमने लगी। अंग्रेजों ने उपनिवेशों में एवं उद्योगों में काम करने हेतु प्रतिज्ञाबद्ध मजदूरों को भेजा, जिसे सामाजिक विकास की बाधा ही कहना चाहिए।

भारतवर्ष गाँवों का देश है पर अब तक गाँवों की दशा अत्यन्त ही दयनीय थी। जमींदारी प्रथा ने उन्हें बरबाद कर दिया था, जो ग्राम पहले सम्पूर्ण माने जाते थे। उनमें से कई वर्ग बाहर निकलकर नौकरी की तलाश करने लगे थे, जिससे ग्रामीण अर्थव्यवस्था छिन्न-भिन्न हो गयी। इस प्रक्रिया का प्रभाव नगरों में बहुत समय बाद पड़ा। अब तक ब्रिटिश सरकार ने कुछ उद्योगों की व्यवस्था भारतवर्ष में कर लिया था। सन् 1890 से 1914 के बीच अनेक कपास मिलों, जूट मिलों तथा लोहे के कारखानों का निर्माण हुआ। सन् 1914 के आस पास प्रथम महायुद्ध की पृष्ठभूमि तैयार हो गयी। ब्रिटेन महायुद्ध में उलझ गया। भारत में ब्रिटेन की एक चौथाई पूँजी का विनियोग मध्यम वर्ग को उन्नति के मार्ग के दर्शन तो करा रहा था, किन्तु महायुद्ध के कारण इस व्यवस्था में बाधा पड़ गयी। इस समय भारतीय किसानों का शोषण, नागरिक अर्थव्यवस्था में गड़बड़ी आदि से जनता ने भूखे मरने की अपेक्षा देश के लिए मरना उचित समझा जिससे भारतीय संस्कृति ने प्रबल रूप धारण किया। द्विवेदी युग पर इसका प्रभाव स्पष्ट परिलक्षित होता है।

“उन्नीसवीं सदी के हिन्दू नवोत्थान की मूल प्रेरणा सामाजिक थी, यद्यपि बंगाल में उसने धार्मिक रूप लिया था।”

द्विवेदी युग की प्रेरणादायक सामाजिक परिस्थितियाँ उथल-पुथल मचा रही थीं। अंग्रेजों के सम्पर्क, पाश्चात्य जीवन दर्शन तथा पश्चिमी वैज्ञानिक दृष्टिकोण ने राजा राममोहन राय, केशवचन्द्र सेन, विवेकानन्द, रामकृष्ण परमहंस तथा रानाडे आदि ने भारतीय सामाजिक क्षेत्र में पुनरुद्धार का मन्त्र फूँका। ब्रह्म समाज, आर्य समाज, गाँधीवाद, आर्य समाज, गाँधीवाद, प्रार्थना समाज, रामकृष्ण मिशन तथा थियोसाफिकल सोसायटी आदि ने अपने-अपने ढंग से सामाजिक कुरीतियों का विरोध और सुधारवादी विचारों का प्रचार एवं प्रसार किया। सन् 1885 में कांग्रेस के जन्म से एक नवीन चेतना का जन्म हुआ। दादाभाई नौरोजी, गोखले तथा तिलक आदि

राष्ट्रीय नेता के साथ ही साथ सामाजिक नेता भी थे। कांग्रेस की भीतरी और बाहरी कक्षाओं में समाज सुधार की विचारधारा प्रस्तुत की गयी और यथासम्भव कार्य किया।

द्विवेदी युग के प्रारम्भ होते-होते महर्षि दयानन्द, रामकृष्ण परमहंस और स्वामी विवेकानन्द का देहान्त हो चुका था। उस समय तक कई कठोर सामाजिक प्रथायें शक्तिहीन हो गयी थीं किन्तु अभी भी छुआछूत, बाल-विवाह, विधवा विवाह निषेध, स्त्री शिक्षा का अभाव, वर्ण भेद, पर्दे की प्रथा, अन्ध विश्वास तथा रहन-सहन के प्रतिबन्ध आदि अनेक ऐसी कुरीतियाँ थीं जो समाज में विद्यमान थीं। लाला लाजपत राय, स्वामी श्रद्धानन्द तथा महात्मा हंसराज आदि ने स्वामी दयानन्द के कार्य को आगे बढ़ाने का भरसक प्रयास किया। रेल, तार तथा मुद्रण के प्रसार और समुद्र यात्रा, शिक्षा प्रसार, स्त्री शिक्षा आदि के कारण रूढ़ियाँ तथा कुरीतियाँ मिटने लगीं। सामाजिक वातावरण को राष्ट्रीय आन्दोलन ने पूर्णरूपेण प्रभावित किया।

प्रार्थना समाज जातिप्रथा का विरोधी था, जन्मना एक मनुष्य को उत्तम और दूसरे को अधम मानने की प्रथा को वह तोड़ना चाहता था एवं स्त्री शिक्षा तथा नर नारी की समानता का वह पोषण करना चाहता था। 'ब्रह्मसमाजी बंगाल में केवल धनी विद्वान् वर्गों के ही लोग हुए थे, किन्तु रानाडे चाहते थे कि प्रार्थना समाज में अशिक्षित जनता का भी प्रवेश हो, यद्यपि उनका यह अरमान पूरा नहीं हुआ।

जाति प्रथा से सम्बन्धित जो बुराइयाँ सामाजिक वातावरण में प्रविष्ट हो गयी थी, द्विवेदी युग में उससे छुटकारा दिलाने के लिए महतू कार्य किये गये। अगस्त 1924 की सरस्वती से निम्नांकित पंक्तियाँ उद्‌धृत की जा सकती हैं—'इस दुनिया की सृष्टि एक ऐसे ईश्वर ने की है जिसकी कोई जाति नहीं, जो ऊँच-नीच का कायल नहीं, जो ब्राह्मण-अब्राह्मण, चाण्डालों और कीड़े-मकोड़ों तक में अपनी सत्ता प्रकट करता है। छुआछूत को मानने वालों को ऐसे भ्रष्ट ईश्वर का संसार छोड़ देना चाहिए।

युगीन समाज सुधारकों ने व्यक्ति स्वातन्त्र्य; नारी का समान अधिकार की भावना, हिन्दू-मुस्लिम समाज की साम्प्रदायिकता और हरिजनों की समस्या पर उदारता पूर्वक विचार किया। गाँधी जी ने हरिजन समस्या को कांग्रेस के रचनात्मक कार्यक्रम का रूप दिया। इस सन्दर्भ में आर्य समाज ने शुद्धि आन्दोलन चलाया। स्त्रियों की जागृति और छुआछूत निवारण के कार्य द्विवेदी युग में समाज सुधार के ही अन्तर्गत आते हैं। अंग्रेजों ने हिन्दू-मुस्लिम समस्या, हिन्दी-उर्दू समस्या, ब्राह्मण-अब्राम्हण समस्या, हिन्दू-हरिजन समस्या आदि ने राजनीतिक ढंग से लाभ उठाना चाहा, किन्तु वे असफल रहे। दक्षिण का अब्राह्मण-ब्राह्मण आन्दोलन सवर्ण हिन्दुओं तक ही सीमित रह गया। मिण्टो-मार्ले सुधार (1909 ई.) से कौंसिलों में भारतीयों का प्रतिनिधित्व किया गया और दुर्भाग्यपूर्ण पृथक निर्वाचन पद्धति चालू की गयी। मांटेग्यू-चेम्सफोर्ड सुधार (1919 ई.) के धर्मगत पार्थक्य बढ़ गया और भारतीय राष्ट्रीय आन्दोलन की शक्ति क्षीण हो गयी। राष्ट्रीय चेतना ने सामाजिक कुरीतियों को मिटाना प्रारम्भ कर दिया। स्वयं की वर्तमान अवनति और प्राचीन गौरव से सभी परिचित थे। तर्क बुद्धि, वैज्ञानिक दृष्टिकोण, नवीन शिक्षा और नवीन आविष्कारों आदि से समाज को नया प्रकाश मिला।

स्वामी रामकृष्ण, विवेकानन्द और थियोसोफी के प्रचार के कारण समाज में आत्मविश्वास और स्वाभिमान का उदय हुआ। आर्य समाज का राष्ट्रीय दृष्टिकोण इतना प्रबल था कि

भारतीय सांस्कृतिक गौरव की भावना पुनर्जीवित हो उठी।

इस प्रकार भारतेन्दु युगीन जो सामाजिक सुधार बीज रूप में थे, द्विवेदी युग में विकसित हुए। भारतीय चेतना पराधीनता से मुक्ति पाने हेतु सफल प्रयास करने लगी। राष्ट्रीय उत्थान, जिसकी पृष्ठभूमि आर्य समाज, ब्रह्म समाज, और विवेकानन्द के विचार थे, अब सशक्त रूप में उन बुराइयों से निपटने के लिए कृत संकल्प हुआ, जिनसे समाज का चित्र अत्यन्त ही कुरूप हो चला। समाज के दोषों को दूर करने के लिए पुरोहितवाद, आडम्बर और पराधीनता को दूर करना था। स्वाभिमान, यथार्थप्रियता तथा संस्कृति के प्रति रुचि उत्पन्न करने के लिए विशेष प्रयत्न किये गए। मनुष्य के जीवन मूल्यों के प्रति दृष्टिकोण बदलने के कार्य किये गये क्योंकि नैतिक उत्कर्ष ही समाज निर्माण का एक प्रबल स्तम्भ है। सामाजिक और राजनीतिक परिस्थितियों ने ही जनमत को उद्‌बुद्ध करके राष्ट्रीय आन्दोलनों को समुज्वल एवं तीव्रतर रूप प्रदान किया जिसके आधार पर मानवतावादी प्रवृत्तियों का श्रीगणेश हुआ। द्विवेदी युगीन सामाजिक और राजनीतिक परिस्थितियों ने साहित्यकारों का मन एक विशेष प्रकार के ढांचे में ढाल दिया था। स्वामी दयानन्द सरस्वती के 'आर्य समाज' ने देश को एक नवीन चेतना, नवल स्फूर्ति तथा अभिनय जातीय एवं राष्ट्रीय स्वाभिमान से ओतप्रोत कर दिया जिसकी प्रतिध्वनि इस युग के साहित्य में सुनायी देती है। आर्य समाज विशुद्ध भारतीयता का समर्थक होने के कारण जन-मन का स्पर्श आसानी से कर सका। समस्त सुधारवादी आन्दोलनों में आर्य समाज का सर्वाधिक महत्त्व है। इसने एक ओर हिन्दू धर्म का पुनरुद्धार किया, तो दूसरी ओर उसने समाज में व्याप्त अन्धविश्वासों और रूढ़ियों के समूलोच्छेदन का कठोर संकल्प किया। उसने धर्म के वाह्य स्वरूप का विरोध किया। कर्मकाण्ड और मूर्ति पूजा का खण्डन किया। वर्ण व्यवस्था को महत्त्वपूर्ण बताकर ब्राह्मण, क्षत्रिय और वैश्यों को यज्ञोपवीत धारण करने का आदेश दिया किन्तु साथ ही वर्णव्यवस्था के समर्थक दयानन्द जी जाति-पाँति और छुआछूत का विरोध भी करते हैं। उन्होंने बाल-विवाह का विरोध किया और विधवाओं को पुनर्विवाह की अनुमति प्रदान की।

इस प्रकार आर्य समाज ने समाज का अधिक सुधार किया जिसके परिणामस्वरूप सामाजिक क्षेत्र में बड़ों और द्विजों के विशेषाधिकार समाप्त हो गये। समाज में व्यक्तिगत स्वाधीनता की प्रवृत्ति बढ़ी और मानवीय समानता का सिद्धान्त पूर्णरूप से स्वीकार हो गया। जी. एस. गुरिये का कथन इस सन्दर्भ में द्रष्टव्य है–

"धीरे-धीरे किन्तु निश्चित रूप से जीवन के अनेक पक्षों में एक के बाद एक करके मानवतावाद का महत्त्व स्वीकार किया गया।"

उपर्युक्त सुधारों में गाँधी जी का योगदान अविस्मरणीय है। इस सम्बन्ध में आचार्य चतुरसेन शास्त्री ने इस प्रकार लिखा है-

"गाधी जी ने इसमें धर्म के माध्यम को ऐसे कौशल से संयुक्त किया कि धर्म, समाज और राजनीति का एकीकरण हो गया। यह विश्व के मानव जीवन के लिए इस युग में बड़ी ही न्यूनतम वस्तु थी उसका सबसे भारी प्रभाव किसानों, अछूतों, मजदूरों और स्त्रियों पर पड़ा। इन चारों ने ही भारतीय जीवन में समान अधिकार प्राप्त किया।"

द्विवेदी-युगीन आत्मकथा लेखन की प्रेरणा भूमि और बिन्दु–

पश्चिमी सभ्यता के प्रभाव के परिणामस्वरूप भारतेन्दु युग में गद्य की नवीन विधाएँ जैसे-आत्मकथा, आत्मसंस्मरण, यात्रा साहित्य तथा चिट्ठी पत्रियों का सूत्रपात अवश्य हो गया था किन्तु द्विवेदी युग (सन् 1900 से 1920) में ही ये नव्य विधाएँ पुष्पित एवं पल्लवित हुईं। "उन्नीसवीं शताब्दी में यूरोपीय तर्कबुद्धिवाद (Rationalism) और व्यक्तिवाद ने आलोच्य काल के मन के दृष्टिकोण को प्रेरित कर रखा था। अंग्रेजी शिक्षा प्राप्त भारतवासियों और अंग्रेजी सरकार के संघर्ष के फलस्वरूप उत्पन्न राजनीतिक और आर्थिक चेतना ने अन्ततोगत्वा जन-जीवन को भी स्पर्श किया। साथ ही यूरोपीय आधुनिकता और भारतीय परम्पराओं की भिन्नता ने देश में सांस्कृतिक गर्व की भावना उत्पन्न की।

हिन्दी के आत्मकथा साहित्य के अनुशीलन से स्पष्ट पता चलता है कि महावीर प्रसाद द्विवेदी (सन् 1864-1938) के आगमन के पूर्व ही आत्मकथा एवं आत्मसंस्मरण लिखने के महत्त्व को समझ लिया गया था। कुछ लेखकों ने इस दिशा की ओर अपना ध्यान भी आकर्षित किया था किन्तु वे आत्मकथा के नाम पर स्वयं का वंश परिचय तथा जाति, नाम आदि का उल्लेख करके ही रह गये।

द्विवेदी युगीन आत्मकथा साहित्य कुछ ऐसे प्रेरणा-बिन्दुओं से प्रेरित हैं जिससे इस नव्य विधा का पल्लवन ठीक प्रकार से हुआ है। इन प्रेरणा बिन्दुओं का विवेचन इस प्रकार है।

तर्कबुद्धिवाद–

यूरोपीय संस्कृति के प्रभाव से द्विवेदी युगीन साहित्यकार आत्मकथा जैसी नव्य विधा का पल्लवन करने हेतु अग्रसर हुए। इस युग में भावना का स्थान बुद्धि ने ले लिया। "यद्यपि आलोच्य कालीन तर्कबुद्धिवाद पौराणिक आख्यानों के विरुद्ध पड़ता था, किन्तु उन्हीं को तर्कबुद्धिवाद का आधार मानकर शंकापूर्ण स्थलों का खण्डन कर उन्हें आधुनिक रूप देने की चेष्टा की गयी।

आत्मगोपन की जो परम्परा चली आ रही थी, बुद्धि के सहारे ही उसे समाप्त कर स्वयं को समाज के सम्मुख स्पष्ट करने का सफल प्रयास किया। वैज्ञानिकता की प्रेरणा के कारण, ज्ञान की पिपासा और जिज्ञासा शान्त करने की दृष्टि से व्यक्ति में प्रत्येक बात का कारण जानने और उसके प्रकाश में किसी विशेष समस्या के उचित-अनुचित, स्वस्थ रूप का विश्लेषण करके अपना मत निर्धारित करने की आकांक्षा जागृत हुई। यही कारण है कि युगीन समाज में विवेक के अभाव में कोई भी बात स्वीकार करने का प्रश्न ही नहीं उठता था। इस सन्दर्भ में डॉ. सुधीन्द्र ने 'हिन्दी कविता में युगान्तर' में इस प्रकार लिखा है–"जब व्यक्ति अपने आस-पास, बाह्य-भीतर एक विशेष परीक्षक की सी दृष्टि लेकर जीवन के सब पक्ष जाँचने परखने लगता है तथा शुद्ध-अशुद्ध, उचित-अनुचित का विवेक करने लगता है और शुद्ध और उचित का पक्ष ग्रहण करता है तब बुद्धिवाद का मार्ग प्रशस्त दिखायी देने लगता है।

इस प्रकार कहा जा सकता है कि द्विवेदी युगीन बौद्धिकता ने आत्मगोपन की प्रवृत्ति को समाप्त कर आत्मकथा साहित्य की सर्जना से महत्त्वपूर्ण प्रेरणा दिया है।

'मानवपरक दृष्टि'

द्विवेदी युग की मानवपरक दृष्टि ने एक ओर राजनीतिक तथा आर्थिक क्षेत्रों में जनवादी रूप धारण किया तो दूसरी ओर सामाजिक एवं धार्मिक क्षेत्र में उसने दार्शनिक एवं आध्यात्मिक रूप ग्रहण किया। ये दोनों ही रूप नवीन चेतना के प्रतीक और सांस्कृतिक पुनरुत्थान के आधार बने। इस युग में जनसाधारण के जीवन को सुखमय बनाना ही मानवपरक दृष्टि की मूल भावना थी। इसी भावना से प्रेरित होकर युगीन साहित्यकार ने स्वयं के व्यक्तित्व को जन-जन तक पहुँचाने का सफल प्रयास किया। वह अब अपने व्यक्तित्व को अपने पास ही नहीं रखना चाहता था बल्कि उसे समाज का व्यक्तित्व बना देना चाहता था क्योंकि प्रत्येक मानव की यह हार्दिक इच्छा होती है कि उसकी विशेषताओं से सम्पूर्ण समाज परिचित हो जाये, इसी इच्छा की पूर्ति हेतु उसने आत्मकथा जैसी नवीन विधा का सहारा लिया जिसमें उसे सफलता भी प्राप्त हुई।

पत्र-पत्रिकाओं ने भी इस जनवादी परम्परा को पुष्ट करने में अधिक सहायता पहुँचायी। चिट्ठी पत्रियों के द्वारा भी साहित्यक्रारों ने अपनी बात को सुधारवादी दृष्टिकोण के रूप में समाज के सम्मुख रखा। महावीर प्रसाद द्विवेदी (सन् 1864-1938), अयोध्यासिंह उपाध्याय (सन् 1865-1947) तथा मैथिलीशरण गुप्त (सन् 1886-1964) आदि कवियों ने अपनी रचनाओं के माध्यम से मानव के समष्टि रूप के लिए व्यष्टि रूप के उत्सर्ग की उच्च भावना का अभिव्यक्तीकरण किया।

आदर्शवाद–

द्विवेदी युग में आदर्शवादी प्रवृत्ति भी वह प्रेरणा शक्ति लेकर प्रस्तुत हुई जिससे आत्मकथा साहित्य में चार चाँद लग गये। 'भारतीय संस्कृति के एक उत्कृष्ट और उदास रूप की पुनः स्थापना और जीवन के एक नैतिक धरातल के निर्माण पर दृष्टि आलोच्य काल के कवियों और लेखकों को आदर्श की ओर प्रेरित करती है।

युग की वास्तविकता के अनुभव और दिग्दर्शन के साथ विशालता की अनुभूति के आधार पर उन्होंने जिस पूर्णता का सर्जन करना चाहा, यही आलोच्य काल के आदर्शवाद के मूल में है। इसी आदर्शवाद से प्रेरित होकर युगीन आत्मकथाकारों ने अपनी कृति के मध्य या अन्त में अप्रत्यक्ष रूप से आदर्श की स्थापना भी कर दिया है। द्विवेदी युग के साहित्यकारों की वाणी में नवनिर्माण का स्वर घोषित है। उनका आदर्शवाद भारतीय संस्कृति के गुणों पर ही आकर्षित था। आदर्श की यह स्वाभाविक गति होती है-सीमा का अतिक्रमण। उसमें असाधारणत्व तो सहज में ही आ जाता है और साथ उसमें व्यक्ति की प्रधानता भी होती है।

इस युग के नवनिर्माण के कार्य में पुरातन का ध्वंस तो स्वभावतः निहित था, साहित्यकारों ने सामाजिक, धार्मिक और साहित्यिक जीवन में सभी प्रकार के कुरूपता की विगर्हणा की और उदात्त जीवन के आदर्श की मंगल ध्वनि की।

इस प्रकार आत्मप्रकाश और विश्वप्रकाश द्वारा मानव जीवन को विराटत्व की ओर ले जाने में द्विवेदी युग के आदर्शवाद की पूर्ण सार्थकता है।

स्वच्छन्दतावादी प्रवृत्ति–

द्विवेदी युग की मौलिक उद्‌भावना नवनिर्माण की व्यापक प्रक्रिया में ही है। युगीन जीवन की प्रत्येक गति इसी प्रक्रिया द्वारा निर्धारित हुई है। प्रत्येक क्षेत्र में प्राचीन के प्रति प्रतिक्रिया, जो विद्रोह तक का रूप धारण कर लेती है और नूतन, मौलिक और स्वतन्त्र परीक्षण को प्रश्रय मिलता है। ये उपर्युक्त प्रवृत्तियाँ इसी नव-निर्माण की भावना से प्रेरित हुई थी। साहित्य के इतिहास की दृष्टि से हिन्दी में रूढ़ियों का ही प्राधान्य हो चला था। विषयगत और शैलीगत बन्धनों के कारण व्यक्तिगत मौलिक उद्‌भावनाओं के लिए अवकाश ही नहीं रह गया था, किन्तु मानव की यह सहज विशेषता होती है कि वह साहित्य में ही नहीं बल्कि अन्य क्षेत्रों में भी कोई भी बन्धन स्वीकार नहीं करना चाहता है। वह तो मुक्त होकर के अपनी विशिष्टताओं को प्रसारित करने में ही सन्तोष का अनुभव करता है।

आलोच्य कालीन जीवन की परिस्थितियों ने जहाँ एक ओर उसे जीवन के अन्य बन्धनों को तोड़ने के लिए प्रेरितकिया, वहीं साहित्य को भी शास्त्र और परम्परा से मुक्त करके स्वच्छन्द गति प्रदान करने को प्रोत्साहित किया। यही प्रवृत्ति स्वच्छन्दतावादी प्रवृत्ति है।

स्वच्छन्दतावाद ने साहित्य के द्वारा जीवन को नवीन स्तर पर प्रतिष्ठित कर दिया। जीवन के प्रति दृष्टिकोण शास्त्रगत नहीं, वरन व्यक्ति की स्वतन्त्र अनुभूति के द्वारा उत्पन्न हुआ।

स्वच्छन्दतावाद की प्रवृत्ति हमें द्विवेदी युग के अन्तिम सात-आठ वर्षों में अधिक दिखायी देती है। साहित्यकारों ने मुक्त होकर आप बीती घटनाओं को समाज के सम्मुख रख दिया। स्वच्छन्दतावादी प्रवृत्ति से ही प्रेरित होकर अब वे अपने ऊपर बीती घटनाओं को मुक्त भाव से प्रकट करते थे और आत्म प्रसार को प्रश्रय देते थे। द्विवेदी युग के इतिवृत्तात्मक समुदाय के लेखकों ने विषय, वृत्त आदि की दृष्टि से अपनी परिवर्तनप्रियता को प्रकट करके स्वच्छन्दता का परिचय दिया।

अतएव द्विवेदी युगीन आत्मकथाकारों ने स्वच्छन्दतावादी प्रवृत्तियों से प्रेरित होकर अपनी कृति की सर्जना किया है।

नये सन्दर्भ

आलोच्य काल में नये सन्दर्भो से प्रेरणा ग्रहण करके आत्मकथाकारों एवं आत्मसंस्मरणकारों ने आप बीती घटनाओं का समाज के सम्मुख प्रस्तुतीकरण किया। उन्होंने व्यक्ति, समाज और देश के प्रति अपना उत्तरदायित्व समझा और इन तीनों को अपनी साहित्यिक परिधि में प्रतिष्ठित किया। आत्मकथात्मक उक्तियों के द्वारा उन्होंने अपने ही मन का नहीं बल्कि समाज के मन का भी परिष्कार किया। अंग्रेजी साहित्य के अनुशीलन के परिणामस्वरूप आत्मपरिचय को वर्ण्य विषय बनाया।

द्विवेदी युग के साहित्यकारों को अनेक प्रकार की कठिनाइयों का सामना करना पड़ा। उन्हें साहित्य को रीतिकालीन परम्पराओं से ही मुक्त नहीं करना था, वरन्‌ एक नयी भाषा, नये छन्द, नये विषय और जीवन की परिवर्तित परिस्थिति के नये भाव स्थापित करने थे। इस युग में कवि अपने अन्तर्मन को अभिव्यक्त करने के लिए व्याकुल हो उठा। राजनीतिक रंगमंच पर गाँधी जी के सूक्ष्म आध्यात्मिक तत्त्व के प्रस्फुटन के साथ-साथ साहित्य में भी आन्तरिक

भावनाओं और अनुभूतियों का जन्म हुआ। परम्परा से चली आ रही भारतीय ईश्वरवादी और अवतारवादी भावना में से केवल मानव सापेक्ष सत्य उद्‌घाटित करने की चेष्टा की गयी। पौराणिक कथाएँ यदि ग्रहण भी की गयीं तो कवियों के भावों के परिधान-रूप मात्र में और मानव सापेक्ष किसी चिरन्तन सत्य की अभिव्यंजना के लिए। अतीत की धार्मिक एवं पौराणिक निधि देश के सर्वतोमुखी वैज्ञानिक नवनिर्माण के लिए काम में आने लगी।

इस प्रकार नये सन्दर्भों से प्रेरणा ग्रहण कर भी आत्मकथा साहित्य समृद्ध हो गया।

उपर्युक्त प्रेरक तत्त्वों को केन्द्र में रखकर ही द्विवेदी युगीन आत्मकथाकारों ने विभिन्न कृतियों की रचना की। इस युग की साहित्यधारा नवपरम्परावाद का ही समर्थन करती है। अन्ततः सन् 1900 से 1920 ई. तक का समय सम्पूर्ण दृष्टियों से नवनिर्माण का ही काल है।

श्रीधर पाठक की आत्मकथा

स्वच्छन्दतावादी काव्य के अग्रदूत श्रीधर पाठक (11 जनवरी सन् 1858-13 सितम्बर 1928) द्विवेदी युग के श्रेष्ठ आत्मकथाकर स्वीकार किये जाते हैं।

मूल स्रोत

आत्मकथा (प्रेरणा) : इनके द्वारा लिखी हुई आत्मकथा "स्वजीवनी' के नाम से प्राप्त होती है। वैसे तो भारतीय साहित्य में अपने विषय में लिखना विनम्रता का अतिक्रमण ही समझा जाता रहा है फिर भी समय की माँग के अनुसार पाठक जी ने आत्मकथा लिखकर भावी लेखकों का ध्यान इस विधा की ओर केन्द्रित किया। आत्मप्रचार एवं सुधारवादी प्रवृत्तियों से प्रेरित होकर श्रीधर पाठक ने आत्मकथा लिखने का सफल प्रयास किया।

लेखन प्रकाश : सन् 1925 में पाठक जी ने स्वजीवनी' नामक आत्मकथा लिखा जिसका प्रकाशन 1927 में अगस्त, जनवरी की माधुरी पत्रिका में हुआ।

विषय वस्तु : 'स्वजीवनी' में श्रीधर पाठक ने अपने वंश परिचय, जन्म स्थान, जन्म तिथि तथा जीवन की अन्य महत्त्वपूर्ण घटनाओं का परिचय देने का प्रयास किया है जिसमें कुछ अंश तक उन्हें सफलता भी प्राप्त हुई। 'स्वजीवनी' से उद्‌धृत निम्नांकित पंक्तियों में इन्होंने अपने वंश के परिचय का प्रयास इस प्रकार किया है–

'आगरा प्रान्त की
फिरोजाबाद तहसील में जोधरी
नाम एक ग्राम है। वहाँ अगले समय
में कुछ काल तक, किम्वदन्ती कथित,
विप्रवर वंश एक नृ-कुल-अवतंस अद्य
संघ-विध्वंस-कर, भूमिपति था, सकल
अंश में सुकुल-आचार-परिपूत, सु-वि
चार संभूत-गुण-आढ्य, शुचि भावना
भरित, शुभ-चरित-परिवार-परिपूर्ण, मति
मान मूर्धन्य, अज्ञान-तप-शून्य, विद्

वान-जन-मान्य, राजन्य-गण-पूज्य, बहु–
देश विख्यात, अवदात-यश-राशि, कृत
विद्य, अति हृदय, प्रतिपति-सम्पन्न, अति–
भद्र अविषम, सुमनरूक, सुवयस्क, शुच
वृक्ष, सात्विक बली, देश पंजाब था
आभ उसका सुभग, ज्ञाति षट कुल विदित
सारस्वत प्रवर पाठक सुवि-खत विप्राग्रणी।

उपर्युक्त अंश में श्रीधर पाठक अपने वंश का परिचय देने में प्रयासशील भले ही दिखायी दे रहे हैं किन्तु उन्हें सफल नहीं कहा जा सकता है। इन पंक्तियों के माध्यम से पाठक जी के पूर्वजों की विभूति का पता अवश्य चल रहा है, किन्तु उनका वंश परिचय बिल्कुल ही अस्पष्ट है। फिर भी वंश परिचय के नाम पर चूँकि इतना ही लिखा है इसलिए उसका उल्लेख हम उचित ही समझते हैं।

अपने ग्राम जोधरी का वर्णन करते हुए श्रीधर पाठक ने 'स्वजीवनी' में अपने जन्म के सम्बन्ध में इस प्रकार लिखा है–

'उस'
ग्राम में, स्मरण-रमणीय-प्रिय नाम में,
जन्म अपना हुआ। अर्द्ध उन्नीस सौ–
लह असित माघ निशि अर्द्ध चौदस रवि
वार लग्न भूषित प्रयत याम में...।

जन्म के अतिरिक्त अपने नाम आदि का परिचय भी पाठक जी ने स्वजीवनी में दिया है। इनका पहले कौन सा नाम था, बाद में परिवर्तित होकर क्या पड़ा, इन सभी बातों को इन्होंने अपनी कथा (आत्मकथा) में इस प्रकार लिखा है-

'पूर्व आषाढ़ नक्षत्र था जन्म का
नाम भूधर का तदनुसार रखा गया
किन्तु पश्चात् कब किसी को ज्ञात नहीं
नित्य का नाम किस भाँति श्रीधर पड़ा
नामकरणादि का स्मरण कुछ भी नहीं।
अक्षरारम्भ का बना कुछ ज्ञान है।

श्रीधर पाठक ने अपनी बाल्यावस्था की वार्ता को बड़े ही सहज ढंग से वर्णन किया है। बड़ी ही कठिनाई से इन्होंने वर्णमाला सीखा था। वर्णमाला सीखने में और उसे स्मरण करने में इन्हें अधिक समय लगाना पड़ता था। वे कभी तो अपने पिता के पास तथा कभी पाठशाला में पढ़ने जाया करते थे, जिसका वर्णन बड़ी ही ईमानदारी से पाठक जी ने इस प्रकार किया है-

"अक्षरारम्भ के बाद बहु काल तक
कठिन क्रम से नियत पठन चलता रहा
पिताजी के निकट कभी घर पर कभी
मदरसे में तथा कभी टलता रहा।"

उपर्युक्त पंक्तियों में पाठक जी ने बिना कुछ छिपाये हुए अपने अध्ययन काल की समस्त कठिनाइयों का वर्णन कर दिया है, जो आत्मकथा के तत्त्वों के अनुकूल ही है।

विद्यार्थी जीवन के वर्णन के पश्चात् इन्होंने 'स्वजीवनी' में अपने 'गुरु' के सम्बन्ध में भी लिखा है। स्वामी भागीरथी के पूर्व इनके प्रथम गुरु पं. उमाशंकर सनाढ्य थे जो उनके पड़ोसी थे। भागीरथी पुरी से पाठक जी को कौमुदी आदि के अध्ययन में सहायता प्राप्त हुई थी। तथा वर्ण ज्ञान के उपरान्त और कौमुदी अध्ययन के पूर्व तक मध्य के विद्यार्थी जीवन में पं. उमाशंकर सनाढ्य द्वारा अध्ययन सम्बन्धी सहायता प्राप्त हुई थी, जिसका वर्णन 'स्वजीवनी' में इस प्रकार किया है–

...शेष क्रमबद्ध भागीरथी पुरी से
थे परिव्राजक-प्रवर वह विज्ञ व्युत,
पन्न वैयाकरण सुमति सम्पन्न सद्
व्यसन, सत्संग-प्रिय यदपि संसार से
विरत, निस्संग-अति सतत सु-प्रसन्न-मन,
प्रयत आचरण, मानवसभा जागरण
विषय-नय-निपुण सौजन्य के सिन्धु-सद्
रुचि, सुजन बन्धु और छात्र थे वह स्वयं
पितृ चरण-भ्रात के नाम जिनका था
देश सुग्रहीत श्रीयुत शास्त्री जगत्
विदित धरणीधर।
काल पर्यन्त सुस्थिर नहीं रह सकता।

इसी अवस्था में कुछ समय तक रह लेने के उपरान्त उन्हें प्राचीन शिक्षण प्रणाली अप्रिय लगने लगी। नवीन शिक्षण प्रणाली से इन्हें विशेष मोह हो गया। डेढ़-दो वर्ष तक अध्ययन का यही क्रम चलता रहा, अन्त में फिरोजाबाद के तहसीली स्कूल में अध्ययन हेतु प्रविष्ट हुए। इस विद्यार्थी जीवन के काल का भी वर्णन इस प्रकार किया है–

"...स्वगृह-प्राचीन शिक्षण त्यागकर
स्कूल में पढ़ने का अतः प्रण कर लिया
और निज हृदय में प्रबल अभिलाषा युत
सु-प्रण निर्वाह का सुदृढ़ व्रत कर लिया
बरस दो डेढ़ तक स्कूल-अध्ययन-क्रम
अति व्यतिक्रम रहित सुविधि चलता रहा।
बाद को ग्राम तज फिरोजाबाद तह
सील के स्कूल में युक्त होना पड़ा।

विद्यार्थी जीवन के पश्चात् श्रीधर पाठक ने अपने उपनयन संस्कार होने का वर्णन स्वजीवनी में किया है। इन्होंने लिखा है–

"सातवें वर्ष मेरा उपनयन-संस्कार हुआ। मुझे अपने पूज्यपाद पिता जी से मन्त्र दीक्षा मिली। वह संध्या-वन्दन आदि में बड़े ही नियमित थे। ग्यारहवें वर्ष में गोकुल के समीप के

चौहरी नामक सुन्दर ग्राम के एक सुकुल की कन्या से मेरा पाणिग्रहण संस्कार हुआ था, किन्तु मेरी वह पत्नी निस्सन्तान ही मर गयी थी।

भाषा एवं शैलीगत विशिष्टताएँ–

शैली आत्मकथागत विषयवस्तु को सजाने के उन तरीकों का नाम है जो विषय वस्तु की अभिव्यक्ति को सुन्दर एवं प्रभावक बना देती है। श्रीधर पाठक ने अपनी आत्मकथा 'स्वजीवनीरु में आत्मकथात्मक शैली का ही प्रयोग किया है जिसके माध्यम से पाठक पर स्थायी प्रभाव डाला है उदाहरण के लिए निम्नांकित पंक्तियाँ द्रष्टव्य है–

...मम जीवनी ऐसी वस्तु नहीं जो कि हो जगत् के जानने योग्य। अतएव इस ओर मति अतीव आती नहीं चित में सुरुचि समुचित समाती नहीं। पर सुजन वृन्द से सुहृद जन सघ की ओर से की गयी प्रबल यो प्रार्थना विवशता विवश स्वीकार्य होती हुई जगत् के बीच है प्रायः देखी गयी।

शैली के अतिरिक्त जहाँ तक भाषा का प्रश्न है, अभिव्यक्ति हेतु आत्म-कथाकार जिस माध्यम को अपनाता है वही भाषा कहलाती है स्वजीवनी में पाठक जी ने ब्रजभाषा का ही अधिकांश प्रयोग किया है जैसे–

'वर्ष पैसिठ हुई आज अपनी वयस हर्षपूरित हुई स्वगृह जन मण्डली मन हुआ सुदिस अति उदत रवि बरस संग प्रात के समय ज्यों सरस सरसिज कली।'

उद्देश्य : उद्देश्य किसी भी आत्मकथाकार का वह अभीष्ट होता है जिसको प्राप्त करने के लिए वह आत्मकथा की रचना करता है। श्रीधर पाठक ने आत्मनिरीक्षण एवं अतीत की स्मृतियों को पुनर्जागरित करने के उद्देश्य से ही स्वजीवनी' की रचना किया था, जिसमें उन्हें पूर्ण सफलता भी मिली है।

अतः निष्कर्ष रूप में स्वजीवनी के अनुशीलन के पश्चात् हम कह सकते हैं कि जीवन के अन्तिम वर्षों में स्वजीवनी की रचना करके पाठक जी ने द्विवेदी युगीन सुधारात्मक प्रवृत्तियों का मार्ग प्रशस्त किया है। आत्मकथा के सभी तत्त्वों की दृष्टि से उनकी आत्मकथा सच्ची उतरती है। आत्मकथा की शर्त के अनुकूल ही श्रीधर पाठक युगीन सर्वमान्य एवं प्रतिष्ठित व्यक्ति स्वीकार किये जाते हैं। यही कारण है कि उनकी आत्मकथा जन-मानव की आत्मकथा बन गयी है। जिस ईमानदारी एवं सच्चाई के साथ उन्होंने अपने जीवन को समाज के सम्मुख स्पष्ट किया है, वह द्विवेदी युग के लिए बड़े ही गौरव की बात है।

मूल स्रोत 'आत्मकथा'के अतिरिक्त पाठक जी ने अन्य स्रोत के अन्तर्गत 'चिट्ठी-पत्रियों के माध्यम से भी कहीं-कहीं पर स्वयं के विषय में प्रकाश डाला है। पं. गंगाप्रसाद अग्निहोत्री से इनका पत्र-व्यवहार रुग्णावस्था में हुआ था। उन्हें ही ये चिट्ठी भेजा करते थे।

'मैं' अभी बीमार ही हूँ और बड़ी कठिनता से यह पत्र लिख रहा हूँ। श्वाँस रोग बड़ा कष्टप्रद है।'

इस पत्र के द्वारा पाठक जी ने अपनी रुग्णावस्था का स्पष्टीकरण किया है।

आचार्य महावीर प्रसाद द्विवेदी की आत्मकथा–

हिन्दी साहित्य के परिष्कारक आचार्य महावीर प्रसाद द्विवेदी (सन् 1864-1938), द्विवेदी युग के श्रेष्ठ आत्मकथाकार स्वीकार किये गये हैं। इन्होंने अपनी आत्मकथा 'मेरी जीवन रेखा' के माध्यम से अपने व्यक्तित्व के सत्य का उद्घाटन किया है जिसका विवेचन आत्मकथागत तत्त्वों के आधार पर इस प्रकार है-

प्रेरणा : महावीर प्रसाद द्विवेदी की जिन्दगी अभाव एवं कष्ट की जिन्दगी थी। अपने अतीत जीवन के अभावों को स्पष्ट कर देने की भावना से प्रेरित होकर तथा बार-बार इष्ट मित्रों के आग्रह से प्रेरित होकर इन्होंने आत्मकथा लिखी है जैसा कि आत्मकथा के प्रारम्भ में लिखा भी है–

"जिन सज्जनों ने मुझे अपना कृपापात्र बना लिया है उनकी आज्ञा का उल्लंघन भी धृष्टता होगी। अतएव मैं अपने जीवन से सम्बन्ध रखने वाली कुछ बातें, सूत्र रूप में सुना देना चाहता हूँ।"

लेखन प्रकाशन : द्विवेदी जी द्वारा लिखित आत्मकथा 'मेरी जीवन रेखा' का प्रकाशन सन् 1964 में साहित्य सन्देश पत्रिका में हुआ था।

विषय वस्तु : मेरी जीवन रेखा के माध्यम से आचार्य द्विवेदी ने अपने बीते हुए जीवन की पारिवारिक एवं साहित्यिक प्रक्रिया का जो यथार्थ चित्रण किया है वह आत्मकथा के ही अनुकूल है। अपने प्रारम्भिक पारिवारिक जीवन का बड़ी ही ईमानदारी के साथ चित्रण किया है जो निम्नांकित पंक्तियों में द्रष्टव्य है–

"मैं एक ऐसी देहाती का आत्मज हूँ, जिसका मासिक वेतन 10/- था। अपने गाँव के देहाती मदरसे में थोड़ी-सी उर्दू और घर थोड़ी संस्कृत पढ़कर 13 वर्ष की उम्र में 36 मील दूर, रायबरेली के जिला स्कूल में अंग्रेजी पढ़ने गया। आटा दाल घर से पीठ पर लादकर ले जाता था। दो आने महीने फीस देता। दाल ही में आटे के पेड़े या टिकियाएँ पकाकर पेट पूजा करता था...।"

द्विवेदी जी की जिन्दगी के कुछ सिद्धान्त थे। उन सिद्धान्तों को उन्होंने अपने व्यावहारिक जीवन में भी चरितार्थ किया है। सिद्धान्तों का विवेचन अपनी आत्मकथा में इस प्रकार किया है मैंने अपने लिए चार सिद्धान्त या आदर्श निश्चित किये। यथा (1) वक्त की पाबन्दी करना, (2) रिश्वत न लेना, (3) अपना काम ईमानदारी से करना और (4) ज्ञान वृद्धि के लिए सतत् प्रयत्न करते रहना।

शिक्षा की ओर द्विवेदी जी की विशेष रुचि थी। अपनी चरम रुचि पर इन्हें सवयं के ऊपर भी आश्चर्य होता था जैसा कि आत्मकथा में लिखा भी है-

'नहीं कह सकता, शिक्षा प्राप्ति की तरफ प्रवृत्ति होने का संस्कार मुझे किससे हुआ-पिता से या पितामह से या अपने ही किसी पूर्वजन्म के कृत कर्म से। बचपन से ही मेरा अनुराग तुलसीदास की रामायण और ब्रजवासीदास के ब्रजविलास पर हो गया था।

द्विवेदी जी सरस्वती के सम्पादक थे। इस पत्रिका में ये वही लेख आदि भेजते थे जिसमें जनरुचि सन्निहित हो सके। किसी एक वर्ग से सम्बन्धित रचनाएँ इस पत्रिका में नहीं भेजते थे। इस सम्बन्ध में इन्होंने इस प्रकार लिखा है–

'सरस्वती में वही मसाला जाने देता था जिससे मैं पाठकों का लाभ समझता। मैं उनकी रुचि का सदैव ख्याल रखता और यह देखता कि मेरे किसी काम से उनको सत्पथ से विचलित होने का साधन न प्राप्त हो।'

इस प्रकार अतीत की बातों का द्विवेदी जी ने बड़ी ही ईमानदारी के साथ वर्णन किया है।

शैली एवं भाषा : शैली की दृष्टि से द्विवेदी जी की आत्मकथा उच्चासन की अधिकारी है। वर्णनात्मक शैली तो इनकी आत्मकथा में स्वयं ही विकास को प्राप्त करती गयी है एक उदाहरण से यह बात स्पष्ट हो जायेगी–

'मैं यदि किसी के अत्याचार सह लूँगा तो उससे मेरी सहनशीलता अवश्य सूचित होती है, पर उससे मुझे औरों पर अत्याचार करने का अधिकार नहीं प्राप्त हो जाता। परन्तु कुछ समयोत्तर वानक ऐसा बना कि मेरे प्रभु ने मेरे द्वारा औरों पर अत्याचार करना चाहा। इसके अतिरिक्त आत्मकथा शैली का तो आदर्श ही अपनी आत्मकथा में प्रस्तुत किया है। इस प्रकार बड़ी ही प्रभावक शैली का प्रयोग करके अपने अतीत के जीवन को स्पष्ट किया है।'

जहाँ तक भाषा का प्रश्न है द्विवेदी जी शब्दाडम्बर में नहीं पड़े हैं। इसके मूल में उनका एक मात्र लक्ष्य था कि इनके विचार अधिक से अधिक लोगों के पास तक पहुँच सकें उदाहरण के लिए निम्नांकित पंक्तियाँ द्रष्टव्य है–'मेरी सेवा से 'सरस्वती' का प्रचार जैसे-जैसे बढ़ता गया और मालिकों का मैं जैसे-जैसे अधिकाधिक विश्वासभाजन होता गया वैसे ही मेरी सेवा का बदला भी मिलता गया, और मेरी आर्थिक स्थिति प्रायः वैसी हो गयी जैसी कि रेलवे की नौकरी छोड़ने के समय थी।

द्विवेदी जी ने अपनी आत्मकथा में दरख्वास्त (6) मुलाजिम (6) मुकर्रर (6) तबादिला (6) विषष्ण (7) व्रण (8) तथा बायकाट (10) आदि उर्दू संस्कृत एवं अंग्रेजी के शब्दों का भी प्रयोग किया है जिससे सभी वर्ग के लिए इनकी आत्मकथा ग्राह्य हो गयी है।

उद्देश्य : उद्देश्य किसी भी आत्मकथाकार का वह अभीष्ट होता है जिसकी पूर्ति करने के लिए वह आत्मकथा लिखने की ओर प्रवृत्त होता है। मेरी जीवन रेखा भी एक सोद्देश्य आत्मकथा है। अतीत के जीवन की स्मृतियों को पुनर्जीवित करने के उद्देश्य से इन्होंने आत्मकथा लिखी है। अतीत के जीवन में अनेक प्रकार की मुसीबतों का सामना करना पड़ा था उन्हीं परिस्थितियों से जन-मानस को भी अवगत कराना ही इनका लक्ष्य था। इस लक्ष्य की पूर्ति में इन्हें पूर्ण सफलता मिली है।

अन्त में हम कह सकते हैं कि अपनी आत्मकथा के माध्यम से द्विवेदी जी ने आत्मकथा-साहित्य में एक नवीनता को जन्म दिया है जिसके लिए वे चिरस्मरणीय हैं और रहेंगे। आत्मकथा के लिए जिन शर्तों की आवश्यकता हुआ करती है उन सबका समाहार इन्होंने बड़ी ही ईमानदारी एवं सच्चाई के साथ किया है।

डॉ. श्यामसुन्दर दास की आत्म-कहानी–

द्विवेदी युगीन आत्मकथाकारों में डॉ. श्यामसुन्दर दास (सन् 1875-1945) श्रेष्ठ स्थान के अधिकारी हैं। मेरी आत्मकहानी इनके द्वारा रचित एक श्रेष्ठ आत्मकथा है जिसका स्पष्टीकरण आत्मकथागत तत्त्वों के आधार पर इस प्रकार है-

प्रेरणा : प्रत्येक आत्मकथाकार किसी न किसी भावना से प्रेरित होकर आत्मकथा का सृजन करता है। आत्मकथा के प्रारम्भ में ही कृति लेखन की प्रेरणा को इस प्रकार किया है–

'बहुत दिनों से मेरी यह इच्छा थी कि मैं अपनी कहानी स्वयं लिख डालता तो अच्छा होता, क्योंकि मेरे जीवन से सम्बन्ध रखने वाली मुख्य मूल घटनाओं का जान लेना तो किसी के लिए भी कठिन न होगा।

लेखन प्रकाशन : डॉ. श्यामसुन्दर दास द्वारा लिखी हुई आत्मकथा मेरी आत्मकहानी का प्रकाशन सन् 1941 (प्रथम संस्करण) में इण्डियन प्रेस लिमिटेड, प्रयाग से हुआ था।

विषय वस्तु : मेरी आत्म कहानी में इन्होंने अपने अतीत जीवन के समग्र का पुनर्मूल्यांकन किया है। विगत जीवन में जिन परिस्थितियों का सामना किया था तथा जो भी विघ्न बाधाएँ थीं, उनका वर्णन उसी रूप में किया है। इस सम्बन्ध में इन्होंने लिखा भी है–जिस समय जैसी भावना मेरे मन में थी और जिन उद्देश्यों से प्रेरित होकर जो काम मैंने किया है तथा जिस प्रकार मेरे कार्यों में विघ्न बाधाएँ उपस्थित हुई हैं, उनका मैंने यथा तथ्य वर्णन किया है।

इन्होंने स्वयं वंश परिचय से लेकर व्यक्तिगत बातों तक का ईमानदारी के साथ वर्णन किया है। बचपन के उच्छृंखल लड़कों के साथ रहकर भाँग खाना सीख गये थे जिस घटना का वर्णन इस प्रकार किया है।

'एक शनिवार को कालेज के पास एक बगीचे में जो वरुणा नदी के किनारे पर है, हम लोगों की यहाँ भाँग छनी, घर आते-आते खूब नशा चढ़ा....। डर के मारे माँ से बहाना किया कि सर में दर्द है। माँ ने गोदी में सर रखकर तेल लगाना प्रारम्भ किया। मुझें नींद आ गयी। इस प्रकार मेरी जान बची।

इन्होंने अपनी आत्मकथा में हिन्दी पुस्तकों की खोज का जो महत शोध कार्य किया है उसका भी वर्णन किया है।

हिन्दी पुस्तकों की खोज का काम आरम्भ करके 9 वर्षों तक उसे चलाया और उस कार्य की सात रिपोर्ट तैयार की।

आत्मकथा में आत्म आलोचना करने के साथ ही साथ आत्मप्रशंसा भी यथा स्थान किया है। इन्होंने एक हिन्दी भाषा का कोश तैयार किया था, जिसको इस प्रकार लिखा है–

"भारतवर्ष की किसी वर्तमान देश भाषा में उसके एक वृहत कोश के तैयार कराने का इतना बड़ा और व्यस्थित आयोजन इस समय तक दूसरा अब तक नहीं हुआ था, जिस ढंग पर यह कोश तैयार करने का विचार किया गया था, उसके लिए वृहत अधिक परिश्रम तथा विचारपूर्वक कार्य करने की आवश्यकता थी।

इसके अतिरिक्त एक स्थान पर इन्होंने आत्मप्रशंसा हेतु इस प्रकार लिखा है-

'मेरे सम्पादकत्व में इसमें 50 ग्रन्थ प्रकाशित हुए जिनमें कई के कई संस्करण हुए तथा कुछ का दूसरी भाषाओं में भी अनुवाद हुआ है।

इस प्रकार इन्होंने अपने अतीत जीवन की घटनाओं का वर्णन बड़ी ही ईमानदारी एवं सच्चाई के साथ किया है।"

शैली एवं भाषा : अपने व्यक्तित्व को स्पष्ट करने के लिए इन्होंने आत्मकथात्मक शैली का आदर्श प्रस्तुत किया है उदाहरण के लिए निम्नांकित पंक्तियाँ द्रष्टव्य हैं–'सन् 1925 में

मुझे मृत आत्माओं को बुलाने की अभिरुची हुई। इस कृत्य में एक दिन अचानक मिस्टर सी. आर. दास की आत्मा आ गयी।

इसके अतिरिक्त इन्होंने विवेचनात्मक तथा विवरणात्मक शैली का प्रयोग भी किया है।

जहाँ तक भाषा का प्रश्न है, अपनी भावनाओं तथा विचारों को स्पष्ट करने के लिए विशेष रूप से अंग्रेजी के शब्दों का ही सहारा लिया है-

टेबुल (15) हिस्ट्री (17) स्कालरशिप (18) लिटरेरी (18) असिस्टेन्ट (19) डिबेटिंग क्लब (19) एड्स (24) तथा फैकल्टी (218) आदि।

अंग्रेजी के अतिरिक्त बेइज्जती (23) श्रेयांसि बहुविघ्नानि (158), दिव (15) सुसाइटी (19) आदि उर्दू, संस्कृति तथा देशज शब्दों का भी प्रयोग किया है।

उद्देश्य : श्याम सुन्दर दास ने मेरी आत्म कहानी लिखी है। इस उद्देश्य की पूर्ति में उन्हें पूर्ण सफलता मिली है।

अन्त में हम कह सकते हैं कि आत्मकथा के समस्त तत्त्वों की दृष्टि से मेरी आत्म कहानी सफल है। श्याम सुन्दर दास ने नागरी प्रचारिणी सभा तथा व्याकरण का जो उत्कृष्ट रूप अपनी आत्मकथा में व्यक्त किया है वह मन को नीरसता की ओर ले जाने वाला है। साहित्यिक जीवन के क्षेत्र में इन्होंने अपनी प्रशंसा अधिक की है जो आत्मकथा साहित्य के विपरीत है। वैसे विगत जीवन एवं बाल्यकाल की जिन घटनाओं का उल्लेख किया है वे आत्मकथा की श्रेष्ठता को स्पर्श अवश्य कराती हैं।

प्रेमचन्द की आत्मकथा–

द्विवेदी युगीन आत्मकथाकारों में प्रेमचन्द (जन्म सन् 1880) का स्थान श्रेष्ठ है। इन्होंने 'मेरा जीवन' आत्मकथा के द्वारा अपने सम्पूर्ण जीवन का निरपेक्ष भाव से विश्लेषण किया है। इनकी आत्मकथा का आत्मकथागत तत्त्वों के आधार पर विवेचन इस प्रकार है।

प्रेरणा : प्रेमचन्द के जीवन में अनेक प्रकार की समस्याएँ आई थीं। इन्हीं साहित्यिक एवं सामाजिक समस्याओं को जनमानस तक पहुँचा देने की भावना से प्रेरित होकर प्रेमचन्द जी ने आत्मकथा लिखी है।

प्रकाशनकाल : प्रेमचन्द की आत्मकथा 'मेरा जीवन' का प्रकाशन सन् 1932 ई. में 'हंस' के आत्मकथांक में हुआ था।

विषय वस्तु : 'मेरा जीवन' आत्मकथा के कुछ पृष्ठों के ही माध्यम से प्रेमचन्द जी ने अपने समस्त जीवन की झाँकी बड़ी ही ईमानदारी के साथ दर्शाया है। स्वयं की जिन्दगी के सम्बन्ध में प्रारम्भ में ही इस प्रकार लिखा है-

"मेरा जीवन सपाट, समतल मैदान है, जिसमें कहीं-कहीं गड्ढे हैं, पर टीलों, पर्वतों, घने जंगलों, गहरी घाटियों और खड्डों को स्थान नहीं है।

प्रेमचन्द जी का पारिवारिक जीवन अत्यन्त ही कष्टमय था। उस समय की आप बीती एक घटना का वर्णन इस प्रकार किया है जब पुस्तक तक बेचने के लिए तैयार हो गये थे।

'जाड़ों के दिन थे। पास कौड़ी न थी। दो दिन एक-एक पैसे का चबैना खाकर काटे थे–चक्रवर्ती की कुंजी थी। दो साल हुए खरीदी थी। अब तक उसे बड़े जतन से रखे हुए था,

पर आज चारों ओर से निराशा होकर मैंने उसे बेचने का निश्चय किया।

पारिवारिक स्थिति के पश्चात् साहित्यिक जीवन का भी परिचय इन्होंने आत्मकथा में दिया है, उदाहरणार्थ निम्नांकित पंक्तियाँ देखी जा सकती हैं–

'मेरा प्रथम उपन्यास 1902 में निकला और दूसरा 1904 में, लेकिन गल्प 1907 से पहले मैंने एक भी न लिखी...।'

इस प्रकार प्रेमचन्द जी ने अपने पारिवारिक एवं साहित्यिक जीवन का चित्रण बड़ी ही ईमानदारी के साथ किया है।

'मुझे अपनी बीमारी का जिक्र बुरा लगता था। मैं भूल जाना चाहता था कि मैं बीमार हूँ। जब दो चार महीनें ही का जिन्दगी से नाता है, तो क्यों न हँसकर मरूँ।

इसके अतिरिक्त आत्मकथा शैली का इन्होंने जो आदर्श 'मेरा जीवन' में चित्रित किया है वह प्रशंसनीय है।

शैली के अतिरिक्त जहाँ तक भाषा का सम्बन्ध है, प्रेमचन्द जी ने बड़ी ही सरल, स्पष्ट एवं परिमार्जित भाषा का प्रयोग किया है, जैसे-

इन अनुभवों ने मुझे कट्टर भाग्यवादी बना दिया है। अब दृढ विश्वास है, कि भगवान् की जो इच्छा होती है, वही होता है और मनुष्य का उद्योग भी उसकी इच्छा के बिना सफल नहीं होता।

अपनी आत्मकथा में प्रेमचन्द जी ने मिजाज (27) तब्दील (27) मुआफ (27) सिफारिश (27) बुकसेलर (31) युनिवर्सिटी (32) तकदीर (34) तरकारी (35) आदि उर्दू, अंग्रेजी व देशज शब्दों का भी सहारा लिया है।

उद्देश्य : अतीत के जीवन की स्मृतियों को पुनर्जीवित करने के उद्देश्य सें ही प्रेमचन्द जी ने आत्मकथा लिखी है। इस उद्देश्य की पूर्ति में इन्हें पूर्ण सफलता भी मिली है।

अन्त में हम कह सकते हैं कि प्रेमचन्द जी ने स्वयं के जीवन के गुण एवं दोषों का चित्रण जिस ईमानदारी एवं सच्चाई के साथ किया, वह द्विवेदी युगीन आत्मकथा साहित्य के लिए बड़े ही गर्व की बात है।

आचार्य रामचन्द्र शुक्ल के आत्मसंस्मरण

आचार्य रामचन्द्र शुक्ल (सन् 1883-1940) एक श्रेष्ठ निबन्धकार के रूप में प्रतिष्ठित हैं। शुक्ल जी ने आत्मकथा के रूप में कोई भी पुस्तक नहीं लिखी। केवल स्वयं के जीवन के कुछ पहलुओं को 'आत्मसंस्मरण' शीर्षक के रूप में लिखा है।

केवल तीन पृष्ठों के इस आत्मसंस्मरण के माध्यम से शुक्ल जी ने साहित्यिक जीवन में प्रविष्ट होने के पूर्व के अपने जीवन का स्पष्टीकरण किया है। इन्होंने जीवन के किसी अन्य पक्ष का स्पर्श न करके केवल साहित्यिक रुचि को ही व्यक्त करने का सफल प्रयास किया है। उदाहरण के लिए निम्नांकित पक्तियाँ द्रष्टव्य हैं–

'वह भी एक समय था जब भारतेन्दु हरिशचन्द्र के सम्बन्ध में एक अपूर्व मधुर भावना लिए सन् 1881 में आठ नौ वर्ष की अवस्था में, मैं मिर्जापुर आया।

शुक्ल जी जैसे-जैसे बड़े होते गये, नये और पुराने साहित्य के भेद को समझते गये इस

तथ्य को इन पंक्तियों में इस प्रकार स्पष्ट किया है।

'ज्यों'-ज्यों मैं सयाना होता गया, त्यों-त्यों हिन्दी के पुराने साहित्य और नये साहित्य का भेद भी समझने लगा और नये की ओर झुकाव बढ़ता गया।

जिन-जिन साहित्यकारों का इनके ऊपर प्रभाव पड़ा, उनका भी स्पष्ट उल्लेख अपने संस्मरण के माध्यम से किया है। पं. केदारनाथ पाठक के साहित्यिक जीवन का इनके ऊपर प्रभाव पड़ा था उदाहरणार्थ—'उन दिनों पं. केदारनाथ पाठक ने एक अच्छा हिन्दी पुस्तकालय मिर्जापुर में खोला था। मैं वहाँ से पुस्तकें लेकर पढ़ा करता था।

इस प्रकार अपनी साहित्यिक रुचि एवं साहित्यिक व्यक्तियों का शुक्ल जी के ऊपर जो प्रभाव पड़ा है उसका स्पष्ट उल्लेख किया है।

शैली एवं भाषा : शुक्ल जी ने तीन पृष्ठों में अपने जिस जीवन का वर्णन किया है उसमें आत्मकथात्मक शैली के ही आदर्श का निरूपण किया है जैसे-मैं भी अब अपने को एक कवि और लेखक समझने लगा था। हम लोगों की बातचीत प्रायः लिखने पढ़ने की हिन्दी में हुआ करती थी।

शैली के अतिरिक्त जहाँ तक भाषा का प्रश्न है, शुक्ल जी ने शुद्ध एवं परिमार्जित भाषा का प्रयोग करके अपनी भावनाओं व विचारों को स्पष्ट करने का सफल प्रयास किया है उदाहरण के लिए निम्नांकित पंक्तियाँ देखी जा सकती हैं—

'ऊपर का बरामदा सघन लताओं के जाल से आवृत्त था, बीच-बीच में खम्भे और खुली जगह दिखाई पड़ती थी।

कहीं-कहीं पर अपनी भावनाओं को स्पष्ट करने के लिए 'वाकिफ' (50) जैसे उर्दू के भी शब्दों का सहारा लिया है।

इस प्रकार अपने साहित्यिक व्यक्तित्व को जन-मानस तक पहुँचा देने के लिए ही आत्मसंस्मरण लिखा है। शुक्ल जी द्वारा लिखा हुआ यह आत्मसंस्मरण उनकी आत्मकथा लिखने की प्रवृत्ति का ही द्योतक है।

मैथिलीशरण गुप्त की आत्मकथा—

श्री मैथिलीशरण गुप्त (सन् 1886-1964) हिन्दी साहित्य के यशस्वी, लोकप्रिय एवं कृति कवि के रूप में स्वीकार किये जाते हैं। गुप्त जी ने आत्मकथा के रूप में कोई भी पुस्तक नहीं लिखी। अपने विषय में शीर्षक आत्मकथा लिखनी प्रारम्भ अवश्य की थी किन्तु उसे प्रारम्भावस्था के बाद आगे न बढ़ा सके। इस आत्मकथा के एक अंश में गुप्त जी ने स्वयं के बाल्यावस्था की कतिपय घटनाओं का स्पष्टीकरण किया है।

अपने विषय में आत्मकथांश का प्रकाश 'साहित्यकार' पत्रिका के प्रथम अंक में सन् 1955 में हुआ था। पृष्ठ 47 से लेकर पृष्ठ 54 तक गुप्त जी ने बचपन की जो घटनाएँ प्रस्तुत की हैं वे आत्मकथा की शर्तों को पूरा करने में पूर्ण सफल है। स्वयं के नाम के सम्बन्ध में गुप्त जी ने इस प्रकार लिखा है—

'मेरा वर्तमान भी उपनाम है। बुलाने वालों की सुविधा के लिए मैं मैथिलीशरण हूँ, पर मेरा प्रकृतिनाम है श्री मिथिलाधिपनन्दिनी शरण।

अपने पिता के संस्कारों आदि का भी वर्णन गुप्त जी ने अपने विषय में किया है—'पिताजी रात रहते ही उठकर प्रातः स्मरण करते थे फिर हम लोगों को जगाकर नाम महिमा याद कराते थे।...फिर ध्रुव की कथा। इसी प्रकार प्रसंगानुसार और भी कितनी कथाएँ कहते हैं। मुझे बड़ा कौतूहल और आनन्द होता पर...पर राम से बड़ा कुछ भी है, भले ही वह उसका नाम ही क्यों न हों, मैं नहीं मानना चाहता था।

सात आठ वर्ष की अवस्था में आग बुझाने की क्रिया में आनन्द पाने की तीव्र लालसा गुप्त जी के मन में थी। इस घटना विशेष का वर्णन इन्होंने इस प्रकार किया है—

'प्रातःकाल अपने रूई के अंगे का पल्ला दीप शिखा से झुला लिया...आग लग गयी। मैं आग बुझा न सका हाथों से, चिल्लाया और बचा लिया गया। महीनों गुलगुले गालें में लेटे रहने की स्मृति रह गयी, पर वेदना भूल गयी। मेरे दक्षिण पार्श्व पर अब भी निशाना है।

इस प्रकार गुप्त जी ने अपने विषय के माध्यम से स्वयं के बचपन की घटनाओं का स्पष्टीकरण किया है जो आत्मकथा के अनुकूल ही है।

शैली एवं भाषा : गुप्त जी ने अपनी बात को बड़े ही प्रभावपूर्ण ढंग से प्रस्तुत किया है। एक उदाहरण दृष्टव्य है—

'शरीर सम्पत्ति मैंने बढाना चाही। अखाड़े की धूल छानी। तेरह चौदह वर्ष की अवस्था में मैं अपने को पच्चीस वर्ष का पट्टा समझने लगा। पंजा लड़ाने लगा। दो सौ फायर मैने बन्दूक के भी किये।

कहीं-कहीं पर इन्होंने कवि हृदय होने के कारण भावात्मक शैली का भी प्रयोग किया है जैसे 'मैंने देखा कठोर जीवन संग्राम मेरे सामने है, उससे जूझते हुए आज अपने तीसरे पहल के समय में थककर आप लोगों के सामने खड़ा हूँ।

शैली के अतिरिक्त जहाँ तक भाषा का प्रश्न है, अपनी भावनाओं एवं विचारों को सुस्पष्ट करने के लिए गुप्त जी ने शुद्ध एवं परिमार्जित भाषा का ही प्रयोग किया है। एक उदाहरण द्रष्टव्य है—

'मैं आरम्भ शूर अवश्य था, पर महीने दो महीने में ही मेरा उत्साह समाप्त हो जाता था और मैं एक काम छोड़कर दूसरा करने लगता था। केवल छन्द रचना ही ऐसी निकली, जिसने मुझे बाँध लिया।

गुप्त जी ने अपनी बचपन की स्मृतियों को पुनर्जीवित करने के उद्देश्य से ही यह आत्मकथा लिखनी प्रारम्भ की थी। बचपन का जितना विवेचन किया है वह आत्मकथा के अनुकूल ही है। बड़ी ही ईमानदारी और सच्चाई के साथ बचपन के समस्त गुण एवं दोषों का स्पष्टीकरण इन्होंने किया है।

सियारामशरण गुप्त

सियारामशरण गुप्त (सन् 1895-1963) द्विवेदी युग के श्रेष्ठ निबन्धकार हैं। गुप्त जी ने स्वतन्त्र रूप से कोई भी आत्मकथा नहीं लिखी। सन् 1939 में प्रकाशित 'झुठ सच' नामक निबन्ध संग्रह में आत्मवृत्ति निरूपक कुछ रचनाएँ संकलित हैं जैसे-बाल्य स्मृति तथा छुट्टी।

बाल्य स्मृति में लेखक ने अपने संस्मरण प्रस्तुत किये हैं जिसमें उनके वैष्णव संस्कारों से

युक्त परिवारों की झाँकी मिल जाती है और साथ ही साथ काव्य रचना के प्रारम्भिक प्रयासों का भी परिचय मिल जाता है। बचपन में मिट्टी के हाथी की प्राण प्रतिष्ठा करना एक महान् घटना है जिसका वर्णन इस प्रकार किया है...पार्वती माता ने मिट्टी के पुतले से गणेश की प्राण प्रतिष्ठा की थी। मेरा वह हाथी गणानां गणपति बन जायेगा, यह मैंने नहीं सोचा था। वह सजीव हो जायेगा, यही मेरे लिए बहुत था...।

'बाल्य स्मृति' के ही अन्तर्गत गुप्त जी ने आत्म गौरव का जो विवेचन किया है वह आत्मकथा के लिए आवश्यक स्वीकार किया जाता है उदाहरण के लिए निम्नांकित पंक्तियाँ द्रष्टव्य हैं–

'मेरे लिए उस नाम में ही कविता का समस्त माधुर्य जैसे निचोड़कर भर दिया गया हो। वह नाम भैया का था, और किसी का नहीं। नाम के साथ ठिकाना भी लिखा हुआ था। ऊपर से किसी के द्वारा हाथ से लिखा नहीं, छापे के अक्षरों में ही छपा हुआ। उस नाम में शरण गुप्त तो मेरा निज का ही था। आधे से अधिक नाम का गौरव मुझे अपने आप तत्काल मिल गया।

बाल्य स्मृति के अतिरिक्त छुट्टी नामक निबन्ध में आप बीती का ही स्पष्टीकरण गुप्त जी ने किया है। यह निबन्ध सियारामशरण गुप्त के अनुज चारुशीलाशरण गुप्त के पुत्र अशोक के निधन पर आधारित है। अशोक के निधन पर लेखक जगत् की निस्सारता पर विचार करने लगता है जिससे उसका दार्शनिक रूप निखरता है उदाहरणार्थ–

संसार भले ही उस बालक को छुट्टी दे दे किन्तु माता के हृदय से बालक को कभी छुट्टी नहीं मिलेगी, वहाँ उसे सदैव स्थान रहेगा।

इस प्रकार अपने व्यक्तित्व के विभिन्न पक्षों का व्यक्तीकरण गुप्त जी ने किया है–

शैली एवं भाषागत विशेषताएँ : गुप्त जी ने 'बाल्य स्मृति' एवं 'छुट्टी' दोनों ही आत्मपरक निबन्धों में बड़ी ही प्रभावपूर्ण शैली का प्रयोग किया है उदाहरण के लिए निम्नांकित पंक्तियाँ देखी जा सकती हैं–

'प्रारम्भ में ही उन हाथों का प्रसाद पाकर मेरी रचना कुछ की कुछ हो गयी। वह प्रसाद निरन्तर मुझे प्राप्त है। उनके श्री चरणों में मेरा नम्र प्रणाम पहुँचे, इन सब पंक्तियों की सबसे बड़ी बात यही हो।'

शैली के अतिरिक्त जहाँ तक भाषा का सम्बन्ध है, गुप्त जी ने बड़ी ही सीधी एवं सरल भाषा का प्रयोग करके अपनी भावनाओं एवं विचारों को अभिव्यक्ति प्रदान किया है-

'महालक्ष्मी के पूजन के लिए घर में प्रतिवर्ष कुम्हार के यहाँ से एक मिट्टी का हाथी आता था। मैंने सोचा इस हाथी के पेट में एक चिंउटी पहुँचाकर आवागमन के सभी द्वार मिट्टी से अच्छी तरह बन्द कर दें तो चिंउटी की आत्मा अपने शरीर से मुक्त होकर हाथी के भीतर बैठ जायेगी और वह सजीव हो उठेगा।

गुप्त जी ने चिंउटी (206), मदरसे (211) बेतरह (211) तथा नन्ना आदि देशज एवं उर्दू के शब्दों का भी यथास्थान प्रयोग किया है।

इन शब्दों के अतिरिक्त कहीं-कहीं पर अपनी बात को स्पष्ट करने के लिए रहीम आदि

के दोहों का भी प्रयोग किया है जैसे-जाके हिरदे हैं छमा ताके हिरदे आप (211) तथा काकी महिमा ना घटी पर घर गये रहीम (211) आदि।

इस प्रकार आत्मविश्लेषण करने हेतु एवं अतीत की स्मृतियों को पुनर्जीवित करने के लिए गुप्त जी ने झूठ सच निबन्ध संग्रह में बाल्य स्मृति एवं छुट्टी नामक निबन्ध में आ बीती घटनाओं का बड़ा ही सजीव चित्रण किया है।

निष्कर्ष

द्विवेदी युगीन आत्मकथाओं के विवेचन से स्पष्ट हो जाता है कि इस विधा का पल्लवन इसी युग में हुआ है। युगीन आत्मकथाकारों ने आत्मकथा के अनुकूल ही अपने अतीत जीवन के गुण एवं दोषों को भी अभिव्यक्त करना प्रारम्भ कर दिया था। महावीर प्रसाद द्विवेदी ने जिस सच्चाई एवं ईमानदारी के साथ अपने विगत जीवन को स्पष्ट किया है, वह आत्मकथात्मक आदर्श प्रस्तुत करने में पूर्ण सफल है।

छायावाद युग के साहित्यकारों की आत्मकथाएँ

'आत्मकथा बहुत कठिन विधा है, क्योंकि इसका लेखन बिना तटस्थता और निर्भयता के सम्भव नहीं है।'
—विष्णु प्रभाकर

छायावाद युग का काल और सीमा : छायावाद हिन्दी साहित्य की चरम समृद्धि और परिष्कृति का युग है। इस युग का आविर्भाव इस युग की ही नहीं अपितु हिन्दी साहित्य के सम्पूर्ण इतिहास की अत्यन्त महत्त्वपूर्ण घटना है। द्विवेदी युगीन साहित्यकारों का दृष्टिकोण वस्तु प्रमुखता एवं सुधारवादी था, जिससे उस युग के साहित्यकारों का दृष्टिकोण वस्तु प्रमुखता एवं सुधारवादी था, जिससे उस युग के साहित्य में इतिवृत्तात्मकता का समावेश हो गया था। इस प्रवृत्ति के समावेश का परिणाम यह निकाला कि कवि एवं पाठक ऊब गये। द्विवेदी युगीन इन समस्त मान्यताओं के प्रतिक्रिया स्वरूप जिस साहित्य की ओर लेखकगण उन्मुख हुए, साहित्य के इतिहास में वही छायावाद के नाम में जाना गया। यह छायावाद युग स्थूल के प्रति सूक्ष्म की, सामूहिकता के प्रति व्यक्तिकता की, बौद्धिकता के विरुद्ध भावना की, रूढ़ियों के विरुद्ध स्वच्छन्दता की एवं अभिधात्मक भाषा शैली के विरुद्ध लाक्षणिक एवं व्यंजनामूलक भाषा शैली की प्रतिक्रिया थी। इस युग की नूतन शैली एवं नव्य दृष्टिकोण ने अपूर्व सफलता प्राप्त की जिसमें सन् 1920 से लेकर सन् 1936 ई. तक के समय को 'छायावाद युग' के नाम से ही अभिहित किया जाने लगा।

जहाँ तक छायावाद युग की काल-सीमा का प्रश्न है, निश्चित रूप से कहा जा सकता है कि किसी भी युग विशेष की काल सीमा का निर्धारण किसी एक तिथि में नहीं किया जा सकता। हम किसी भी युग के लिए यह कभी भी नहीं कह सकते कि अमुक तिथि के अमुक धारा साहित्य में प्रवाहित हो गयी और उस धारा का अन्त अमुक तिथि से हो गया। इसका एक मात्र कारण यह है कि साहित्य में नये युग का सूत्रपात किसी घटना विशेष से नहीं होता जैसा कि राजनीतिक इतिहास में प्रायः हो जाया करता है। छायावाद युग की काल सीमा के सम्बन्ध में विद्वानों में मतैक्य नहीं है, अतः हम विभिन्न विद्वानों के मत को प्रस्तुत करके निष्कर्षात्मक भूमिका का स्पर्श करने का प्रयास करेंगे।

आचार्य रामचन्द्र शुक्ल (सन् 1883-1941) के मतानुसार : आधुनिक कविता के तृतीय उत्थान की सीमा का आरम्भ संवत् 1975 (सन् 1918) से होता है।

आचार्य शुक्ल के द्वारा छायवादी युग की आरम्भिक सीमा 1918 ई. मानने का एक मात्र कारण यह है कि छायावादी पद्धति की रचनाएँ सन् 1918 के ही आस-पास प्रकाशित होने लगी थीं। उदाहरण के लिए निराला की 'जूही की कली' सन् 1916 में प्रकाशित हुई थी जिसमें

हमें एक नवीन मोड़ दिखायी देता है। उसमें प्राचीन काव्य पद्धति को छोड़कर एक नवीन पद्धति के निर्माण की स्पष्ट सूचना प्राप्त हो जाती है।

डॉ. रामरतन भटनागर ने 'छायावाद की भूमिका' में लिखा है-

'छायावाद' आधुनिक हिन्दी कविता की एक नयी प्रवृत्ति है जिसके जन्म एवं विकास का समय 1909 ई. से 1936 ई. तक माना जा सकता है।

सन् 1909 में ही जयशंकर प्रसाद की प्रेरणा से 'इन्दू' मासिक पत्रिका का प्रकाशन हुआ था जिसके माध्यम से सन् 1913 तक प्रसाद जी की प्रारम्भिक सुचनाएँ पाठकों के सम्मुख आयीं जिसमें नवीनता के दर्शन होते हैं, इसीलिए भटनागर जी ने छायावाद की प्रारिम्भक काल सीमा सन् 1909 ही स्वीकार किया है। सन् 1936 से छायावादी साहित्य निर्जीव सा होकर एक अन्य प्रकार के साहित्य के आगमन की सूचना देने लगता है इसीलिए सन् 1936 को इस युग का अन्त कहा है।

डॉ. रामअवध द्विवेदी ने छायावाद युग की काल सीमा के सम्बन्ध में इस प्रकार कहा है-

सन् 1920 के उपरान्त आने वाले पन्द्रह वर्षों को हिन्दी साहित्य के इतिहासकारों ने छायावाद युग का नाम दिया है। ये अत्यन्त महत्त्वपूर्ण वर्ष थे। गद्य और कृतियों द्वारा अनेक प्रतिभावान लेखकों ने इस काल (सन् 1920-1936) को समृद्ध बनाया है।

डॉ. रवीन्द्र सहाय वर्मा का मत है- हिन्दी में रोमांटिसिज्म या छायावाद का प्रादुर्भाव 1914 ई. के लगभग होता है तथा 1939 ई. में द्वितीय महायुद्ध प्रारम्भ होते ही वह तीव्र गति से ह्रासोन्मुख होने लगता है।

आचार्य हजारी प्रसाद द्विवेदी के अनुसार 'यह काल (छायावाद) सन् 1920 से 1935 तक है।

डॉ. शैल कुमारी ने छायावाद युग को परिवर्तन युग' कहा है और इस युग की काल सीमा इस प्रकार निर्धारित किया है–

'छायावाद का समय सन् 1920 से 1937 तक है। यह अवधि छायावादी एवं रहस्यवादी काव्य रचना का काल है। आधुनिक हिन्दी काव्य में 1920 तक वह काल माना गया है जब अधिकतर इतिवृत्तात्मक ढंग की कविता लिखी जा रही थी तथा 1937 में गतिशील लोक संघ की प्रथम बैठक हुई थी, इसलिए सन् 1937 प्रगतिवादी काव्य के प्रारम्भ होने का समय माना जाता है।

आचार्य नन्ददुलारे वाजपेयी के मतानुसार–'छायावाद युग सन् 1920 से 1940 तक स्वीकार किया जाना चाहिए।

रामबहोरी शुक्ल ने छायावाद युग की काल-सीमा के सम्बन्ध में इस प्रकार लिखा है–

'छायावादी प्रवृत्ति का प्रथम प्रभाव सन् 1920 से 1940 तक रहा।

आचार्य वाजपेयी के ही अनुसार इन्होंने भी छायावाद युग की काल-सीमा 1920 से 1940 तक स्वीकार किया है।

डॉ. रामविलास शर्मा का कथन है–सन् 1920 के आन्दोलन के बाद हिन्दी कविता में एक नये युग का आरम्भ हुआ और यह युग छायावाद का था।

इस प्रकार काल सीमा के सम्बन्ध में विभिन्न मतों को प्रस्तुत करने के पश्चात् हम यह कह सकते हैं कि सन् 1918-20 से 1936 तक ही नव्य भावधारा अपने चरम विकास को स्पर्श करती हुई दृष्टिगोचर होती है इसलिए 1920 से 1936 तक के काल को ही छायावाद युग मानना चाहिए।

आचार्य रामचन्द्र शुक्ल ने काल सीमा के सन्दर्भ में जो मत प्रस्तुत किया है उससे स्पष्ट पता चलता है कि उन्होंने मैथिलीशरण गुप्त और मुकुटधर पाण्डेय की कतिपय अध्यात्मवादी कविताओं के ही आधार पर छायावादी युग की आरम्भिक तिथि सन् 1918 मानते हैं। शुक्ल जी ने नव्य धारा के प्रवर्तन के मूल में होने वाले जीवन दर्शन सम्बन्धी परिवर्तन पर ध्यान नहीं दिया जो छायावाद का मूल उदगम है उन्होंने तो द्विवेदी युगीन कवियों की प्रकृति सम्बन्धी दृष्टि विस्तार तथा कोमल चित्रमयी भाषा के परिवर्तन पर ही दृष्टि रखकर उन्हें छायावादी घोषित कर दिया है। उन्हीं के समकालीन तथा कुछ ही पहले की प्रसाद (संवत 1946-1994) आदि की अनुभूतियों को स्वाभाविकता की संज्ञा न देकर केवल पश्चिमी काव्य का अनुकरण ही कह दिया है।

आचार्य नन्ददुलारे वाजपेयी आदि समस्त विद्वानों ने प्रसाद को ही छायावाद का प्रवर्तक सिद्ध किया है। प्रसाद जी ने सन् 1913 में खड़ी बोली में लिखना प्रारम्भ किया था जिससे 1913 से लेकर 1918 तक छायावादी काव्य का केवल ऊषा काल हमने इसलिए कहा है कि यद्यपि उस युग में नवीन काव्य की रचना होने लगी थी किन्तु उनका चरम विकास आगे चलकर 1920 से ही हुआ था इसलिए छायावाद युग की आरम्भिक सीमा सन् 1920 की मानना उचित होगा।

'छायावादी काव्य स्पष्ट काव्यधरा के रूप में प्रथम महायुद्ध की समाप्ति (सन् 1918) गाँधी जी के नेतृत्व में प्रथम अहिंसात्मक आन्दोलन (सन् 1920-22) तथा पन्त जी की 'उच्छवास' काव्य पुस्तिका के प्रकाशन (सन् 1922) के पश्चात् ही स्पष्ट प्रकट होता है। हमें यह नहीं भूलना चाहिए कि निराला जी की सशक्त छायावादी रचना 'जूही की कली' सन् 1918 ई. में सरस्वती के सम्पादक के टक्कर खाकर अपने सृष्टा के पास लौट आई थी।

डॉ. प्रेमलता के उक्त कथन के आधार पर भी हम यही निष्कर्ष निकालते हैं कि सन् 1918 के बाद ही अर्थात् 1920 ई. से ही छायावाद युग का यथार्थ प्रारम्भ है।

डॉ. नगेन्द्र ने छायावाद युग के आरम्भ के सम्बन्ध में तीन मत स्वीकार किये हैं—

एक यह कि 'उसका सूत्रपात 'इन्दु' में प्रकाशित प्रसाद जी की कविताओं अर्थात् 'इन्दु' के प्रकाशन वर्ष 1911 में मानना चाहिए। दूसरा यह कि मुकुटधर पाण्डेय की कविताओं में उसका प्रथम आभास मिलता है और तीसरा अपेक्षाकृत अधिक मान्य मत यह है कि छायावाद का आरम्भ उस समय से मानना चाहिए जब से 'झरना' में प्रकाशित प्रसाद की, पल्लव में प्रकाशित पन्त की और पहले 'अनामिका' के प्रथम संस्करण और बाद में 'परिमल' में प्रकाशित निराला की कविताएँ नियमित रूप से प्रकाश में आकर एक नव्य काव्य चेतना के उदय की घोषण कर रही थी।

मेरे मतानुसार तो तीसरा मत ही ग्राह्य हो सकता है क्योंकि इन्दु में प्रकाशित रचनाएँ या

मुकुटधर पाण्डेय की कविताएँ नवयुग का आभास अवश्य दे रही थीं किन्तु नवयुग के प्रवर्तन की पूर्ण क्षमता उनमें नहीं थी। वे तो छायावाद की विकसित साहित्यिक चेतना का विषय भी नहीं बन पायीं।

परमिल की अनेक कविताएँ सन् 1920 के ही आसपास लिखी गई थीं। 'वीणा' की कविताओं और 'गंथि' का रचनाकाल भी यही है, उधर 'पल्लव' की भी कतिपय कविताओं की रचना इसी समय हुई थी। इसी प्रकार 'झरना' के प्रथम संस्करण 1922 में प्रकाशित अनेक कविताएँ यद्यपि द्विवेदी युगीन काव्य शैली में लिखी हुई हैं फिर भी अभी कुछ रचनाएँ निश्चय ही छायावाद के ही अन्तर्गत आती हैं। अतः आलोच्य काल का आरम्भ 1920 ई. से ही मानना चाहिए।

जहाँ तक छायावाद युग की उत्तर सीमा का प्रश्न है, सन् 1937-38 के आस-पास छायावाद का स्वर क्षींण पड़ गया। ऐसी कविताओं का प्रभाव एवं प्रचार बढ़ने लगा था जो छायावाद युग की अतिशय आत्मलीन, अमूर्त सौन्दर्य वृत्तियों के स्थान पर जीवनगत, वैयक्तिक एवं सामाजिक अनुभूतियों को मुखरित कर रही थीं। इस प्रकार आगे चलकर ये कविताएं ही 'प्रगतिवाद' के नाम से पुकारी गयीं और छायावाद युग का अन्त हो गया।

निष्कर्षतः छायावादी भावधारा एवं भाषा शैली का पूर्ण विकास सन् 1920 से होने के कारण यहीं से इस युग का प्रारम्भ एवं सन् 1936 ई. को आलोच्य काल की उत्तर सीमा मानना ही उचित होगा।

छायावाद युग का नामकरण

काल सीमा की ही भाँति छायावाद युग का नामकरण भी एक महत्त्वपूर्ण समस्या है। सन् 1920 से 1936 ई. के मध्य के वर्षों में अत्यन्त ही विपुल एवं नव्य काव्य राशि का निर्माण हुआ। इस युग में एक ओर प्रसाद (सन् 1890-1937) और निराला (सन् 1897-1962) आदि प्रमुख कवि इसी युग में हुए जिनका प्रधान लक्ष्य साहित्य साधना था और दूसरी ओर माखनलाल चतुर्वेदी (सन् 1889-1968), रमनरेश त्रिपाठी (सन् 1889-1960) तथा बालकृष्ण शर्मा 'नवीन' (सन् 1897-1960) आदि रचनाकारों ने अपने युग के आन्दोलनों में सक्रिय भाग लिया जिनका लक्ष्य काव्य रचना ही नहीं था अपितु जिनकी साधना जीवन को केन्द्र बिन्दु स्वीकार करके चलना था। इन कवियों के अतिरिक्त बच्चन (जन्म सन् 1907) नरेन्द्र शर्मा (सन् 1913) आदि अनेक महत्त्वपूर्ण परवर्ती कवियों की रचनाएँ भी इसी युग में लिखी गयीं, जिससे पूर्णतया स्पष्ट हो जाता है कि रचना की दृष्टि से आलोच्य काल अत्यन्त ही समृद्ध है। इन कवियों ने नवीनता की अनुमति के आधार पर काव्य की सृष्टि किया है इसीलिए युग को छायावाद युग कहा गया। गुकुटधर पाण्डेय ने सर्वप्रथम इस काल को 'छायावाद' नाम से अभिहित किया था।

इस युग का नाम छायावाद ही क्या पड़ा? इस समस्या का समाधान हम विभिन्न विद्वानों के मत के द्वारा प्राप्त करने का प्रयास करेंगे।

1. आचार्य रामचन्द्र शुक्ल (सन् 1886-1941) के मतानुसार इस तृतीय उत्थान में जो परिवर्तन हुआ वह पीछे छायावाद कहलाया वह द्वितीय उत्थान की कविता के विरुद्ध कहा जा

सकता है। उसका प्रधान लक्ष्य काव्य शैली की ओर था, वस्तु-विधान की ओर नहीं, अर्थभूमि या वस्तु भूमि का तो उसके भीतर बहुत संकोच हो गया।

आचार्य शुक्ल ने अभिव्यक्ति की लाक्षणिक प्रणाली के ही आधार पर इस युग को छायावाद नाम से स्वीकार कर लिया है। उनके इस मत का खण्डन आचार्य नन्ददुलारे वाजपेयी ने निम्नांकित शब्दों में किया है–

'इस छायावाद को हम पं. रामचन्द्र जी के कथानुसार केवल अभिव्यक्ति की एक लाक्षणिक प्रणाली विशेष नहीं मान सकेंगे। इसमें एक नूतन सांस्कृतिक मनोभावना का उद्‌गम है और एक स्वतन्त्र दर्शन की नियोजना भी। पूर्ववर्ती काव्य से इसका स्पष्टतः पृथक अस्तित्व और गहरायी है।

आचार्य हजारी प्रसाद द्विवेदी ने भी छायावाद युग के नामकरण के सम्बन्ध में अपने मत का प्रस्तुतीकरण किया है जो इस प्रकार है–

'नवीन प्रकार की कविता को छायावाद नाम दिया जाना चाहिए। यह शब्द बिल्कुल ही नया है। यह भ्रम ही है कि इस प्रकार के काव्यों को बंगला में छायावाद कहा जाता था और वहीं से यह शब्द हिन्दी में आया है।

आचार्य द्विवेदी ने आधुनिक कविताओं के लिए ही इस युग का नामकरण 'छायावाद' के रूपमें किया है जिनमें विचारों, क्रियाओं, चेष्टाओं, शास्त्रीय रूढ़ियों के प्रति आस्था, व्यक्तिगत अनुभूति आदि को नव्य परिप्रेक्ष्य में देखा गया है।

सुमित्रानन्दन पन्त ने छायावाद युग के नामकरण के सम्बन्ध में अपना मत दिया है–

"कवीन्द्र रवीन्द्र भारतीय पुनर्जागरण के अग्रदूत बनकर आये। उन्होंने भारतीय साहित्य को नवीन चेतना का आलोक, नवीन भावों के वैभव, नवीन कल्पना का सौन्दर्य, नवीन छन्दों की स्वर-संस्कृति प्रदान कर उसे विश्व प्रेम तथा मानवतावाद के व्यापक धरातल पर उठा दिया। कवीन्द्र के युग में जो महान् प्रेरणा हिन्दी काव्य साहित्य को मिली उसी का नामकरण 'छायावाद' किया गया।

महादेवी वर्मा ने भी छायावाद के नामकरण के सम्बन्ध में अपने मत का स्पष्टीकरण किया है जो इस प्रकार है–"

'मनुष्य का जीवन चक्रवत् घूमता रहता है। स्वच्छन्द घूमते-घूमते थककर वह अपने लिए सहस्र बन्धनों का आविष्कार कर डालता है और फिर बन्धनों से ऊबकर उनको तोड़ने में अपनी सारी शक्तियाँ लगा देता है।... छायावाद के जन्म का मूल कारण भी मनुष्य के इसी स्वभाव में छिपा हुआ है। उसके जन्म से प्रथम कविता के बन्धन सीमा तक पहुँच चुके थे और सृष्टि के बाह्याकार पर इतना अधिक लिखा जा चुका था कि मनुष्य का हृदय अपनी अभिव्यक्ति के लिए रो उठा। स्वच्छन्द छन्द में चित्रित उन मानव अनुभूतियों का नाम 'छाया' उपयुक्त ही था और मुझे तो आज भी उपयुक्त ही लगता है।

श्री शान्तिप्रिय द्विवेदी इस युग का छायावाद युग नाम देने के ही पक्ष में हैं जैसा कि 'युग और साहित्य' की निम्नांकित पंक्तियों में द्रष्टव्य भी है–

सन् 1914-15 में वह जो नवीन भावात्मक-मुक्तक अवतीर्ण हुआ (जिसका नामकरण अब निश्चित रूप से 'छायावाद' हो गया है) उसी का विकास द्विवेदी युग के बाद के काव्य में

होता गया। द्विवेदी युग के काव्य-कानन में उस मुक्तक ने विकसित बसन्त (छायावाद) का मुकुल दिया।

आचार्य विनय मोहन शर्मा : उन्होंने छायावाद नामकरण ही इस युग का क्यों किया गया। इस सम्बन्ध में इस प्रकार लिखा है-

'द्विवेदी युग की इतिवृत्तात्मक (मैटर आफ फैक्ट) रचनाओं की रुक्षता की प्रतिकृति के रूप में जब आभ्यन्तर भावों का विशेष ढंग से प्रकटीकरण होने लगा, तब उसमें नवीनता देख उसे 'छायावाद' की संज्ञा दी गयी।[2] पूर्णरूपेण स्पष्ट है कि द्विवेदी युगीन इतिवृत्तात्मकता की प्रतिक्रिया स्वरूप ही जो युग आया वह छायावाद के नाम से अभिहित किया गया।

डॉ. रामविलास शर्मा ने इस युग के नामकरण के सम्बन्ध में अपने विचारों का स्पष्टीकरण इस प्रकार किया है-

सन् 1920 के आन्दोलन के बाद हिन्दी कविता में एक नये युग का आरम्भ हुआ यह युग छायावाद का ही था।

उपर्युक्त विद्वानों के मत से यह स्वतः स्पष्ट है कि इस युग में छायातत्त्व अर्थात् अतींद्रियता चरम सीमा पर है इसलिए इस युग (सन् 1920-1936) को छायावाद नाम देना ही उपयुक्त है।

हिन्दी साहित्य के कुछ इतिहासकारों एवं आलोचकों ने इस कालखण्ड को उत्कर्ष काल नाम दिया है जिसे मात्र गुणवाचक कहा जा सकता है। वैसे साहित्य गुण की दृष्टि से यदि इस कालखण्ड को देखा जाय तो आधुनिक काल का यह तृतीय चरण निश्चित रूप से अत्यन्त ही उत्कृष्ट है।

छायावाद के आधार स्तम्भ प्रसाद (सन् 1890-1937), निराला (सन् 1897-1962), पन्त (सन् 1900-1977) तथा महादेवी (सन् 1907) की सर्वोत्कृष्ट काव्यकृतियों का प्रकाशन इसी युग विशेष में हुआ था। राष्ट्रकवि मैथलिशरण गुप्त (सन् 1886-1964) की काव्य प्रतिभा का भी उत्कर्षकाल यही कालखण्ड हैं क्योंकि 'साकेत' यशोधरा और द्वापर आदि का प्रकाशन इसी काल में हुआ था। प्रेमचन्द (सन् 1880-1936) के श्रेष्ठ उपन्यास की रचना इसी युग में हुई थी। जयशंकर प्रसाद के उत्तमकोटि के नाटक इसी युग में रचे गये तथा आचार्य शुक्ल की आलोचना पद्धति का विकास भी इसी युग में हुआ।

इस प्रकार के आधुनिक काल के काव्य, नाटक, उपन्यास तथा आलोचना साहित्य की चरम उपलब्धियों का सही कालखण्ड है, इसलिए इस युग विशेष को **'उत्कर्ष काल'** के नाम से भी अभिहित किया जा सकता है।

हिन्दी साहित्य के कतिपय विद्वानों ने इस युग को **प्रसाद काल'** नाम देने की इच्छा व्यक्त किया है। निश्चय ही जयशंकर प्रसाद बहुमुखी प्रतिभा के कवि थे। इन्होंने हिन्दी के काव्य, नाटक, उपन्यास कहानी आदि अनेक अंगों को समृद्ध किया है। प्राचीन इतिहास तथा काव्य की वैभवशाली परम्परा से सम्बन्ध स्थापित करते हुए रोमानी मूल्यों के नवप्रतिष्ठा की ओर इस प्रकार एक नवीन युग का प्रवर्तन किया। ये उपलब्धियाँ निश्चय ही महान् हैं और उस युग का कोई अन्य कलाकार व्यक्तिगत रूप में इतने गौरव का अधिकारी नहीं है।

डॉ. नगेन्द्र ने 1920 से 1936 तक के काल विशेष को 'प्रसाद काल' नाम देना अवश्य

चाहा है किन्तु वह समीचीन नहीं प्रतीत होता है क्योंकि किसी भी युग का नामकरण व्यापकता के आधार पर ही किया जाता है जो सम्पूर्ण मानव में समाविष्ट हो जाय। जयशंकर प्रसाद की प्रतिभा अत्यन्त ही मौलिक थी, इस दृष्टि से हिन्दी में उनका कोई दूसरा प्रतिद्वन्दी नहीं ठहरता है किन्तु उनकी उपलब्धियाँ व्यक्तिगत थीं जिसके कारण उनका सामूहिक प्रभाव जितना पड़ना चाहिए उतना नहीं पड़ा।

प्रसाद की अपेक्षा उपन्यास के क्षेत्र में प्रेमचन्द्र का, काव्य के क्षेत्र में निराला और पंत का, और सिद्धान्त चिन्तन के क्षेत्र में शुक्ल जी का प्रभाव कहीं अधिक था किन्तु किसी के भी नाम से कोई भी युग का नाम नहीं रखा गया। प्रसाद की नाट्यकला के विरुद्ध भी कलाकारों की प्रतिक्रिया ही अधिक मुखर रही। अतः इस काल खण्ड का प्रमुख व्यक्तित्व होते हुए भी इस युग का नाम **प्रसाद युग** रखना समीचीन नहीं प्रतीत होता।

इसके अतिरिक्त कुछ इतिहासकारों ने इस युग विशेष को 'स्वच्छन्दतावादी युग' के नाम से भी पुकारा है। उनका मत है कि स्वच्छन्दतावाद की परिधि छायावाद की अपेक्षा अधिक व्यापक है। स्वच्छन्दतावाद का प्रधान तत्त्व है रम्य और अद्‌भुत तत्त्व का संयोग। उनका कहना है कि आलोच्य कालखण्ड की प्रमुख काव्य प्रवृत्ति स्वच्छन्तावादी ही है। माखनलाल चतुर्वेदी, प्रसाद, सूर्यकान्त त्रिपाठी 'निराला' बालकृष्ण शर्मा' नवीन' तथा सियारामशरण गुप्त आदि की प्रसिद्ध कृतियों का अन्तर्भाव इसी में सम्भव हो सकता है। उनका कहना है कि 'छायावाद' नाम में इस सम्पूर्ण युग की मूल चेतना को अभिव्यक्त करने की क्षमता नहीं है।

इसके विपरीत अन्य आलोचकों का तर्क है कि 'स्वच्छन्दतावाद' नाम एक विशिष्ट देशकाल की काव्य प्रवृत्ति के लिए रूढ़ हो गया है। हिन्दी में इस प्रवृत्ति के अनेक तत्त्वों का हिन्दी के अपने देशकाल के अनुरूप प्रस्फुटन तो हुआ है, किन्तु उनका हिन्दी की अपनी भूमि और जलवायु के प्रभाव के रूप में परिवर्तन हो गया है। यह परिवर्तित रूप ही छायावाद है जो इस युग विशेष की मुख्य प्रवृत्ति है।

अतः छायावाद युग के नामकरण के उपर्युक्त मतों को दृष्टि में रखने के पश्चात् यही निष्कर्ष निकलता है कि 'छायावाद' का पक्ष ही अधिक प्रबल है जिसके कारण इस कालखण्ड को छायावाद नाम देना ही उचित है।

अनुमति के परिष्कार और कला की समृद्धि के दृष्टि से इस कालखण्ड का मूल्य निश्चय ही उच्च है इस सम्बन्ध में डॉ. नगेन्द्र ने लिखा है।

'हिन्दी काव्य परम्परा में कथ्य और कथनभंगिमा दोनों की दृष्टि से एक नये वैभवपूर्ण अध्याय का श्रेय उसे प्राप्त है। समसायिक कविता, कथा साहित्य, नाटक एवं ललित निबन्ध सभी क्षेत्रों में उसका प्रभाव अंतर्व्याप्त है। छायावाद के विरोधी कवि भी उसके प्रभाव के अछूते नहीं रहे हैं। साकेत और यशोधरा जैसी कृतियों पर उसका प्रभाव इस तथ्य का स्पष्ट प्रमाण है, यहाँ तक कि ब्रजभाषा की कविता में भी छायावाद के तत्त्वों का प्रवेश होने लगा था।

अन्ततः हम कह सकते हैं कि वास्तव में इस काल विशेष युगीन राष्ट्रीय सांस्कृतिक चेतना में जो परिष्कार और समृद्धि का समावेश हुआ, उसका एक मात्र कारण छायावादी प्रभाव ही था। छायावाद ही उस युग विशेष की सांस्कृतिक एवं साहित्यिक चेतना का मूल स्वर था।

उत्कर्ष काल, स्वच्छन्दतावाद एवं प्रसाद काल ये कोई भी नाम सर्वांग का वाचन करने में समर्थ नहीं हैं। इस काल विशेष की मूल चेतना का अधिकाधिक सफल संकेत करने में ही उसकी सफलता है इसलिए समग्र रूप से प्रस्तुत कालखण्ड (सन् 1920-1936) का नाम 'छायावाद युग' ही समीचीन है।

छायावाद युग की राजनीतिक, सांस्कृतिक एवं सामाजिक पृष्ठभूमि

छायावाद युग की राजनीतिक परिस्थिति

छायावाद युग की राजनीति की दृष्टि से परिवर्तन का युग है। राजनीतिक पृष्ठभूमि में प्रथम भारतीय स्वाधीनता संग्राम, इण्डियन नेशनल कांग्रेस की स्थापना, बंग भंग, मिण्टो-मार्ले सुधार, प्रथम विश्व युद्ध गाँधी जी का प्रवेश और प्रजातान्त्रिक चेतना का उदय आदि घटनाओं का महत्त्वपूर्ण स्थान है।

सन् 1857 ई. का प्रथम भारतीय स्वाधीनता संग्राम उस युग की एक विशेष महत्त्वपूर्ण घटना है। ईस्ट इण्डिया कम्पनी का राज्य स्थापित हो जाने के बाद से ही भारतीय यह अनुभव करने लगे कि हमारी ही सेना के बल पर अंग्रेज लोग हमारे देश पर शासन कर रहे हैं। नाना साहब और उनके मन्त्री अजीमुल्ला ने भारत के अनेक राज्यों में स्वाधीनता की विचारधारा प्रचारित की जिसका परिणाम यह निकला कि 9 मई सन् 1857 में सम्पूर्ण भारत में अंग्रेजों के विरुद्ध विद्रोह की ज्वाला प्रज्वलित हो गयी स्वतन्त्रता की यह लहर एक वर्ष तक चलती रही। अंग्रेजी सेना के दमन और भारतीय राजा-महाराजाओं के विश्वासघात से स्वाधीनता का प्रथम संग्राम असफल हुआ। इसके पश्चात् महारानी विक्टोरिया के शासन में अनेक सान्त्वनामयी घोषणाएँ की गयीं जैसे धर्म में हस्तक्षेप न करने की नीति आदि की घोषणा।

उन्नीसवीं शताब्दी के उत्तरार्द्ध में अंग्रेजी शासन के दमन और भ्रष्टाचार से भारतीय जनता त्रस्त हो गयी थी जिसके परिणामस्वरूप उसमें विद्रोह और अशान्ति की भावना प्रबल होती जा रही थी। जनता की इस बढ़ती हुई अशान्ति और विद्राहात्मक प्रवृत्तियों को रोकने के लिए मिस्टर ह्यूम ने भारतीयों के सहयोग से सन् 1885 ई. में इण्डियन नेशनल कांग्रेस' की स्थापना की। धीरे-धीरे मतभेद होने के कारण कांग्रेस में ही दो दल हो गये-गरम दल और नरम दल। लोकमान्य तिलक, लाल लाजपत राय तथा विपिनचन्द्र पाल गरम दल के प्रमुख नेता थे। इन व्यक्तियों ने समाज में तीव्र आक्रोश का व्यक्तीकरण किया। समाज में एक नवीन उथल-पुथल मच गयी। विद्रोहात्मक आक्रोश से न जाने कितनी जाने गयीं और जाने कितने लोग घायल हो गये। इन परिस्थितियों के फलस्वरूप छायावाद युग में निराशा और वंदना का स्तर प्रारम्भ हो गया।

सन 1920 में गाँधी जी के भारतीय राजनीति में प्रवेश करते ही उसकी धारा एक दसरी दिशा की ओर अग्रसर हुई। उन्होंने राजनीति को सांस्कृतिक भूमि प्रदाम करने का सफल प्रयास किया। गाँधी जी ने पवित्र साध्य की प्राप्ति के लिए पवित्र साधन की अनिवार्यता पर जोर दिया। सन् 1920 में अखिल भारतीय काँग्रेस ने अपने कलकत्ता अधिवेशन में गाँधी जी की अहिंसात्मक असहयोग आन्दोलन की नीति को स्वीकार भी कर लिया था। सन् 1921 में

अहमदाबाद में काँग्रेस का अधिवेशन हुआ जिसमें पहले की अपेक्षा अधिक उत्साह और शक्ति के साथ आन्दोलन को जारी रखने का निश्चय किया गया। इस प्रवृत्ति का भी स्पष्टीकरण छायावादी काव्य में किया गया है।

सन् 1926-27 में हिन्दू और मुसलमानों के मध्य देश में दंगे हो रहे थे, जिन्हें दूर करने के लिए गाँधी जी ने 21 दिन का उपवास किया था। उसी समय एक कांफ्रेंस हुई जिसमें दंगों को रोकने के प्रयत्नों पर विचार किया गया। सन् 1927 में मद्रास के काँग्रेस अधिवेशन में राजनीतिक असन्तोष ने उग्र रूप धारण कर लिया। सन् 1928 ई. का वर्ष राजनीतिक चेतना का वर्ष था। पाँच वर्ष की लम्बी तन्द्रा के बाद मानों देश और विशेषकर उसका युवक समाज फिर अंगड़ाई लेकर उठ खड़ा हुआ था जगह-जगह युवकों के संगठन बनने लगे थे और देश में फिर से नयी चेतना लाने का प्रयत्न किया जाने लगा। इस कार्य में अग्रणी थे दो युवक नेता पं.जवाहर लाल नेहरू तथा सुभाषचन्द्र बोस। दोनों ही अदम्य इच्छा शक्ति, क्रान्तिकारी भावना और अटूट देश प्रेम लेकर भारत की राजनीतिक क्षितिज पर उदय हुए।

छायावाद युग के पूर्व बंग भंग आन्दोलन (सन् 1903-4), श्रीमती एनी बेसेण्ट द्वारा प्रवर्तित होमरूल आन्दोलन (1917) से जनशक्ति के जन्म और अहिंसात्मक नीति की सफलता घोषित हो चुकी थी। तिलक के निधन (1920) के बाद राजनीतिक दृष्टि से लगभग समस्त महान् व्यक्ति गाँधी जी (सन् 1869-1948) के ही साथ थे।

प्रथम महायुद्ध (सन् 1914-18) के पश्चात् भारतीय राजनीतिक जीवन अद्भुत संघर्ष का जीवन है। रौलेट एक्ट (सन् 1919) और जलियावाला बाग (सन् 1919), खिलाफत आन्दोलन और सत्याग्रह एवं असहयोग (सन् 1921) साइमन कमीशन (सन् 1926), लाहौर काँग्रेस (सन् 1929), मेरठ षडयंत्र केस (सन् 1930), दांडीकूच (1930), नमक कानून भंग, गोलमेज परिषद (1930) लगान बन्दी आन्दोलन (सन् 1932), सामूहिक सत्याग्रह के स्थान पर व्यक्तिगत सत्याग्रह तथा गवर्नमेण्ट आफ इण्डिया ऐक्ट (सन् 1936) आदि घटनाएँ आलोच्यकालीन राजनीतिक जीवन के आरोह, अवरोह की प्रदर्शिका हैं।

इतना तो निश्चित ही है कि गाँधी जी के नेतृत्व में देश ने अहिंसा व्रत ठान लिया था। वे सत्य, अहिंसा, संयम, साधना तथा हृदय परिवर्तन आदि के आधार पर अपना संग्राम जारी रखना चाहते थे, किन्तु वे असफल ही रहे। काँग्रेस के कुछ प्रमुख सदस्य आरम्भ से ही सत्याग्रह आन्दोलन से बहुत सन्तुष्ट नहीं थे। साथ ही राष्ट्रीय भारत की अपनी दलगत राजनीति के कारण गाँधी जी का आन्दोलन दिन प्रतिदिन कमजोर पड़ता गया।

सन् 1919 की माटेग्यू चेम्सफोर्ड सुधार योजना से लेकर सन् 1935-36 के गवर्नमेंट आफ इण्डिया ऐक्ट तक ब्रिटिश गवर्नमेण्ट भी उदार दलीय नेताओं की सहायता से राष्ट्रीय नेताओं को विधान सभाओं की ओर खींच लेना चाहती थी। आलोच्यकालीन राष्ट्रीय भारत निस्सन्देह जीवन-मरण के निर्मम संघर्ष से जूझ रहा था। इन सभी सरकारी दमन और भेदनीति, भारतीय जीवन की विघटनात्मक शक्तियों का उत्तर गाँधी जी ने अपने रचनात्मक कार्यक्रम के द्वारा दिया था। रचनात्मक कार्यक्रम के द्वारा वे सामाजिक शक्तियों को जन्म देना चाहते थे। काँग्रेस के सभी अधिवेशनों में रचनात्मक कार्यक्रमों पर ही अधिक जोर दिया जाता था। चरखा, हाथ से कता खद्दर और उसका प्रचार अस्पृश्यता निवारण, मादक द्रव्य सेवन का

त्याग, ग्रामीण जीवन का आर्थिक सुधार तथा हिन्दी प्रचार आदि रचनात्मक कार्यक्रम के प्रधान अंग थे। अतः तत्कालीन साहित्य में यही युग चेतना प्रतिध्वनित हुई है।

सांस्कृतिक और सामाजिक परिस्थिति

छायावाद युग नवीन सांस्कृतिक चेतना का युग है। नवजागरण की ज्योति सर्वप्रथम सांस्कृतिक आन्दोलनों के ही रूप में प्रज्वलित हुई थी। आधुनिक युग में जो दृढ़ता, आत्मविश्वास एवं अध्यवसाय की संगठित शक्ति दृष्टिगोचर होती है, उसका सूत्रपात सांस्कृतिक आन्दोलनों के ही द्वारा हुआ था। उन्नीसवीं शताब्दी का भारत अपने धर्म प्रवर्तकों के मूल सिद्धान्तों की उपेक्षा करके अन्धविश्वासों, रूढ़ियों और परम्पराओं के जाल में फँसा हुआ था। पाश्चात्य सम्पर्क के प्रभाव के परिणामस्वरूप समर्थ मनीषियों ने भारतीय जीवन और दृष्टिकोण में परिवर्तन उपस्थित करने की आवश्यकता महसूस की। परिवर्तित करने का आधार ब्रह्म समाज, आर्य समाज, प्रार्थना समाज, रामकृष्ण मिशन आदि आन्दोलन थे।

राजा राममोहन राय (सन् 1772) ब्रह्म समाज के संस्थापक के रूप में युगीन अन्धविश्वास, जाति प्रथा तथा छुआछूत आदि को दूर करके ब्रह्म की सर्वव्यापकता को प्रसारित किया। 'प्राचीन जाति प्रथा और नवीन मानवतावाद के बीच की जो खाईं है, अन्धविश्वास और विज्ञान के बीच जो दूरी है, स्वेच्छाचारी राज्य और जनतन्त्र के बीच जो अन्तराल है तथा बहुदेववाद और शुद्ध ईश्वरवाद के बीच जो भेद है, उन सारे साक्ष्यों पर पुल बाँधकर भारत को प्राचीन से नवीन की ओर भेजने वाले महापुरुष राजा राममोहन राय हैं।

सन् 1828 ई. में कलकत्ते में राजा राममोहन राय ने ब्रह्म समाज की स्थापना की थी जिसका प्रमुख कार्य था-पर्दा प्रथा, बाल-विवाह और सती प्रथा को रोकना एवं विधवा विवाह और अन्तर्जातीय विवाह का समर्थन करना। सन् 1833 ई. में इनकी मृत्यु के 10 वर्ष पश्चात् सन् 1843 में महर्षि देवेन्द्रनाथ ठाकुर ब्रह्म समाज के नेता हुए। उन्होंने साम्प्रदायिक ढंग से ब्रह्म समाज का संगठन किया और उसके सिद्धान्तों और उद्देश्यों के प्रचार के लिए 'तत्वबोधिनी' पत्रिका का प्रकाशन किया।

पाश्चात्य संस्कृति से प्रभावित होकर सन् 1857 ई. में केशवचन्द्र सेन ने ब्रह्म समाज के द्वारा हिन्दू धर्म एवं सामाजिक जीवन में नवीन चेतना का संचार किया। वास्तव में ब्रह्म समाज भारतीयों की राष्ट्रीय जागृति का प्रथम चरण था। छायावादी लेखक ब्रह्म समाज के रहस्यवादी मूल्यों से ही अत्यधिक प्रभावित हुए हैं।

इसी ब्रह्म समाज से प्रेरित होकर नव जागृति का सन्देश प्रचारित करने के लिए प्रार्थना समाज की स्थापना हुई, जिसका एक मात्र श्रेय 'रानाडे' (सन् 1842) की है। ये बड़े समाज सुधारक थे। इनके सुधार का लक्ष्य मानव के पूर्ण व्यक्तित्व का विकास था। इन्होंने प्रार्थना समाज के माध्यम से सहभोज, अन्तर्जातीय विवाह, विधवा-विवाह और स्त्री शिक्षा की ओर समाज का ध्यान विशेष रूप से आकर्षित किया।

उन्नीसवीं शताब्दी के सांस्कृतिक पुनर्जागरण में सहयोग देने की दृष्टि से 'थियोसाफिकल सोसाइटी' का भी महत्त्वपूर्ण स्थान है। इस सम्बन्ध में डॉ. भगीरथ मिश्र का मत द्रष्टव्य है–

'राष्ट्रीयता का विकास और भारतीय आध्यात्मिकता का निवोत्थान इस थियोसाफिकल

सोसाइटी के द्वारा निश्चय रूप से हुआ। यद्यपि इस समाज का नाम और उत्पत्ति विदेशी है।

स्वामी दयानन्द (सन् 1824-1883) द्वारा स्थापित आर्य समाज भी युगीन सांस्कृतिक पृष्ठभूमि को बढ़ावा दिया। स्वामी जी ने आर्य समाज के द्वारा सामाजिक उपेक्षितों को उचित प्यार दिया तथा शूद्रों यज्ञोपवीत, नारियों की मर्यादा, नैतिक शिक्षा का प्रचार, विधवा-विवाह का प्रचलन, सुखी जीवन को स्वर्ग, मूर्ति पूजा का खण्डन आदि कार्यों में वे क्रान्तिकारी बन गये क्योंकि वे समाज को उच्चपद पर आसीन देखना चाहते थे। 'आर्य समाज के उदय के पश्चात् हिन्दू धर्म जगमगाने लगा। आज का हिन्दू अपने धर्म की निन्दा सुनकर चुप नहीं रह सकता, जरूरत हुई तो धर्म रक्षार्थ वह अपने प्राण भी दे सकता है।

इस प्रकार आर्य समाज ने हिन्दू धर्म में मिश्रित अहिन्दू तत्त्वों का बहिष्कार किया।

उपर्युक्त सुधारवादी आन्दोलनों के अतिरिक्त रामकृष्ण परमहंस, गाँधी जी, टैगोर तथा अरविन्द जैसे महान् विभूतियों ने युगीन संस्कृति को समुन्नत बनाने के लिए पूर्ण योग दिया।

इस प्रकार आलोच्य युग सांस्कृतिक पुनरुत्थान का अन्तिम चरण स्वीकार किया जा सकता है, जिसके साहित्य में असाधारण भावनाओं, कल्पनाओं, आशाओं और आत्मिक उत्साह के स्थूल एवं सूक्ष्म दोनों रूपों का अस्तित्व मिलता है। क्षोभ, निराशा एवं आन्तरिक दुर्बलताओं के रहते हुए भी गाँधी जी के नवयुग के सन्देश ने देश में नवजीवन का संचार करके उसे सभी प्रकार के संघर्षों का सामना करना सिखाया। विश्व कवि रवीन्द्रनाथ ठाकुर के महान् साहित्यिक व्यक्तित्व ने उसे अदम्य प्रेरणा प्रदान की।

छायावाद युगीन आत्मकथा लेखन की प्रेरणाभूमि और बिन्दु–

छायावाद युग आधुनिक हिन्दी साहित्य के नवविकसित विधाओं के पूर्णता का युग है। युगीन लेखकों ने गद्य साहित्य की नव प्रवर्तित विधाओं को पल्लवित करने में पूर्ण योग दिया है। आलोच्य युग के पूर्व हिन्दी साहित्य में जीवनी, संस्मरण और यात्रा साहित्य आदि की परम्परा तो विद्यमान थी किन्तु 'आत्मकथा' नामक नवीन विधा के विकास तथा साथ ही साथ उसकी अभिव्यक्ति के भी नवीन रूपों की खोज छायावाद युग (सन् 1920-1936) की ही उपलब्धि कही जा सकती है। 'छायावाद का जन्म स्वाभाविक रूप से नहीं हुआ। छायावाद का उद्‌भव अंग्रेजी और बंगला की प्ररेणाओं से हुआ है। पुराने इसाई सन्तों के छायावामास (Phantasmata) तथा यूरोपीय काव्यक्षेत्र में प्रवर्तित आध्यात्मिक प्रतीकवाद के अनुकरण पर रची जाने के कारण बंगला में ऐसी ही कविताएँ 'छायावाद' कही जाने लगीं। यह 'वाद' क्या प्रकट हुआ बने-बनाये रास्ते का दरवाजा सा खुल पडा और हिन्दी के कुछ नये कवि एकबारगी उस ओर झुक पड़े। यह अपना क्रमशः बनाया हुआ रास्ता नहीं था। इसका दूसरे साहित्य क्षेत्र में प्रकट होना, कई कवियों का इस पर एक साथ चल पड़ना और कुछ दिनों तक इसके भीतर अंग्रेजी और बंगाला की पदावली का जगह-जगह ज्यों का त्यों अनुवाद रखा जाना, ये बातें मार्ग की स्वतन्त्र उद्‌भावना नहीं सूचित करतीं।

छायावाद युगीन आत्मकथाओं के अवलोकन करने से स्पष्ट पता चलता है कि इस नव्य विधा का अंकुरण पहले ही हो चुका था किन्तु उसका पूर्ण विकास इसी युग में होता है। युगीन आत्मकथाकारों ने बिल्कुल ही खुले रूप में अपने को स्पष्ट कर दिया। दुराव एवं छिपाव को

बिल्कुल ही स्थान नहीं मिला।

छायावाद युगीन आत्मकथा साहित्य कुछ ऐसे प्रेरणा बिन्दुओं से प्रेरित हैं जिससे इस नवीन विधा का पूर्ण विकास हुआ है। इन प्रेरणा बिन्दुओं का विवेचन इस प्रकार है–"

आत्मनिष्ठ भावनाएँ : युगीन आत्मकथाकार आत्मनिष्ठ भावनाओं से अधिक प्रेरित है। इसी भावना से प्रेरित होकर अपनी आत्मकथा के माध्यम से लेखक ने वैयक्तिक अनुभूतियों की ही अभिव्यंजना की। आत्मकथाकार सामाजिक जीवन, परिस्थितियाँ अथवा किसी भी प्रकार की समस्या का व्यक्तीकरण प्रधान रूप से उसने नहीं किया। यह आत्मनिष्ठता द्विवेदी युग की अतिशय यथार्थवादी एवं इतिवृत्तात्मक प्रवृत्ति की प्रतिक्रिया रूप में उत्पन्न हुई थी। प्रतिक्रिया के कारण छायावाद के आत्मकथाकारों की कृतियों में आत्म निष्ठा की ही अतिशयता के दर्शन होते हैं। आत्मकथाकार चूँकि अपनी ही भावनाओं का अभिव्यंजन करता है, इसलिए इतिहास और पुराण की कथाओं का सहारा नहीं लेता है वरन वैयक्तिक जीवन की आपबीती घटनाओं का स्पष्टीकरण बड़ी ही ईमानदारी के साथ करता है। इन्हीं भावनाओं का व्यक्तीकरण डॉ. केसरी नारायण शुक्ल ने इस प्रकार किया है–

'छायावादी साहित्य में वाह्य वास्तविकता से अपने को अलग करने की प्रवृत्ति लक्षित होती है। छायावादी कवि बाह्य पदार्थों के वर्णन, विश्लेषण में प्रवृत्त न होकर अपनी आन्तरिक अनुभूतियों में अधिक संलग्न दिखायी देता है। वाह्मत्मकता से अधिक आन्तरिकता का व्यक्तीकरण छायावादी आत्मकथाकारों की अपनी विशिष्टता कही जा सकती है।

छायावादी आत्मकथाकर सामाजिक जीवन की क्रियाओं और प्रतिक्रियाओं के प्रति उदासीन होकर आपबीती घटनाओं का वर्णन निःसंकोच रूप में करता है। यह बात दूसरी है कि उसकी व्यक्तिगत भावनाएँ ही व्यक्त होने के बाद सामाजिक हो जाती हैं। डॉ. वार्ष्णेय का इस सम्बन्ध में निम्न मत द्रष्टव्य है–

'छायावाद की एक प्रमुख विशेषता वैयक्तिक भावनाओं की अभिव्यक्ति है।

इस सम्बन्ध में मेरा अपना भी मत यही है कि छायावाद की प्रमुख विशेषता ही वैयक्तिक भावनाओं का ही स्पष्टीकरण है। छायावादी साहित्यकार अपने ही जीवन की निजी अनुभूतियों को आत्मकथा के माध्यम से अभिव्यक्ति करता है। कुछ ऐसी ही बात डॉ. केसरीनारायण शुक्ल ने इस प्रकार कहा है–

'छायावादी कवि अपने हृदय की आन्तरिक अनुभूतियों को ही अधिक यथार्थ और महत्त्वपूर्ण मानता है। उसके लिए अपनी अनुभूतियाँ और अपनी विधायक कल्पना ही वाहूय पदार्थों से अधिक सत्य है।

इस प्रकार छायावादी आत्मकथाकार अपनी ही सीमा में घिरे हैं। उन्होंने अपनी इच्छा और रुचि का और अपनी वैयक्तिक प्रतिक्रियाओं का अपने ही शब्दों और उत्तम पुरुष में वर्णन किया है।

मानवतावादी दृष्टि : छायावादी आत्मकथाकार मानवतावादी दृष्टि से भी प्रेरित होकर स्वयं के जीवन की घटनाओं को जन-सामान्य के जीवन की घटना का रूप दे दिया। डॉ. अ. द. पाण्डेय ने इस सम्बन्ध में अपने विचार इस प्रकार व्यक्त किये हैं–

'छायावादान्तर्गत उच्च मानवीय भावों का पूर्ण विकास अपने आप में एक महान् घटना

है। महादेवी का करुणा का संसार इतना विस्तृत है कि वह इस विशाल मानव समाज को आप्लावित करने के लिए पर्याप्त है। उनका आत्मोत्सर्ग प्रधान प्रेम आज के दिग्भ्रमित राष्ट्रों के लिए प्रकाश स्तम्भ की तरह खड़ा है। कविवर पन्त की विश्व के नवनिर्माण की कल्पना आस्था वृद्धि के साथ सहज में कार्यान्वित हो सकती है।

इसी भावना से प्रेरित होकर छायावादी आत्मकथाकारों ने स्वयं के व्यक्तित्व को जन-जन तक पहुँचाने का सफल प्रयास किया है। प्राचीन काल की भाँति वह अपने व्यक्तित्व को अब छिपाकर रखना पसन्द नहीं करता है बल्कि उसको समाज का व्यक्तित्व बना देना चाहता है। क्योंकि प्रत्येक मानव की यह सहज प्रवृत्ति होती है कि जनमानस उसके विशेष व्यक्तित्व से परिचित हो जाये। इसी इच्छा की पूर्ति हेतु वह आत्मकथा का सहारा लेता है। दूसरी बात यह भी है कि मानव अपने दुःख को जब किसी के सामने प्रस्तुत कर देता है तो उसका दुःख आधा हो जाया करता है। छायावादी लेखक कुण्ठाग्रस्त हैं वह अपने जीवन की कुण्ठाओं को अपने में ही समाहित करने में असमर्थ हैं यही कारण है कि आत्मकथा जैसी नव्य विधा का सहारा लेकर आत्मकथाकारों ने अपने कुण्ठाग्रस्त जीवन को समाज के सम्मुख बड़ी ही ईमानदारी से व्यक्त किया है।

स्वच्छन्द विचार : पश्चिम के स्वच्छन्द विचारों से भी प्रेरणा ग्रहण करके राजनीतिक एवं सामाजिक बन्धनों के प्रति असन्तोष की भावना का भी व्यक्तीकरण छायावाद युग में किया गया। हिन्दी साहित्य के इतिहास में रुढ़ियों का ही प्राधान्य हो गया था। साहित्यकार चली जाती हुई परम्परा के आगे कुछ सोच ही नहीं सकता था। छायावादी आत्मकथाकारों ने चली जाती हुई सामाजिक परम्पराओं को तोड़कर स्वच्छन्द विचारों का व्यक्तीकरण किया। अब वह पूर्णतया मुक्त होकर अपने गुणों और अवगुणों को स्वयं स्पष्ट कर देना चाहता था।

आलोच्य कालीन जीवनगत सामाजिक, राजनीतिक एवं सांस्कृतिक परिस्थिति ने जहाँ एक ओर युगीन मानव की जिन्दगी के सम्पूर्ण बन्धनों को तोड़ने के लिए प्रेरित किया वहीं पर दूसरी ओर साहित्य में भी नयी विधाओं के लिए प्रेरित कर आत्कथा जैसी नवीन विधाओं को जन्म दिया, जिसके द्वारा स्वच्छन्द रूप से मानव अपनी कमजोरियों, कुण्ठाओं तथा विशेषताओं आदि का व्यक्तीकरण कर सकता है। इसी प्रवृत्ति से ही प्रेरणा ग्रहण करके लेखकों ने मुक्त होकर आप बीती घटनाओं को जनसमाज के सम्मुख रखा। अपने ऊपर बीती घटनाओं को प्रस्तुत करने के लिए युगीन आत्मकथाकारों ने स्वच्छन्दतावादी प्रवृत्ति का ही सहारा लिया।

इसी प्रकार छायावाद युगीन आत्मकथाकरों ने स्वच्छन्दतावादी प्रवृत्ति का सहारा लेकर अपने व्यक्तित्व के सम्पूर्ण पक्षों का व्यक्तीकरण बड़ी ही ईमानदारी के साथ किया।

छायावाद युगीन आत्मकथाओं की प्रेरणा भूमि के रूप में राजनीतिक, सामाजिक एवं सांस्कृतिक परिस्थितियों का भी महत्त्वपूर्ण स्थान है। इन्हीं परिस्थितियों के परिवर्तन के परिणामस्वरूप साहित्यकार के लिखने के दृष्टिकोण में भी परिवर्तन आ गया था। राजनीतिक परिस्थिति का छायावादी साहित्य पर किस प्रकार प्रभाव पड़ा इसका निरूपँड़ डॉ. नगेन्द्र ने इस प्रकार किया है-

'पिछले महासमर के उपरान्त यूरोप के जीवन में एक निस्सार खोखलापन आ गया था। जीवन के प्रति विश्वास ही नष्ट हो गया था, परन्तु भारत में आर्थिक पराभव के होते हुए भी

जीवन में एक स्पन्दन था। भारत की उद्बुद्ध चेतना युद्ध की अनेक आशायें लगायी बैठी थी। उसमें स्वप्नों की चंचलता थी। वास्तव में भारत की अनेक आत्मचेतना का यह किशोरकाल था जब अनेक इच्छा अभिलाषाएँ उड़ने के लिए पंख फड़फड़ा रही थीं।

इसी प्रकार आर्थिक एवं सामाजिक परिस्थितियों ने भी छायावाद युगीन आत्मकथा साहित्य को प्रेरित किया।

इस प्रकार उपर्युक्त प्रेरक तत्त्वों से ही प्रेरित होकर युगीन आत्मकथाकारों ने विभिन्न प्रकार की कृतियों की रचना किया। युगीन साहित्यकारों ने आत्मकथा का विकास करके हिन्दी साहित्य को एक नया योगदान दिया। अनेक प्रेरक-तत्त्वों से प्रेरित होकर युगीन आत्मकथाकारों ने आत्म साक्षात्कार करने का जितना प्रयास किया है, उतना किसी भी युग में सम्भव नहीं है अपनी आन्तरिक भावनाओं और अनुभूतियों की सहज एवं सच्ची अभिव्यक्ति के लिए युगीन आत्मकथाकारों ने चली आती हुई मान्यताओं का खण्डन किया और अपनी कृति का प्रसार किया। आत्माभिव्यक्ति की भावना इस युग में इतनी व्याप्त हो गयी कि आत्मकथा लिखने की परम्परा ही चल पड़ी।

छायावाद युग के निम्नांकित आत्मकथाकार हैं–

(क) प्रमुख आत्मकथाकार–

1. सन्तराम बी. ए. की आत्मकथा
2. गुलाबराय की आत्मकथा।
3. वृन्दावनलाल वर्मा की अपनी कहानी।
4. माखन लाल चतुर्वेदी की आत्मजीवनी।
5. चतुर सेन शास्त्री की आत्मकहानी।
6. भवानी दयाल संन्यासी की आत्मकथा।
7. राहुल सांकृत्यायन की आत्मकथा।
8. पदुमलाल पुन्नालाल बख्शी की आत्मकथा।
9. सेठ गोविन्ददास की आत्मकथा।
10. वियोगी हरि की आत्मकथा।
11. बालकृष्ण शर्मा 'नवीन' की 'मेरी अपनी बात'।
12. सूर्यकान्त त्रिपाठी 'निराला' की आत्मकथा।
13. व्योहार राजेन्द्र सिंह की आत्मकथा।
14. पाण्डेय बेचन शर्मा 'उग्र' की आत्मकथा।
15. सुमित्रानन्दन पन्त की आत्मकथा।
16. शान्तिप्रिय द्विवेदी की आत्मकथा।

(ख) अन्य विधाओं में आत्मकथात्मक अभिव्यक्ति

1. राहुल सांकृत्यायन के यात्रा वृतान्त।
2. हजारी प्रसाद द्विवेदी के आत्म संस्मरण।
3. महादेवी वर्मा, के रेखाचित्र और संस्मरण।

सन्तराम बी. ए. की आत्मकथा

श्रेष्ठ आत्मकथाकार के रूप में सन्तराम बी. ए. (सन् 1887) का स्थान अत्यन्त ही महत्त्वपूर्ण है। इनके द्वारा लिखित आत्मकथा 'मेरे जीवन के अनुभव' आत्मकथा साहित्य की अमूल्य निधि है जिसका विवेचन आत्मकथा के तत्त्वों के आधार पर इस प्रकार है–

प्रेरणा : सन्तराम आत्मकथा लिखना अपने बड़प्पन का व्यक्तीकरण करना मानते हैं इसीलिए आत्मकथा लिखने की ओर इनकी प्रवृत्ति नहीं थी, किन्तु इन्होंने अपने जीवन काल में जो जात-पाँत तोड़क मण्डल बनाया था, यह जनता के लिए एक महान् कार्य था, जिसके लिए इनके मित्रों ने इन्हें आत्मकथा लिखने के लिए प्रेरित किया। जैसा कि इन्होंने लिखा भी है–

'मित्रों' के आग्रह का पालन करने के लिए ही मैंने यह पुस्तक लिखी है।

प्रकाशन काल : सन्तराम बी.ए. के द्वारा लिखित आत्मकथा 'मेरे जीवन के अनुभव' का प्रकाशन सन् 1963 में हिन्दी प्रचारक पुस्तकालय पोस्ट बाक्स नं. 70, पिशाच मोचन, वाराणसी-1 से हुआ है।

विषयवस्तु : मेरे जीवन के अनुभव में सन्तराम जी ने अपने छिहत्तर वर्षों के अनुभव को चौदह प्रकरणों में लिखने का सफल प्रयास किया है। अपने जीवन के क्षणों में इन्होंने साहित्यिक एवं सामाजिक सेवाएँ ही अधिक की थी। इन्होंने साहित्यिक जीवन के सम्बन्ध में लिखा है–

'सन् 1912 में मैने' हिन्दी भाषा और नागरी अक्षरों की उन्नति के उपाय' पर एक निबन्ध लिखा इस पर काशी नागरी प्रचारिणी सभा ने मुझे चाँदी का राधाकृष्णदास स्मारक पदक प्रदान किया।

साहित्यिक सेवाओं के अतिरिक्त इन्होंने समाज की सेवा में अपने को लगा दिया था इसे इन्होंने इस प्रकार लिखा है–

'जनवरी सन् 1927 में जात-पाँत तोड़क' नाम की एक मासिक पत्रिका उर्दू में निकाली गयी। फिर जनवरी 1928 से इसका नाम बदलकर 'क्रान्ति' कर दिया गया। इसका प्रधान सम्पादक मैं था और सहायक सम्पादक महानन्द जी। इस प्रकार सन्तराम ने अपने जीवन के साहित्यिक एवं सामाजिक कार्यों एवं सेवाओं को विस्तार से प्रस्तुत किया है। इन दोनों ही कार्यों के अतिरिक्त आत्मकथाकार ने अपने बाल्यकाल, शिक्षा दीक्षा, गार्हस्थ्य जीवन तथा स्वयं के जीवन दर्शन पर प्रकाश डाला है।

शैली एवं भाषागत विशेषताएँ–

'मेरे जीवन के अनुभव' में सन्तराम जी ने इतिवृत्तात्मक शैली का सहारा लेकर अपने व्यक्तित्व के स्पष्टीकरण का प्रयास किया है उदाहरणार्थ–

'एक विवाह में स्त्रियाँ पंक्तिबद्ध बैठी खाना खा रही थीं। युवतियों ने घूँघट काढ़ रखे थे। उनको पानी देने का काम मेरे सूपुर्द था।'

इतिवृत्तात्मक शैली का प्रयोग इन्होंने इतनी अधिकता से किया है कि इनका अपना व्यक्तित्व उभरकर हमारे समक्ष नहीं आ पाता है केवल घटनाएँ ही आ जाती हैं।

स्वयं की भावनाओं एवं विचारों को अभिव्यक्त करने के लिए इन्होंने संस्कृत, अंग्रेजी, उर्दू एवं देशज के शब्दों का निडरता के साथ प्रयोग किया है। अंग्रेजी के अधिक शब्दों का प्रयोग किया है जैसे-ग्रेजुएट (19) फारेस्ट (20) ऐड्रस (74) जेण्टलमैन (88) डेपुटेशन (230) ट्यूशन (250) तथा मेमोरण्डम (263) आदि।

संस्कृति के शब्दों के अन्तर्गत–बद्धकोष्ठता (10) पारितोषिक (10), श्वास (63), निष्ठा (76) तथा पंक्तिबद्ध (92) आदि शब्दों का प्रयोग किया है। उर्दू के भी शब्दों के द्वारा अपने विचारों को अभिव्यक्त किया है जैसे–बेआबरू (55), कूचे (55), तशरीफ (63), मुश्किल (74) तथा जियादती (79) आदि। देशज शब्दों का भी यत्र-तत्र प्रयोग मिलता है उदाहरण के लिए किचकिच (77) तथा कचूमर (84) आदि शब्दों को लिया जा सकता है।

उद्देश्य–

उद्देश्य किसी भी आत्मकथाकार का वह अभीष्ट हुआ करता है जिसकी पूर्ति हेतु वह आत्मकथा लिखता है। मेरे जीवन के अनुभव सन्तराम की एक सोद्देश्य आत्मकथा है। अतीत की स्मृतियों को जीवित रखने के लिए एवं अपने सामाजिक एवं साहित्यिक महत्त्व का प्रदर्शन करने के उद्देश्य से इन्होंने आत्मकथा का प्रणयन किया है, जिसमें उन्हें पूर्ण सफलता भी मिली है।

निष्कर्ष रूप में सन्तराम की आत्मकथा का विहंगावलोकन करने के पश्चात् हम कह सकते हैं कि इनकी आत्मकथा में इतनी अधिक इतिवृत्तात्मकता आ गयी है कि उनका स्वयं का व्यक्तित्व छिपकर रह जाता है।

चौदहवाँ प्रकरण में दूसरों की दृष्टि में पढ़ने से ऐसा आभास होता है कि आत्मकथाकार दूसरों के माध्यम से अपने महत्त्व का स्थापन करना चाह रहा हो, क्योंकि यह सर्वथा सत्य है कि जब मानव स्वयं के विषय में कुछ कह नहीं पाता तो वह दूसरों की निगाह में अपना महत्त्व दिखाने का प्रयास करने लगता है।

बाबू गुलाबराय की आत्मकथा–

छायावादी श्रेष्ठ आत्मकथाकार के रूप में गुलाबराय (सन् 1888-1963) का नाम अग्रगण्य है। इनके द्वारा लिखी हुई आत्मकथा, आत्मकथा के समस्त तत्त्वों की दृष्टि से खरी उतरती है जिसका विवेचन हम निम्नांकित पंक्तियों में करेंगे–

मूल स्रोत - आत्मकथा–

प्रेरणा : गुलाबराय के द्वारा लिखित आत्मकथा 'मेरी असफलताएँ' छायावाद युग की श्रेष्ठ आत्मकथा है। छायावादी परिस्थितियों से प्रेरित होकर गुलाब राय ने आत्मकथा लिखकर भावी लेखकों का ध्यान इस नव्य विधा की ओर आकर्षित किया। इन्होंने आत्मप्रसार की भावना से प्रेरित होकर अपनी कहानी स्वयं की जबानी कहने का सफल प्रयास किया। युग की माँग के अनुरूप ही गुलाबराय ने भी अपनी अभिव्यक्ति की स्वाधीनता को ही स्पष्ट करने के लिए आत्मकथा का सहारा लिया क्योंकि किसी भी युग में जब विचारों और भावों को समाज तक

पहुँचाने के लिए समस्त साधन एकत्रित हो जाते हैं तो आत्माभिव्यक्ति की स्वाधीनता स्वभावतः व्यक्ति की स्वाधीनता का बीज मन्त्र हो जाती है–

लेखन प्रकाशन : गुलाबराय द्वारा लिखित 'मेरी असफलताएँ' नामक आत्मकथा का प्रकाशन सन् 1957 ई. में साहित्यरत्न भण्डार, आगरा से प्रकाशित हुआ था।

विषयवस्तु : 'मेरी असफलताएँ' विषयवस्तु की दृष्टि से गुलाबराय जी की एक अनूठी रचना है। इसमें लेखक ने स्वयं को मूर्खता का केन्द्र बन्दु मानकर हास्य रस के आलम्बन के रूप में अपने को चित्रित किया है। इस आत्मकथा के माध्यम से उन्होंने यह स्पष्ट करने का सफल प्रयास किया है कि जीवन की सफलताओं और उपलब्धियों से अधिक महत्त्वपूर्ण स्थान मानव जीवन की असफलताओं और त्रुटियों का होता है। 'मेरी असफलताएँ' शीर्षक रचना में 'स्व' को केन्द्र बनाकर अपनी अनुभूतियों का ताना बाना इस रूप में बुना गया है कि पाठकों के मनोरंजन के साथ लेखक के असफल जीवन की झाँकी भी मिलती है।

अपने लेखन कार्य के सम्बन्ध में गुलाबराय ने बिना कुछ छिपाये हुए अपनी समस्त कमजोरियों का व्यक्तीकरण कर दिया है–'लेखन के सम्बन्ध में मैं संक्षेप में यह कह सकता हूँ कि मुझे चोरी की कला खा गई है। मुझे दूसरों की कृतियों में बिना ताला तोड़े या एक्सरे का प्रयोग किए ही रत्न मिल जाते हैं रत्न अपने ही प्रकाश से प्रकट हो जाते हैं।

'मेरी असफलताएँ' आत्मकथा में गुलाबराय ने स्वयं की भूलों, पराजयों एवं विषमताओं को अत्यन्त ही सच्चाई के साथ चित्रित किया है। कहीं-कहीं पर तो लेखक अपनी ही पराजय पर हँसता हुआ दिखायी देता है, जैसा कि पुस्तक की भूमिका में स्वीकार भी किया है–

'आत्मकथा लेखक के दो व्यक्तित्व होते हैं, एक चरित्रनायक का, दूसरा लेखक का। इसमें चरित्र नायक के व्यक्तित्व में कोई आकर्षण नहीं। लेखक के व्यक्तित्व में यदि 'आपुन करनी भाँति बहु बरनी'की बात न समझी जाय तो मैं कहूँगा कि इसमें साहित्यिक हास्य का काफी मसाला मिलेगा।

आलोच्य आत्मकथा में वर्णित समस्त असफलताओं का क्षेत्र विद्यार्थी जीवन तथा प्रौढ़ावस्था तक सीमित है अभावों की गोद में पलने पर भी लेखक ही ज्ञान पिपासा अत्यन्त ही प्रबल होती गयी है। वह अध्ययन के पथ पर अडिग होकर बढ़ता चला गया।

'कालेज जीवन में भी वह होनहार विद्यार्थी सिद्ध हो सका वह फैशन परस्ती से बचा रहा–सादगी की ओर झुका रहा–दार्शनिकता की ओर–उसकी प्रवृत्ति होने पर भी अपने वंशगत व्यापारिक हानि लाभ के संस्कारों से मुक्ति न पा सका।

गुलाबराय ने आत्मकथा के माध्यम से अपने दोषों का भी स्पष्ट उल्लेख किया है जिसे आत्मकथा का विशेष गुण माना जाता है।

'ख्याति की चाह को मिल्टन ने बड़े आदमियों की अन्तिम कमजोरी कहा है, लेकिन यह शायद मेरी आदिम कमजोरी है, क्योंकि मैं छोटा आदमी हूँ। यश लोलुपता के पीछे दुःख भी काफी उठाना पड़ता है। ख्याति की चाह ही, जिसको मैं दूसरों की आँख में धूल झोंकने के लिए साहित्य सृजन की अदम्य प्रेरणा कह दूँ–मुझे इस समय जाड़े की रात में गद्दे की लिहाफ का संन्यास करा रही है।

रियासत में रहने के कारण गुलाबराय जी अत्यन्त ही विलास प्रिय भी हो गये थे जैसा कि

उन्होंने कहा भी है—

'रियासत में रहकर मुझमें दो ही विलासिताएँ आयी हैं, एक दिन में सोने की और दूसरे धूप में न चलने की।

इन समस्त दोषों के बावजूद अपनी वृद्धावस्था में भी बाबू गुलाबराय शीत की रात्रि में भी सुकोमल शय्या के सुख का परित्याग कर साहित्य साधना में लगे रहे जो उनके व्यक्तित्व का स्पृहणीय गुण स्वीकार किया जा सकता है।

इस प्रकार आत्मकथा की विषयवस्तु को सजाने हेतु आत्मकथाकार में जिस सच्चाई और ईमानदारी की आवश्यकता हुआ करती है, उसका पूर्ण निर्वाह गुलाबराय जी ने किया है।

शैली एवं भाषागत विशिष्टताएँ—

शैली विषयवस्तु को सजाने के उस तरीके को कहते हैं जो विषयवस्तु की अभिव्यक्ति को सुन्दर एवं प्रभावपूर्ण बना देती है। बाबूजी की शैली का प्रमुख तत्त्व है, उसकी हास्य-व्यंग्य प्रवणता। इस विशेषता के कारण ही उनकी आत्मकथा में स्वाभाविकता एवं सरसता का संचार स्वयं ही हो जाता है। उदाहरण हेतु निम्नांकित पंक्तियाँ द्रष्टव्य हैं—

'मैं' अपेक्षाकृत अभावों की दुनिया में चला था। न तो मेरी महत्त्वाकांक्षाएँ ही बढ़ी हुई थीं और न सुविधाओं का अभाव था—घर का वातावरण धार्मिक था। माता जी कबीर और सूर के पद गाया करती थीं। मुझ पर प्रह्लाद की कथा का भी बड़ा प्रभाव पड़ा।

'मेरी असफलताएँ' निबन्ध शैली का पूर्ण प्रतिनिधित्व करती हैं। इस आत्मकथा में आत्मकथाकार अपने अहं की पूर्ण तृष्टि करता हुआ हमें दिखायी देता है। 'मेरी असफलताएँ' के तृतीय संस्करण की भूमिका में उन्होंने स्वयं स्वीकार किया है—

'इस पुस्तक में मेरा आत्मचरित है। इसमें चाहे मेरी असफलताएँ ही क्यों न हों, इसका सम्बन्ध मेरे अहम् से है। 'आत्मन् कामाय सर्वप्रियंभवति।' इस न्याय से इसके महत्त्व की उपेक्षा नहीं की जा सकी है। इसमें मेरे गुण दोषों के साथ मेरी शैली के भी गुण दोषों का समावेश हो गया है।

जहाँ तक भाषा का प्रश्न है अपने भावों एवं विचारों को अभिव्यक्त करने हेतु लेखक जिस माध्यम का प्रयोग करता है उसे ही भाषा कहते हैं।

'मेरी असफलताएँ' में बाबू जी ने संस्कृत गर्भित भाषा का ही प्रयोग किया किन्तु अवसरानुकूल उन्होंने अन्य भाषाओं का प्रयोग किया है—

'मुझ जैसे शर्मदार, पुस्तकद और पस्तहिम्मत मनुष्य डुबान तो नींव गहरी हो गयी है। अशरफुलमखलूकात हाथी से किस बात में कम हूँ, फिर भी अभी' दिल्ली दूरस्त' की भाँति दूर है।

भाषा को सजाने एवं सँवारने हेतु बाबू जी ने अलंकारों, मुहावरों एवं लोकोक्तियों आदि के सफल प्रयोग किये हैं। कहीं-कहीं पर तो उपमा, रूपक, श्लेष तथा अनुप्रास का एक साथ प्रयोग किया है—

'आप ही अपने विशाल विद्युतविनिन्दित क्षिप्र और चंचल कर पुटों के द्वारा देश विदेश में वाग्देवी का विस्तृत साम्राज्य स्थापित कर देते हैं।

स्वयं की भावनाओं को स्पष्ट करने के लिए कहीं-कहीं पर बाबू जी संस्कृति की सूक्तियों को भी अपने अनुकूल तोड़ मरोड़कर प्रयुक्त करते थे जैसा कि निम्नांकित सूक्ति में द्रष्टव्य है—कालिदास जी की उक्ति है—'योगेनास्ते तनुः व्यजाम' इस उक्ति को बाबू जी ने परिवर्तित कर—रोगेणान्ते तनुत्यामु' के रूप में प्रस्तुत किया है।

पाठकों के मनोरंजन के लिए मीठी चुटकी लेने के लिए भी इसी प्रकार के अनेक प्रयोग हमें उनकी आत्मकथा में दिखायी देते हैं। अपने पाठक के लिए श्लील धरातल पर मनोरंजन की सामग्री प्रस्तुत करना बाबू जी का ध्येय था।

इस प्रकार 'मेरी असफलताएँ' आत्मकथा में बाबू जी ने स्वयं की भाषा शैली के गुण एवं दोषों का विवेचन किया है। भाषा को आडम्बर से दूर रखने के लिए उसमें कहीं-कहीं पर शिथिलता भी आ गयी है। कहीं-कहीं पर भाषा को गौरवशालिनी बनाने हेतु बाबू जी ने अपनी असमर्थता व्यक्त किया है।

उद्देश्य : कोई भी विधा निरुद्देश्य नहीं होती है उसमें किसी न किसी उद्देश्य का समागम अवश्यक ही होता है। बाबू जी की कृति—'मेरी असफलताएँ' भी एक उद्देश्य युक्त रचना है। आत्मकथा की भूमिका दो शब्द, बकलम खुद में गुलाबराय जी ने आत्मकथा लिखने के उद्देश्य का स्पष्टीकरण इस प्रकार किया है—

'मेरे पास ख्यातनामा महापुरुषों में से कोई अमूल्य अनुभव, राजनीतिक रहस्य, साहित्यिक सेवाएँ, जीवन आदर्श एवं धार्मिक और नैतिक सिद्धान्त बतलाने को नहीं है, फिर मैं अपने पाठकों का धन और समय क्यों नष्ट करूँ? मन्दःकवि यशः प्रार्थी गमिष्यामयुपहास्यताम्। उपहास से भी मेरी लक्ष्य सिद्धि है।

'मेरी असफलताएँ' आत्मकथा में गुलाबराय जी ने जो आत्मनिरीक्षण किया है उसमें उन्हें पूर्ण सफलता मिली है।

अन्ततः आत्मकथा के सभी तत्त्वों के आधार पर 'मेरी असफलताएँ' एक श्रेष्ठ आत्मकथा है। इसमें आत्मकथाकार के व्यक्तित्व का सच्चा स्वरूप दृष्टिगोचर होता है। असफलताएँ तो जिन्दगी में आती हैं किन्तु सभी मनुष्य उनकी अभिव्यक्ति की क्षमता नहीं रखते हैं क्योंकि सत्य का उद्घाटन कटु एवं कठोर होता है किन्तु अपने जीवन की असफलताओं को सत्याश्रित बनाकर गुलाबराय जी ने समाज के सम्मुख अपने को स्पष्ट कर दिया है।

'मेरी असफलताएँ' व्यक्तिगत जीवन की अनुभूतियों का हास्य एवं व्यंग्य से युक्त एक सजीव चित्रण है जिसमें बाबू जी के भीतर का मन छिप करके बोलता हुआ दृष्टिगोचर होता है। जीवन की प्रत्येक श्लील एवं अश्लील घटना का उन्होंने जो वर्णन किया है वह सराहनीय है।

'मेरी असफलताएँ' पुस्तक में उपहास है पर उसका भी लक्ष्य है। वैसे तो वे असफल नहीं कहे जा सकते हैं किन्तु यदि कहीं कोई उन्हें असफल पाता भी है तो उनकी हास्य स्थिति ऐसे पाठकों के लिए चेतावनी है। एक स्थल पर उन्होंने कहा भी है—'मेरी असफलताएँ निजी जीवन की हास्य एवं मनोरंजन की कहानी है।'

अतः असफलताओं के बीच वे हँसते एवं मुस्कराते हुए ही दिखायी देते हैं। वे

असफलताओं पर रोने के बजाय उनके मध्य में अपनी दुर्बलताओं को उभारने पर विश्वास करते हैं।

वैसे गुलाबराय एक सफल समालोचक ही हैं, आत्मकथाकर नहीं, फिर भी 'मेरी असफलताएँ' उनके समस्त साहित्य में विशिष्ट स्थान की अधिकारी है।

वृन्दावनलाल वर्मा की आत्मकहानी

वृन्दावनलाल वर्मा (1889) छायावाद युगीन श्रेष्ठ आत्मकथाकार स्वीकार किये जाते हैं। इन्होंने 'अपनी कहानी' नामक आत्मकथा लिखी है जिसका आत्मकथागत विवेचन इस प्रकार है-

प्रेरणा-वर्मा जी के जीवन की परिस्थितियाँ बिल्कुल ही प्रतिकूल थीं। वे उन अतीत की प्रतिकूल परिस्थितियों से जन-समाज को भी अवगत करा देना चाहते थे। उनकी मान्यता थी कि हो सकता है जन-समाज इस आत्मकथा का सहारा लेकर जीवन संघर्ष का सामना करे। आपबीती घटना को जनजीवन की घटना बना देने की इसी भावना से प्रेरित होकर इन्होंने आत्मकथा लिखी है।

लेखन प्रकाशन-वृन्दावनलाल वर्मा द्वरा लिखित आत्मकथा 'अपनी कहानी' का प्रकाशन सन् 1975 (द्वितीय संस्करण) में मयूर प्रकाशन, झाँसी से हुआ था।

विषय वस्तु-वर्मा जी ने 'अपनी कहानी' में स्वयं के साहित्यिक एवं पारिवारिक जीवन का जो सच्चा चिट्ठा प्रस्तुत किया है वह छायावादी आत्मकथा-साहित्य के लिए गौरव की बात है बचपन में चोरी करने की एक घटना का प्रभाव आद्यन्त जीवन पर दिखायी देता है जिसका वर्णन इन्होंने इस प्रकार किया है–

'मैंने चट से दोनों पैसे अपने छोटे से चुंगल में दबाये और लेटगया...सपने में देखा कि मऊरानीपुर के झाँसी स्टेशन पर आये तो न जाने कहाँ डिब्बे से सामान उतारा गया। सामान में एक बोरी भी निकली। उसे खोला तो उसमें माँ की लाश के टुकड़े भरे हुए थे। मैं चीख पड़ा और बेतरह सिसककर रोया। माँ ने तुरन्त जागकर चिपटा लिया।'

वर्मा जी के यह अतीत के जीवन की, एक महत्त्वपूर्ण घटना थी–माँ का अवसान इनकी जिन्दगी से माँ के जाने के पश्चात् सम्पूर्ण जीवन ही झकझोर उठा था। उदाहरण के लिए निम्नांकित पंक्तियाँ द्रष्टव्य हैं–

'माँ के अवसान का परिणाम मेरे स्वास्थ्य पर बहुत बुरा पड़ा। छः महीने आखें आयी रहीं और कुपच तो उसके आठ बरस पीछे तक लगा रहा। मीलों की घुमाई और दौड़, व्यायाम, उपवास, पथ्य किसी से कुछ नहीं हुआ।'

साहित्यिक क्षेत्र में वर्मा जी को विशेष रुचि थी। अपने साहित्यिक जीवन का वर्णन इस प्रकार किया है।

'नहा धोकर गाँव पहुँचा और दोपहरी में 'गढ़कुण्डार' उपन्यास भी प्रारम्भ कर दिया। सन्ध्या के पहले 17 लम्बे सफे लिख डाले...।

साहित्यिक क्षेत्र में ये ओजस्विता के उपासक थे जैसा कि लिखा भी है–

'अपने उपन्यासों, नाटकों इत्यादि में मैंने इसी धारणा को मूर्त करने का प्रयत्न किया है। जीवन से ओज, तेज और शक्ति ने विदा ले ली तो फिर जीवन में रक्खा ही क्या है? मेरा यह मत दृढ़ होता चला गया।

साहित्यिक एवं पारिवारिक जीवन के अतिरिक्त वर्मा जी ने फिल्मों के विषय में भी लिखा है। इस सम्बन्ध में अपने मत का व्यक्तीकरण इस प्रकार किया है—'मेरी धारणा है कि फिल्म जिसे हम अपनी भाषा में चलचित्र या सवाक चित्र कहते हैं भविष्य की सबसे बड़ी कला होगी। इसमें कहानी, नाटक, काव्य, चित्र, संगीत, वास्तु, स्थापत्य, मूर्ति इत्यादि कलाओं का एक साथ समावेश होता है।

इस प्रकार स्वयं के साहित्यिक एवं पारिवारिक जीवन का वर्णन बड़ी ही ईमानदारी के साथ वर्मा जी ने किया है।

शैली एवं भाषागत विशिष्टताएँ—

वर्मा जी ने अत्यन्त ही सरल एवं सहज शैली का प्रयोग करके आत्मकथा लिखी है। उदाहरणार्थ निम्नलिखित पंक्तियाँ द्रष्टव्य हैं—

मैं जंगल के एक सुनसान स्थान में शाम के पहले ही जा बैठा। सूर्यास्त के बाद अँधेरा छाने लगा। चिड़िया चहचहाती हुई अपने बसेरों को चली गयी....।

सरल व सहज शैली के अतिरिक्त इन्होंने आत्मकथा शैली का तो आदर्श ही प्रस्तुत किया है—'मैं पहले खून देकर निबटना चाहता था, परन्तु कलक्टर नहीं माना—पहले मेरी मैंम, उसने आड़ पकड़ी।

शैली के अतिरिक्त अपने जीवन की घटनाओं को स्पष्ट करने के लिए वर्मा जी ने शुद्ध, सरल व स्पष्ट भाषा का प्रयोग किया है उदाहरणार्थ—'लक्ष्मीबाई' उपन्यास का अधिकांश मैंने श्यामसी वाले मकान में लिखा है। थोड़ा सा झाँसी में और कुछ जंगल में भी बैठकर लिखा था। उस दिन मैं श्यामसी में था जब बारह अप्रैल 1946 की रात में 'लक्ष्मीबाई' उपन्यास समाप्त किया।

इन्होंने जहाँ पर गम्भीर व्यक्तित्व का व्यक्तीकरण किया है वहाँ की भाषा में भी सहज ही गम्भीरता का समावेश हो गया है। कथन की पुष्टि हेतु निम्नांकित पंक्तियाँ द्रष्टव्य हैं—

'निर्माता की प्रेरणा के अन्तस्थल में मुहूर्त का उद्देश्य केवल विज्ञापन नहीं होता है, असफल होने के संकट से बचने के लिए ज्योतिष और मुहूर्त का पल्ला पकड़ा जाता है।

इस प्रकार सीधी सच्ची भाषा का सहारा लेकर आत्मकथा लिखी है, क्योंकि इनका एकमात्र उद्देश्य अपनी आपबीती घटना को जनमानस तक पहुँचा देना ही था। इसके सम्बन्ध में इन्होंने लिखा भी है—

'मैं अपनी बात साधारण पाठकों तक के पास पहुँचाना चाहता हूँ। संस्कृत लदी भाषा और घुमावदार लच्छों में मेरा विश्वास नहीं है। सिपाही की तलवार का लोहा सच्चा होना चाहिए और धार तेज। तलवार का म्यान सादा।

इसके अतिरिक्त वर्मा जी ने 'बेहूदगी' (21), कमबख्त (27), दस्तूर (39), वेतकल्लुफी (124), बायकाट (34) डिबेटिंग सोसाइटी (50) असिसटेण्ट (180), स्तब्धवाग्मीयता (229) तथा रज पुंज आदि उर्दू, अंग्रेजी व संस्कृत के भी शब्दों का प्रयोग यथास्थान किया है।

अपनी बात को स्पष्ट करने के लिए इन्होंने कहावतों व मुहावरों का भी प्रयोग कहीं-कहीं

पर किया है जैसे-आये थे हरि भजन को औटन लगे कपास (151) तथा उल्टा चोर कोतवाल को डाँटे (157) आदि।

अतः शैली व भाषा के सरल व स्पष्ट रूप का ही प्रयोग किया है।

उद्देश्य–

उद्देश्य आत्मकथा का वह अभीष्ट है जिसकी पूर्ति हेतु लेखक कृति की रचना हेतु उद्यत होता है। अपने साहित्यिक, पारिवारिक जीवन के अतीत की घटनाओं को पुनर्स्मरण करने के लिए एवं आत्म-विश्लेषण करने के उद्देश्य से इन्होंने आत्मकथा लिखी है। इस उद्देश्य की पूर्ति में वर्मा जी को पूर्ण सफलता मिली है।

सम्पूर्ण आत्मकथा का विवेचन करने के पश्चात् निष्कर्ष रूप में हम कह सकते हैं कि अपनी आत्मकथा के माध्यम से वर्मा जी ने यह सिद्ध करने का सफल प्रयास किया है कि जीवन संघर्ष मं आत्मविश्वास को अपना सम्बल बनाकर प्रतिकूल परिस्थितियों में भी विजय पाई जा सकती है। अतीत में घटित घटनाओं को मूर्त रूप देने का जो प्रयास इन्होंने किया है, वह स्तुत्य है।

इन्हीं विशिष्टताओं के बावजूद वर्मा जी ने अपने सम्पर्क में आने वाले व्यक्तियों के जो अधिक संस्मरण सुनाये हैं वे कहीं-कहीं पर आत्मकथा के प्रवाह में बाधक का कार्य करते हैं।

इसके अतिरिक्त वर्मा जी ने अपनी आत्मकथा में इतनी छोटी-छोटी बातों को स्थान दिया है कि कहीं-कहीं पर तो ऊब सी होने लगती है।

फिर भी हम यह कहने के लिए मजबूर हो जाते हैं कि आत्मकथा के समस्त तत्त्वों के आधार पर वर्मा जी आत्मकथा 'अपनी कहानी' सफल है।

माखन लाल चतुर्वेदी की आत्म जीवनी–

आधुनिक हिन्दी के प्रकाश स्तम्भ माखनलाल चतुर्वेदी (सन् 1889-1968) छायावाद के उच्च आत्मकथाकार के रूप में हमारे समक्ष आते हैं। माखनलाल जी ने आत्म जीवनी स्वयं नहीं लिखी, बल्कि वे बोलते गए थे और ऋषि जैमिनी कौशिक 'बरुआ' (दादा) उसे उन्हीं के शब्दों में लिखते गए थे, इसलिए यह रचना आत्मकथा के अन्तर्गत आ गई है।

अब हम यह देखेंगे कि आत्मकथा के तत्त्वों का निर्वाह इसमें कहाँ तक हुआ है–

मूल स्रोत (आत्मकथा)–

प्रेरणा : 'बरुआ' के द्वारा 'माखनलाल के ही शब्दों में लिखित यह आत्मजीवनी छायावाद की श्रेष्ठ आत्मकथा स्वीकार कर ली गयी है। छायावाद युगीन आवश्यकता के अनुकूल ही माखनलाल जी ने अपनी जीवनी का कच्चा चिट्ठा बरुआ के समक्ष प्रस्तुत कर दिया। आत्माभिव्यक्ति करने की विकलता के परिणामस्वरूप चतुर्वेदी जी ने स्वयं अपनी लेखनी से तो नहीं लिखी वरन् उन्हीं के शब्दों में बरुआ जी ने उनकी जिन्दगी को प्रस्तुत किया है।

लेखन प्रकाशन : माखनलाल चतुर्वेदी की प्रस्तुत आत्मकथा का प्रकाशन सन् 1960 ई. में भारतीय ज्ञानपीठ दुर्गाकुण्ठ रोड, वाराणसी से हुआ था। इसमें 46वें पृष्ठ तक तो बरुआ

जी ने इस आत्मकथा की भूमिका का प्रस्तुतीकरण किया है फिर पृष्ठ 48 से 350 पृष्ठ तक कहीं पर अपने शब्द और कहीं पर माखनलाल जी के शब्दों को (जो वे बरुआ को सुनाते गये थे) उसी रूप में लिखकर आत्मकथा की रचना किया है।

विषय वस्तु : माखनलाल जी ने अपने जन्म के विषय में कुछ भी नहीं कहा। जन्म एवं उसकी परिस्थितियों का वर्णन बरुआ जी ने ही किया है।

माखनलाल जी के व्यक्तित्व में नटखटपन के साथ ही साथ प्रतिभा का भी पूर्ण सामंजस्य था। किसी भी घटना के घटने पर ये तुरन्त तुकबन्दी कर देते थे। एक बार पुजारी जी की लड़की द्रौपदी से लड़ाई हो गई जिसके परिणामस्वरूप उन्होंने निम्नांकित कविता रच डाली-

'धनीराम की पोली, उसमें निकली द्रौपदी बाई।

द्रौपदी बाई ने बिछाई खाट, उसमें निकला काशी भाट।

14 वर्ष की अवस्था में ग्यारसी बाई से विवाह हो जाने के पश्चात् इनके स्वभाव में एकदम से परिवर्तन आ गया तो इनके ही द्वारा वह दोषी ठहरायी गयी। इस घटना का वर्णन इस प्रकार है–

'घर में जब परिवर्तन आया तो मेरी पत्नी पर मेरा यह इल्जाम था कि उसने मुझे कुछ अद्रव्य खिला दिया है और अपने वश में कर लिया है। यह इल्जाम अकेले मेरे परिवार के बड़े बूढ़ों का ही नहीं था खण्डवा के सारे मुहल्ले की बड़ी बूढ़ियाँ इस विषय में मानों एक मत थीं।

इसके तुरन्त बाद आत्मकथाकार के जीवन में दो घटनाएँ घटित होती हैं–1910 में साहित्य प्रकाशन का शुभारम्भ और गणेश शंकर (प्रताप) जी से सम्पर्क। ये दोनों ही घटनाएँ इनके जीवन दर्शन को परिवर्तित कर देती हैं' इन्हीं दिनों एक महत्त्वपूर्ण घटना का ने इनके सम्पूर्ण जीवन की धारा को परिवर्तित कर दिया वह थी–पत्नी की मृत्यु। इन्होंने मृत पत्नी के शरीर से इस प्रकार बात किया है–

'तुम चुप हो। तुमने मौन धारण कर लिया है। क्या न बताओगे? क्या हमें संसार की पथरीली चट्टानों से यों ही टकराना पड़ेगा? हानि नहीं। हम चट्टान के सामने खड़े रहेंगे, मरते दम तक अड़े रहेंगे, पर बताओ, शीघ्र बताओ, तुम कहाँ हो?

सर्वगुण सम्पन्न, कुलशीला और पतिपरायण पत्नी जब चिरनिद्रा में सो गई हो तो प्रत्येक क्षण उसकी उपेक्षा करने वाले माखनलाल जी को अभाव का होश आया। पत्नी के वियोग ने ही उन्हें 1916 में शय्याशायी बना दिया। उस समय सरयूप्रसाद तिवारी नामक चिकित्सक ने इन्हें नवजीवन प्रदान किया।

1919-20 से इनके जीवन में दिशान्तर परिवर्तन आ जाता है। दूसरे शब्दों में हम यह भी कह सकते हैं कि यहीं से इनकी जीवन यात्रा का द्वितीय परिच्छेद प्रारम्भ होता है। राजनीति में सक्रिय होकर भाग लेना, असहयोग आन्दोलन का समर्थन, जेल यात्रा, झंडा-सत्याग्रह का संचालन, प्रभावशाली नेता बनना, पत्र का सम्पादन-प्रभा (1920), कर्मवीर, प्रताप (1923-24) का सम्पादन। ये चतुर्वेदी जी के जीवन की वे महत्त्वपूर्ण घटनाएँ हैं जिनका विवेचन बहुत ही ईमानदारी के साथ किया है। इनका सम्पूर्ण जीवन संघर्षमय रहा जिसका विवेचन हमें उनकी जीवनी भाग 1 में दृष्टिगोचर होता है।

इस प्रकार विषय वस्तु में जिस ईमानदारी एवं स्पष्टवादिता की आवश्यकता हुआ करती है वह इसमें पूर्णरूपेण विद्यमान है।

भाषा एवं शैलीगत विशेषताएँ–

माखनलाल चतुर्वेदी हिन्दी के उत्कृष्ट शैलीकार है जिसके कारण इन्हें आधुनिक हिन्दी गद्य का 'साहित्य देवता' कहा जाता है। इन्होंने आत्मकथा के अनुरूप ही आत्मकथात्मक शैली का प्रयोग जीवन भाग-1 में किया है जिसका विवेचन इन्हीं के शब्दों में उसी रूप में बरुआ जी ने कर दिया है। उदाहरणार्थ 'मैं तो वैष्णववाद को वही मानता हूँ जो आज का तरुण चाहता है। पहले धर्म ही समाज का नियमन करता था, इसलिए धर्म के अन्दर विद्रोह हुआ और यह वैष्णववाद उस विद्रोह को लेकर आगे बढ़ा। मुझे तो समस्त सूझ और ज्ञान की देन चाहे वह धर्म ग्रन्थों में या उनसे बाहर, विद्रोह की देन सा लगता है।

इनके द्वारा प्रयुक्त शैली में एक प्रकार का गाम्भीर्य दिखायी देता है जो शैली की विशेषता कही जा सकती है–'बहकी हुई बुद्धि और भी बहका चाहती है। दयानिधे शीघ्र बताओ। यदि दूर हो तो पास आकर बताओ। अच्छा, वहीं से सही, जहाँ हो वहीं से सही, परन्तु बताओ, शीघ्र बताओ।

जहाँ तक भाषा का प्रश्न है चतुर्वेदी जी ने अपनी भावनाओं एवं विचारों को अभिव्यक्ति प्रदान करने हेतु उर्दू, संस्कृत तथा अंग्रेजी के भी शब्दों का प्रयोग किया है। इनकी आत्मकथा में उर्दू के शब्दों का बाहुल्य दिखायी देता है जैसे–नुस्ला (73), मुआयना (73) इलजाम (74), हरकत (76), हाजिर (81), कागज (81), गनीमत (87), हुक्म (88), मुकाबला (97), इलाके (105), जायदाद (105), आदि शब्दों के प्रयोग द्वारा चतुर्वेदी जी ने अपनी भावनाओं को स्पष्ट किया है।

अंग्रेजी के भी शब्दों का पर्याप्त प्रयोग किया है जैसे–रेकार्ड (61), वेटिंग रूम (89), ग्रुप (241), ट्यूशन (240) तथा स्टूडेण्ट (245) आदि।

कहीं-कहीं पर अवसरानुकूल **संस्कृत के भी शब्दों** को स्थान दिया है जैसे-स्तोत्रपाठ (62) तथा शालागृह (99) आदि।

स्वयं की भावनाओं एवं विचारधाराओं को अभिव्यक्ति प्रदान करने हेतु **देशज शब्दों** का भी सहारा लिया है। उदाहरणार्थ-मेंडेर (76), तिजारी (97), ठुकूर (81) तथा तीमारदारी (294) आदि विशेष उल्लेखनीय शब्द हैं।

उद्देश्य

प्रस्तुत आत्मकथा में, आत्मकथाकार का जो अभीष्ट है उसे पूरा करने हेतु ही उसने कृति की सर्जना किया है। छायावादी साहित्यकारों की भाँति ही वे भी अपने सम्पूर्ण जीवन एवं घटित घटनाएँ समाज के सम्मुख स्पष्ट कर देना चाहते थे। उस आत्मकथा को लिखकर चतुर्वेदी जी ने आत्मनिरीक्षण भी करने का सफल प्रयास किया है।

अतः स्पष्ट है कि आत्मकथा के सभी तत्त्वों की दृष्टि से प्रस्तुत आत्मकथा सफल है। यद्यपि जीवनी भाग-1 पढ़कर मन में शंका अवश्य उठती है जब बरुआ जी ने उसे लिखा है

तो वह आत्मकथा की श्रेणी में नहीं आना चाहिए किन्तु इस पुस्तक के सर्वांग अवलोकन से शंका का समाधान हो जाता है। जिस समय चतुर्वेदी जी आत्मकथा लिखने की ओर उन्मुख हुए उस समय उनकी अवस्था बैठकर लिखने योग्य नहीं थी। बीमारियों ने आ घेरा था। अतः चतुर्वेदी जी स्वयं के जीवन को बोलते गये और बरुआ जी चतुर्वेदी जी के ही शब्दों में लिखते गये, इसलिए इसे आत्मकथा ही कहना समीचीन होगा।

आचार्य चतुरसेन शास्त्री की आत्मकथा

आचार्य चतुरसेन शास्त्री (सन् 1891-1960) आधुनिक हिन्दी साहित्य के उच्च साहित्यकार हैं। साहित्य की विविध विधाओं की रचना के साथ ही इन्होंने 'मेरी आत्मक कहानी' लिखकर साहित्य की नव्य विधा' आत्मकथा' के क्षेत्र में भी जो ख्याति प्राप्त की, वह अनन्य है।

मूल स्रोत (आत्मकथा)

प्रेरणा : आत्मकहानी' लिखने की प्रेरणा के रूप में शास्त्री जी का अहं स्वीकार किया जा सकता है। जैसा कि इन्होंने लिखा भी है–'मैं कहना चाहूँ तो कह सकता हूँ, कि अज्ञानी हैं। खुदा जाने किस बात के काँच का चश्मा आँखों पर चढ़ाकर मेरे ये बड़े नाम वाले मित्र कथा साहित्य का अध्ययन करते और आलोचना करते हैं। खैर, मैं तो साहित्यकारों की ब्रादरी से जातिच्युत साहित्यकार हूँ, कदाचित अपने इसी अहं के कारण और कदाचित इसी अहं के बलबूते पर मैंने आज तक इन बातों की कानी-कौड़ी बराबर परवाह भी नहीं की। उनका ज्ञान और अज्ञान उनके साथ मेरा अहं मेरे साथ।'

इस प्रकार आत्माभिव्यक्ति की भावना से प्रेरित होकर इन्होंने आत्मकथा लिखी थी।

लेखन प्रकाशन : शास्त्री जी द्वारा लिखी गयी 'मेरी आत्म कहानी' मार्च सन् 1963 में, चन्द्रसेन, मन्त्री चतुरसेन साहित्य समिति शहादरा, दिल्ली-32 द्वारा प्रकाशित हुई थी।

विषय वस्तु-मेरी आत्म कहानी में आत्मकथाकार ने अपने जीवन के बचपन से लेकर अंतिम समय तक की घटित घटनाओं का विशद वर्णन किया है। आत्मकथा के प्रारम्भ में ही चतुरसेन शास्त्री ने जो आत्मपरिचय दिया है, वह उनकी जिन्दगी का सार कहा जा सकता है, जिसका एक-एक शब्द पाठक के अन्तराल को स्पर्श करता हुआ दृष्टिगोचर होता है। जो अभावग्रस्त जिन्दगी उन्होंने बिताई उसका स्पष्ट उल्लेख इस प्रकार किया है–

'मैं एक आहत, किन्तु अपराजित योद्धा हूँ। अपने चिरजीवन में मैंने सब कुछ खोया है-पाया कुछ भी नहीं। मैंने एक भी मित्र उत्पन्न नहीं किया। आज जीवन की सन्ध्या में अपने को सर्वथा एकाकी, असहाय और निस्संग अनुभव करता हूँ।'

शास्त्री जी का स्वभाव पर दुःख कातरता से युक्त था। किसी भी मानव के दुःख को देखकर दुःखी हो जाना इनके स्वाभाव की विशेषता थी। इस स्वभाव का व्यक्तीकरण उन्होंने इस प्रकार किया है-

"किसी बालक को रोता देखकर अब भी मैं रो उठता हूँ। घर में पत्नी यदि किसी बालक पर बिगड़ती है या कोई बालक रोता है, तो मेरी कलम वहीं ठप्प हो जाती है और क्या हुआ, क्या हुआ कहकर मैं इस कदर परेशान होकर दौड़ता हूँ, कि जैसे घर की छत गिर पड़ी हो।"

इसमें अपने व्यक्तित्व की कमजोरी को बड़े ही निस्संकोच रूप में इन्होंने स्पष्ट किया है जिसे आत्मकथा की विशेषता कहा जाता है।

विवाह (सन् 1912) के उपरान्त भी दारिद्रद्य इनका साथ नहीं छोड़ता है, परिणामस्वरूप पत्नी की सहज महत्त्वाकांक्षाओं को पूर्ण करने में ये असफल सिद्ध हो जाते हैं। यहीं से प्रेरित होकर काव्य सृजन की ओर भी उन्मुख हो जाते हैं। इन्होंने इस तथ्य को स्वीकार भी किया है-'मैने जिस स्त्री का हाथ पकड़ा है, उसे न अच्छा भोजन, न नये वस्त्र, न जेवर और न अन्य सुख दे सका हूँ। मैं दरिद्र का दरिद्र ही अपने संघर्षमय जीवन के दिन काट रहा हूँ। मेरी आँखें भर आईं और उस समय दरिद्र क्रन्दन नाम से कविता ही कुछ पंक्तियाँ मेरे मुँह से निकल पड़ी।

'सहसहू विधिना के लाडले, सुखद महलन में सुख सों पड़े।
विगत ज्ञान भये सुख नींद में, फल भोग रहे स्व सुकर्म को॥
सुख सो पूरित संसार में दुःख ही दुःख देख पड़े मुझे॥

इसके पश्चात् अपनी आत्मकथा में इन्होंने छोटी-छोटी यात्राओं तथा जीवन की घटनाओं का वर्णन किया है जैसे-भद्र का ब्याह, माउथ की रेख, ज्ञान का आँचल, पवित्र धर्मगुरु, ज्ञान की विदा, एक स्वप्न, प्रेम का मूल्य तथा अपराजिता एक नारी आदि। इन घटनाओं में कोई भी ऐसी चीज नहीं है जिससे इनकी जिन्दगी झंकृत हुई हो, इसलिए उसका विस्तार से वर्णन नहीं किया जा रहा है।

भाषा एवं शैलीगत विशेषताएँ–

सहज एवं स्वाभाविक शैली का प्रयोग करके शास्त्री जी ने अपने जीवन की घटनाओं को अत्यन्त ही प्रभावपूर्ण बना दिया है जैसे–

"मेरी बदनसीबी का अन्त नहीं था, जिसके सहारे जीवन चल रहा था, एक उत्साहवर्द्धक संदेश जो उसने मुझे दिया था, केवल एक घण्टे की मूर्छाकाल में ही वे बातें समाप्त हो गईं। मैं हाय करके रह गया।

इस प्रकार इनकी शैली इनके व्यक्तित्व का पूर्ण प्रतिनिधित्व करती है।

शास्त्री जी ने अपनी भावनाओं और विचारों को अभिव्यक्ति प्रदान करने हेतु उर्दू एवं अंग्रेजी के शब्दों का अधिक प्रयोग किया है। उर्दू के निम्नांकित शब्दों का प्रयोग किया है–तनख्वाह (9), कमबख्त (59), तजुरबा (65), बरखास्त (81) बेशुमार (156), हकीकत (259), बुजुर्गाना (342), तथा बदनसीबी (212) आदि।

अंग्रेजी के शब्दों के अन्तर्गत फर्स्ट डिवीजन (38), लेबोरेटरी (49) फाइनेन्सर (65), स्टोरी (65), स्पेशल ट्रेन (100), पेमेंट (103), आनरेरी (131), अर्जेण्ट आर्डर (155), लेडीज गैलरी (157), तथा अटेण्ड (372) आदि शब्दों को प्रयोग किया है।

इसके अतिरिक्त रुग्ण (78), विदीर्ण (109), तथा दीघ्र निःश्वास (1) आदि संस्कृति के शब्दों का भी सहारा कहीं-कहीं पर लिया है।

उद्देश्य

'मेरी आत्म कहानी' एक उद्देश्ययुक्त आत्मकथा है। अतीत की स्मृतियाँ, अतीत के ही गर्त में न दबी रह जायें उन्हें पुनर्जीवित करने के लिए एवं आत्म-विश्लेषण के उद्देश्यों से ही इन्होंने आत्मकथा लिखी। इस उद्देश्य की पूर्ति में आत्मकथाकार को पूर्ण सफलता भी प्राप्त हुई है।

निष्कर्षतः सम्पूर्ण आत्मकथा के अवलोकन करने के पश्चात् हम कह सकते हैं कि आत्मकथा के तत्त्वों की दृष्टि से 'मेरी आत्म कहानी' सफल है।

एक कमी अवश्य खटकती है कि उन्होंने साहित्येतर अनुभवों का वर्णन आंशिक रूप में न करके अत्यन्त ही विस्तृत रूप में किया है जैसे-स्वयं का वैद्यकीय जीवन एवं पारिवारिक अनुभवों का विश्लेषण आदि। यह विस्तार कहीं-कहीं पर पाठक को उबा देता है।

इसके अतिरिक्त सम्बन्धित व्यक्तियों के जो संस्मरण सुनाये हैं उनमें भी कहीं-कहीं तो ऐसा लगने लगता है कि जिससे उसकी जिन्दगी का कोई खास सम्बन्ध भी नहीं है उसके बारे में भी मात्र आत्मकथा को बढ़ाने के उद्देश्य से लिख रहे हों। यदि इन छोटी-छोटी कमियों को इनकी आत्मकथा में स्थान न मिलता तो निश्चय ही यह छायावाद युग की एक श्रेष्ठ आत्मकथा होती।

भवानी दयाल संन्यासी की आत्मकथा

भवानी दयाल संन्यासी (सन् 1822) एक प्रवासी भारतीय के रूप में प्रतिष्ठित हैं। इनके द्वारा प्रणीत 'प्रवासी की आत्मकथा' एक श्रेष्ठ आत्मकथा है।

आत्मकथा के समस्त तत्त्वों की दृष्टि से इस आत्मकथा का विवेचन इस प्रकार किया जा सकता है-

प्रेरणा : भवानी दयाल संन्यासी ने अपने व्यक्तित्व को जनमानस तक पहुँचा देने की भावना से प्रेरित होकर अपनी कहानी लिखी है। संन्यासी जी की अतीत की स्मृतियाँ अत्यन्त ही महत्त्वपूर्ण हैं उन्हीं स्मृतियों को अभिव्यक्त करने के लिए इन्होंने आत्मकथा का प्रणयन किया है।

लेखन प्रकाशन : भवानी दयाल संन्यासी द्वारा लिखित 'प्रवासी की आत्मकथा' का प्रकाशन सन् 1939 में बाल साहित्य प्रकाशन समिति, 172ए, हरिसन रोड, कलकत्ता से हुआ है।

विषय वस्तु : भवानी दयाल संन्यासी ने 'प्रवासी की आत्मकथा' में प्रवासियों की गाथा पर दृष्टिपात किया है क्योंकि उसी गाथा के द्वारा स्वयं के व्यक्तित्व का भी स्पष्टीकरण किया है। बचपन में एक बार माँ के द्वारा अधिक मार पड़ जाने से इन्होंने पढ़ाई को ही जिन्दगी का दूसरा रूप स्वीकार कर लिया। यही कारण है कि आज इतने बड़े साहित्यकार के रूप में हमारे समक्ष प्रस्तुत होते हैं। इस सम्बन्ध में एक उदाहरण द्रष्टव्य है—

मेरे पिताजी मुझे इस अध्ययनशीलता के इनाम में रोज एक रुपया मिठाई लाने के लिए दिया करते थे, किन्तु मुझे जहाँ तक स्मरण है कि मैंने उन रुपयों को मिठाई खाने में खर्च नहीं किया। उन रुपयों से मैं पुस्तकें खरीदता गया, इसलिए डेढ़ ही दो वर्ष में मेरे पास एक सुन्दर पुस्तकालय हो गया।

संन्यासी जी आर्य समाज के नियमों पर ही विश्वास करने वाले थे। इसके कारण को इन्होंने इस प्रकार लिखा है-'आर्य समाज से मेरा इसलिए सम्बन्ध है कि उससे मुझे आध्यात्मिक प्रेरणा और समाज सुधार के अवसर प्राप्त हुए हैं।

इसके पश्चात् सम्पूर्ण आत्मकथा में संन्यासी जी ने अपने राजनीतिक व्यक्तित्व की व्याख्या विशद रूप में प्रस्तुत किया है आत्मकथा के बीस खण्डों में अपने जीवन की समस्त गतिविधियों पर जो प्रकाश डाला है वह अपने आप में एक निराली चीज है।

शैली एवं भाषागत विशेषताएँ–

आत्मकथात्मक शैली का प्रयोग करके भवानी संन्यासी ने अपने राजनीतिक व्यक्तित्व का स्पष्टीकरण किया है। आत्मकथात्मक शैली का एक उदाहरण इस प्रकार है–'मैं सपरिवार मजिस्ट्रेट की इजलास में हाजिर हुआ। मुकदमें की कार्यवाही शुरू होते ही पोलक साहब ने यह अर्जी पेश की कि अभियुक्तों के लिए मैं व्यक्तिगत जमानत देने को तैयार हूँ।

अपनी भावनाओं को श्रेष्ठ अभिव्यक्ति प्रदान करने के लिए संन्यासी जी ने उर्दू, संस्कृत एवं अंग्रेजी के शब्दों का सहारा लिया है। उर्दू के शब्दों के अन्तर्गत दरखास्त (63), हाजिर (68), तथा जबरदस्ती (77) आदि शब्द द्रष्टव्य हैं। इसी प्रकार संस्कृत के भी पर्याप्त शब्दों का प्रयोग किया है-दुग्ध (5), अर्द्धविक्षिप्त (52), तथा कर्णकटु (205) आदि। अपने व्यक्तित्व को स्पष्ट करने के लिए रिजर्वेशन (154) तथा रिलीफ (92) तथा निखट्टू (129) आदि अंग्रेजी और देशज शब्दों का भी प्रयोग किया है।

भावाभिव्यक्ति हेतु इन्होंने मुहावरों का भी प्रयोग किया है, जैसे-'जान बची लाखों पाये' (43) तथा 'छक्के छूट जाना' (43) आदि।

इस प्रकार शैली एवं भाषा दोनों ही दृष्टियों से प्रवासी की आत्मकथा सफल है।

उद्देश्य–

'प्रवासी की आत्मकथा' एक सोद्देश्य आत्मकथा है। भवानी दयाल संन्यासी ने अपने अतीत के जीवन की प्रत्येक घटना का व्यक्तीकरण बड़ी ही सफलता से किया हैं और उसके माध्यम से आत्मविश्लेषण का सफल प्रयास किया है। यदि वे आत्मकथा न लिखते तो उनकी जिन्दगी के बहुत से पक्षों से हम वंचित रह जाते। अपने राजनीतिक व्यक्तित्व को भावी पाठक तक पहुँचा देने के उद्देश्य से संन्यासी जी ने आत्मकथा लिखी है, जिसमें उन्हें पूर्ण सफलता मिली है।

अन्ततः आत्मकथा के सर्वांग का सिंहावलोकन करने के पश्चात् हम कह सकते हैं कि कलेवर की दृष्टि से यह एक राजनीतिक पुरुष की आत्मकथा लगती है, घटनाएँ भी राजनीतिक ही हैं, किन्तु भवानी दयाल संन्यासी एक साहित्यकार के रूप में हमारे सम्मुख प्रस्तुत होते हैं इसीलिए इनके द्वारा लिखित आत्मकथा को साहित्यिक आत्मकथा के अन्तर्गत विवेचित किया है।

राहुल सांकृत्यायन की आत्मकथा–

महापण्डित राहुल सांकृत्यायन (सन् 1893-1963) छायावाद युग के श्रेष्ठ आत्मकथाकार

स्वीकार किये जाते हैं। इनका अध्ययन अत्यन्त ही विस्तृत एवं गम्भीर था। यात्रा-साहित्य के क्षेत्र में इनका स्थान सर्वोपरि है।

हम राहुल जी की आत्मकथा को दो वर्गों में विभाजित करके उसकी तत्त्वतः आलोचना करेंगे-

1. मुख्य आत्मकथा।
2. गौण आत्मकथा।

1. मुख्य आत्मकथा के अन्तर्गत हम राहुल जी की 'मेरी जीवन यात्रा' भाग-1 और 'मेरी जीवन यात्रा भाग-2 का विवेचन करेंगे।

2. गौण आत्मकथा में 'यात्रा के पन्ने' और 'बचपन की स्मृतियों' की तत्त्वगत व्याख्या अन्यत्र की गयी है।

मुख्य आत्मकथा–

प्रेरणा : 'मेरी जीवन यात्रा' भाग-1 एवं 2 राहुल जी की श्रेष्ठ आत्मकथा है। जिस तथ्य से प्रेरित होकर ये आत्मकथा लिखने की ओर अग्रसर हुए थे, इस सम्बन्ध में इन्होंने लिखा है-14 मार्च, 1940 को सरकार ने पकड़कर मुझे हाजारीबाग जेल में नजरबन्द कर दिया। 29 महीने बाद मैं जेल से निकलूँगा, यह जानने के लिए मेरे पास कोई दिव्य दृष्टि तो नहीं थी, लेकिन इतना जरूर जानता था कि मैं कई वर्षों के लिए चहारदीवारियों के भीतर आ गया हूँ। इस वक्त मेरे पास बहुत समय था। हजारीबाग में हम दो ही जने नजरबन्द थे। पुस्तकें भी हमारे पास नहीं थीं और दिमाग में किसी दूसरी पुस्तक लिखने का मेरे खयाल में भी नहीं था। मैंने दिन काटने के लिए सोचा, चलो पुरानी स्मृतियाँ ही अंकित कर डालो।"

इनके नाना इन्हें शिकार और यात्रा की आपबीती बातें सुनाया करते थे जिससे प्रेरित होकर ये अपनी जीवन यात्रा लिखने की ओर उन्मुख हुए। इसके अतिरिक्त चौथी क्लास में 'नवाजिन्दा बाजिन्दा' की कहानी खुदराई का 'नतीजा' इन्होंने पढ़ा था। उसमें उनका एक शेर था।

सैर कर दुनिया की गाफिल जिन्दगानी फिर कहाँ।
जिन्दगी गर कुछ रही तो नौजवानी फिर कहाँ।

इस शेर से भी प्रेरित होकर ये जीवन यात्रा लिखने की ओर बढ़े थे।

इस प्रकार अतीत की स्मृतियों को जनसामान्य तक पहुँचाने की भावना से प्रेरित होकर इन्होंने आत्मकथा लिखी थी।

लेखन प्रकाशन : राहुल जी की आत्मकथा 'मेरी जीवन यात्रा' भाग-1 सन् 1944 ई. में आधुनिक पुस्तक भवन 30131 कलाकार स्ट्रीट, कलकत्ता से एवं द्वितीय भाग सन् 1951 में किताब महल, इलाहाबाद से प्रकाशित हुई थी।

विषय वस्तु : राहुल जी ने 'मेरी जीवन यात्रा' में स्वयं का आत्मचरित्र लिखने का सफल प्रयास किया है। 'मेरी जीवन यात्रा' के प्रथम खण्ड में इन्होंने अपने जन्म के बारे में लिखा है-

'मेरी माँ कुलवन्ती अपने माँ बाप की एकमात्र सन्तान थी, और वह भी नाना के 10-12 वर्ष की पल्टन की नौकरी से नाम कटाकर चले आने के बाद की, ब्याह हो जाने पर भी माँ

अक्सर अपने मायके पन्दहा में ही रहती थी, और वहीं मेरा जन्म (रविवार 9 अप्रैल, 1893 ई.) में हुआ।

आवश्यकताओं को कम करके जीवन निर्वाह करने की प्रवृत्ति पर इन्होंने बल दिया है जैसा कि अपने बारे में लिखा भी है–

पहिनने की मेरी आवश्यकताएँ बहुत मुख्तसर थीं। मामूली दो पतली धोतियाँ, एक अँगोछा-जो पहिले-पहल लाल (फिरोजी) मिट्टी में रंगे मिलते थे।

राहुल जी के जीवन का अधिक अंश पर्यटन में व्यतीत हुआ था। स्वयं के जीवनकाल में उन्होंने देश-विदेश की यात्रा किया था। जिस-जिस देश की यात्रा इन्होंने किया वहाँ का प्राकृतिक रूप, उस देश विशेष का इतिहास, वहाँ की जाति सम्बन्धित बुराइयाँ, वहाँ के निवासियों का धर्म, आकृति, वेशभूषा, स्वभाव, खान-पान, रीतिरिवाज, आजीविका के साधन, यातायात, स्वास्थ्य एवं शिक्षा तथा वहाँ की भाषा आदि के इतिहास का अपनी लेखनी से विशद् वर्णन किया था उदाहरण के लिए 'कुर्ग में चार मास' नामक शीर्षक में उन्होंने वहाँ की शिक्षा पद्धति एवं छुआछूत के अभाव पर इस प्रकार प्रकाश डाला है--कुर्ग लोगों में शिक्षा बहुत है, लड़कों में नहीं लड़कियों में भी। रोमन कैथालिक साधुनियों ने उनके लिए कान्वेंट कायम किये हैं, अपने भीतर छुआछूत का खयाल न होने के कारण कुर्ग लड़कियाँ वहाँ बहुत पढ़ने जाती थीं, यद्यपि उनमें से कसी के ईसाई होने की बात मैंने नहीं सुनी।

उसीप्रकार बम्बई की यात्रा के सम्बन्ध में इन्होंने अपना मत इस प्रकार दिया है-

'बम्बई आया था, इस खयाल से कि मार्क्सवाद के सम्बन्ध में कुछ पुस्तकें लिखूँ। बम्बई न जाने क्यों मुझे पसन्द नहीं आती। कुछ ही दिनों के रहने के बाद मालूम हुआ कि उसकी आबोहवा मेरे अनुकूल नहीं है। पेट की तो हर वक्त शिकायत रहती थी और ज्वर ने भी कई बार आवृत्ति की।

इस प्रकार देश-विदेश के पर्यटन से राहुल जी अधिक लाभान्वित हुए थे। पर्यटन वृत्ति के द्वारा प्रत्येक नये देश की सभ्यता तथा वहाँ के रस्मों एवं रिवाजों का निकट से देखने का अवसर इन्हें मिला। इन सभी चीजों का विशद वर्णन करके उन्होंने अपने पर्यटनशील एवं अनुभवी व्यक्तित्व का श्रेष्ठ परिचय दिगा है।

शैली एवं भाषागत विशिष्टताएँ–

शैली अनुभूत विषयवस्तु को अलंकृत करने के उन तरीकों का नाम है जो विषय वस्तु अभिव्यक्ति को सुन्दर एवं प्रभावपूर्ण बना देते हैं। मेरी जीवन यात्रा में राहुल जी ने अत्यन्त ही सहजता के साथ स्वाभाविक शैली का प्रयोग किया है। उदाहरणार्थ-

"मैंने उस वक्त कोई नोट भी नहीं किया था, और न आज (23.4.40) जेल में लिखते वक्त मेरे पास कोई नक्शा या पथप्रदर्शिका किताब है, जिससे रास्ते और दूरी के बारे में कुछ विशेष ज्ञान प्राप्त कर सकूँ।"

राहुल जी की शैली की एक अन्य विशेषता यह है कि यात्रा विवरण के मध्य समय-समय पर हास्य का भी पुट छोड़ देते हैं जिससे पाठक सहज ही आगे पढ़ता जैसे-एक बजे मैंने

लालटेन को बुझाकर सोना चाहा....चादर से ढाँकते ही शरीर पसीने-पसीने होने लगा। फिर नीचे से सहस्रमुख अलग से छेदने लगे मैंने चोरबत्ती उठाकर देखा-खटमल अक्षौहिणी चारों ओर से आक्रमण कर रही है।

राहुल जी ने 'मेरी जीवन यात्रा' में बोलचाल की भाषा का प्रयोग किया है। भाषा की सुन्दरता एवं विविधता विशेष रूप से आकर्षक है। स्वयं के भावों को सरल तथा रोचक ढंग से व्यक्त करने की राहुल जी में अपूर्व क्षमता है। उदाहरणार्थ-

'हमारे डेरा डाल देने के थोड़ी देर बाद एक और मूर्ति हमारे बगल में आकर रुकी जिसकी सकल सूरत और बातचीत ने बहुत ही जल्द मेरे ध्यान को अपनी ओर आकर्षित किया। उसका रंग गोरा, चेहरे पर कम मांस, नाक नुकीली, आँखें चमकीली, सिर पर काले केशों का छोटा सा जुट था...।

राहुल जी ने अपने विचारों को पूर्णतया स्पष्ट करने हेतु उर्दू, अंग्रेजी, संस्कृत एवं देशज शब्दों का भी प्रयोग किया है। जैसे-जखीरा (भाग 1, 13), मुख्तर (भाग 1, 13), फर्माइश (भाग 1, 17), गफलत (29), बरदाश्त (32), आबोहवा (भाग 2, पृ. 610) आदि शब्दों का प्रयोग किया है।

घोड़ैया (19) तथा छीमी (29) आदि देशज शब्दों का भी सहारा लिया है।

इसके अतिरिक्त आवश्यकतानुसार संस्कृत के श्लोक भी लिखे हैं।

'श्री देवनारायण शर्मणः श्रीगोविन्ददेत्याश्वच महामहिप्नोः

प्रणम्य पित्रोश्चरणाम्बुजाते आचार्य गंगाधर शास्त्रिगणश्च।

इस प्रकार बहुभाषाओं के ज्ञाता होने पर भी राहुल जी की भाषा सर्वत्र सरल एवं सहज ही है।

उद्देश्य--

उद्देश्युक्त होने में ही प्रत्येक विधा के महत्त्व का निर्धारण किया जा सकता है। मेरी जीवन यात्रा' लिखने के उद्देश्य को राहुल जी ने भाग 1 की भूमिका में इस प्रकार लिखा है-

'मेरी जीवन यात्रा' मैंने क्यों लिखी, मैं बराबर महसूस करता रहा कि ऐसे ही रास्ते से गुजरे हुए दूसरे मुसाफिर यदि अपनी जीवन यात्रा को लिख गये होते तो मेरा बहुत लाभ होता ज्ञान के खयाल से नहीं समय के परिमाण से भी। मैं मानता हूँ कि दोनों जीवन यात्राएँ बिल्कुल एक सी नहीं हो सकती, तो भी इसमें सन्देह नहीं कि सभी जीवनों को उसी आन्तरिक वाह्य की तरंगों में तैरना पड़ता है।

इससे स्पष्ट है कि स्वयं की पर्यटन वृत्ति को जनमानस तक पहुँचाने के उद्देश्य से ही इन्होंने आत्मकथा लिखी।

अन्ततः 'मेरी जीवन यात्रा' के सर्वांग अवलोकन के पश्चात् हम कह सकते हैं कि राहुल जी द्वारा रचित यात्रा साहित्य की अमर निधि है। वैसे जितनी भी आत्मकथाएँ उपलब्ध हैं उनमें आकार की दृष्टि से यह आत्मकथा वृहद है। इस आत्मकथा को आद्योपान्त पठन करने से ऐसा आभास होने लगता है कि यह आत्मकथा डायरी को आधार बनाकर लिखी गयी है क्योंकि इसमें प्रत्येक दिन की सामान्य से सामान्य घटनाओं को भी लिख दिया गया है जिससे

कहीं-कहीं पर आत्मकथा के तत्त्वों की दृष्टि से शिथिलता सी आने लगी है।

दैनिक प्रसंगों की ही भरमार के कारण राहुल जी का अपना व्यक्तित्व उभर कर ही आ पाया है। घटनाएँ या देशगत विवरण ही उभरकर हमारे समक्ष प्रस्तुत हो जाते हैं।

यह ठीक है कि सुबोध एवं स्वाभाविक शैली में ही राहुल जी ने अपने यात्रा के अनुभवों को वर्णित किया है। यह भी हम स्वीकार करते हैं कि 'मेरी जीवन यात्रा' के माध्यम से हमारी जानकारी में वृद्धि हो जाती है किन्तु इसी तत्त्व को हम आत्मकथा की कसौटी नहीं मान सकते हैं। आत्मकथा में जिस आत्मदर्शन एवं आत्मविश्लेषण की आवश्यकता हुआ करती है उसका पूर्ण अभाव हमे 'मेरी जीवन यात्रा' में दृष्टिगोचर होता है।

पदुमलाल पुन्नालाल बख्शी की आत्मकथा–

स्व. पदुमलाल पुन्नालाल बख्शी (जन्म सन् 1895) छायावाद युग के ही श्रेष्ठ आत्मकथाकार स्वीकार किये जाते हैं। 'मेरी अपनी कथा' इनके द्वारा लिखित एक श्रेष्ठ आत्मकथा है जिसका विवेचन इस प्रकार किया जा सकता है-

प्रेरणा : बख्शी जी अपने विचारों को अपने तक ही सीमित रखने में असफल हैं। अपने को कथाकार, निबन्धकार एवं आलोचक रूप में प्रस्तुत करने के लिए आत्मकथा लेखन हेतु अग्रसर हुए थे अपने व्यक्तित्व को जनमानस का व्यक्तित्व बना देने की भावना से प्रेरित होकर आत्मकथा लिखी है।

प्रकाशन काल : 'मेरी अपनी कथा' का प्रकाशन सन् 1958 में प्रयाग से हुआ था।

विषय वस्तु : बख्शी जी ने 'मेरी अपनी कथा' में अपने निबन्धकार, कथाकार, समालोचक एवं अध्यापकीय जीवन पर प्रकाश डाला है। आत्मकथा में एक चिन्तनशील मानव के रूप में अपने को प्रयुक्त किया है-

'मैं कभी बाल था, फिर युवा हुआ और अब प्रौढ़ावस्था को अतिक्रमण करके अन्तिम क्षण की प्रतीक्षा कर रहा हूँ। न मेरा वह वह शरीर रहा, न मेरा वह मन।

आत्मकथा गें इनका अध्यापकीय जीवन मुखर होकर आया है। पढ़ना इनके लिए मानों एक व्यवसाय हो गया था इन्होंने इस तथ्य को स्वीकार भी किया है–लिखना-लिखाना, पढ़ना-पढ़ाना यही मेरे जीवन का मुख्य व्यवसाय रहा है। सन् 1909 से लेकर आज तक मैंने गद्य-पद्य में कितनी ही रचनाएँ की हैं। उनमें सार न रहने पर भी, उन्हीं में मेरे जीवन का अधिकांश काल व्यतीत हुआ है।

बख्शी जी अत्यन्त ही आस्थावादी हैं उनका विश्वास है कि ईश्वर के चाहने पर ही समाज में कुछ सम्भव होता है। आत्मकथा में इस सत्य को इस प्रकार लिखा है- 'मैं भगवान् पर दृढ़ विश्वास रखता आया हूँ। सुख गें और दुःख में मैने सदैव उनका स्मरण किया है। दुर्वासनाओं के प्रचण्ड झकोरों में पड़कर भी मैंने उन्हें पुकारा।

इस प्रकार बख्शी जी ने अपने जीवन दर्शन को अपनी आत्मकथा में सफलता के साथ इंगित किया है।

शैली एवं भाषागत विशेषताएँ–

स्वयं के व्यक्तित्व का स्पष्टीकरण करने हेतु बख्शी जी ने प्रारम्भ से ही गम्भीर शैली का

सहारा लिया है क्योंकि जीवन एवं मृत्यु की प्रक्रियाओं को स्पष्ट करने हेतु इसी शैली की आवश्यकता हुआ करती है। उदाहरण के लिए गम्भीर शैली का एक उदाहरण द्रष्टव्य है।

'हम सभी यात्री हैं। विज्ञों का यही कथन है कि हम लोग अनन्त पथ के पाथिक हैं। देश असीम है, काल अनन्त है, और हमारी यह जीवन यात्रा भी निरवधि है।

कहीं-कहीं पर विचारात्मक, शैली का भी आदर्श प्रस्तुत करके अपने व्यक्तित्व का स्थापन किया है मैं अपने जीवन को दो भागों में विभक्त कर सकता हूँ। एक कर्म जीवन है और दूसरा भाव-जीवन एक तथ्य का राज्य है और दूसरा कल्पना का।

सम्पूर्ण आत्मकथा में बख्शी जी ने शुद्ध खड़ी बोली का प्रयोग किया है उदाहरण के लिए निम्नांकित पंक्तियाँ द्रष्टव्य हैं–

'अपने जीवन के सन्ध्या काल में हम उस कुटी में स्नेह का प्रदीप प्रज्चलित करके अन्त में महानिद्रा में मग्न हो जाते हैं।

स्वयं के विचारों को अभिव्यक्त करने के लिए संस्कृत के शब्दों का भी सहारा लिया है जैसे-विज्ञ (18), प्रविष्ट (101), विदीर्ण (103), आच्छादित (103), जीर्णशीर्ण (103), निःसृत (108), रश्मिच्छटा (111) आदि।

उद्देश्य–

बख्शी जी ने अतीत की विचारधारा को स्पष्ट करने के उद्देश्य से यह आत्मकथा लिखी है। विचारधाराओं को स्पष्ट करने के साथ ही साथ अपने जीवन दर्शन को भी व्यक्त किया है। इस व्यक्तीकरण में उन्हें पूर्ण सफलता मिली है।

एक कमी हमें अवश्य खटकती है कि आत्मकथा के प्रारम्भ से ही जीवन एवं मृत्यु की गम्भीरता तो यह कोई अतिशयोक्ति नहीं है फिर भी इस जटिलता को यदि वे प्रारम्भ में न रखकर मध्य में प्रस्तुत किये होते तो उनकी आत्मकथा और भी श्रेष्ठता का स्पर्श करने लगती।

सेठ गोविन्ददास का आत्म निरीक्षण–

स्व. सेठ गोविन्ददास (सन् 1896) छायावाद युग के श्रेष्ठ नाटककार एवं लेखक के रूप में प्रतिष्ठित हैं। इन्होंने आत्मकथा जैसी नव्य विधा पर भी लेखनी चलायी है। नाटक की भाँति ही इन्होंने अपनी आत्मकथा 'आत्म निरीक्षण' को भी प्रयत्न, प्राप्त्याशा और नियताप्ति-तीन भागों में लिखकर आत्मकथा साहित्य में स्थान प्राप्ति किया है।

तीनों भागों में प्रस्तुत इनकी आत्मकथा का समग्र मूल्यांकन इस प्रकार है-

प्रेरणा : सेठ गोविन्ददास अपने राजनीतिक व्यक्तित्व को जनमानस तक पहुँचा देना चाहते थे। आप बीती और जग बीती को जनमानस तक पहुँचा देने की भावना से प्रेरित होकर इन्होंने आत्मकथा लिखी है क्योंकि कोई भी महत्त्वपूर्ण मानव अपने व्यक्तित्व को अपने तक ही सीमित नहीं रखना चाहता है। यही कारण है कि आत्मकथा के माध्यम से वह जनमानस तक पहुँचा दिया करता है।

प्रकशन काल : सेठ गोविन्ददास द्वारा लिखित 'आत्म निरीक्षण' का प्रकाशन सन् 1958 में भारतीय विश्व प्रकाशन, फव्वारा, दिल्ली से हुआ है।

विषय वस्तु : सेठ गोविन्ददास ने 'आत्म निरीक्षण' के तीनों ही खण्डों में आपबीती और जगबीती का विस्तार से वर्णन किया है।

प्रथम भाग में स्वयं के जन्म, परिवार तथा संस्कारों आदि का उल्लेख किया है। द्वितीय एवं तृतीय भाग में महात्मा गाँधी के नेतृत्व में अपने सम्पूर्ण राजनीतिक संघर्षों का तथा उनके मध्य देश को स्वतन्त्र करने का प्रयास अंकित है। प्रथम भाग आत्मकथा की दृष्टि से अधिक महत्त्वपूर्ण नहीं है क्योंकि इसमें सेठ जी ने केवल अपने जन्म, परिवार एवं संस्कारों का ही परिचय दिया है। राजनीतिक क्षेत्र में ये गाँधी जी से विशेष प्रभावित थे जैसा कि इन्होंने लिखा भी है-

"मैं यह अवश्य कहूँगा कि जैसी गाँधी जी के प्रति मेरी अटूट श्रद्धा थी वैसी कम स्वराजियों के मन में थी। इसी श्रद्धा के कारण मेरा पण्डित मोतीलाल नेहरू से अचानक एक संघर्ष हो गया था।

राजनीति के साथ ही साथ सेठ जी साहित्यिक जीवन से कभी विमुख नहीं हुए इन्होंने अपनी आत्मकथा में लिखा भी है-

'मैने अपने जीवन में एक बात और देखी। मैं कभी भी बहुत दिन तक साहित्यिक क्षेत्र से सर्वथा पृथक नहीं रह सका। जेल से निकले मुझे 5 वर्ष के करीब बीत चुके थे। इन वर्षों में मैं कोई साहित्यिक रचना न कर पाया था। मुझे इस व्यापारिक क्षेत्र में अशान्ति भी बहुत रहती थी अतः मन को कुछ शान्ति देने के लिए मैंने रोजगार-धन्धे से कुछ समय बचा कुछ नाटक और लिखने का निश्चय किया। पाँच वर्ष के पश्चात् मैंने फिर कलम उठायी और थोड़े ही समय में मैने चार पूरे नाटक लिख डाले।

इस प्रकार आत्मकथा का अधिकांश सेठ जी के राजनीतिक व्यक्तित्व से ही घिरा है इतना अवश्य है कि व्यक्तित्व के विकास के अन्य क्षेत्रों को स्पर्श कर उनका परिचय दे दिया है।

शैली एवं भाषागत विशेषताएँ–

स्वयं की भावनाओं और विचारों को सजाने के लिए सेठ जी ने साहित्यिक शैली का सहारा लिया है। उदाहरण के लिए निम्नांकित पंक्तियाँ द्रष्टव्य हैं–

यथार्थ में कुटुम्ब का सहयोग ही एकाकीपन मिटाता है। इतने पर भी इस एकाकी कर्मण्य जीवन से मुझे जो सन्तोष प्राप्त हो रहा था वह शायद दुनिया के सबसे बड़े सन्तोषों में एक सन्तोष कहा जा सकता है।

जहाँ तक भाषा का सम्बन्ध है सेठ जी ने भावानुकूल भाषा का ही प्रयोग सम्पूर्ण आत्मकथा में किया है उदाहरणार्थ-

मेरे हाथ निसर्ग ने ही कुछ ऐसे ही बनाये हैं कि मेरी पहली प्रेयसी और मेरी पत्नी दोनों ही मेरे हाथों की प्रायः हँसी उड़ाया करती थीं। मेरे हाथों का दोष कुछ उनका आवश्यकता से अधिक मुलायम होना है।

शुद्ध खड़ी बोलो के माध्यम से सेठ जी ने अपने व्यक्तित्व के व्यक्तीकरण का सफल प्रयास किया है। कहीं-कहीं पर मार्केट (421) तथा टेविल (422) आदि शब्द भी प्रयुक्त किये हैं जो उनकी भाषा शक्ति की विशिष्टता कही जा सकती है।

उद्देश्य–

'आत्म निरीक्षण' एक उद्देश्ययुक्त आत्मकथा है। जैसा कि शीर्षक से ही स्पष्ट है अपने साहित्यिक, राजनीतिक एवं सामाजिक व्यक्तित्व का निरीक्षण करने के उद्देश्य से इन्होंने आत्मकथा लिखी है जिसमें पूर्ण सफल भी हुए हैं।

निष्कर्ष रूप में हम कह सकते हैं कि अपने साठ वर्षों के जीवन के समस्त प्रिय एवं कटु अनुभवों को अपनी आत्मकथा में सजीव कर दिया है। इनकी आत्मकथा के सम्बन्ध में डॉ. हजारी प्रसाद द्विवेदी ने लिखा है-

यह 'आत्म निरीक्षण' एक ओर जहाँ आपके बहुमूल्य व्यक्तित्व विकास की कहानी बताता है, वहीं राष्ट्र के संघर्षशील जीवन और उत्तोरत्तर जटिल होने वाली राष्ट्रीय समस्याओं की अनेक ग्रंथियों पर भी प्रकाश डालता है।

वियोगी हरि की आत्मकथा 'मेरा जीवन प्रवाह'–

छायावाद युगीन श्रेष्ठ आत्मकथाकार के रूप में वियोगी हरि (जन्म सन् 1896) का स्थान महत्त्वपूर्ण है। इनके द्वारा लिखित आत्मकथा 'मेरा जीवन प्रवाह' आत्मकथा साहित्य की अमूल्य निधि है।

मूल स्रोत-आत्मकथा–

प्रेरणा : 'मेरा जीवन प्रवाह' वियोगी हरि की श्रेष्ठ आत्मकथा है। अपनी आत्मकथा लिखने की प्रेरणा को इन्होंने निम्नांकित शब्दों में लिखा है।

'लिख डालने का मन तो इसलिए हुआ कि ऐसी ही घटनाएँ शायद दूसरों के भी जीवन में घटी हों, अनुभूतियाँ भी शायद ऐसी ही हुई हों या आगे चलकर हों, तो मेरे जीवन प्रवाह के उतार चढ़ाव के साथ मिलान करना उनके लिए कदाचित अच्छा ही होगा।'

इन पंक्तियों में अप्रत्यक्ष रूप से आत्म प्रचार की ही भावना निहित है। अपने को सामाजिकता से मण्डित करने के लिए ही इन्होंने आत्मकथा की रचना किया है।

लेखन प्रकाशन : वियोगी हरि के द्वारा रचित आत्मकथा 'मेरा जीवन प्रवाह' का प्रकाशन सन् 1948 में सस्ता साहित्य मण्डल, नयी दिल्ली से हुआ था।

विषय वस्तु : वियोगी हरि का 'मेरा जीवन प्रवाह' प्रमुख रूप से समाज सेवक और साहित्यकार की आत्मकथा है। वियोगी हरि ने स्वयं के जीवन की साधारण एवं असाधारण घटनाओं का अभिव्यक्तीकरण किया है। इन्होंने अपने जन्म स्थान के बारे में लिखा है-मेरा जन्म स्थान छतरपुर, बुन्देलखण्ड का एक छोटा सा कस्बा है। जनसंख्या उसकी कोई बारह हजार होगी पर मेरी दृष्टि में तब मेरा छतरपुर किसी भी नगर से छोटा नहीं था। सचमुच मेरे लिए तो वह बहुत बड़ा नगर था, बड़ा सुन्दर था, बड़ा सुखद था।

बचपन से ही इन्हें कविता करने का शौक था, जिसे अपनी आत्मकथा में वियोगी हरि ने इस प्रकार दर्शाया है-

'कविता करने का शौक मुझे लगा तब मेरी आयु मुश्किल से नौ वर्ष की रही होगी। सबसे पहले गणेश जी की वन्दना की एक कुण्डलिया जोड़ी थी, जिसका पहला चरण लम्बोदर गजबदन को सुमिरों बारम्बार' शायद ऐसा कुछ था।

इसी महत्त्वाकांक्षा के परिणामस्वरूप अनेक छोटी बड़ी रचनाएँ प्रकाशित हुईं, जिसमें 'वीर सतसई' का विशेष महत्त्व है' कुछ समय के बाद वे साहित्य सृजन की ओर विशेष उन्मुख होने लगे और 'साहित्यिक संन्यासी' के पद से विभूषित भी किये गये।

अपनी कृति के अन्तर्गत इन्होंने स्व. कमल कुमारी देवी की पुण्यकथा का भी उल्लेख किया है जिन्होंने इनकी जगमगाती हुई धर्म श्रद्धा को सहारा दिया था। उनके विषय में इन्होंने इस प्रकार लिखा है-

उन्होंने मेरी डगमगाती धर्म श्रद्धा को सहारा दिया था। उन्हीं के पवित्र वात्सल्य ने जीवन के अँधेरे मरुदेश में भटक जाने से मुझे बचाया था, जिनका धुँधला सा ध्यान आज भी मेरे स्वप्न उद्यान को हरा कर देता है।

अतीत की स्मृतियों के अन्तर्गत वियोगी हरि ने खजुराहों के मन्दिर सम्बन्धी जो आत्म संस्मरण प्रस्तुत किया है वह रग-रग को झंकृत करने वाला है। जिसे मन्दिर की पुरातत्त्व शोधकों एवं विदेशी यात्रियों के द्वारा भी मुक्तकण्ठ से प्रशंसा की जाती है। उसी मन्दिर की अश्लीलता का व्यक्तीकरण इन्होंने इस प्रकार किया है-'मैं तो ऐसे कला प्रदर्शन को चाहे वह कितना ही सुन्दर क्यों न हो, नारकीय ही कहूँगा। हमारी अनुपम शिल्पकला की उज्ज्वल कीर्ति पर निश्चय ही यह एक कलंक रेखा है। ऐसे तमाम वीभत्स चित्रों को तोड़कर उनके स्थान पर सुन्दर शील सम्पन्न चित्र क्यों न खुदवा दिये जायं।

शैली एवं भाषागत विशिष्टताएँ–

आत्मकथा में व्यक्तित्व को सजीव रूप से स्पष्ट करने के लिए वियोगी हरि ने आत्मकथात्मक शैली का प्रयोग करके स्वयं के जीवन की कहानी लिखा है। इनकी इस शैली में एक विशेष प्रकार के आकर्षण के दर्शन होते हैं। एक उदाहरण द्रष्टव्य है–

'साहित्य का मेरा अध्ययन छूट गया है। पर अध्ययन ही छूटा है, अध्यापन नहीं। अध्यापन के साथ-साथ अध्ययन भी कुछ न कुछ हो ही जाता है।

इन्होंने आत्मकथा में अपने व्यक्तित्व को निखारने के लिए अनेक व्यक्तियों के संस्मरण भी लिखे हैं जिनका प्रभाव इनके व्यक्तित्व पर विशेष रूप से पड़ा था।

अपनी भावनाओं और विचारों को स्पष्ट करने के लिए वियोगी हरि ने उर्दू, संस्कृत एवं देशज शब्दों का सहारा लिया है। इनकी आत्मकथा में प्रयुक्त उर्दू के कुछ शब्द इस प्रकार हैं–कर्ज वर्ज (63), एक मुश्त (63), तकाजे (95), फरमायस (95), जिद (183), हिमाकत (183), मुदर्रिस (191), लफ्ज, सिफारिश (193), दाखिल (199) तथा जाहिर (199) आदि।

स्वयं की भावनाओं को अभिव्यक्ति प्रदान करने हेतु इन्होंने अवसरानुकुल देशज शब्दों

का भी प्रयोग किया है, उदाहरणार्थ-साहें (3), (पके आम), गकड़ियाँ (बाटियाँ) (3),पतिबरता (160), गीजगाँजर (194), मोड़ो (195), मुरहों (195) आदि।

इसी प्रकाशन शमन (93) तथा अरित (195) जैसे शब्दों का भी प्रयोग करके भाषा को अलंकृत कर दिया है।

उद्देश्य–

अपनी कृति की रचना के पीछे प्रत्येक आत्मकथाकर का कोई न कोई उद्देश्य अवश्य होता है। इनकी आत्मकथा का उद्देश्य है-आपबीती घटनाओं का पुनर्निरीक्षण एवं आत्म विश्लेषण। इस उद्देश्य को माध्यम बना अन्य साहित्यकारों ने भी आत्मनिरीक्षण कर अपनी कमियों एवं विशिष्टताओं को उभारा है। इस प्रकार समाज को कुछ देने के लिए ही आत्मकथा लिखी है जैसा कि लिखा भी है-

'मानव समाज को बड़ों से ही सब कुछ मिला हो ऐसी बात नहीं है,

अन्त में हम कह सकते हैं कि वियोगी हरि की आत्मकथा जीवन के कर्त्तव्य को समझने के लिए प्रेरणा प्रदान करती है।

आत्मकथाकार ने बुन्देलखण्ड की निर्धनता का वर्णन बड़े ही विशद रूप में किया है। उसकी अध्यात्मप्रियता, साहित्य-सेवा, शिक्षा प्रचार एवं हरिजनोद्धार की अग्र आकांक्षा ही पढ़ते-पढ़ते पाठक का मन उबने सा लगता है। आत्मकथा का सम्बन्ध आपबीती घटनाओं के व्यक्तीकरण से होता है किन्तु वियोगी हरि ने बुन्देलखण्ड के सर्वांग व्यक्तीकरण के चक्कर में अपनी आत्मकथा को उसके तत्त्वों से थोड़ा दूर लाकर रख दिया है।

हिन्दी साहित्य के अनन्य सेवकों के संस्मरण भी इन्होंने सुनाए हैं जिनसे इनका सम्बन्ध था। संस्मरणों के पठन करते समय भी ऐसा लगने लगता है कि पाठक आत्मकथा से दूर जाकर लिखने लगा है फिर भी इतना तो कहा ही जा सकता है कि इन कमियों के बावजूद वियोगी हरि की 'मेरा जीवन प्रवाह' एक श्रेष्ठ रचना है।

बालकृष्ण शर्मा 'नवीन' की 'मेरी अपनी बात'

छायावादी आत्मकथा साहित्य में बालकृष्ण शर्मा 'नवीन' (सन 1897-1960) श्रेष्ठ स्थान के अधिकारी हैं। इनके द्वारा रचित आत्मकथा पुस्तकाकार नहीं है। देवव्रत शास्त्री द्वारा सम्पादित 'साहित्यकारों की आत्मकथा' के माध्यम से इन्होंने अपने जीवन का वृतान्त प्रस्तुत किया है।

प्रेरणा : 'मेरी अपनी बात' लिखने की प्रेरणा के सम्बन्ध में इन्होंने इस प्रकार लिखा है-

'मेरे प्रिय भाई देवव्रत शास्त्री की प्रेरणा से आज मैं अपने जीवन के सम्बन्ध में कुछ बातें लिख रहा हूँ। भाई देवव्रत जी का तकाजा बहुत दिनों का है और इन सतरों को लिखवा लेना भी उन्हीं के सदृश धुन के पक्के, कर्मठ एवं स्नेही बन्धु का काम है। और कोई सज्जन होते तो टाल जाता पर देवव्रत जी को टाल सकना सम्भव नहीं है।

विषय वस्तु : अपने जीवन के सम्बन्धों को सच्चा रूप देने में इन्हें पूर्ण सफलता मिली है। अपने जीवन के सम्बन्ध में अपनी कृति आत्मकथा में इस प्रकार लिखा है-मेरा जीवन बहुत अधिक घटनामय न होते हुए भी थोड़ा आश्चर्यमय जरूर है। देहात के एक अपढ़ कुपढ़

नौजवान को कानपुर ऐसे दंगली शहर में राजनीतिक कार्य करना पड़ा और उसमें भी उसे शीर्ष स्थान पर रहकर कार्य संचालन करना पड़ा, यह भी क्या कम आश्चर्य की बात है।

नवीन जी को अपनी जिन्दगी से निराशा अधिक मिली थी। जिन्दगी के किसी भी क्षेत्र में इन्होंने सफलता नहीं प्राप्त की जिन्दगी के उस वीतराग का काव्यात्मक पंक्तियों में प्रस्तुत किया है-

असफल जीवन में रहे, रहे सदा श्री हीन।
रहे न कोऊ काम के, तुम अलमस्त नवीन॥

शैली एवं भाषा–

आत्मकथात्मक एवं भावात्मक शैली के सहारे इन्होंने अपनी जिन्दगी के महत्त्वपूर्ण क्षणों का अभिव्यक्तीकरण किया है। अपनी बात को अच्छे ढंग से लिखने के लिए इन्होंने इफरात (87), कमबख्त (93), मर्तवा (96), तथा थर्ड क्लास (93) जैसे उर्दू व अंग्रेजी के शब्दों का भी सहारा लिया है।

उद्देश्य–

आत्म निरीक्षण एवं आत्म विश्लेषण करने के उद्देश्य से नवीन जी ने आत्मकथा लिखी है। इस उद्देश्य की पूर्ति में इन्हें पूर्ण सफलता मिली भी है।

इस प्रकार जिन्दगी के निराश क्षणों को मेरी अपनी बात के माध्यम से इन्होंने स्मरण किया है जो आत्मकथा साहित्य की अमूल्य निधि है।

निराला की आत्मकथा

गद्य में वैविध्य की दृष्टि से सूर्यकान्त त्रिपाठी 'निराला' (सन् 1897-1962) का कृतित्व अत्यन्त ही महत्त्वपूर्ण है। कहानी, उपन्यास, संस्मरण, रेखाचित्र, निबन्ध तथा समीक्षा आदि सभी क्षेत्रों में निराला का परिदान श्रेयस्कर है।

निराला ने स्वतन्त्र रूप से कोई आत्मकथा नहीं लिखी। स्वयं के द्वारा विरचित विविध विधाओं में यत्र-तत्र स्फुट रूप से अपने बारे में लिखा है। डॉ. सूर्य प्रसाद दीक्षित (सन् 1930) जो निराला के व्यक्तित्व एवं कृतित्व से विशेष आकृष्ट हैं, ने उनके साहित्य के सहस्राधिक पृष्ठों में बिखरी हुई आत्मकथा को एक सूत्र में पिरोकर उन्हीं के शब्दों में आत्मकथा लिखी है।

लेखन प्रकाशन : 'निराला की आत्मकथा' में उनका सम्पूर्ण व्यक्तित्व उभरकर पाठक के समक्ष प्रस्तुत हो जाता है।

इनका उपनाम 'निराला' किस प्रकार पड़ा, इस सम्बन्ध मे इन्होंने इस प्रकार लिखा है-

मेरा उपनाम 'निराला' 'मतवाला' के अनुप्रास पर आया था।

बचपन से ही निराला अत्यन्त ही स्वतन्त्रता प्रेमी थे। किसी के दबाव में रहना उन्हें बिल्कुल ही पसन्द नहीं था। अपनी आत्मकथा में लिखा भी है–मुझे बचपन में आजादी पसन्द थी। दबाव नहीं सह सकता था। खास तौर से वह दबाव, जिसकी वजह न मिलती हो।

साहित्य सृजन की प्रतिमा निराला जी में प्रारम्भ से ही थी जैसा कि उन्होंने लिखा भी है–

'अल्प-बुद्धि से मैं लिखने लगा था। लेकिन, तब बंगला में लिखता था। अब उसका कोई चिह्न शेष नहीं। व्याकरण की शिक्षा पूरी करने के पहले 'जूही की कली' लिखी थी, जो व्याकरण की दृष्टि से बाद को पूरी उतरी।

निराला के जीवन की एक महत्त्वपूर्ण विशेषता यह भी थी कि वे आत्मप्रशंसा में विश्वास नहीं करते थे। न स्वयं अपनी प्रशंसा करते थे और न ही स्वयं की प्रशंसा किसी से सुनना चाहते थे-उदाहरण के लिए निम्नांकित पंक्तियाँ द्रष्टव्य हैं–

'प्रशंसा की बात जब-जब, जहाँ-जहाँ आयी–मैंने टाल दिया। छिपकर रहने में कितनी शक्ति है यह शायद मुझसे अधिक कम लोगों को मिली होगी।'

इस प्रकार स्वयं के जीवन सम्बन्धी अतीत की स्मृतियों को उसी रूप में प्रस्तुत करके हमें एक निरालेपन का आभास कराया है।

भाषा एवं शैलीगत विशिष्टताएँ–

शैली की दृष्टि से इनकी आत्मकथा का विवेचन करने से स्पष्ट हो जाता है कि इन्होंने आत्मकथात्मक शैली का आदर्श प्रस्तुत किया है एक उदाहरण उनकी आत्मकथा से द्रष्टव्य है-मेरी तस्वीर तो मेरे साथ वालों के बहुत बाद निकली है, वह भी वैसी भड़कीली नहीं, निकली भी पत्रिकाओं में, मेरी पुस्तकों में नहीं। पर हर तरह बचता हुआ मैं बदनामी में पहले रहा।

निराला ने कहीं-कहीं पर व्यंग्य एवं हास्य का भी सहारा लेकर अपनी शैली को सजाने एवं सँवारने का सफल प्रयास किया है। स्वयं के विचारों एवं भावनाओं को स्पष्ट करने के लिए निराला जी ने उर्दू के ही अधिक शब्दों का प्रयोग किया है जैसे-मुकाबले (3), गुजर (3), बेकाम (6), खुदबखुद (6), मातहत (8), खुशामद (10), बेइज्जत (25), जबरदस्ती (51), मुखालिफत (116), खुसूसियत (116), जाहिर (127), तथा अख्तियार (130) आदि।

अपनी आत्मकथा में उन्होंने भावानुकूल एवं अवसरानुकूल भाषा का ही प्रयोग किया है जिससे वह सर्वग्राह्म की गयी है–'पिताजी पहले गरजे, फिर एक हाथ से मेरी बाँह पकड़कर टाँग लिया, और ताल की ओर ले चले उसी तरहे टाँगे हुए। वहाँ उसी तरह पकड़े हुए डुबा-डुबाकर नहलाने लगे, सोचता जा, सोचता जा कहते हुए। जब अपनी इच्छा भर नहला चुके तब प्रहार के ताप से जाड़ा छुटाने लगे।

उद्देश्य–

निराला जी ने अलग से कोई आत्मकथा नहीं लिखी है स्फुट रूप में जहाँ भी स्वयं के जीवन के कार्यों को प्रदर्शित करने का या आपबीती घटनाओं का व्यक्तीकरण किया है–उसका एक मात्र उद्देश्य है- अतीत की स्मृतियों को पुनर्जीवित करना या पाठकों को अपने सम्पूर्ण व्यक्तित्व से परिचित कराना। इस उद्देश्य की पूर्ति में उन्हें पूर्ण सफलता भी मिली है।

अन्ततः हम कह सकते हैं कि आत्मकथा के लिए जिन तत्त्वों की आवश्यकता हुआ करती है उन समस्त तत्त्वों की दृष्टिसे निराला की आत्मकथा सफल है। उनकी आत्मकथा की सबसे बड़ी विशेषता यह है कि उन्होंने कहीं भी अपने को नहीं छिपाया। स्वयं की कमजोरियों एवं गुणों को स्पष्ट रूप से लिख दिया है, जो इनकी आत्मकथा को श्रेष्ठ स्थान का अधिकारी बना देती है।

सुमित्रानन्दन पन्त की आत्मकथा–

स्व. सुमित्रानन्दन पन्त (सन् 1900-1976) छायावाद युग के श्रेष्ठ आत्मकथाकार के रूप में हमारे समक्ष आते हैं। ये मूलतः कवि ही थे किन्तु नवीन साहित्यिक विधा 'आत्मकथा' को भी स्पर्श करके इन्होंने अपनी अन्यतम प्रतिभा का परिचय दिया है।

मूल स्रोत-आत्मकथा–

प्रेरणा : 'साठ वर्ष एक रेखांकन' सुमित्रानन्दन पन्त की सुन्दर आत्मकथा है जिसमें स्वयं के जीवन की कहानी अपनी ही जबानी अंकित है। वास्तव में अपने बारे में कहना कठिन सा हुआ करता है किन्तु पन्त जी अपने मानसिक प्रवाह की अभिव्यक्ति की तीव्र भावना से प्रेरित होकर आत्मजीवनी लिखने की ओर अग्रसर हुए थे। वे आत्म जीवनी के क्षेत्र में एक नवीन मापदण्ड की स्थापना करना चाह रहे थे इसलिए अपने व्यक्तित्व को अपनी ही लेखनी से स्पष्ट करके सफलता प्राप्त की है।

लेखन प्रकाशन : पन्त जी की आत्मकहानी 'साठ वर्ष एक रेखांकन' का प्रकाशन सन् 1960 ई. में राजकमल प्रकाशन, दिल्ली से हुआ था।

विषय वस्तु : 'साठ वर्ष एक रेखांकन' जैसा कि पुस्तक के नाम से ही स्पष्ट है कि पन्त जी के जीवन के साठ वर्षों की कहानी इसमें वर्णित है। इसके अन्तर्गत आकाशवाणी से प्रकाशित चार वार्ताएँ–प्रकृति का अंचल, विकास सूत्र और अन्तः संघर्ष, प्रभाव और वाह्य संघर्ष, तथा नव-मानवता का स्वप्न' संग्रहीत है जिन्हें आत्मकथाकार ने एक सूत्र में पिरोकर स्वयं के जीवनक्रम का स्पष्टीकरण किया है। उन्होंने स्वयं स्वीकार भी किया है-इन निबन्धों में मैंने अत्यन्त संक्षिप्त रूप में अपने साहित्यिक जीवन के क्रम-विकास की रूपरेखा भर प्रस्तुत करने का प्रयत्न किया है। मेरे व्यक्तिगत जीवन संघर्ष को इनमें पर्याप्त स्थान नहीं मिल सका, उसके लिए उपयुक्त क्षेत्र तथा अवसर भी नहीं था। मेरे साहित्य को हृदयंगम करने से मेरे मानसिक जीवन-प्रवाह के ये पथ संकेत, सम्भवतः सहायक हो सके, इसी आशा से, मेरे मन ने इनके प्रकाशन की स्वीकृति दी है।

सन् 21 से 31 तक का समय आत्मकथाकार के लिए विशेष प्रकार की समस्याओं का समय है। इस समय पन्त जी के समक्ष स्वास्थ्य सम्बन्धी अनेक समस्याएँ आती हैं किन्तु इन्होंने एकाग्रचित होकर उनका सामना किया। अपनी आत्मकथा में इस घटना का व्यक्तीकरण इस प्रकार किया है-

'सन 21 से 31 तक मेरा आत्मशिक्षण का युग रहा है। मुझे सब प्रकार की विचारधाराएँ तथा जीवन दर्शन, जिनके सम्पर्क में आ सका, अपर्याप्त तथा अपूर्ण प्रतीत हुए और हृदय, भीतर ही भीतर एक अधिक सर्वांगीण दर्शन अथवा चैतन्य की उपलब्धि की आशा से आनन्दित, जागरूक तथा अन्तः सक्रिय रहने लगा।

परिवार से अलग रहने के बावजूद ये पारिवारिक मोह से मुक्त नहीं थे जिसे इस प्रकार लिखा है-

'यद्यपि मैं सदैव परिवार के लोगों से अलग ही रहा हूँ, पर पारिवारिकता के मूल मेरे भीतर विद्यमान हैं और मैंने अनेक आघात सहने पर भी उन्हें सजीव रहने दिया।

इस प्रकार आपबीती घटनाओं, विगत समस्याओ तथा अतीत के अनुभवों का व्यक्तीकरण जिस ईमानदारी के साथ किया है, वह अन्यत्र दुर्लभ है।

शैली एवं भाषागत विशेषताएँ–

'साठ वर्ष एक रेखांकन' में पन्त जी ने आद्यन्त संश्लिष्ट किन्तु सौन्दर्य-मुखी शैली का प्रयोग किया है। उदाहरण के लिए निम्नांकित पंक्तियाँ द्रष्टव्य हैं–

'मै छुटपन में अत्यन्त आत्मस्थ, विनम्र तथा सुकुमार था। कौसानी में हिमालय की सन्निधि ने मेरे प्राणों में एक अजेय, आत्मविश्वास, अदम्य आशा तथा महत् उत्साह भर दिया था जो आगे चलकर भी मेरे जीवन का सम्बल रहा।

स्वयं की भावनाओं को अभिव्यक्त करने के लिए इन्होंने संस्कृत के शब्दों का अधिक प्रयोग किया है जैसे-प्रच्छन्न (52), शुभ्र (52), पदभ्रान्त (73) आदि। सम्पूर्ण आत्मकथा में भावानुकूल भाषा का ही प्रयोग किया है–'मेरे कवि हृदय को नवयुग मंगल के लिए एक सर्वांगपूर्ण रससिद्ध चैतन्य की खोज थी, जिसकी प्राप्ति के लिए गाँधी जी का अन्तःस्पर्श शुभ्र सोपान बन सका।'

इस प्रकार भाषा एवं शैली की दृष्टि से 'साठ वर्ष एक रेखांकन' पूर्ण सफल है। जैसा कि इन्होंने स्वयं ही कहा है–

'मेरे विचारों तथा भावनाओं में स्पष्टता तथा व्यापकता, शैली में प्रौढ़ता, प्रांजलता तथा भौतिक, आध्यात्मिक मूल्यों सम्बन्धी दृष्टिकोण में सम्भवतः संगति या सामंजस्य मिलता है।

उद्देश्य–

उद्देश्य किसी भी साहित्यकार का वह अभीष्ट होता है जिसकी प्राप्ति हेतु वह आत्मकथा लिखता है। पन्त जी ने आत्मविश्लेषण करने के लिए एवं साहित्यिक जीवन की विशेषताओं की स्मृति को पुनर्जीवित करने के लिए आत्मकथा लिखी थी जिसमें उन्हें पूर्ण सफलता मिली है।

अन्त में हम कह सकते हैं कि आत्मकथा के समस्त तत्त्वों की दृष्टि से 'साठ वर्ष एक रेखांकन' पूर्ण एवं सफल है। इतनी संक्षिप्त एवं सारगर्भित आत्मकथा छायावाद जैसे युग के लिए असम्भव नहीं तो कठिन अवश्य है। केवल पचहत्तर पृष्ठों में ही साठ वर्षों की आपबीती घटनाओं का अंकन अत्यन्त ही स्पृहणीय कहा जा सकता है। इस सम्बन्ध में पन्त जी ने स्वयं भी कहा है-

अपने सम्बन्ध में मैने उतना ही कहना यथेष्ट समझा जितना अपने साहित्यिक जीवन की विकास रेखा को स्पष्ट करने के लिए मुझे अनिवार्य प्रतीत हुआ।

पाण्डेय बेचन शर्मा 'उग्र' की आत्मकथा–

हिन्दी के आधुनिक साहित्यकारों में पाण्डेय बेचन शर्मा 'उग्र' (सन् 1900-1967) का स्थान अग्रणी माना जाता है। जहाँ एक ओर उग्र जी ने उच्च कथा साहित्य का परिचय दिया है वहीं दूसरी ओर आत्मकथा जैसी नव्य विधा को भी अपनी सृजात्मक प्रतिभा से गौरवान्वित किया है।

'उग्र' जी द्वारा रचित आत्मकथा 'अपनी खबर'आत्मकथा की समस्त विशिष्टताओं की दृष्टि से सफल है जिसका समग्र मूल्यांकन इस प्रकार है–

मूल स्रोत-आत्मकथा–

प्रेरणा : बेचन शर्मा 'उग्र' द्वारा लिखित अपनी खबर छायावाद युगीन आत्मकथा साहित्य की श्रेष्ठ आत्मकथा है। छायावाद युगीन माँग के अनुकूल ही उग्र जी ने आत्मकथा 'अपनी खबर' की रचना करके भावी लेखकों का ध्यान इस विधा की ओर आकर्षित किया है। आत्मप्रचार एवं आत्मप्रसार की भावना से प्रेरित होकर 'उग्र' जी ने आत्मकथा लिखने का जो प्रयास किया है उसमें उन्हें पूर्ण सफलता मिली है क्योंकि सभी छायावादी आत्मकथाकारों की यह सामान्य प्रवृत्ति है कि वे आत्माभिव्यक्ति को श्रेष्ठ स्थान देते हैं।

लेखन प्रकाशन : पाण्डेय बेचन शर्मा 'उग्र' द्वारा रचित आत्मकथा 'अपनी खबर' का प्रकाशन सन् 1960 में राजकमल प्रकाशन, दिल्ली से हुआ।

विषय वस्तु : अपनी खबर विषय वस्तु की दृष्टि से पाण्डेय बेचन शर्मा 'उग्र' की एक सफल रचना है। अपने जन्म, माता-पिता, भाई तथा बाल्यकाल के वातावरण का उग्र जी ने बड़ा ही सजीव चित्र प्रस्तुत किया है। अपने जन्म के सम्बन्ध में उन्होंने इस प्रकार लिखा है-

'विक्रमीय संवत के 1957वें वर्ष के पौष शुक्ल अष्टमी की रात साढ़े आठ बजे मेरा जन्म यू. पी. के मिर्जापुर जिले के चुनार तहसील के सद्दूपूर नामक मुहल्ले में बैजनाथ पाण्डे नामक कौशिक गोत्रोत्पन्न सरयूपारीण ब्राह्मण के घर पर हुआ।

'अपनी खबर' में उग्र जी ने अपनी साहित्यिक सर्जन की प्रारम्भिक स्थिति का भी उल्लेख किया है 'हिन्दू स्कूल के प्रधानाध्यापक थे रसिकलाल जी देसाई। अतः गाँधी जी का जन्म दिवस स्कूल में अधिक उत्साह से मनाया गया था। उसी सभा में महात्मा जी पर मैंने एक तुकबन्दी पढ़ी थी, बिल्कुल गलत-सलत रद्दी। लेकिन उसमें गाँधी जी का नाम था, साथ ही विदेशियों के विरुद्ध विचार थे। बस फिर क्या था...दूसरे दिन बेचन पाण्डेय हिन्दू स्कूल में माननीय कवि।

इन्होंने साहित्य सृजन सम्बन्धी अपने दोषों को भी कहा है जो आत्मकथा के अनुकूल ही है-

'मैंने ध्रुवचरित पर एक खण्डकाव्य लिखा था फर्मे रावा फर्गे का। कमलापति की एक विदुषी भान्जी स्वर्गीय श्यामकुमारी मिश्र ने उसे छपवाने के लिए रुपये दिये थे। पाण्डुलिपि और रुपये लेकर मैं भूमिहार ब्राह्मण प्रेस गया, तब उसे देखने के बाद प्रेस के योग्य संचालक ने बतलाया कि रचना में दोष अनेक हैं, अच्छा हो छपवाने के पूर्व संशोधन करा लिया जाय।

इस प्रकार विषय वस्तु की दृष्टि से 'अपनी खबर' उग्र जी की श्रेष्ठ कृति है।

शैली एवं भाषागत विशेषताएँ–

उग्र जी हिन्दी जगत् के अन्यतम शैलीकार हैं। उनके द्वारा प्रयुक्त आत्मकथात्मक शैली इस ढंग की है कि विरोधी भी मुग्ध हो जाता है उदाहरणार्थ-मैं शिव प्रसाद जी गुप्त के 'सेवा सदन' से भीख के अन्न सिर पर लादकर ले आता था। ज्ञानमण्डल और 'आज' भी उन्हीं देवता स्वरूप शिवप्रसाद के दिव्य प्रसाद थे।

कहीं-कहीं पर व्यंग्य की अभिव्यक्ति बिल्कुल ही सीधे रूप में इनकी आत्मकथा में दृष्टिगोचर होता है-

मिस माधूरी को मुख 'लोफर' निहारि, हारि,
फीके पड़ गए मुँह नीके-नीके गुल के।
बसन सफेद बाके तन की सफेदी देख,
मलिन बना ही रहा—साठ बार धुल के॥

शैली की ही भाँति भाषा की भी समस्त विशेषताएँ 'उग्र' जी की आत्मकथा में दृष्टिगोचर होती हैं। आवश्यकतानुसार इन्होंने उर्दू संस्कृत एवं अंग्रेजी के शब्दों का प्रयोग किया है जिससे वह पाठकों के लिए आसानी से पढ़ने योग्य हो गयी है। उर्दू के निम्नांकित शब्दों का प्रयोग किया है-जिन्दगी दराज (18), आबदस्त (22), तनख्वाह (26), आदि शब्दों के प्रयोग के द्वारा अपने व्यक्तित्व को स्पष्ट किया है।

'अपनी खबर' में उग्र जी ने अंग्रेजी के शब्दों का अधिक प्रयोग किया है जैसे-अण्डर (18), पार्ट (19), स्लोपायजन (21), ऐक्टिंग (26), फ्री (26), प्ले हाउस, ब्वाय सरवेंट (28) अनबैलेन्स्ड (34), रिटायर्ड (46), ग्रीनरूम (55), मेकअप (56), ऐक्टर (57), प्रोपेगण्डा (86), ट्रेजडी (87), सार्टीफिकेट (96), ब्यूटीफुल (134) आदि।

स्वयं के व्यक्तित्व को स्पष्ट करने के लिए संस्कृत के भी शब्दों का प्रयोग किया है जैसे—योगक्षेम (19), पृष्ठ (26), धृत (27), स्वयमेव (39), वय (29), कथा (37), रजस्वला (39), विलोकिये (47), मयंकमुख (47), द्विज (109) आदि।

इस प्रकार अनेक प्रकार के शब्दों का प्रयोग करके भाषा की दृष्टि से एवं गम्भीरता आदि का प्रयोग करके शैली की दृष्टि से उग्र जी की आत्मकथा सफल है।

उद्देश्य–

'उग्र' जी की आत्मकथा एक उद्देश्य युक्त आत्मकथा है। आलोच्य आत्मकथा का उद्देश्य आत्मविश्लेषण के माध्यम से आत्मप्रचार करना। अपने सम्पूर्ण व्यक्तित्व को समाज तक पहुँचाने के लिए ही इन्होंने अपनी कृति का सृजन किया है। आत्म निरीक्षण करने के लिए उन्होंने 'अपनी खबर' लिखने का साहस किया था, जिसमें उन्हें पूर्ण सफलता भी प्राप्त हुई थी।

निष्कर्षतः हम कह सकते हैं कि आत्मकथा के समस्त तत्त्वों की दृष्टि से 'अपनी खबर' एक सफल एवं आकर्षक आत्मकथा है। स्वयं के जीवन के प्रारम्भिक इक्कीस वर्षों में न जाने कितने उल्टे-सीधे रास्ते तय करने पड़े हैं, उन समस्त घटनाओं को 'उग्र' जी ने अपनी सशक्त एवं मनमौजी शैली में प्रस्तुत किया है। इतना ही नहीं अपने साथ अन्य व्यक्तियों के सम्बन्धों की कहानी को भी प्रस्तुत किया है, जिसके कारण रोचकता में वृद्धि हो गयी है। इस प्रकार 'अपनी खबर' आत्मकथा के क्षेत्र में एक विशिष्ट रचना है।

त्योहार राजेन्द्र सिंहकृत आत्मकथा 'सेवा, सृजन और संघर्ष'

हिन्दी संसार के सुप्रसिद्ध साहित्यकार श्री त्योहार राजेन्द्र सिंह (12 सितम्बर सन् 1900) भाषा

एवं साहित्य की विविधता के महाप्राण हैं। इनके द्वारा रचित आत्मकथा 'सेवा, सृजन और संघर्ष' छायावादी आत्मकथा साहित्य की अमूल्य निधि है, जिसका विवेचन इस प्रकार है–

प्रेरणाः प्रत्येक साहित्यकार किसी न किसी प्रेरणा से प्रेरित होकर ही साहित्य सृजन की ओर अग्रसर होता है। व्योहार जी का जीवन अत्यन्त ही संघर्षमय था। अतीत के उन्हीं संघर्षों को जनमानस तक पहुँचा देने की भावना से प्रेरित होकर इन्होंने आत्मकथा लिखी है। भूमिका में इन्होंने लिखा है–

'मैं उस दिन की याद कर बहुत प्रसन्न होता हूँ जबकि मेरी यह डायरियाँ मेरी मृत्यु के बाद मूल्यवान समझी जायेंगी और समाज शिक्षण की साधन होंगी। इसी उद्देश्य से जीवन के अन्तिम दिवस तक डायरी लिखते रहने का विचार है।

लेखन प्रकाशन : श्री व्योहार राजेन्द्र सिंह द्वारा लिखित आत्मकथा 'सेवा, सृजन और संघर्ष' का प्रकाशन सन् 1972 में मानस मन्दिर, जबलपुर में हुआ था।

विषय वस्तु : व्योहार जी ने अपनी आत्मकथा में स्वयं के बाल्यकाल से लेकर 1920 तक की जिन्दगी के अतीत का बड़ी ही ईमानदारी व सत्यता के साथ वर्णन किया है। जन्मभूमि का आंशिक वर्णन करने के बाद पूर्वजों के मकान आदि का विस्तार से वर्णन किया है।

बचपन में व्योहार जी अत्यन्त ही शर्मीली प्रकृति के थे जिसका वर्णन निम्नांकित पंक्तियों में इस प्रकार है–

शर्मीला इतना था कि किसी के सामने बाहर नहीं निकलता था। पिताजी नौकर से बुलवाते थे तो छिप जाता था।

व्योहार जी को बचपन से ही कविता का बहुत शौक था यही कारण है कि युगीन समाज में विभिन्न ऋतुओं में विभिन्न प्रकार के जो गीत गाये जाते थे उनका स्पष्ट उल्लेख अपनी आत्मकथा में किया है। सावन में झूलों के साथ स्त्रियों और पुरुषों की टोलियाँ जो कजरी गाया करती थीं उसका वर्णन इस प्रकार किया है–

'हरे रामा' सावन में मन भावन झूला झूले हो रामा।

आत्मकथा की सबसे बड़ी विशिष्टता यह होती है कि लेखक उसमें अपने गुणों के साथ ही साथ स्वयं की कमी का भी उल्लेख करे। इस तथ्य का पूर्ण समाहार व्योहार जी ने किया है–

'अधिक पढ़ने लिखने का फल यह हुआ कि मैं अपने को विद्वान् समझने लगा और दूसरों से बहस करने लगा।'

बचपन से ही इनका व्यक्तित्व आंशिक रूप से साहित्यिक था। इसी साहित्यिक व्यक्तित्व के प्रारम्भिक स्वरूप का वर्णन द्रष्टव्य है–मैंने सबसे पहले 'विद्यार्थी के कर्त्तव्य' पर लेख लिखा और पुरस्कार भी प्राप्त किया।

व्योहार जी के व्यक्तित्व पर युगीन साहित्य का पर्याप्त प्रभाव परिलक्षित होता है। उदाहरण के लिए शृंगारी काव्यों के पठन से इनकी प्रवृत्ति भी शृंगारी हो गई–

'नायिका भेद के लिए केशवदास की 'रसिक प्रिया' पद्माकर का 'जगत् विनोद' मतिराम का 'रसराज' और बिहारी का 'सतसई' पढ़ना शुरू किया जिससे शृंगार रस की ओर मेरी अधिक प्रवृत्ति हुई।

आत्मकथा में व्योहार जी ने अपने जीवन के आदर्श का अभिव्यक्तीकरण किया है। ये पंक्तियाँ लांग फेलो की कविता से इन्होंने लिया है जो इनके पुरुषार्थ की प्रेरक हैं–

"Tell me not in mournful numbers
Life is but a dream.

ये आर्य समाजी विचारधारा से विशेष रूप से प्रभावित हैं जैसा कि लिखा भी है–

'मेरे मन पर आर्य समाजी तर्कों का बड़ा प्रभाव पड़ा और मैं सोचने लगा था कि मन्दिर आदि जाना व्यर्थ है।

अपनी आत्मकथा में इन्होंने पुराने रीतिरिवाजों का खण्डन किया है उदाहरणार्थ अस्पृश्यता पाप है इसलिए उस पाप को मिटाना चाहिए। उसी तरह मैं मानता हूँ कि हिन्दू धर्म में अस्पृश्यता बड़ी शैतानियत है।

जिन्दगी के सम्बन्ध में इनकी प्रत्येक मान्यता उच्चादर्श का स्पर्श करती हुई दृष्टिगोचर होती हैं–

'मेरी धारणा हो गयी कि परोपकार में लगाया हुआ समय ही अच्छी तरह खर्च किया हुआ समय कहा जा सकता है। पढ़कर उसका उपयोग दूसरों को दे सकें तभी वह सार्थक है अन्यथा स्वार्थ के लिए या मनोरंजन के लिए पढ़ना बिल्कुल बेवकूफी है।

इस प्रकार इन्होंने अपनी आत्मकथा में स्वयं के जीवन के प्रत्येक पहलू को शीर्षक के क्रम में लिखकर ईगानदारी व सत्यता का परिचय दिया है।

शैली व भाषागत विशिष्टताएँ–

शैली अनुभूत विषय वस्तु को सजाने के उस तरीके का नाम है जिसके द्वारा आत्मकथाकार स्वयं की मान्यताओं को स्पष्ट कर देता है। व्योहार जी ने आत्मकथात्मक शैली का ही सहारा सम्पूर्ण आत्मकथा में लिया है–

'मूर्ति पूजा पर फिर मेरा विश्वास वापस आ गया और मन की अशान्ति मिट गयी।

संस्मरणात्मक शैली का भी व्योहार जी ने अपनी आत्मकथा में कहीं-कहीं पर प्रयोग किया है जैसे-

'पिताजी को संगीत का भी शौक था। रात को हारमोनियम और दोपहर को सितार बजाते थे। मुझे भी काशीराम से हारमोनियम और करीम से सितार सिखवायी।

आत्मकथा के अन्तिम भाग में इन्होंने डायरी शैली का प्रयोग किया है। इसका एक मात्र कारण यह है कि इन्हें डायरी लिखने का बहुत शौक है। डायरी शैली का एक उदाहरण इस प्रकार है-

'6.10.20 आज सबेरे चौबे जी ने आकर मुझसे सब हाल कहा कि काका जी की इच्छा अभी मुझे बाहर भेजने की नहीं है। पहिले तो वे यह जानना चाहते हैं कि उन्हें आज्ञा देने का अधिकार है या नहीं।

इन सभी शैलियों में प्रभावात्मकता का गुण विशेष रूप से विद्यमान है जिसे पढ़कर पाठक प्रभावित हुए बिना नहीं रह सकता है–

'ऐसा कुछ स्वभाव बन गया है कि अगर आत्मजा की आज्ञा एकदम न पाली गयी और

देर हो गयी तो फिर कष्ट और चिन्ता मन को दुखाती रहती है। चिन्ता व विचार की उपेक्षा कार्य अधिक होना चाहिए और उनके फल के लिए अधीर न होना चाहिए।

शैली के अतिरिक्त जहाँ तक भाषा का प्रश्न है, व्योहार जी ने अपने विचारों व भावनाओं के स्पष्टीकरण हेतु संस्कृत, उर्दू, अंग्रेजी व देशज शब्दों का सहारा लिया है। आत्मकथा में इन शब्दों का प्रयोग इस प्रकार किया है–

शुभ्र (2), निरभ्र (19), आबहवा (142), खामख्याली (173), रिहर्सल (37), टेबिल (40), अटारी (4), ओली (24), घुरैड़ी (30), रन्ज (152), सकरा (48), तथा मुज्जो (93), आदि।

आत्मकथा में परिमार्जित खड़ी बोली का प्रयोग अधिक दिखायी देता है उदाहरण के लिए निम्नांकित पंक्तियाँ द्रष्टव्य हैं–मैं अन्त्यजों से कह रहा हूँ कि ऐसे पाप के विरुद्ध में स्वयं तो असहयोग ही करूँगा। सारे हिन्दू समाज के विरुद्ध मैं अकेला असहयोग करूँ ऐसा समय भी आ सकता है।

अतः शैली एवं भाषा की दृष्टि से भी व्योहार जी की आत्मकथा सफल है।

उद्देश्य

उद्देश्य किसी भी कृति का हो वह अभीष्ट होता हे जिसकी पूर्ति हेतु साहित्यकार साहित्य का सृजन करने के लिए अग्रसर होता है। अतीत का पुनर्गठन करने के उद्देश्य से व्योहार जी ने आत्मकथा लिखी है। इस उद्देश्य की पूर्ति में इन्हें पूर्ण सफलता मिली है।

अन्त में निष्कर्षतः हम कह सकते हैं कि व्योहार जी द्वारा रचित आत्मकथा 'सेवा, सृजन और संघर्ष' आत्मकथागत तत्त्वों के आधार पर पूर्ण सफल है।

व्योहार जी ने मंगलाचरण से अपनी आत्मकथा का प्रारम्भ करके आत्मकथा साहित्य में एक नवीनता का समावेश किया है जो इनकी विद्वता का ही परिचायक है।

वैसे सामान्य जीवन में यह देखा जाता है कि किसी भी व्यक्ति का झुकाव किसी एक क्षेत्र की ओर ही विशेष रूप से रहता है किन्तु व्योहार जी का झुकाव सभी क्षेत्रों में परिलक्षित होता है। यह इनके व्यक्तित्व की अत्यन्त ही महत्त्वपूर्ण विशिष्टता है। अपनी आत्मकथा के द्वारा इन्होंने छायावादी आत्मकथा साहित्य को जो प्रदान किया है, वह श्रेष्ठ है।

शान्तिप्रिय द्विवेदी की आत्मकथा–

शान्तिप्रिय द्विवेदी (सन् 1906-1967) विवेच्य काल के उन साहित्यकारों में प्रमुख हैं जिन्होंने आत्मकथा विषयक साहित्य को समृद्ध बनाया है। इनकी आत्मकथा 'परिव्राजक की प्रजा' का विवेचन आत्मकथागत तत्त्वों के आधार पर इस प्रकार है–

प्रेरणा : शान्तिप्रिय द्विवेदी अपनी कथा को जग की कथा के रूप में परिणत करने की भावना से यह आत्मकथा लिखी है जैसा कि उन्होंने लिखा भी है–

'यही मेरा, इनका, उनका, सबका स्पन्दन
हास्य से मिला हुआ क्रन्दन
यही मेरा, इनका, उनका, सबका जीवन।

इन पंक्तियों से भी स्पष्ट है कि आत्मप्रचार की भावना से प्रेरित होकर आत्मकथा लेखन की ओर द्विवेदी जी उन्मुख हुए थे।

प्रकाशन काल : शान्तिप्रिय द्विवेदी द्वारा लिखित 'परिव्राजक की प्रजा' का प्रकाशन सन् 1952 ई. में इण्डियन प्रेस, इलाहाबाद से हुआ।

विषय वस्तु 'द्विवेदी जी ने अपने जीवन के विविध प्रसंगों को अपनी आत्मकथा में लिखने का प्रयास किया है। मातृविसर्जन इनके जीवन को झकझोर देने वाली घटना है–

'एक दिन, रात के समय माँ का दूध पीने के लिए मैं बहुत हठ करने लगा। बहिन ने समझाया–माँ की तबीयत ठीक नहीं है, उसे दिक मत करो। मैं मान गया, किन्तु दूसरे दिन माँ की मृत्यु हो गयी।

द्विवेदी जी अत्यन्त ही साहित्य प्रेमी हैं आत्मकथा में इस तथ्य का उल्लेख भी इस प्रकार किया है–

'जीवन से निराशा हो जाने पर पर भी साहित्य में मैं निष्क्रिय नहीं रह सका। बहिन तो मौन हो गयी थी, किन्तु उसकी वेदना ने मुझे उद्वेलित कर दिया व्यक्तिगत सुख-दुख को मैं समाजवादी दृष्टिकोण से देखने लगा। 'युग और साहित्य' लिखने लगा।

इस प्रकार स्वयं की जिन्दगी के व्यक्तिगत उपकरणों को इन्होंने अपनी आत्मकथा में समुचित स्थान दिया है।

शैली एवं भाषागत विशिष्टताएँ

द्विवेदी जी ने सम्पूर्ण आत्मकथा में शुद्ध साहित्यिक शैली का प्रयोग किया है जो उनके व्यक्तित्व की विशेषता है-

'जीवन पथ के एक शिशु की तरह मैं प्रत्येक छात्र के कमरे में जा जाकर उससे मिलता। मैं चाहता कहीं से कोई पाथेय मिल जाय, कहीं से आलोक की आभा मिल जाय।

आत्मकथा शैली का भी जो आदर्श इन्होंने प्रस्तुत किया है वह अपने आप में श्रेष्ठ है एक उदाहरण द्रष्टव्य है–

'मैं भी तब अखबार को क्या जानता था? उसे भी कोई बड़ा इश्तहार ही समझता था। एक बार नाम छप जाने पर बार-बार नाम छपवाने के लिए मैं दैनिक 'आज' में स्थानीय संवाद लिख-लिखकर भेजने लगा।

सम्पूर्ण आत्मकथा में शुद्ध परिमार्जित भाषा का प्रयोग किया है–उदाहरणार्थ–

'उन दिनों एक नीरव मधुरता मन में मनसिज की तरह भिद गयी थी। जब कभी हम दोनों में अनबन हो जाती तब उद्‌गारों का आदान-प्रदान स्नेह के पत्रों से ही होता था।

कहीं-कहीं पर इन्होंने संस्कृत के शब्दों को अपनी भावाभिव्यक्ति का माध्यम बनाया है जैसे-पार्श्व (13), अन्तर्नाद (18), वनिता (15), अहर्निश (113), आदि। इसके अतिरिक्त जिन्दादिल (111) एवं खुशमिजाज (111), जैसे उर्दू के भी शब्दों का यत्र-तत्र प्रयोग किया है।

उद्देश्य–

द्विवेदी जी द्वारा लिखित एक निश्चित अभीष्ट की पूर्ति को लेकर चली है और उस पूर्ति में वे

पूर्ण सफल भी हुए हैं। अतीत की स्मृतियों को पुनर्जीवित करने के उद्देश्य से इन्होंने आत्मकथा लिखी है। इस उद्देश्य का व्यक्तीकरण इस प्रकार किया है–

'काल के प्रखर से जीवन की स्मृतियाँ क्षीण होती जा रही हैं। विस्मृति में विलीन होने के पहले मैंने कुछ स्मृतियों को सँजो लिया है।

इस प्रकार हम कह सकते हैं कि द्विवेदी जी की आत्मकथा आप बीती और जगबीती के व्यक्तीकरण का आदर्श प्रस्तुत करती हैं। अपने बाल्य जीवन एवं साहित्यिक जीवन की सम्पूर्ण घटनाओं का व्यक्तीकरण बड़ी ही सफलता के साथ किया है।

गौण आत्मकथाकार
आत्मकथा को व्यक्त करने वाली अन्य विधाएँ

राहुल जी की गौण आत्मकथा : 'यात्रा के पन्ने' और 'बचपन की स्मृतियाँ'

1. यात्रा के पन्ने : इस आत्मकथा का प्रकाशन अक्टूबर 1952 ई. में साहित्य सदन, देहरादून से हुआ था। इस आत्मकथा के माध्यम से इन्होंने अपने जीवन काल में की गयी तिब्बत यात्रा का विशद वर्णन किया है जिसके माध्यम से पूर्ण रूप से तो नहीं पर आंशिक रूप से उनका व्यक्तित्व अवश्य प्रकाश में आता है।

तिब्बत की आर्थिक स्थिति, वहाँ का रहन-सहन, शिक्षा तथा स्वास्थ्य आदि का पूर्ण विवेचन किया है वहाँ के रीतिरिवाज का उदाहरण देखा जा सकता है तिब्बती लोगों ने अति प्राचीन काल से जनसंख्या-नियन्त्रण का बहुत अच्छा तरीका बहुपति-विवाह स्वीकार कर लिया। द्रौपदी और पंच पाण्डवों का उदाहरण वहाँ घर-घर में है।

यात्रा के पन्ने में इन्होंने संस्कृत, उर्दू और अंग्रेजी के माध्यम से अपने विचारों को व्यक्त किया है। अतीत की स्मृतियों को पुनर्जीवित करने के उद्देश्य से इन्होंने इस आत्मकथा की भी सर्जना किया है।

2. बचपन की स्मृतियाँ : राहुल जी की इस आत्मकथा का प्रकाशन सन् 1955 में, किताब महल, इलाहाबाद से हुआ था।

इस आत्मकथा में इन्होंने अपने प्रारम्भिक जीवन का सजीव चित्र प्रस्तुत किया है। स्वयं के बाल मित्रों, अध्यापकों और अन्य नागरिकों की समस्त प्रवृत्तियों का सुन्दर अंकन किया है। जिस तरह के वातावरण में इनका पालन पोषण हुआ था उस परिवेश का भी वर्णन राहुल जी ने किया है। अपनी इस आत्मकथा में बचपन की स्मृतियों के अन्तर्गत इन्होंने गुरु के प्रति अपनी श्रद्धा का व्यक्तीकरण इस प्रकार किया है–

'मैं हमेशा अपने बाल्यकाल के गुरुओं को कृतज्ञतापूर्ण निगाह से देखता हूँ। आखिर मेरे ज्ञान मन्दिर की पहली ईंट उन्होंने ही रक्खी थी।

जिस समाज में ये उत्पन्न हुए थे उस समाज में उस समय छुआछूत की धारणा तीव्र रूप में विद्यमान थी जिसे इस प्रकार लिखा है–

'छुआछूत रोटी में ही नहीं, बल्कि दाने भूसे में भी कुछ हद तक मानी जाती थी।

सहज एवं स्वाभाविक शैली के माध्यम से इन्होंने अपनी अतीत की स्मृतियों का प्रस्तुतीकरण किया है।

आत्मनिरीक्षण के उद्देश्य को पूर्ण करने हेतु इन्होंने यह आत्मकथा लिखी थी जिसमें पूर्ण सफलता प्राप्त हुई है।

आचार्य हजारी प्रसाद द्विवेदी की आत्मकथा–

पत्र-पत्रिकाओं के माध्यम से आचार्य हजारी प्रसाद द्विवेदी (सन् 1907 मई 1979) श्रेष्ठ समीक्षक एवं शोधकर्ता के रूप में हमारे समक्ष आते हैं। आचार्य द्विवेदी ने निबन्धात्मक साहित्य एवं कथा साहित्य के माध्यम से अपने व्यक्तित्व का व्यक्तीकरण किया है किन्तु आत्मकथा के द्वारा वे अपने अतीत की घटनाओं को प्रस्तुत करना नहीं चाहते थे। परिस्थितियों के वशीभूत होकर स्वयं के जीवन की कतिपय घटनाओं को अपनी जबानी प्रस्तुत किया है जो 20 से 26 मई तथा 27 से 2 जून, 1979 के धर्मयुग में प्रकाशित हुई है। इस आत्मकथा का तत्त्वगत विवेचन इस प्रकार है-

प्रेरणा : हजारी प्रसाद द्विवेदी अपनी जिन्दगी के अन्त तक अपनी कहानी लिखने के पक्ष में नहीं थे क्योंकि वे इस यथार्थ से अवगत थे कि आत्मकथा कितने ही तटस्थ भाव से लिखी जाये, आत्मप्रशंसा का पुट तो आ ही जाता है। वे मानवता की दिव्य मूर्ति थे इसलिए स्वयं की प्रशंसा नहीं करना चाहते थे किन्तु कमलनयन जी के बारम्बार आग्रह से प्रेरित होकर अपने बचपन, शिक्षा तथा विगत जीवन की अन्य घटनाओं का सच्चाई के साथ वर्णन किया है।

प्रकाशन काल : द्विवेदी जी ने अपने बारे में जो भी बताया उसे उन्हीं के शब्दों में कमलनयन जी लिखते गए जो सन् 1979 में ही 20 से 26 मई तथा 27 से 2 जून के धर्मयुग में प्रकाशित हुई थी।

विषय वस्तु : अपनी आत्मकथा में आचार्य द्विवेदी ने बचपन, प्रारम्भिक शिक्षा, नौकरी की तलाश तथा शान्तिनिकेतन की घटने वाली घटनाओं का बड़ा ही यथार्थ चित्र प्रस्तुत किया। इन वर्णनों में आचार्य जी ने कुछ भी नहीं छिपाया है। सब कुछ बड़े ही साफ शब्दों में स्पष्ट कर दिया है। इन्होंने अपने जन्मस्थान के बारे में इस प्रकार बताया है–

'बालिया में आरत दुबे का छपरा नामक एक स्थान है, जिसे मेरे पूर्वज आरत दुबे ने बसाया था। एक छोटा सा गाँव, बाग, बगीचे और खेत क्यारियों से लहलहाता गाँव, उनकी सातवीं पीढ़ी में सन् 1907 में, मैं पैदा हुआ।

द्विवेदी जी की शिक्षा का प्रारम्भ अपने गाँव और घर से ही हुआ था। प्रारम्भिक शिक्षा के क्षेत्र में एक महत्त्वपूर्ण घटना घटी थी जिसने इन्हें आचार्य बना दिया। एक बार भूगोल की कापी में हिन्दुस्तान के नक्शे पर सरसों तीसी के फूल से नदी और पहाड़ को रंग दिया उस समय पं. रामनरेश मिश्र ने इनके गाल पर तेज चाँटा मारा था जिसे इस प्रकार बताया है–

दण्ड के लिए प्रख्यात पं. रामनरेश मिश्र ने मेरे गाल पर ऐसा चाँटा लगाया कि कान की बाली से खरोंच लगते ही टप-टप खून गिरने लगा। खून देखते ही मेरे अध्यापक जी के होश उड़ गए और पानी से धोने के बाद घण्टों दुलारते रहे।

द्विवेदी जी की जिन्दगी में अध्यापकों का महत्त्वपूर्ण स्थान था जैसा कि इन्होंने कहा भी है–

'मुझे जीवन में अध्यापकों से बड़ी प्रेरणा मिली। आज भी मेरे मन मस्तिष्क पर महाभारत

का जितना प्रभाव है उतना रामायाण का नहीं। कभी-कभी सोचता हूँ कि मुझे अपने बचपन में मद्रास के 24 जिलों के नाम भरने के लिए कितनी मार पड़ी थी, किन्तु वह मेरी जिन्दगी में किसी काम नहीं आया।'

आचार्य जी के व्यक्तित्व पर मालवीय, हरिओम, गुरुदेव (रवीन्द्रनाथ ठाकुर) तथा गाँधी जी का अमित प्रभाव दृष्टिगोचर होता है। उदाहरण के लिए मालवीय के प्रभाव को इस प्रकार स्वीकार किया है—

मेरे जीवन पर मालवीय जी के पदचिह्नों की अमिट छाप पड़ी।

'सनातन धर्म प्रदीप' नामक पुस्तक का उन दिनों वे प्रकाशन कर रहे थे। पुस्तक का कार्य करने से मुझे जो उज्ज्वल ज्ञान ज्योति मिली, उसी की किरणें मेरे भावी जीवन में बिखरती रहीं।

इस प्रकार हजारी प्रसाद द्विवेदी ने अपने बचपन तथा शिक्षा आदि से सम्बन्धित जो बातें अपनी ही जबानी प्रस्तुत की है वे स्मरणीय हैं।

शैली और भाषा : आचार्य द्विवेदी ने विगत जीवन की जो भी घटनाएँ प्रस्तुत की हैं उसमें एक ऐसी मँजी हुई शैली का प्रयोग किया है जो अन्यत्र दुर्लभ है। उदाहरणार्थ निम्नांकित पंक्तियाँ द्रष्टव्य हैं—उतरना यानी पर हित के लिए अवतरित होने की प्रक्रिया को ही अवतार कहते हैं।

द्विवेदी जी मुख्यतः एक गद्य लेखक ही रहे। उनके गद्य का विस्तार अनेक दिशाओं में दिखायी देता है। यही कारण है कि उनके द्वारा प्रयुक्त शैली अत्यन्त ही श्रेष्ठ एवं सरल होती है। सहज शैली के उदाहरण तो स्थान-स्थान पर मिलते हैं जैसे-मैं कबीर को एक लम्बे अरसे तक एक साधु ही मानता था। सोचता था, कबीर साधु थे, साधुओं के लिए लिखा होगा, क्या होगा पढ़कर?

शैली के अतिरिक्त भाषा भी द्विवेदी जी की आत्मकथा में सरल, स्पष्ट एवं भावानुकूल रूप धारण कर आयी है। भाषा के सम्बन्ध में इन्होंने अपनी आत्मकथा में इस प्रकार कहा है—भाषा में प्रवाह अति आवश्यक है और इस प्रवाह को बनाये रखने के लिए, किसी भाषा के भी शब्द हों, उन्हें हिन्दी में ग्रहण करना, उसकी सम्पन्नता को बनाये रखने के लिए अपरिहार्य है।

कहीं-कहीं पर अत्यन्त ही परिमार्जित भाषा का सहारा लिया है जैसे-

हिन्दू धर्म में जो उपास्य है, वह पूज्य है, इसमें आध्यात्मिकता इतनी ज्यादा है कि समस्त विविधताओं के बाद ही दीर्घकाल से सजीव है।

द्विवेदी जी ने कटिंग, जेण्टलमैन, दधि आदि अंग्रेजी तथा संस्कृत के भी शब्दों का प्रयोग किया है। आत्मकथा में कहीं-कहीं द्विवेदी जी अत्यन्त ही भावुक हो गये हैं जिसका वर्णन इस प्रकार है—

'शान्तिनिकेतन मेरा दूसरा जन्म स्थान है, जहाँ मैं अध्ययन अध्यापन करते हुए गुरुदेव का सामीप्य प्राप्त कर निकुंजों की छाया में मनन, चिन्तन और लेखन के क्षेत्र में अविरल साधना करता रहा।

उद्देश्य–

आचार्य द्विवेदी ने जिन आपबीती घटनाओं को कमलनयन जी के सामने प्रस्तुत किया है वे अपने में एक उद्देश्य सँजोए हुए हैं। अतीत की स्मृतियों को पुनर्जीवित करने के उद्देश्य से इन्होंने आत्म जीवन के कतिपय संस्मरण सुनाये हैं। इस उद्देश्य की पूर्ति में द्विवेदी जी को पूर्ण सफलता मिली है।

निष्कर्षतः कहा जा सकता है कि जिन्दगी के अन्तिम दिनों में आचार्य हजारी प्रसाद द्विवेदी ने जिन आप बीती घटनाओं का वर्णन किया है, वे आत्म-कथागत तत्त्वों के आधार पर पूर्ण सफल हैं। वे अपने जीवन काल में जिन व्यक्तियों के सम्पर्क में आये थे और उनका जो प्रभाव उनके व्यक्तित्व पर पड़ा था, उनका वर्णन भी द्विवेदी जी ने किया है।

महादेवी वर्मा के रेखाचित्र–

श्रीमती महादेवी वर्मा (सन् 1907) ने श्रेष्ठ काव्य रचना के अतिरिक्त नव्य गद्य रचना के क्षेत्र में भी अपनी प्रतिभा का परिचय दिया है। इन्होंने आत्मकथा नहीं लिखी, रेखाचित्रों के ही माध्यम से अपने व्यक्तित्व का स्पष्टीकरण किया है।

'अतीत के चलचित्र' इनका श्रेष्ठ रेखाचित्र है जिसमें 11 रेखाचित्रों का संकलन है। इसका प्रकाशन संवत् 1998 में भारती भण्डार, इलाहाबाद से हुआ था। 'स्मृति की रेखाएँ' में सात रेखाचित्रों को स्थान दिया है जिसका प्रकाशन संवत 2004 में भारती भण्डार, इलाहाबाद से हुआ था। 'पथ के साथी' जिसका प्रकाशन संवत 2013 (प्रथम संस्करण) में भारतीय भण्डार, लीडर प्रेस, इलाहाबाद से हुआ था, में छह महान् व्यक्तियों का रेखांकन किया है जो हिन्दीरेखाचित्र में अपना बेजोड़ स्थान रखता है।

करुणा की भावना से प्रेरित होकर आप रेखाचित्र लिखने की ओर उन्मुख हुई थीं। 'अतीत के चलचित्र' में इन्होंने कहा भी है-

—उनसे पाठकों का सस्ता मनोरंजन हो सके ऐसी कामना करके मैं इन क्षत-विक्षत जीवनों को खिलौनों की आट में नहीं रखना चाहती। यदि इन अधूरी रेखाओं और धुँधले रंगों की समष्टि में किसी को अपनी छाया की एक रेखा भी मिल सके तो यह सफल है, अन्यथा अपनी स्मृति की सुरक्षित सीमा से इसे बाहर लाकर मैंने अन्याय ही किया है।

'अतीत के चलचित्र' में रामा, सेठ की विधवा पतोहू, बिन्दा, सविया, विट्ठो, अनाहूत औश्र अवांछित बालक की विधवा माँ, धीसा, एक वेश्या माँ की पुत्री, अलोपी, बदलू, रचिया और लक्ष्मा के रेखाचित्र संग्रहीत हैं।

लेखिका ने अपने अधिकांश रेखाचित्रों में निम्नवर्गीय पात्रों की विशेषताओं, दुर्बलताओं और समस्याओं को अंकित किया है। सेवक रामा की वात्सल्यपूर्ण सेवा, सबिया की पति परायणता और सहनशीलता, घीसा की निश्छल गुरु भक्ति, शाकभाजी के विक्रेता अन्धे अलोपी का सरल व्यक्तित्व, कुम्भकार बदलू तथा रधिया का सरल दाम्पत्य प्रेम तथा लछमा का महादेवी जी के प्रति अनुराग एवं स्नेह भाव आदि को लेखिका ने अपने रेखाचित्रों में श्रेष्ठ स्थान दिया है और उनके प्रति पाठकों की संवेदना तथा सहानुभूति को सफलतापूवर्पक जागृत किया है।

द्वितीय रेखाचित्र में सेठ की विधवा पतोहू का महादेवी जी ने ऐसा चित्र खींचा है जो हिन्दू समाज को विधवाओं के प्रति अत्याचार की कहानी को मुखर कर देता है–'उस 19 वर्ष की युवती की दयनीयता आज समझ पाती हूँ जिसके जीवन के सुनहरे स्वप्न गुड़िया के घरौंदे के समान दुर्दिन की वर्षा में बह ही नहीं गये उसे इतना छोड़ गये कि उन स्वप्नों की कथा कहना भी सम्भव न हो सका।

इसी प्रकार अन्धे अलोपी की कथा, लेखिका को आँसू भरी दृष्टि की छाया में काँपते हुए दुःख गीत की एक कड़ी सी लगती रही है।

अतीत के चलचित्र में ग्राम्य वातावरण का ही व्यक्तीकरण होने के कारण भाषा में अधिकांश देशज शब्दों को स्थान दिया गया है जैसे-नहाने धोने (43), बची-खुची (47) आदि। कहीं-कहीं पर आलंकारिक शैली का प्रयोग कर रेखाचित्रों को सजाने का सफल प्रयास किया है उदाहरणार्थ–

पृथ्वी के उच्छवास के समान उठते हुए धुँधलेपन में वे बच्चे घर आकण्ठ मग्न हो गये थे।

स्मृति की रेखाएँ–

संग्रह में वृद्धा भक्तिन की प्रगल्भता तथा स्वामि भक्ति, चीनी युवक की करुणायुक्त जीवन गाथा, पार्वत्य कुली जंगबहादुर तथा उसके अनुज धनिया की कर्मठता आदि अनेक विषयों को लेखिका ने अपने रेखाचित्रों में स्थान दिया है। उदाहरण के लिए अंतिम रेखाचित्र में एक गूंगी नारी के वात्सल्य स्नेह का मार्मिक वर्णन है। उसके नीरव स्नेह की गहराई में महादेवी को भी एक बार खो जाना पड़ता है, वे कह उठती हैं–

कभी-कभी सोचती हूँ वह वात्सल्य की अवाक् पर चिरस्पंदनशील प्रतिमा क्या मेरी स्मृति में अकेली रहेगी।

भाषा : इन रेखाचित्रों में भी देशज शब्दों का ही सहारा लेकर अपनी भावनाओं को अभिव्यक्त करने का सफल प्रयास महादेवी वर्मा ने किया है–जैसे धुधुरी (7), गोंदरा (16), बांमनी (63), पथरौठी (83), तथा बरौठेन (98) आदि। कहीं-कहीं पर शब्द युग्मों का भी प्रयोग करके भाषा को पर्याप्त मात्रा में सौष्ठव प्रदान किया है। जैसे-लेखा-जोखा (31), लिपे-पुते (48), माँग-जाँच (52), भेंट-अँकवार (123) तथा टोने-टोटके (131) आदि।

शैली : महादेवी वर्मा शैली सम्बन्धी विविधता की ओर भी सतर्क रही हैं। वर्णनात्मक शैली में नूतनता और रोचकता लाने के लिए उन्होंने उसमें व्यंग्य तथा सूक्ति शैली का भी प्रयोग किया है उदाहरणार्थ–व्यंग्यात्मक शैली का उदाहरण द्रष्टव्य है–

बूढ़े को अपनी बुद्धि पर भी कम गर्व नही। नालायक लड़के से लायक बहू का सम्बन्ध न कर उसने प्रमाणित कर दिया है कि वह बूढ़े विधाता के जोड़ का ही खिलाड़ी है, रत्ती माशा भर भी बुद्धि कम नहीं है।

पथ के साथी–

'पथ के साथी' संकलन में महादेवी वर्मा ने संस्मरण प्रधान रेखाचित्र लिखे हैं। इसमें कवीन्द्र

रवीन्द्रनाथ ठाकुर, श्री मैथिलीशरण गुप्त, श्रीमती सुभद्राकुमारी चौहान, सूर्यकान्त त्रिपाठी 'निराला', जयशंकर प्रसाद, सुमित्रानंदन पन्त और सियारामशरण गुप्त के संस्मरणात्मक रेखाचित्र हैं।

प्रकाशन काल : इस संग्रह का प्रकाशन संवत् 2013 वि. में भारती भण्डार, लीडर प्रेस, इलाहाबाद से हुआ था।

महादेवी वर्मा ने करुणा को ही दृष्टिपथ में रखकर व्यक्तियों के रेखाचित्र खींचे हैं। उदाहरण के लिए छायावादी कवि 'निराला' के उस जीवन का रेखांकन किया है जो इतना चित्रमय है कि उसके एक-एक क्षण के अलग-अलग चित्र खींचे जा सकते हैं। उनका सम्पूर्ण जीवन विचित्रता और असाधारणता से भरा हुआ है। इस रेखाचित्र में उनके चरित्र और स्वभाव की विलक्षणताओं की ओर संकेत दिया है। महादेवी वर्मा ने लिखा भी है–'निराला जी के सौहार्द्र और विरोध दोनों एक आत्मीयता के वृत्त पर लिखे दो फूल हैं। वे खिलकर वृत्त का श्रृंगार करते हैं और झड़कर उसे अकेला और सूना कर देते हैं। मित्र का तो प्रश्न ही क्या ऐसा कोई विरोधी भी नहीं जिसका अभाव उन्हें विकल न कर देगा।

इसी प्रकार सियारामशरण गुप्त का सम्पूर्ण जीवन पत्रिता के ओतप्रोत है जिसका स्पष्टीकरण इन्होंने किया है। दया का स्थाई रोग और सत्य की निरन्तर खोज ने उन्हें अन्तर्मुखी बना दिया था। लेखिका ने उनके स्वभाव को इस प्रकार लिखा है–

वे परिग्रहहीन हैं, उन्हें रोग से निरन्तर जूझना पड़ता है और वे सत्य के खोजी हैं।...पर सियाराम जी में छिपा कवि अपराजेय सृष्टा है।

भाषा : प्रस्तुत संग्रह में महादेवी जी ने हिमकिरीटिनी (67), ज्योतिर चकों (67), प्रशस्त (69), अग्रज (71), तरुणाई (73), आग्नेय रेखा (73), संश्लिष्ट तथा प्लावित (77), आदि गम्भीर साहित्यिक शब्दावली का प्रयोग किया है जिसमें उन्हें पूर्ण सफलता की प्राप्ति हुई है।

जहाँ तक शैली का सम्बन्ध है महादेवी वर्मा ने सम्पूर्ण संग्रह में आलंकारिक एवं चित्र शैली का आदर्श प्रस्तुत किया है। उदाहरण के लिए चित्र शैली का एक नमूना देखा जा सकता है–

'कुछ नाटा कद, दुर्बल शरीर, छोटे और कृश हाथ पैर, लम्बे उलझे रूखे से बाल, लम्बाई लिये सूखे मुख होठ और विशेष तरल आँखों के साथ भाई सियारामशरण ऐसे लगते हैं, मानों ठेठ भारतीय मिट्टी की बनी पकी कोई मूर्ति हो।

इस प्रकार महादेवी वर्मा द्वारा लिखित 'पथ के साथी' संग्रह में भी करुणा, संवेदना, स्नेह, वात्सल्य आदि भावों का सुन्दर रूप दृष्टिगोचर होता है।

उद्देश्य–

महादेवी वर्मा ने स्वयं के जीवन के मार्मिक अनुभूति चित्रों को साकार रूप देने के उद्देश्य से रेखाचित्रों का प्रणयन किया है। निश्छल तथा निरीह ग्रामवासी, कुली, धोबी तथा सेवक आदि निम्नवर्ग के पात्र ममता के विशेष अधिकारी हैं। यही कारण है कि इन्होंने उनकी चारित्रिक सूक्ष्मताओं और समस्याओं का सहानुभूतिपूर्वक संवेदनशील चित्र खींचा है। इस प्रकार अपने उद्देश्य के निर्वाह में उन्हें वांछित सफलता की प्राप्ति हुई है।

उपसंहार–

अस्तु छायावादी मुख्य एवं गौण आत्मकथाओं के अवलोकन के पूर्णतया स्पष्ट हो जाता है कि इसी युग में आत्मकथा का पूर्ण एवं स्तरीय विकास सम्भव हो सकता है। युगीन आत्मकथाकारों ने स्वयं के जीवन के समस्त पक्षों को जिस ढंग से उभार कर रखने का प्रयास किया है वह आत्मकथा साहित्य के लिए अमूल्य निधि है।

राहुल सांकृत्यायन तथा आचार्य चतुरसेन शास्त्री आदि कुछ आत्मकथाकारों ने बृहद आत्मकथा लिखकर पाठकों को उबा सा दिया है। जैसे राहुल जी ने यात्रा वृतान्त का वर्णन करते हुए दैनिक जीवन की छोटी-छोटी बातों का भी उल्लेख कर दिया है जिससे उनकी आत्मकथा का आकार वृहद हो गया है। इसी प्रकार चतुरसेन शास्त्री ने भी आत्मकथा में सम्बन्धित व्यक्तियों के संस्मरण अधिक लिखे हैं जिससे उनका स्वयं का व्यक्तित्व पूर्णरूपेण उभरकर पाठक के समक्ष नहीं आ पाता है।

जहाँ पर ये वृहद आत्मकथाएँ पाठक के मन को उबा देती हैं वहीं पर पन्त जैसे आत्मकथा लेखक की आत्मकथा 'साठ वर्ष एक रेखांकन' संक्षिप्तता का आदर्श प्रस्तुत करती है। पचहत्तर पृष्ठों में ही अपनी अतीत जिन्दगी की समस्त घटनाओं एवं साहित्यिक विकास प्रक्रिया का उल्लेख कर देना आत्मकथा में चार चाँद लगा देना है जिसका पूर्ण निर्वाह पन्त की आत्मकथा में प्रस्तुत है।

छायावाद युगीन कतिपय आत्मकथाकारों ने स्वतन्त्र रूप से अपने व्यक्तित्व का विश्लेषण न करके स्फुट रूप में किया है जैसे-निराला ने स्वयं के द्वारा रचित विविध विधाओं में थोड़ा-थोड़ा अपने विषय में लिखा है, जिसका संकलन डॉ. सूर्य प्रसाद दीक्षित जी ने किया है। यह निराला के व्यक्तित्व की महत्ता ही है कि उस स्फुट आत्मपरक कथनों को एक स्थान पर एकत्रित करके आत्मकथा का रूप दिया है।

छायावादोत्तर तथा वर्तमान युग के साहित्यकारों की आत्मकथाएँ

'आत्मकथा-साहस, भय और अन्धकार के बीच संसार के बरुणालय के मध्य भटकती यात्रा का गीत है, जिसके अन्त में हाँफता-तिरता, बेसुध, थका नायक अरुणोदय का इन्तजार करता है, इसलिए कि उसकी दुःख की रात का अवसान हो जाये।'

–कुबेरनाथ राय

छायावादोत्तर तथा वर्तमान युग (सन् 1936-1980)

युग की समाप्ति एवं नव्य युग के आगमन की रेखा एक निश्चित समय के पूर्व ही पड़ चुकी होती है, जो धीरे-धीरे व्यापक होती रहती है और एक निश्चित समय में पूर्व युग के अन्त और नव्य युग की घोषणा कर देती है। छायावादी साहित्य (सन् 1920-1936) में जब अतिशय कल्पना प्रियता और एकान्त वैयक्तिकता का ही साम्राज्य चारों और दृष्टिगोचर होने लगा, तब सन् 1936 ई. से एक नवीन युग की घोषणा की गयी। इस नवीन युग को छायावादोत्तर तथा वर्तमान युग के नाम से अभिहित किया जा सकता है।

छायावादोत्तर तथा वर्तमान युग की परिस्थितियाँ

किसी भी युग का जन्म अनायास ही नहीं हो जाया करता है। प्रत्येक युग का जन्म परिस्थितियों से ही होता है। यहाँ पर छायावादोत्तर युग की राजनीतिक, सामाजिक एवं सांस्कृतिक परिस्थितियों का वर्णन किया जा रहा है, जिन्होंने इस युग (सन् 1936-1980) विशेष को जन्म दिया।

राजनीतिक परिस्थिति

सन् 1936 के आसपास राजनीति के क्षेत्र में कतिपय परिवर्तन और नये दृष्टिकोण दृष्टिगोचर होने लगते हैं। इस समय साम्यवादी और समाजवादी दृष्टियों का उदय होता है। सन् 1936 ई. में प्रान्तीय स्वायत्त शासन के आधार पर चुनाव हुए जिसमें काँग्रेस को पूर्ण सफलता मिली। इस समय राष्ट्रीय भावनाओं को पनपने का पर्याप्त अवसर मिला।

इस युग विशेष के लिए द्वितीय विश्वयुद्ध राजनीतिक दृष्टि से अधिक महत्त्वपूर्ण है। द्वितीय विश्वयुद्ध एक नव्य परिवर्तन का परिचायक कहा जा सकता है यह युद्ध 1 सितम्बर सन् 1939 को प्रारम्भ हुआ था। इस युद्ध का भारत पर अधिक प्रभाव पड़ा। यह युद्ध जर्मनी,

इटली, जापान तथा ब्रिटेन, फ्रांस, अमेरिका एवं रूस के मध्य था। 3 सितम्बर से ब्रिटेन ने भारत से बिना पूछे ही उसे भी युद्ध में शामिल कर लिया। काँग्रेस कार्य समिति ने इस स्वेच्छाचारिता का विरोध किया। कार्य समिति ने ब्रिटेन से उसकी नीति का स्पष्टीकरण माँगा। इसका स्पष्ट उल्लेख काँग्रेस के इतिहास में द्रष्टव्य है। कार्य समिति ने ब्रिटेन से उनकी इस नीति का स्पष्टीकरण माँगा कि भारत के साथ उसकी नीति साम्राज्यवादी ही रहेगी अथवा जनतंत्रीय। भारत सरकार के द्वारा विरोधी जवाब मिलने पर समस्त काँग्रेसी मंत्रिमण्डल ने इस्तीफा दे दिया। इस्तीफे के बाद इन नेताओं के सामने दो ही प्रश्न मुख्य थे कि यदि जो कुछ हम चाहते हैं वह मिल जाय तो हम क्या सहायता देंगे? और दूसरा यह कि यदि जो कुछ चाहते हैं वह हमें न मिला तो हम कैसा संघर्ष करेंगे?

सन् 1940 ई. में ब्रिटिश नीति ने यह भी स्पष्ट सा ही कर दिया कि युद्ध के उपरान्त प्राप्त होने वाली आजादी में भारत का कोई भी हिस्सा नहीं होगा जिसके फलस्वरूप 1940 ई. से ही महात्मा गाँधी के नेतृत्व में व्यक्तिगत सत्याग्रह प्रारम्भ हुआ। पहले सत्याग्रही आचार्य विनोबा भावे थे और दूसरे नेहरू। सत्याग्रह के प्रारम्भ होते ही सभी सत्याग्रहियों को गिरफ्तार कर लिया गया। सन् 1941 ई. के अन्त में इन सभी नेताओं को जेल से मुक्त कर दिया गया। अप्रैल सन् 1942 ई. में गाँधी जी ने 'भारत छोड़ो आन्दोलन' प्रारम्भ कर दिया और बड़े ही जोरदार शब्दों में आजादी की वकालत की और प्रस्ताव पास हुआ कि "इस शासन का स्थायित्व भारत की प्रतिष्ठा को घटाता तथा दुर्बल बनाता है और अपनी रक्षा करने तथा विश्व स्वातन्त्र्य के आदर्श की पूर्ति में सहयोग देने की उसकी शक्ति में क्रमिक ह्रास उत्पन्न करता है।

सन् 1943 में गाँधी जी ने 21 दिन का उपवास किया। अस्वस्थता के कारण उन्हें मई सन् 1944 में छोड़ दिया गया। सन् 1945 में काँग्रेस, लीग व अन्य दलों का शिमला सम्मेलन भी असफल ही रहा। हिन्दू-मुस्लिम समस्या भी नहीं सुलझ सकी। साम्राज्यवाद के विरुद्ध जनता में भारी असन्तोष व्याप्त था। सेनाओं में भी स्थिति सन्तोषजनक नहीं थी जिसमें 1946 का नाविक विद्रोह अत्यन्त ही भीषण रहा।

असन्तोष और विद्रोह के परिणामस्वरूप हड़ताले हुईं। अन्त में नेताओं के आश्वासन पर नाविक सेना ने आत्मसमर्पण कर दिया। सन् 1946 में कैबिनेट गिशन भारत आया, इसमें भी उसी फूट डालने की नीति को अपनाकर हिन्दू-मुसलमान के मतभेद को बढ़ाने का ही प्रयास किया। इसी वर्ष चुनाव हुए जिसमें काँग्रेस को आशातीत सफलता मिली। सन् 1946 में ही कैबिनेट मिशन योजना के अनुसार मुस्लिम लीग और कांग्रेस को अपने-अपने प्रतिनिधियों की संख्या निर्धारित करके अस्थायी सरकार बनाने का अधिकार दिया गया। दोनों दलों में समझौता न हो पाने के कारण सरकार नहीं बन सकी इस भयानक स्थिति में गाँधी जी और जवाहरलाल नेहरू की प्रेरणा से काँग्रेस ने पाकिस्तान की माँग स्वीकारकर ली और 3 जून सन् 1947 को पंजाब तथा बंगाल का बहुत सा भाग, सीमा प्रान्त सिन्ध तथा आसाम का कुछ अंश संयुक्त होकर पाकिस्तान के नाम से अभिहित हुआ, (काश्मीर और हैदराबाद को छोड़कर) भारत की सभी रियासतें एक संघ राज्य में सम्मिलित हो गयी। बाद में जनता की रुचि के अनुकूल काश्मीर और हैदराबाद को भी भारत में मिला लिया गया।

छायावादोत्तर युग कार्ल मार्क्स से विशेष रूप से प्रभावित है। इस युग में जो भी परिवर्तन और विकास की प्रक्रियाएँ दृष्टिगोचर होती हैं, वह मार्क्स के प्रभाव के परिणामस्वरूप ही हैं 'मार्क्स दर्शन द्वन्द्वात्मक भौतिकवाद (Dialectical Materialism) कहलाता है। हीगल के अनुसार डायलेक्टिकल पद्धति के द्वारा उत्पत्ति, परिवर्तन और विकास के सिद्धान्त को समझा जा सकता है। परिवर्तन में सदैव विकास के बीज छिपे रहते हैं जो कि रूपान्तर करते रहते हैं। किन्तु इस रूपान्तर में ध्वंस न होकर विकास का एक नवीन रूप प्रकट होता है। मार्क्सवाद का लक्ष्य समाज में साम्यवादी व्यवस्था करना है, इसी लक्ष्य की पूर्ति हेतु वह हिंसात्मक क्रान्ति का भी समर्थन कभी-कभी करता है।

सन् 1947 में सम्पूर्ण राजनीतिक परिवेश में बदलाव आ गया। युगों से परतन्त्रता माँगने वाला भारतीयमन पहली बार राजनीतिक स्वतन्त्रता पाकर अपेक्षाकृत उल्लास और विश्वास से भर गया। देश के सामान्य नागरिक को सर्वप्रभुता सम्पन्न गणतन्त्र का नागरिक होने का गौरव प्राप्त हुआ। इतना सब होने के बावजूद स्वतन्त्र भारत में बड़ी-बड़ी घटनाएँ घटित हुई हैं। उदाहरण के लिए महात्मा गाँधी की हत्या (31 जनवरी, 1948), गणतन्त्र राज्य की स्थापना (26 जनवरी 1950), चीनी आक्रमण (20 अक्टूबर सन् 1962), नेहरू जी का निधन (27 मई सन् 1964), भारत-पाकिस्तान युद्ध (सन् 1965) आदि अत्यन्त महत्त्वपूर्ण घटनाएँ हैं।

सन् 1966 में ताशकंद में भारत-पाक के समझौते पर विचार करने को शास्त्री जी वहाँ गये और वहीं उनकी मृत्यु हो गयी। इसके पश्चात् इंदिरा गाँधी प्रधान मंत्री बनायी गयीं। सन् 1967 में पुनः चुनाव हुआ, जिसमें बड़ी राजनीतिक अस्थिरता रही। चुनवा के पश्चात् 4 वर्ष तक देश में अस्थिरता ही रही। सन् 1969 में भारतीय राष्ट्रीय काँग्रेस दो भागों में विभाजित हुई—संगठन काँग्रेस एवं इंदिरा काँग्रेस। इसके परिणामस्वरूप सन् 1971 में मध्यावधि चुनाव हुआ, जिसमें इंदिरा काँग्रेस पूर्ण बहुत से लोक सभा में विजयी हुई। इंदिरा गाँधी पुनः प्रधान मंत्री बनीं। इस समय संविधान में अनेक प्रकार के संशोधन किये गये। समाजवाद लानेकी घोषणाएँ की जाने लगीं। सन् 1975 में राजनारायण ने इंदिरा गाँधी के खिलाफ इलाहाबाद हाई कोर्ट से मुकदमा जीत लिया और न्यायमूर्ति जनमोहन लाल सिन्हा ने इंदिरा गाँधी का रायबरेली से लोकसभा के लिए चुनाव अवैधानिक घोषित कर दिया, परिणामस्वरूप कई राजनीतिक नेताओं ने इन्हें इस्तीफा देने के लिए सलाह दी और राजनीतिक अस्थिरता चरम सीमा पर पहुँच गयी। इन्हीं कारणों से इंदिरा गाँधी ने 25 जून 1975 को देश में आपातकाल की घोषणा कर दी एवं इंदिरा गाँधी ने तानाशाही रवैया अपनाते हुए बहुत से राजीतिक नेताओं को डी. आई. आर. (D.I.R.) एवं मीसा (M.I.S.A) के अन्तर्गत जेल में डलवा दिया जो 19 महीने जेल में रहे इस प्रकार राजनीतिक क्षेत्र में भारी आतंक छा गया।

इसी बीच इंदिरा गाँधी ने 20 सूत्रीय आर्थिक कार्यक्रम चलाया जो वास्तव में देश के लिए हितकारी था, साथ ही संजय गाँधी युवक कांग्रेस के नेता के रूप में राजनीति में अवतरित हुए और 5 सूत्रीय कार्यक्रम चलाया जिसमें परिवार नियोजन पर अत्यधिक जोर दिया गया और इसके लिए जनता के साथ जबरदस्ती भी की गयी जिससे जनता और अधिक आतंकित हो गयी। सन 1977 के आरम्भ में इंदिरा गाँधी ने लोक सभा के चुनाव की घोषणा की। इस समय श्री चन्द्रशेखर, जगजीवन राम एवं अन्य मुख्य नेताओं ने पार्टी से इस्तीफा दे दिया और

जगजीवन राम ने सी. एफ. डी. (काँग्रेस फार डेमोक्रेसी) नामक पार्टी की स्थापना की।

सन् 1977 के लोक सभा चुनाव में तृष्णा, आक्रोश एवं ग्लानि के फलस्वरूप पाँच प्रमुख दलों (जनसंघ, भालोद (भारतीय लोक दल), संगठन कांग्रेस, सोशलिस्ट और सी. एफ. डी. ने जय प्रकाश नारायण की सलाह पर एक जुट होकर भारतीय लोकदल के चुनाव चिन्ह 'हलधर किसान' पर चुनाव लड़ा और विजय प्राप्त की। राजनारायण ने इंदिरा गाँधी को रायबरेली से लोक सभा चुनाव में 55,000 के भारी बहुमत से पराजित किया। इस प्रकार इंदिरा गाँधी को प्रधान मंत्री पद से इस्तीफा देना पड़ा। मार्च सन् 1977 में प्रथम बार केन्द्र में काँग्रेस सरकार को पदच्युत कर जनता पार्टी की सरकार बनी और प्रधानमन्त्री के रूप में श्री मोरार जी देसाई ने शपथ ग्रहण की। 1 मई, 1977 को जनता पार्टी के सभी दलों का विलय हुआ और जनता पार्टी का विधवत गठन हुआ जिसका अध्यक्ष श्री चन्द्रशेखर को बनाया गया। सन् 1977 में ही काँग्रेस पुनः दो दलों में विभाजित हो गयी—भारतीय राष्ट्रीय काँग्रेस जिसके अध्यक्ष श्री स्वर्णसिंह और इंदिरा काँग्रेस जिसकी अध्यक्ष स्वयं इंदिरा गाँधी बनी। सन् 1978 में इंदिरा गाँधी मध्यावधि चुनाव में चिकमंगलूर (कर्नाटक) से लोक सभा के लिए पुनः चुनी गयीं परन्तु कुछ दिनों बाद लोक सभा की मानहानि के सन्दर्भ में पुनः इंदिरा गाँधी की सदस्यता लोकसभा से समाप्त कर दी गयी। कुछ दिनों पश्चात संजय गाँधी के राजनीति में पुनः प्रवेश के मसले को लेकर इंदिरा गाँधी के महत्त्वपूर्ण स्तम्भ एवं कर्नाटक प्रदेश के मुख्य मंत्री देवराज अर्स ने इंदिरा गाँधी से इस्तीफा देकर कर्नाटक कांग्रेस की स्थापना की जिसके परिणामस्वरूप इंदिरा काँग्रेस काफी कमजोर हो गयी और लोक सभा में श्री चाव्हाण (काँग्रेस) को भी श्री स्टीफेन (इ.का.) के स्थान पर विपक्ष का नेता घोषित किया गया। इसी बीच श्री राजनारायण को जनता पार्टी की कार्य समिति से निलम्बित कर दिया गया और उन्होंने 24 जून 1979 को जनता पार्टी से इस्तीफा दे दिया। इसी बीच चाव्हाण ने लोक सभा के वर्षाकालीन अधिवेशन में जनता सरकार के प्रति अविश्वास का प्रस्ताव रखा और जनता पार्टी से इस्तीफा देकर जनता (एस.) पार्टी बनाया जिसके नेता चरण सिंह एवं अध्यक्ष श्री राजनारायण बनाये गए, परिणामस्वरूप जनता पार्टी अल्पमत में आ गयी एवं 16 जुलाई 1979 को मोरार जी देसाई ने प्रधान मंत्री पद से इस्तीफा दे दिया और 28 महीना पुरानी जनता सरकार का अन्त हो गया।

इसके बाद काँग्रेस, इन्दिरा काँग्रेस, ए. डी. एम. के. एवं वामपंथी दलों के समर्थन से जनता एस. के नेता श्री चरण सिंह ने 28 जुलाई 1979 को (268) अल्पमत में होते हुए भी प्रधान मंत्री पद की शपथ ग्रहण की और इस प्रकार केन्द्र में पुनः एक मिलीजुली सरकार का गठन हुआ जिसे 20 अगस्त, 1979 को सदन में अपना बहुमत सिद्ध करना था। 20 अगस्त, 1979 को चरण सिंह ने अपनी सरकार का त्याग पत्र राष्ट्रपति श्री नीलम संजीव रेड्डी को प्रस्तुत किया एवं लोक सभा भंग करने की सिफारिश की, फलस्वरूप राष्ट्रपति ने 22 अगस्त को लोकसभा भंग करते हुए दिसम्बर 1979 में मध्यावधि चुनाव की घोषणा की। यह चुनाव जनवरी 1980 के प्रथम सप्ताह में हुआ, जिसमें काँग्रेस (ई.) को आश्चर्यजनक सफलता मिली और इसको लोक सभा में दो तिहाई बहुमत मिला, जिसके परिणामस्वरूप श्रीमती इंदिरा गाँधी पुनः भारत की प्रधान मंत्री बनीं।

17 फरवरी, 1980 को राष्ट्रपति ने उड़ीसा, उत्तर प्रदेश, गुजरात, तमिलनाडु, मध्यप्रदेश,

महाराष्ट्र, पंजाब, बिहार एवं राजस्थान की गैर काँग्रेसी (ई.) सरकारों को भंग करके राष्ट्रपति शासन लागू कर दिया। अप्रैल सन् 1980 के अन्त में भारत के मुख्य चुनाव आयुक्त श्री श्यामलाल शकधर ने उक्त राज्यों में विधान सभा के मध्यावधि चुनाव हेतु 28 व 31 मई, 1980 घोषित किया। इसी बीच जनता पार्टी चार भागों (जनता पार्टी), (एस. चरण सिंह), जनता पार्टी (एस. राजनारायण), जनता पार्टी (जे. पी). एवं भारतीय जनता पार्टी में विभक्त हो गयी।

उक्त मध्यावधि चुनाव में, निरन्तर बढ़ती महँगाई, असम में केन्द्र सरकार की कथित विफलता, मुद्रा स्फीति की बढ़ती दर, इस शताब्दी का भयंकर सूखा और कानून व्यवस्था की स्थिति को लेकर विरोधियों द्वारा बढ़ा-चढ़ाकर किये गये प्रचार के बावजूद काँग्रेस (ई) को तमिलनाडु के अतिरिक्त उड़ीसा, गुजरात, मध्य प्रदेश में तीन चौथाई, उत्तर प्रदेश व राजस्थान में दो तिहाई और महाराष्ट्र, पंजाब व बिहार में पूर्ण बहुमत प्राप्त हुआ। परिणामस्वरूप उड़ीसा, उत्तर प्रदेश, गुजरात, मध्य प्रदेश, महाराष्ट्र, पंजाब, बिहार एवं राजस्थान में क्रमशः श्री जानकी बल्लभ पटनायक; श्री विश्वनाथ प्रताप सिंह, डॉ. जगन्नाथ मिश्र एवं श्री जगन्नाथ पहाड़िया के मुख्य मंत्रित्व में कांग्रेस (ई.) की सरकारें सत्तारूढ़ हुईं। तमिलनाडु में श्री एम. जी. रामचन्द्रन के मुख्य मंत्रित्व में अन्नाद्रमुक सरकार सत्तारूढ़ हुई।

13 जून, 1980 को युवा हृदय सम्राट श्री संजय गाँधी को कांग्रेस (ई.) का महामंत्री नियुक्त किया गया। दुर्भाग्यवश 23 जून, 1980 को वायुयान दुर्घटना में प्रातः 8.30 बजे संजय गाँधी की मृत्यु हो गयी। 24 जून, 1980 को भूतपूर्व राष्ट्रपति श्री वी. वी. गिरि भी हृदयगति रुक जाने के कारण स्वर्ग सिधार गये। संजय गाँधी की अस्थियाँ देश भर की मुख्य तथा पवित्र नदियों में राजकीय सम्मान के साथ विसर्जित की गयी। संजय गाँधी की मृत्यु ने देश की राजनीति को प्रभावित कर दिया।

सामाजिक परिस्थिति

सामाजिक दृष्टि से भी यह युग उथल-पुथल का युग रहा है। युगीन समाज ने यह पूर्णतया समझ लिया था कि सामाजिक सुधार के अभाव में राष्ट्रीय स्वतन्त्रता का कोई भी महत्त्व नहीं है।

समाज सुधार के क्षेत्र में राजा राम मोहन राय का नाम विशेष रूप से हमारा ध्यान आकर्षित करता है। इन्होंने ब्रह्म समाज के माध्यम से व्यापक मानवतावाद को प्रतिष्ठित करने का सफल प्रयास किया। सती प्रथा का खुलकर विरोध इन्होंने ही समाज में किया। इस प्रथा को समूल नष्ट करने के लिए भरसक प्रयास किया। बाद में इस अमानवीय प्रथा के विरोध में जब कानून बना तो इनके विचार अधिक सहायक सिद्ध हुए। राजा राममोहन राय ने ही समाज में शिक्षा के क्षेत्र में विकास करने के लिए वैज्ञानिक सभ्यता एवं शिक्षा को महत्त्व दिया।

सामाजिक कुप्रभावों एवं विषमताओं को दूर करने का कार्य भी इसी युग में किया गया। गाँधी जी ने अछूतों का उद्धार करने के लिए रचनात्मक कार्य किये। उन्होंने कहा भी है—

'हिन्दू जाति के अछूतों को जुदा करने वाले किसी भी प्रयत्न को मैं बरदाश्त नहीं करूँगा, बल्कि मौका पड़ने पर उसके विरोध में मैं अपनी जान लड़ा दूँगा।

सामाजिक उन्नति हेतु 'नारी जागरण' की ओर गाँधी जी ने विशेष ध्यान दिया। जो नारी समाज के लिए केवल भोग की वस्तु मात्र थी, उसमें शिक्षा का प्रचार एवं प्रसार तीव्र गति से प्रारम्भ हुआ और युग-युग की वंदिनी नारी मुक्त होकर प्रयुक्त हो गयी। सती प्रथा के विरोध के साथ ही विधवा विवाह का इस युग में प्रबल समर्थन किया गया। इसके अतिरिक्त बाल-विवाह एवं बहु-विवाह का घोर विरोध किया गया।

इस युग विशेष में वर्ण-व्यवस्था की भी प्राचीन मान्यताएँ शिथिल होती जा रही थीं। इसका कारण नये सामाजिक मूल्य थे। प्राचीन वर्ण-व्यवस्था कर्म के आधार पर स्थित थी, किन्तु कालान्तर में उसका कुत्सित रूप सामने आया जिसमें जन्म के आधार पर कर्म होने लगा। इस व्यवस्था का घोर विरोध किया गया जिसके परिणामस्वरूप सामाजिक अस्तित्व कर्म पर निर्धारित न होकर उसकी शिक्षा और योग्यता पर होने लगा। ब्रिटिश शासन काल में जो नये वर्गों का जन्म हुआ था उसके अस्तित्व को समाप्त करके निम्नवर्ग, मध्यम वर्ग और पूँजीपति वर्ग के रूप में सम्पूर्ण समाज को देखने का प्रयास किया गया।

स्वतन्त्रता प्राप्ति के पश्चात् देश का राजनीतिक पक्ष ही प्रभावित नहीं हुआ अपितु समाज में भी कुछ परिवर्तन दिखायी दिये। राजनीतिक समस्याओं और आर्थिक कठिनाइयों ने देश के सामाजिक परिवेश को विशेष रूप से प्रभावित किया और देश में व्याप्त भ्रष्टाचार ने समसामयिक समस्याओं की वृद्धि में भी सहायता की। ऐसी स्थिति में भारतीय जनजीवन अत्यधिक निराश एवं क्षुब्ध हो उठा। इस निराशा का परिणाम यह निकला कि अभावपूर्ण भारतीय जन-समाज ने हड़ताल और प्रदर्शन के माध्यम से अपनी निराशा का स्पष्टीकरण करना प्रारम्भ किया।

आधुनिक भारतीय समाज का नेता वह है जिसके हाथ में शासन की बागडोर है, किन्तु यह मध्य वर्ग नगरों तक ही सीमित है जहाँ तक विचार का सम्बन्ध है अंग्रेजी शिक्षा और पश्चिमी संस्कृति के प्रभाव ने इस मध्य वर्ग को बुद्धिवादी और व्यक्तिवादी बना दिया है। वह प्रत्येक वस्तु को तर्क की दृष्टि से देखना चाहता है। इहलौकिक उपयोगिता ही आज के समाज का मानदण्ड है। उसने सामाजिक न्याय, बन्धुत्व, साम्य और स्वतन्त्रता की ही दुहाई दी है। आज ये उपर्युक्त चीजें व्यवहार रूप में कम ही दिखायी देती हैं जाति धर्म के पालन में भले ही शिथिलता आ गयी हो किन्तु जातिवाद का पूर्ण बोलबाला दिखायी देता है।

वैसे समाज में जो परिवर्तन हुए है वे अधिकांश सुधारवादी ही हैं 1952 ई. के अधिवेशन में भारतीय काँग्रेस ने समाजवादी ढंग के समाज का नारा देकर देश के बुद्धिजीवियों को पूरी तरह आश्वस्त कर दिया है कि संशय, संघर्ष और संकट के दिन व्यतीत हो गए हैं और समृद्धि, सम्मान और समता के दिन आये हैं। इस बदले हुए वातावरण से सामाजिक और आर्थिक क्षेत्रों में अभूतपूर्व परिवर्तन के स्पष्ट लक्षण दिखायी पड़े।

बहुपत्नीवाद कानून की दृष्टि से दण्डनीय अपराध घोषित किया गया। अस्पृश्यता के विरुद्ध प्रतिक्रिया हुई और विधेयक बना। पैतृक सम्पत्ति में पुत्री को भी समान अधिकार प्राप्त हुआ। प्रेम-विवाह, अन्तर्जातीय विवाह, विवाह-विच्छेद आदि क्षेत्रों में वैयक्तिक रुचियों को मान्यता प्राप्त हुई पुरानी पीढ़ी के समस्त उपदेश और आदर्श अब पाखण्ड लगने लगे। देश में सौमनस्य और उदारता का एक व्यापक वातावरण तैयार हुआ। जनता से करों के रूप में

जितना त्याग करने को कहा गया, भावी मंगलमय जीवन की सम्भावना में जनता वह त्याग करने के लिए सहर्ष उद्यत हुई। स्वातन्त्र्योत्तर देश का औद्योगिक ढांचा भी सुदृढ़ हुआ। नये औद्योगिक जीवन के अनुरूप ही संस्थाएँ भी परिवर्तित हुईं। संस्थाओं के परिवर्तन का परिणाम यह निकला कि हमारे जीवन मूल्य भी बदल गए। आज का औद्योगीकरण हमें निरन्तर समाजवाद की ओर ले जा रहा है। आज का भारतीय समाज धार्मिक तथा रूढ़िवादी एवं परम्परावादी भूमिका से बाहर निकलकर संविधान की उद्देश्य पूर्ति कर रहा है।

इस प्रकार स्वान्तत्र्योत्तर समाज दिन प्रतिदिन उन्नति के ही रास्ते का अनुसरण कर रहा है। लोक सभा की ओर से निरन्तर समाज सुधार का प्रयास किया जा रहा है।

सांस्कृतिक परिस्थिति

सांस्कृतिक पृष्ठभूमि के आधार पर ही राष्ट्रों का पारस्परिक सहयोग सम्भव होता है। समाज में जब अस्वस्थता का समावेश होने लगता है तो उसका बोध संस्कृति के द्वारा ही होता है। संस्कृति के रचनात्मक तत्व सक्रिय होते हैं यही कारण है कि प्रत्येक समय में उसमें समृद्धि होती रहती है। आदिमयुग से ही यहाँ का वैचारिक, आध्यात्मिक और साहित्यिक संयोग सामाजिक मूल्यों पर बना है। विश्व में भारत की ही संस्कृति इतनी सामासिक है कि दिनकर ने भी अपने द्वारा प्रणीत 'संस्कृति के चार अध्याय' में इस प्रकार लिख दिया है–

'भारत की ओर देखने पर हमें लगता है कि भारतीय जनता की संस्कृति का रूप सामासिक है। और उसका विकास धीरे-धीरे हुआ है।'

स्वातन्त्र्य पूर्व युग में भारतीय संस्कृति संकट के क्षणों का सामना करके हमारे सम्मुख प्रस्तुत हुई है। उसका रूप विदेशी शासकों की कुटिल नीति से तिरोहित हो गया था जिसकी प्रतिक्रिया के परिणामस्वरूप भारतीय मनीषियों ने उसे पुनर्जीवित करने का सफल प्रयास किया। ब्रह्म समाज की स्थापना, आर्य समाज का उदय, थियोसोफिकल सोसायटी का जन्म, रामकृष्ण परमहंस के आगमन से इस संस्कृति का मूल स्वरूप पुनः जागरित हुआ। इन्हीं संस्थाओं के प्रभाव स्वरूप भारतीयों में आत्मनिरीक्षण की प्रवृत्ति का जन्म हुआ। स्वामी विवेकानन्द, लोकमान्य तिलक, अरविन्द और महात्मा गाँधी के सहयोग से हमारे नवजागरण में भी अधिक सहायता मिली जिससे सांस्कृतिक प्रक्रिया को विशेष बल मिला। सन् 1934-35 के उपरान्त भारतीय काँग्रेस का आन्दोलन चरम उत्कर्ष पर पहुँच गया था अहिंसा और यान्त्रिक शक्तियों में टकराव हो रहे थे, जिसका प्रभाव जनमानस पर पड़ा। उस समय मानवता वादी संस्कारों का अभ्युदय गाँधी जी के प्रभावों से ही सम्भव हुआ। राजा राममोहन राय, केशवचन्द्र सेन, दयानन्द, रामकृष्ण परमहंस आदि के साथ गाँधी जी का नाम भी यदि जोड़ दिया जाय तो स्वातन्त्र्य पूर्व युग की संस्कृति में मार्क्सवाद का स्थान अमिट है। युगीन समाज में मानव के आर्थिक मूल्यों का संचालन उसी दृष्टि से हो रहा था। मार्क्सवाद प्रत्येक मनुष्य की भौतिक आवश्यकताओं की पूर्ति के लिए भौतिक साधनों की स्वीकृति देता है। इसने व्यक्ति को राष्ट्रीय रंगमंच का एक पात्र मानकर उसके दायित्वों को घटा दिया है। वह वर्गहीन संस्कृति को स्वीकार करता है। इस देश में मार्क्स के प्रभाव के परिणाम स्वरूप ही जातिहीन वर्ग का जन्म हुआ। मार्क्स की तो यह मान्यता है कि संस्कृति का सम्बन्ध सामाजिक चेतना से ही है।

इस तरह हम देखते हैं कि स्वातन्त्र्य पूर्व युग की सांस्कृतिक पृष्ठभूमि ने युगीन समाज को वह दृष्टि प्रदान की जिससे वह सहज का आत्मनिरीक्षण एवं परीक्षण कर सकता था।

स्वातन्त्र्योत्तर संस्कृति भी एक परिवर्तित रूपरेखा हमारे समक्ष प्रस्तुत करती है। इस युग में गाँधी युगीन संस्कृति का प्रचार एवं प्रसाद दृष्टिगोचर होता है। उन्नीसवीं शताब्दी में जिस भारतीय नवजागरण के चिह्न परिलक्षित होते हैं, वह गाँधी युग (सन् 1910-1947) में उत्कर्ष के सर्वोच्च शिखर पर थे। गाँधी युग के पूर्व दो दशकों में हमारी अपने प्रति अटूट आस्था थी किन्तु सन् 1936 से हमारी चेतना में एक विशिष्ट प्रकार की दरारें दिखायी देने लगती हैं जिसके परिणामस्वरूप कुण्ठा, अवसाद, अनास्था तथा पराजित मनोवृत्ति का प्रसार हो जाता है। इसका एक मात्र कारण यह है कि नव्य पीढ़ी के युवक भारतीय सांस्कृतिक उत्तरदायित्वों के प्रति जागरूक नहीं है। वे चली आती हुई परम्परा से अलग रहकर एक नयी लीक डालना चाहते हैं।

द्वितीय महायुद्ध (सन् 1939-1945) में जन्म लेने वाली यह तरुण पीढ़ी राष्ट्र के संकटों से तो पूर्ण अवगत थी परन्तु उसने गाँधी युग की राष्ट्रीय भावना तथा आदर्शवाद में दीक्षा नहीं प्राप्त की थी। परिणामस्वरूप उसने सामयिक संस्कृति को नये विश्वासों से मण्डित कराना चाहा और मार्क्स, फ्रायड तथा टी. एस. इलियट आदि उसके आदर्श साहित्यकार बन गये। जहाँ पुरानी पीढ़ी गाँधीवाद को ही अपनाकर रखने में सन्तोष का अनुभव करती थी वहाँ नयी पीढ़ी ने पश्चिमी साहित्य और संस्कृति की प्रयोगशीलता को अपने जीवन और साहित्य का आदर्श बना लिया।

स्वान्त्र्योत्तर युग में अंग्रेजी शिक्षित वर्ग अमरीकी पूँजीवादी संस्कृति और रूसी साम्यवादी संस्कृति में बँट सा गया है। इसके बावजूद पिछले साल में महायुद्ध और औद्योगीकरण के फलस्वरूप ठेकेदारों, व्यवसाइयों, पूँजीपतियों और विशेषज्ञों का जो वर्ग महानता प्राप्त करने में सफल हुआ है उसे अमरीकी साज सज्जा, वैज्ञानिक सुविधाओं तथा आचार विचारों ने अपनी ओर आकर्षित करने का सफल प्रयास किया है। वर्तमान सांस्कृतिक जीवन को सत्यसाईं बाबा, महर्षि महेश योगी, आचार्य रजनीश प्रभूति मनीषियों ने काफी प्रभावित किया है। इनके माध्यम से भावातीत ध्यान और एकाग्रता को आधुनिक जीवन के परिप्रेक्ष्य में प्रस्तुत किया गया है। इनका विपुल साहित्य भी उपलब्ध है जो कि अध्ययन और अनुशीलन के सम्यक परिवेश का निर्माण करता है। वर्तमान समय में इसी काटि के अनेक सांस्कृति दूत हमारे देश में हैं जिनके प्रति अनेक व्यक्ति अपनी निष्ठा और श्रद्धा व्यक्त करते हैं। इनके जीवन दर्शन की सम्बन्ध सूत्रता देश में परिव्याप्त है। इसलिए इन्हें भी वर्तमान संस्कृति के उद्धारक के रूप में स्वीकार किया जा सकता है। कहने का आशय यह है कि आज का समाज बिना किसी सामाजिक, राष्ट्रीय, मानवीय मूल्य और दायित्व की चिन्ता किये केवल सुख से जीने में ही विश्वास करता है।

छायावादोत्तर एवं वर्तमान युग आत्मकथाओं का परिचय इस प्रकार है–

(अ) मौलिक आत्मकथाकार : 1. स्व. यशपाल की आत्मकथा। 2. डॉ. हरिवंश राय बच्चन की आत्मकथा। 3. स्व. डॉ. राजबली पाण्डेय की आत्मकथा। 4. देवेन्द्र सत्यार्थी की आत्मकथा। 5. डॉ. बरसानेलाल चतुर्वेदी की आत्मकथा। 6. पोद्दार रामावतार 'अरुण' की

आत्मकथा। 7. मोहन राकेश की आत्मकथा। 8. कृष्ण चन्दर की आत्मकथा। 9. अमृता प्रीतम की आत्मकथा। 10. अनीता राकेश की आत्मकथा।

(ब) अन्य विधाओं में अभिव्यक्त आत्मकथात्मक अंश : 1. डॉ. रामधारी सिंह 'दिनकर' के संस्मरण। 2. उपेन्द्रनाथ 'अश्क' के संस्मरण। 3. अज्ञेय के यात्रा वृतान्त 4. विष्णु प्रभाकर के संस्मरण। 5. स्व. जगदीशचन्द्र माथुर के संस्मरण।

स्व. यशपाल की आत्मकथा : साम्यवादी विचारधारा के पुजारी यशपाल (सन् 1901-1976) स्वातन्त्र्य पूर्व युग के श्रेष्ठ आत्मकथाकार स्वीकार किये जाते हैं। इनके द्वारा पाणीत आत्मकथा 'सिंहावलोकन (3 भागों में) उनकी क्रान्तिकारी तथा संघर्षपूर्ण जिन्दगी को व्यक्त करने में पूर्ण सफल है, जिसका विवेचन आत्मकथागत तत्त्वों के आधार पर इस प्रकार है-

प्रेरणा : यशपाल जी की सम्पूर्ण जिन्दगी संघर्षों से ही घिरी थी। संघर्ष से पूर्ण जिन्दगी को वे अपने तक ही सीमित रखने में सफल न हो सके। उनकी एक मात्र कामना थी कि उनकी क्रान्तिकारी जिन्दगी से भावी जनसमाज प्रेरणा ग्रहण करे। इसी प्रचार की भावना से प्रेरित होकर 'सिंहावलोकन' शीर्षक के रूप में अपनी जिन्दगी की कहानी तीन भागों में स्पष्ट किया है।

लेखन प्रकाशन : यशपाल ने अपनी आत्मकथा 3 भागों में प्रस्तुत की है। प्रथम भाग का प्रकाशन सन् 1966 में (तृतीय संस्करण) विप्लव कार्यालय, 21 शिवाजीमार्ग, लखनऊ से हुआ था। द्वितीय भाग का प्रकाशन सन् 1952 (प्रथम संस्करण) में विप्लव कार्यालय, लखनऊ से हुआ था तथा तृतीय भाग का प्रकाशन सन् 1970 में (तृतीय संस्करण) विप्लव प्रकाशन-30 से हुआ था।

विषय वस्तु : यशपाल जी द्वारा लिखित सिंहावलोकन के तीनों ही भागों में उनका क्रान्तिकारी जीवन वृत्तान्त वर्णित है। बचपन के दिनों में यशपाल जब अपने समाज में सर्वत्र अंग्रेजों का ही आतंक देखते हैं तो उस दुःखी समाज से स्वयं क्षुब्ध हो जाते हैं और उसी की तीव्र प्रतिक्रिया का व्यक्तीकरण समाज में करते हैं। निम्नांकित पंक्तियों में इन्होंने उन्हीं दिनों का स्मरण किया है—'मैं दिन भर लेटा कोई पुस्तक पढ़ा करता और रात में निकलकर पुराने साथियों से सम्पर्क स्थापित करने की चेष्टा करता।

यशपाल ने क्रान्तिकारी गतिविधियों को ही अपना जीवन समर्पित कर दिया था। निराशा की क्षणिक स्थिति भी वे सहन नहीं कर सकते थे। निम्नांकित पंक्तियों में इन्होंने अपने उसी व्यक्तित्व की रूपरेखा प्रस्तुत किया है-

"असफलता और निराशा से मेरा हृदय बैठ सा गया। मेरा अनुमान है, निराशा के ऐसे ही धक्के से लोगों के हृदयों की गति बन्द हो जाती होगी, मैं असफल, निराश, असहाय और भौचक खड़ा रह गया।"

अपने संघर्षमय जीवन में बिना किसी प्रत्यक्ष प्रमाण के किसी भी बात को इन्होंने स्वीकार नहीं किया जैसा कि भाग 2 में स्वीकार भी किया है-

"मुझे मेरा कोई अपराध नहीं बताया गया। सफाई देने का कोई अवसर नहीं दिया गया। ...आरोप लगाने वाले अपनी बात कहें, मैं अपनी बात कहूँ। जो निर्णय होगा, स्वीकार करूँगा यों खामखा बकरे की मौत मर जाने के लिए तैयार नहीं हूँ।"

अपने संघर्षमय जीवन में इन्हें आर्थिक कठिनाइयों का सामना करना पड़ा था। फरारी की अवस्था का वर्णन इन्होंने इस प्रकार किया है-

"पचास वर्ष के लम्बे जीवन में मैंने बहुत कुछ देखा और अनुभव किया है। परन्तु पैसा न होने के कारण भूखे रहने का दिन केवल यहाँ एक ही बार आया।"

सिंहावलोकन के तीसरे भाग में यशपाल जी ने साहित्यिक व्यक्तित्व का भी व्यक्तीकरण किया है जैसा कि लिखा भी है "मैंने अपनी रिहाई के बाद 1938 नवम्बर में एक मासिक पत्रिका 'विप्लव' का प्रकाशन आरम्भ किया था। 1939 अक्टूबर में 'विप्लव' का प्रकाशन हिन्दी और उर्दू में हो रहा था।"

इस प्रकार अपने संघर्षमय एवं साहित्यिक व्यक्तित्व का स्पष्टीकरण किया है जिसमें वे पूर्ण सफल हुए हैं।

शैली एवं भाषागत विशेषताएँ : अपनी बात को अच्छे ढंग से प्रस्तुत करना भी एक कला है। यशपाल जी ने अपनी क्रान्तिकारी जिन्दगी को बड़ी ईमानदारी के साथ आत्मकथात्मक शैली में व्यक्त किया है। उदाहरण के लिए निम्नांकित पंक्तियाँ द्रष्टव्य हैं–

"मैंने अपने व्यवहार पर बार-बार विचार किया। मुझे यह स्वीकार करने का कोई कारण न मिला कि मैंने प्रेम के कारण अपने क्रान्तिकारी कर्तव्य के प्रति कभी कोई अवहेलना दिखायी है...।"

कहीं कहीं पर भावात्मक शैली का भी आदर्श प्रस्तुत किया है-

"सहसा मैंने अपने आप को सड़क के किनारे धूल में पड़ा पाया। मोटर साइकिल कुछ दूर पड़ी अब भी तेजी से फट-फट कर रही थी समझ में आया कि मैं गिर पड़ा हूँ।"

शैली के अतिरिक्त अपनी भावनाओं और विचारों को स्पष्ट करने के लिए उर्दू, अंग्रेजी तथा देशज आदि शब्दों का पर्याप्त प्रयोग किया है। उर्दू के निम्नलिखित शब्दों का प्रयोग किया है-मार्फत (10), फिलहाल (43), बेतकल्लुफी (85), तैनात (220), बेइंसाफी (233), नामुमकिन (233), नाकामयाबी (235), भाग (3), जुनून (16), बेफिक्री (17) इश्तहार (19), तकल्लुफ (25), जिद्द (25), आदाब (96), जहमत (96), तशरीफ (96), मार्फत (98), एतराज (127), मुनासिब (127), फुर्सत (130), लिहाज (136), सोहबत (145), तथा बेइज्जती (146),

उर्दू के अतिरिक्त अंग्रेजी के भी शब्दों का प्रयोग इस प्रकार किया है-प्रेक्टिस (22), डिस्पेन्सरी (22), रिवोल्यूशन (27), हाउसबोट (51), एक्सीडेण्ट (54), बैक (55), मनीएक्शन (109), यूनीवर्सिटी ग्राउण्ड (207), तथा सीक्रेट (222), आदि।

भाग-3-इन्सटिंक्ट (64), तथा डेन्टिस्ट (99), आदि।

इसके अतिरिक्त कहीं-कहीं पर देशज शब्दों का भी प्रयोग किया है जैसे-वावत (180) औधाते (22), बरोठे (24), गठरी मुठरी (55), तथा चराना (207), आदि।

उद्देश्यः यशपाल जी द्वारा लिखित 'सिंहावलोकन' एक सोद्देश्य आत्मकथा है। अतीत की क्रान्तिकारी जिन्दगी की स्मृतियों को पुनर्जीवित करने के लिए इन्होंने आत्मकथा का प्रणयन किया है। इस उद्देश्य की पूर्ति में इन्हें पूर्ण सफलता भी प्राप्त हुई है।

अन्ततः हम कह सकते हैं कि 'सिंहावलोकन (तीन भागों में) के माध्यम से यशपाल जी का व्यक्तित्व निखरकर असली रूप से हमारे समक्ष प्रस्तुत हुआ है। आत्मकथा में स्वयं के

व्यक्तित्व के साथ ही साथ सम्पर्क में आने वाले व्यक्तियों का भी वर्णन किया है।

'सिंहावलोकन आत्मकथा साहित्य की ही नहीं अपितु हिन्दी साहित्य के इतिहास की थाती है। इस ग्रन्थ के द्वारा आत्मकथाकार ने यह पूर्णतया स्पष्ट कर दिया है कि सत्य कल्पना से अधिक रोमांचकारी होता है।

डॉ. हरिवंश राय 'बच्चन' की आत्मकथा–

डॉ. हरिवंशराय 'बच्चन' (1907) स्वातन्त्र्य पूर्व युग के लोकप्रिय आत्मकथाकार हैं। बच्चन जी ने तीन चार खण्डों में आत्मकथा लिखी है–'क्या भूलूँ क्या याद करूँ', 'नीड़ का निर्माण फिर', 'बसेरे से दूर' और 'दशद्वार से सोपान तक'। ये तीनों ही खण्ड बच्चन जी के व्यक्तित्व का जैसा कच्चा चिट्ठा प्रस्तुत करते हैं वैसा अन्यत्र दुर्लभ ही है।

प्रेरणा : बच्चन जी का सम्पूर्ण जीवन संघर्षमय है। अपने अतीत के जीवन में घटित सम्पूर्ण घटनाओं को जनमानस तक पहुँचा देने की भावना से प्रेरित होकर ये आत्मकथा लिखने की ओर अग्रसर हुए थे। इन्होंने इतने अधिक संघर्षों का सामना किया था कि उसे अपने तक ही सीमित रखना असम्भव हो गया जिसके कारण तीन खण्डों में आत्मकथा लेखन की ओर उन्मुख हुए। इन्होंने लिखा भी है–"मैं चाहता हूँ कि लोग मुझे मेरे सरल, स्वाभाविक और साधारण स्वरूप में देख सकें निष्प्रयास प्रस्तुत, क्योंकि मुझे अपना ही तो चित्रण करना है। मैं अपने गुण दोष जनजीवन के सम्मुख रखने जा रहा हूँ...।"

लेखन प्रकाशन : इन्होंने तीन खण्डों में आत्मकथा लिखी है। प्रथम खण्ड–'क्या भूलूँ क्या याद करूँ' का प्रकाशन सन् 1973 (पाँचवा संस्करण) में राजपाल एण्ड सन्स, कश्मीरी गेट, दिल्ली से हुआ था। द्वितीय खण्ड 'नीड़ का निर्माण फिर' का प्रकाशन सन् 1973 (तीसरा संस्करण) में राजपाल एण्ड सन्स, कश्मीरी गेट, दिल्ली से हुआ था। तृतीय खण्ड 'बसेरे से दूर' तथा चतुर्थ खण्ड 'दशद्वार से सोपान तक' का प्रकाशन सन् 1977 में (प्रथम संस्करण) एवं 1985 राजपाल एण्ड सन्स, कश्मीरी गेट दिल्ली से हुआ था।

विषय वस्तु : बच्चन जी ने अपनी आत्मकथा के तीनों खण्डों में अपने सम्पूर्ण जीवन का कच्चा चिट्ठा ही नहीं प्रस्तुत किया है अपितु स्वयं के गुण दोषों पर भी ईमानदारी के साथ प्रकाश डाला है। अपने व्यक्तित्व की किसी भी दुर्बलता को इन्होंने नहीं छिपाया। अपने अतिरिक्त अपने मित्रों एवं साथियों को भी वास्तविक रूप में प्रस्तुत किया है। अतीत के दिनों का स्मरण इन्होंने निम्नांकित शब्दों में किया है–

"मुझे अपने जीवन के ऐसे बहुत से दिन याद हैं। जिनको मैं 'आलवक' और 'नीप्ले' के दिन कह सकता हूँ। निश्चय उन्होंने मुझे 'डल बनाया है।"

बच्चन जी का अतीत जीवन आर्थिक दृष्टि से अत्यन्त ही कष्टप्रद था। आर्थिक असमर्थता ने ही इन्हें पत्नी (श्यामा) को भी पास में न रहने दिया जिसका व्यक्तीकरण इन शब्दोंमें किया है–'मैं अपनी आर्थिक असमर्थता में श्यामा को अपने पास भी नहीं रख सकता। जी तो यही चाहता है कि हर शाम ससुराल जाकर उसके पास बिताया करूँ, पर ट्यूशनों पर कौन जाए घर में तो कोई आकर्षण नहीं।'

बच्चन जी ने अपने साहित्यिक जीवन का भी वर्णन बड़े ही सहज शब्दों में किया है

'छायावाद के किले पर पहला गोला 'मधुशाला' के आँगन से फेंका गया था, उस किले पर फेंकने के लक्ष्य से नहीं, बल्कि यदि उसी रूपक को आगे ले चलें, तो मधुशाला के निवासी मधुपायियों की गोला फेंकने की आन्तरिक अनिवार्य क्रीड़ा-वृत्ति से।'

समाज में फैली हुई कुरीतियों पर इन्होंने प्रहार किया है उदाहरण के लिए निम्नांकित पंक्तियाँ द्रष्टव्य हैं–'मृत्यु सदा ही दुःखद और भयानक होती है, गरीब के घर की मृत्यु और भी करुण होती है, और भी असहायता का बोध कराती है पुराण पंथी, पीढ़ी दर पीढ़ी चले आए रीतिरिवाजों के शिंकजों में जकड़े निर्धन हिन्दू के घर मौत उसकी तबाही की भविष्यवाणी करती हुई आती है।'

इसी प्रकार प्राचीन परम्पराओं का भी इन्होंने जमकर विरोध किया है-

'मुझसे यह नहीं होगा कि मैं एक वस्त्र हो, छूरी लोटा ले, तख्त पर चटाई डालकर बैठूँ, पीपल के पेड़ में घण्ट बाधूँ, सुबह उठकर प्रेतात्मा के पाने के लिए उसमें पानी डालूँ, रात को पीपल के नीचे जाकर दिया जलाऊँ और वह सब खटराग करूँ जो नाई, ब्राह्मण महाब्राह्मण मुझसे कराए।

नारी जाति से ये विशेष रूप से आकृष्ट थे। नारी किसी भी रूप में उनके समक्ष आए, ये उसकी पूजा अपना धर्म समझते थे लिखा भी है-'नारी किशोरावस्था से ही मेरे जीवन की अंग, आवश्यकता, अनिवार्यता बन चुकी थी, चाहे मुझे दुःख दे, चाहे सुख, मुझे विचलित करे चाहे शान्ति दे, चाहे मेरे लिए समया बने, चाहे समाधान।'

बच्चन जी एक अध्यापक की जिन्दगी भी व्यतीत कर चुके थें। इस पद के बीजोरोपण के लिए इन्होंने लिखा है–

मुझमें अध्यापक का बीजारोपण निस्सन्देह उस ट्यूशनों के समय हुआ होगा जो मैंने अपने परिवार की आर्थिक विपन्नता में अपने विद्यार्थी जीवन से ही करनी शुरू कर दी थी...।'

इस प्रकार बच्चन जी ने आत्मकथा के तीनों ही खण्डों में स्वयं के जीवन को बड़ी ही ईमानदारी के साथ स्पष्ट किया है।

शैली एवं भाषागत विशिष्टताएँ : अपनी बात को सुन्दर ढंग से कहना भी एक बहुत बड़ी कला होती है। बच्चन जी ने अपनी बात को महत्त्वपूर्ण सिद्ध करने के लिए कहीं-कहीं पर उदाहरणात्मक शैली का प्रयोग किया है। जैसे-

'मेरा बड़ा लड़का, कालीदास के नहीं व्यास के दुष्यन्त पुत्र सर्वदमन के समान बाहर की अवस्था में तो नहीं, पर पन्द्रह-सोलह की अवस्था में ही शालस्तम्भ इवोद्गतः छह फुट से ऊपर निकल गया था और अब पच्चीस से ऊपर की उम्र में छह फुट दो इंच है।'

बच्चन जी ने अपनी बात को गम्भीर रूप प्रदान करने के लिए विचारात्मक शैली का प्रयोग भी यत्र तत्र किया है–

'सत्य किसी ऐसे अतल में है जहाँ मनुष्य तब पहुँचता है जब सर्वथा अहं विहीन हो जाता है।'

आत्मकथात्मक शैली का तो जो आदर्श प्रस्तुत किया है वह अन्यत्र दुर्लभ है-

'मुझे ठीक याद नहीं कि किस तारीख से मैंने रेडियो के दफ्तर में जाना शुरू किया था, पर एक बात नहीं भूली पहले दिन जब मैं दफ्तर जाने के लिए घर से निकला था तो मेरी गाड़ी अनायास यूनिवर्सिटी की ओर मुड़ गयी थी।'

अपनी भावनाओं और विचारों को अभिव्यक्त करने के लिए बच्चन जी ने कई भाषाओं के शब्दों का प्रयोग किया है जैसे-संस्कृत, अंग्रेजी, उर्दू तथा देशज आदि शब्दों का प्रयोग। अंग्रेजी के ही अधिकांश शब्दों का प्रयोग इन्होंने आत्मकथा के तीनों ही खण्डों में किया है जैसे--(प्रथम खण्ड) इम्प्रुवमेंट (24) प्लास्टिक (173), सेफ्टीवाल्व (28), कान्सेशन (66), (द्वितीय खण्ड) डिजाइन (28), आइडिया (28), कम्पाउण्ड (29), युनिवर्सिटी (48), विजिट रिटर्न (53), एक्सट्रोवर्ट (61), डिस्पेन्सरीं (68), ड्रेसिंग गाउन (74), राइटिंग पेड (74), रिटायर (90), ड्राप (95), रियलिस्टिक (104), ट्रुथ (110), इम्प्रेशन (104), टेबिल (130), सोसाइटी (143), लेडिशिप (144), डिसचार्ज (202), प्रेजेन्ट (205), नो आब्जेक्शन (211), फ्रेंक (214), एटहोम (271), और इक्विपमेंट (293)। (तृतीय खण्ड) काम्प्लेक्स (19), पीरियड (21), सेकण्ड इयर (21), इम्फेसिस (25), वाटरप्रूफ (27), अंडर सेक्रेटरी (29), पोयट्री (35), स्टडी (99), थीसिस (177), शिड्यूल (177), आदि।

अंग्रेजी के शब्दों के उपरान्त उर्दू के भी शब्दों का प्रयोग पर्याप्त मात्रा में किया है—(प्रथम खण्ड) बुजुर्ग (11), फौरन (19), हिफाजत (21), तथा माकूल (233), (द्वितीय खण्ड) तनख्वाह (48) बेतकल्लुकी (49), लिफाफे कार्ड (74), हाजिर (92), रुखसत (131), गम (131), ख्वाहिश (147), मशक्कत (162), बखूबी (172), नुख्शा (202), जाहिर (266), जेर (295), खप्तुल हवास (297), हुकूमत (320), तथा बेमजा (352), आदि (तृतीय खण्ड) बेजिल्दी (26), शौकिया (33), बशर्ते (46), मशक्कत (51), आदि।

संस्कृति के शब्दों का भी यथावसर प्रयोग किया है उदाहरण के लिए—अनिद्यं (12), परित्राण (12), (द्वितीय खण्ड) निष्प्रभ (12), जिजीविषा (14), अस्थियाँ (105), विलुप्त (24), रुग्ण (26), नगण्य (29), विषण्ण (42), क्षत विक्षत (68), वर्जनाओं (266), (तृतीय खण्ड) रोम प्रहर्षक (15), प्रगल्भ जिजीविषा (36) अर्द्धसुप्त (41) आदि।

इसके अतिरिक्त कहीं-कहीं पर ठेठ ग्रामीण भाषा का प्रयोग इन्होंने किया है जैसे-'हमें तो बस तीन चीज चाही, कलिया, दारू, मेहरारू।'

प्रचलित कहावतों का भी प्रयोग किया है। जैसे-न सौ पढ़ा न एक परतापगढ़ा (25), तथा 'एक लख पूत सवा लख नाती, ऊ रावण घर दिया न बाती।'

इस प्रकार भाषा एवं शैली दोनों ही दृष्टियों से बच्चन की आत्मकथा श्रेष्ठ है।

उद्देश्यः अतीत के जीवन को झकझोर देने वाली स्मृतियों को पुनर्जीवित करने के लिए बच्चन जी ने आत्मकथा लिखी है साथ ही उन्होंने जो आत्मविश्लेषण किया है वह स्मरणीय है। जिस अभीष्ट को केन्द्र बिन्दु मानकर इन्होंने आत्मकथा लिखना प्रारम्भ किया था उसमें इन्हें पूर्ण सफलता भी प्राप्त हुई है।

अन्त में निष्कर्ष रूप में हम कह सकते हैं कि आत्मकथा के समस्त निर्धारित तत्त्वों के आधार पर बच्चन जी की आत्मकथा सफल है। इन्होंने बड़ी ही ईमानदारी के साथ अपने गुण एवं दोषों का जो स्पष्टीकरण किया है वह इस क्षेत्र के लिए दुष्कर नहीं तो कठिन अवश्य है।

जीवन के विविध मोड़ों पर बच्चन जी ने संघर्ष किया है और विजयी हो आगे भी बढ़े हैं। 'क्या भूलूँ क्या याद करूँ' तथा याद 'नीड का निर्माण फिर' प्रतीकात्मक शीर्षक है जिसका चयन करके इन्होंने अपनी कल्पना शक्ति की श्रेष्ठता का जो परिचय दिया है। वह दुर्लभ है।

आत्मकथा के तीनों ही खण्डों में इन्होंने अपना भावात्मक एवं संवेदनशील व्यक्तित्व ही प्रमुख रूप से निखारा है। इस अतिशयता के कारण कहीं-कहीं पर ऐसा लगने लगता है कि भाव के समक्ष विचार धूमिल होते जा रहे हैं किन्तु ऐसा मौका आने से पहले ही इन्होंने उस व्यक्तित्व की संवेदनशीलता को वैचारिकता से मण्डित करके सफलता की प्राप्ति किया है। स्वातन्त्र्य पूर्व युग में आत्मकथा लिखकर बच्चन जी ने समस्त आत्मकथा साहित्य को जिस विकास की ओर अग्रसर किया है वह सदैव स्मरणीय रहेगा।

डॉ. राजबली पाण्डेय की अधूरी आत्मकथा

डॉ. राजबली पाण्डेय (1907-1970) स्वातन्त्र्य पूर्व युग के श्रेष्ठ लेखक स्वीकार किये गये हैं। इन्होंने 'एक अध्यापक की जीवन यात्रा' शीर्षक से तीन-चार पृष्ठों का नोट प्रस्तुत किया है जिसमें अपनी आत्मकथा की संक्षिप्त विषय सूची प्रस्तुत की है। इसी विषय सूची के अन्तर्गत पाण्डेय जी ने अपने अतीत के आंशिक रूप का अभिव्यक्तीकरण किया है। जीवन का आंशिक व्यक्तीकरण ही कर पाये थे और उनकी मृत्यु हो गयी इसीलिए आत्मकथा भी अधूरी रह गयी। इस अधूरी आत्मकथा का तत्त्वगत विवेचन इस प्रकार है–

प्रेरणा : पाण्डेय जी का जीवन घटनाओं का ही जीवन था वे अपने घटनायुक्त जीवन को बड़ी ही ईमानदारी के साथ स्पष्ट करना चाहते थे। स्वयं के जीवन की घटनाओं को जनमानस तक पहुँचा देने की भावना से प्रेरित होकर इन्होंने आत्मकथा लिखी है। यदि वे अपनी पूर्ण आत्मकथा लिख जाते तो जन समाज को एक महान् उपदेश प्राप्त हो जाता।

विषय वस्तु : पाण्डेय जी ने अपनी अधूरी आत्मकथा में स्वयं के जीवन के संस्कार, जन्मभूमि एवं परिवार का जो चित्रण किया है वह ईमानदारी एवं सच्चाई का आदर्श कहा जा सकता है।

पाण्डेय जी के जीवन में पवित्रता पूर्ण मात्रा में व्याप्त थी जिसके लिए आत्मकथा में इस प्रकार कहा है–

'यह पवित्रता का संस्कार परिवार और परम्परा से प्राप्त हुआ है। जन्म ब्राह्मण परिवार में हुआ। इसमें आधुनिक युग में शास्त्र और विद्या की कमी हो गयी थी। परन्तु विश्वास और आस्था, आचार और विचार की कमी नहीं थी। पिता-पितामह नैष्ठिक ब्राह्मण थे। अत्यन्त सरल और सुशील...।'

पाण्डेय जी ने अपनी जन्मभूमि का भी विस्तारपूर्वक वर्णन किया है। उदाहरण के लिए निम्नांकित पंक्तियाँ द्रष्टव्य हैं–

'मेरा जन्म उत्तर प्रदेश के उस समय के गोरखपुर जिले के एक छोटे से गाँव किरौनी में हुआ था।

...उस समय इस नामकरण के शास्त्रीय आधार का ज्ञान मुझे नहीं था। पीछे मालूम हुआ कि इसके पास के बहुत से क्षेत्रों का नाम वनस्पति अथवा जंगल के ऊपर पड़ा।'

इन्होंने अपने परिवार के अन्तर्गत अपने पूर्वजों का उल्लेख किया है। पूर्वजों का पूर्ण उल्लेख वे नहीं कर पाये क्योंकि बीच में ही मृत्यु हो गयी। अपने पूर्वजों का उल्लेख निम्नांकित पंक्तियों में इस प्रकार किया है–

'हमारे पूर्वज किसी माड़र नामक गाँव से चले थे इसलिए हम लोग मड़रिया पाण्डेय कहलाते थे। यह माड़र कहाँ था आज बताना असम्भव है। गोरखपुर देवरिया जिले में चौहान राजपूत वत्सगोत्री हैं। हो सकता है मड़रिया पाण्डेय उनके साथ गोरखपुर में आये हों...।'

इस प्रकार पाण्डेय जी स्वयं के परिवार एवं जन्म स्थान आदि का इतना ही विवेचन कर पाये थे कि उनकी मृत्यु हो गयी और आत्मकथा अधूरी रह गयी।

शैली एवं भाषा : अपनी अधूरी आत्मकथा में डॉ. पाण्डेय ने आत्मकथात्मक शैली को तो पूर्ण प्रश्रय दिया ही है साथ ही कहीं-कहीं पर अपने व्यक्तित्व के उदार पक्ष को जनमानस तक पहुँचा देने के लिए भावात्मक शैली का भी प्रयोग किया है, उदाहरणार्थ-

'मेरे परिवार वाले अपने हाथ से खेती नहीं करते थे, यद्यपि अपनी जमींदारी और खेत थे। अन्य बच्चों के साथ मैं खेती का दृश्य देखने खेतों पर जाता था। खेतों के साथ रागात्मक सम्बन्ध था। जब गाँव पर जाता हूँ तब वह सम्बन्ध उभर आता है।'

शैली के अतिरिक्त जहाँ तक भाषा का सम्बन्ध है पाण्डेय जी ने अपने जीवन क घटनाओं को स्पष्ट करने के लिए कहीं-कहीं पर परिमार्जित शब्दों का सहारा लिया है-यह भाव (पवित्रता का) निषेधात्मक नहीं स्वीकारात्मक था। जगत् का जीवन पवित्र है। यदि इसमें पवित्रता की कमी है तो इसका संवर्धन करना है...।'

पाण्डेय जी ने अपनी आत्मकथा में कहीं-कहीं पर बड़ी ही गम्भीर भाषा का प्रयोग किया है उदाहरण के लिए निम्नांकित पंक्तियाँ देखी जा सकती हैं–

'संसार की पवित्रता में बालपन की सहज सरलता ही कारण हो सकती है। परन्तु यदि ऐसा हुआ होता तो वयस्क होने पर संसार की पवित्रता का भाव नष्ट हो जाता।'

इसके अतिरिक्त इन्होंने ऊर्ध्वमुखी (458), पंकिल (458), कलुषित (458), अवधूत (458), संवर्धन (458), आदि संस्कृत के शब्दों का भी प्रयोग किया है।

अपनी भावनाओं को अभिव्यक्ति प्रदान करने के लिए पाण्डेय जी ने बनजाउर (459), फ्लास (459), लहसुनियाँ (459), तथा सेंदुरिया (459), आदि शब्दों का भी प्रयोग किया है।

उद्देश्य : उद्देश्य किसी भी आत्मकथाकार का वह अभीष्ट है जिसकी पूर्ति हेतु वह आत्मकथा लिखने की ओर प्रेरित होता है। अतीत की स्मृतियों को पुनर्जीवित करने के लिए ही इन्होंने आत्मकथा लिखी है। इस उद्देश्य की पूर्ति में इन्हें पूर्ण सफलता मिली है।

अतः निष्कर्ष रूप में हम कह सकते हैं कि यद्यपि इन्होंने अधूरी आत्मकथा लिखी है फिर भी उसमें पूर्णता के ही दर्शन होते हैं। अपने जीवन के जितने पक्ष का उद्घाटन किया है उसमें आत्मकथा की ईमानदारी व सच्चाई दिखायी देती है।

देवेन्द्र सत्यार्थी की आत्मकथा–

देवेन्द्र सत्यार्थी स्वातन्त्र्य पूर्व युग के उल्लेखनीय आत्मकथाकार हैं। इन्होंने साहित्य की जितनी विधाओं का स्पर्श किया है उनमें वैयक्तिकता का ही प्राधान्य है। इनके द्वारा प्रणीत आत्मकथा 'चाँद सूरज के बीरन' आत्मकथा साहित्य की अमूल्य निधि है जिसका विवेचन इस प्रकार है-

प्रेरणा : देवेन्द्र सत्यार्थी ने अपने मित्र की पत्नी के बारम्बार सुझाव कि–'अब वक्त है कि आप अपनी जीवनी लिखने बैठ जायें।' से प्रेरित होकर प्रस्तुत आत्मकथा लिखी है। मित्र

की पत्नी के अनेक सुझावों का स्पष्टीकरण इन पंक्तियों में किया है—कई निबन्धों के नाम मैंने लिए जो हू-ब-हू मेरी जीवनी के अध्याय कहलाने की क्षमता रखते थे, पर वह महिला अपना सुझाव दोहराती रही। विवश होकर मैं अपनी जीवनी के पन्ने लिखने लगा।'

लेखन प्रकाशन : देवेन्द्र सत्यार्थी द्वारा लिखी हुई आत्मकथा 'चाँद सूरज के 'वीरन' का प्रकाशन सन् 1953 में, एशिया प्रकाशन 100 बेयर्ड रोड, नयी दिल्ली से हुआ था।

विषय वस्तु : 'चाँद सूरज के बीरन' के माध्यम से देवेन्द्र सत्यार्थी ने अपने जीवन के समस्त गुण एवं दोषों का उद्घाटन बड़ी ही ईमानदारी के साथ किया है। बचपन से ही ये एक बड़ा कवि बनने का सपना देख रहे थे। विद्यार्थी का वर्णन करते हुए इस तथ्य का उद्घाटन इस प्रकार किया है-' मैं सोचता हूँ कि अगर कहीं ये छन्द किसी तरह मेरी समझ में आ सकते तो मैं मास्टर रौनकराम से भी बड़ा कवि बन सकता था।'

आत्मकथा में जन्म स्थान के प्रति विशेष मोह का व्यक्तिकरण किया है जैसा कि निम्नांकित पंक्तियों में दृष्टिगोचर भी होता है-

'कई बार मैं अपने घर के चौबारे की छत से देखता कि किस तरह हमारा गाँव दूर-दूर तक फैला हुआ है। छतें ही छतें। यह दृश्य मैं बचपन से देखता आया था। यह गाँव मुझे इतना प्रिय क्यों था? यहाँ मेरा जन्म हुआ...।'

शालीनता इनके व्यक्तित्व की एक विशिष्टता थी। प्रत्येक अनुकूल और प्रतिकूल परिस्थिति में ये उक्त गुण का दमन न कर पाते थे, इसे इन्होंने इन पंक्तियों में लिखा है—

'—यह शालीनता वह थी जिसे मैं घर से ले आया था, जिसे मैं यत्न करने पर भी पीछे गाँव में ही छोड़ सका था।'

इसके अतिरिक्त इन्होंने अपनी मित्र मण्डली का भी विशद वर्णन किया है और कुछ महान् व्यक्तियों के संस्मरण भी सुनाये हैं।

शैली एवं भाषागत विशेषता : आत्मकथा में देवेन्द्र सत्यार्थी अधिकांश स्थलों में हमें बड़े ही सहृदय रूप में दिखायी देते हैं यही कारण है कि उन्होंने भावात्मक शैली का आदर्श भी प्रस्तुत किया है। जैसे 'मुझे लगा कि दौलतपुरे ने अपनी तुलिका से मेरे मन पर जो चित्र अंकित किया है वह कभी मिट नहीं सकता मैं मन ही मन गीत की टेक की तरह गुनगुना रहा था, मैं कोरा कागज नहीं हूँ।

आत्मकथात्मक शैली तो सम्पूर्ण आत्मकथा में व्याप्त है।

अपने भावों एवं विचारों को स्पष्ट करने के लिए देवेन्द्र सत्यार्थी ने पंजाबी भाषा को ही प्रमुखता प्रदान किया है जैसे-

"जै तूँ, मेरे पिच्छे चलें तां मैं तेनू कवि बना सकदा हां।

कवि होने के कारण इन्होंने पंजाबी गीतों का भी पर्याप्त प्रयोग आत्मकथा में किया है उदाहरणार्थ—

'पिण्डा विच्चों पिण्ड छांटिया
पिण्ड छांटिया भोगा
उरले पासे ढाव सुणीदी
परले पासे टोभा-

इसके अतिरिक्त उर्दू एवं अंग्रेजी के भी शब्दों के यत्र-तत्र प्रयोग किये हैं जैसे- बरदास्त (103), मार्फत (103), सबूत (135), दुरुस्त (136), तसरीफ (136) खुशखबरी (203), अक्लमन्द (243), तथा हर्गिज (257), आदि। इसी प्रकार अंग्रेजी के भी निम्नांकित शब्दों को अपनी आत्मकथा में स्थान दिया है एनलार्जमेण्ट (113), क्लास रूम (122), आनरेरी (160), फर्स्ट ईयर फूल (274), पीरियड (297) तथा हिस्ट्री (297), आदि।

उद्देश्य–

कोई भी स्मृति जैसे-जैसे समय बीतता है वैसे-वैसे धूमिल होती जाती है। स्वयं की अतीत की स्मृतियों को ही पुनर्जीवित करने के उद्देश्य से इन्होंने आत्मकथा लिखी है। इस उद्देश्य की पूर्ति में इन्हें सफलता भी मिली है। अन्त में हम कह सकते हैं कि देवेन्द्र सत्यार्थी ने अपने बचपन एवं साहित्यिक जीवन को अपनी आत्मकथा में मुखरता प्रदान की है।

एक कमी अवश्य खटकती है–विद्यार्थी जीवन के वर्णन में अतिशयता की। आत्मकथा में विद्यार्थी जीवन के विविध पहलुओं का वर्णन इतनी विशदता से किया है कि एक निश्चित सीमा के पश्चात् पाठक का मन ऊबने सा लगता है। इसके अतिरिक्त मित्र मण्डली के संस्मरण भी आत्मकथा को सामान्यता की कोटि में लाकर रख देते हैं।

इतना होते हुए भी आत्मकथा के सभी तत्त्वों की दृष्टि से देवेन्द्र सत्यार्थी की आत्मकथा, साहित्य में अपने उच्च स्थान की अधिकारी है।

डॉ. बरसानेलाल चतुर्वेदी की आत्मकथा–

हास्य एवं व्यंग्य लेखक डॉ. बरसाने लाल चतुर्वेदी (1921) एक श्रेष्ठ आत्म-कथाकार के रूप में भी हमारे समझ आते हैं। इन्होंने अलग से कोई आत्मकथा नहीं लिखी है। 'टालू मिक्सचर' व्यंग्य लेख संग्रह के अन्तर्गत अन्तिम अध्याय में स्वयं के व्यक्तित्व का प्रकाशन किया है। इनकी आत्मकथा का विवेचन आत्मकथागत तत्त्वों के आधार पर इस प्रकार है-

प्रेरणा : आत्मकथा एक हास्य लेखक की चतुर्वेदी जी द्वारा लिखित एक श्रेष्ठ आत्मकथा है। युगीन परिस्थितियों की माँग को देखते हुए यह अपने सामाजिक व्यक्तित्व को छिपाकर रखने में असमर्थ हो गए। युग की परिस्थितियों ने इन्हें आत्मकथा लिखने हेतु बाध्य कर दिया। अपने सामाजिक व्यक्तित्व से जनमानस को परिचित करवा देने की भावना से प्रेरित होकर चतुर्वेदी जी आत्मकथा लेखन की ओर अग्रसर हुए थे।

प्रकाशन काल : चतुर्वेदी जी द्वारा लिखित 'आत्मकथा एक हास्य लेखक की' का प्रकाशन सन् सितम्बर 1978 में साहित्य सहकार, ई-1014, कृष्णनगर, दिल्ली 110051, तसरीफ (136) से हुआ था।

विषय वस्तु : चतुर्वेदी जी ने अपनी आत्मकथा में अपने साहित्यिक एवं सामाजिक व्यक्त्वि का स्पष्टीकरण किया है। आत्मकथा के प्रारम्भ में ही स्वयं के नामकरण का जो रहस्योद्घाटन किया है वह अत्यन्त ही सुन्दर एवं आकर्षक है-

'उस (सावन), बरसात में हम बरसे थे इसलिए हमारा नाम 'बरसे' रख दिया गया। यह नाम बरसों चला–जब मुझे स्कूल में ले जाया गया तब नाम लिखवाने की समस्या हुई 'बरसे'

के साथ 'नाथ', 'लाल', प्रसाद' आदि कोई भी पूँछ फिट नहीं होती थी इसलिए हेडमास्टर ने 'बरसे' का बरसाने लाल संस्करण कर दिया।

चतुर्वेदी जी ने स्वयं के साहित्यिक जीवन का स्पष्टीकरण बड़े ही अच्छे शब्दों में किया है। उदाहरण के लिए निम्नांकित पंक्तियाँ द्रष्टव्य है—ब्रज साहित्य मण्डल की गतिविधियों में मैं भी भाग लेता रहा। इस संस्था का पतन 'मिनिस्टर बाजी' के कारण हुआ। स्वार्थी लोग इसे चाट गये।

साहित्यिक व्यक्तित्व के साथ ही उनका सामाजिक व्यक्तित्व भी आत्मकथा के माध्यम से उभरा है। उदाहरणार्थ—

'जाति सुधार की भावना भी उस समय हमारे अन्दर थी। सामाजिक कार्यों से हमारी जाति के लोग अनापशनाप पैसा खर्च किया करते थे। बालविध होने पर पुनर्विवाह वर्जित था. ..कुरीतियों के विरुद्ध भाषण करवाये।

शैली एवं भाषागत विशिष्टताएँ—

आत्मकथा के लिए कलेवर को सजाने हेतु चतुर्वेदी जी ने प्रसाद गुण से युक्त शैली का सहारा लिया है, क्योंकि इसी शैली के माध्यम से वे मधुरता का आदर्श प्रस्तुत कर सकते थे उदाहरण के लिए कुछ पंक्तियाँ इस प्रकार हैं—

'हम कक्षा तीन में पढ़ते थे। उस समय हमारा यज्ञोपवीत संस्कार हुआ था। पहले दिन घोड़े पर सवारी निकली थी। दूसरे दिन हमारा सर मुड़वाया गया था तथा हमको बौद्धभिक्षु का रूप दिया गया था...।

चतुर्वेदी जी ने वर्णनात्मक शैली का भी प्रयोग अपनी आत्मकथा में किया है जैसे—

'सन 1017 ई. में महमूँद ने मथुरा को बीस दिन लूटा। इस लुट में कुछ माथुर चतुर्वेदी लड़े और कट मरे और कुछ अपने कुल को नष्ट होता देख बच्चों को साथ लेकर चित्तौड़ जा बसे।'

जहाँ तक भाषा का सम्बन्ध है, आत्मकथा एक हास्य लेखक की स्वातन्त्र्योत्तर आत्मकथा है इसलिए इसमें चतुर्वेदी जी ने अंग्रेजी के शब्दों का अधिकांश प्रयोग किया है, जैसे कन्फीडेन्सियल रिपोर्ट (100), पीरियड (109), साइनबोर्ड (109), ट्रेनिंग (119), डिस्कसन (119), क्रिटिसिज्म (119), रिसर्च (127), फेलोशिप (127), इंस्टीट्यूट (128) आदि।

सम्पूर्ण आत्मकथा में भावनाओं के अनुकूल ही भाषा का प्रयोग किया है उदाहरणार्थ-एक दिन हमने ही पिटाई कराने का स्वर्ण अवसर उन्हें प्रदान कर दिया। कक्षा 8 में यह हमें सामाजिक ज्ञान पढ़ाते थे। शायद नागरिक शास्त्र का पीरियड था। मास्टर साहब को आने में देर हुई। हमने ब्लैक बोर्ड पर लिख दिया हेयर कटिंग सैलून, प्रोप्रायटर श्री 'वर्गा'...।

इस प्रकार भाषा एवं शैली की दृष्टि से इनकी आत्मकथा सफल है।

उद्देश्य—

चतुर्वेदी जी ने स्वयं की अतीत की स्मृतियों को वर्तमान में पुनर्जीवित करने के लिए ही आत्मकथा का प्रणयन किया है। इस उद्देश्य की पूर्ति में इन्हें पूर्ण सफलता की प्राप्ति हुई।

अन्त में निष्कर्ष रूप में हम कह सकते हैं कि आत्मकथा के निर्धारित तत्त्वों के आधार पर चतुर्वेदी जी की आत्मकथा सफल है।

एक कमी अवश्य खटकती है, चतुर्वेदी जी ने आत्मकथा के प्रारम्भ में नामकरण जैसा रुचिकर प्रसंग छेड़कर उसके तुरन्त बाद जातिगत इतिहास का वर्णन किया है। इतना रुचिकर प्रसंग पढ़कर पाठक यह कामना करता है कि उसकी वह उत्सुकता एवं रुचि आगे भी बरकरार रहेगी। किन्तु वह जाति का इतिहास जैसा नीरस प्रकरण पाठक के मन को उबा-सा देता है। यदि चतुर्वेदी जी इस जाति के इतिहास के प्रसंग को मध्य में प्रस्तुत करते या न भी करते तो आत्मकथा की लोकप्रियता पर कोई प्रभाव न पड़ता।

इतना होते हुए भी चतुर्वेदी जी ने अपनी आत्मकथा के द्वारा स्वातन्त्र्योत्तर आत्मकथा साहित्य के विकास में जो योगदान किया है वह स्मर्णीय है।

अरुणायन (पोद्दार रामावतार अरुण) की आत्मकथा (सन् 1923 ई.)

स्वातन्त्र्य पूर्व युगीन आत्मकथा साहित्य के क्षेत्र में पोद्दार रामावतार अरुण (जन्म 1923 ई.), का विशिष्ट स्थान है। अपनी 'आत्मकथा' के माध्यम से इन्होंने स्वजीवन में घटित घटनाओं का व्यक्तीकरण बड़े ही अनासक्त भाव से किया है, जिसका विवेचन आत्मकथागत तत्त्वों के आधार पर इस प्रकार है-

प्रेरणा : अरुणायन जी का जीवन अत्यन्त ही संघर्षमय था। अतीत के इन्हीं संघर्षों को जनमानस के समक्ष प्रस्तुत कर देने की भावना से प्रेरित होकर इन्होंने आत्मकथा लिखी है। वक्तव्य में लिखा भी है–'अपनी अवस्था की पच्चीसवीं सीढ़ी पर चढ़कर मैं अपने अतीत, वर्तमान और भविष्य को प्रणाम करता हूँ। इसकी प्रेरणा के सम्बन्ध में इस प्रकार लिखा है–'अनेक साहित्यिक मित्र मुझे इस कार्य के लिए आग्रह करते रहे। अनेक विश्वविद्यालय के शोध छात्रों ने वर्षों से मुझे अनुरोध पत्र लिखना प्रारम्भ कर दिया था, किन्तु हर सृजन का एक समय आता है, उचित समय आने पर ही लेखन की प्रेरणा मिली।

लेखन प्रकाशन : पोद्दार रामावतार द्वारा लिखित आत्मकथा का प्रकाशन सन् 1974 ई. में किरण प्रकाशन, समस्तीपुर (बिहार) से हुआ है।

विषय वस्तु : अपनी आत्मकथा में अरुणायन जी ने अपने बाल्यकाल से लेकर साहित्यिक एवं सामाजिक जीवन का चित्रण बड़ी ही ईमानदारी के साथ किया है। आत्मकथा का प्रारम्भ बड़े ही रोचक ढंग से किया है जिसे पढ़ते ही पाठक आगे जानने हेतु व्यग्र हो जाता है। उदाहरण के लिए निम्नांकित पंक्तियाँ द्रष्टव्य हैं–

'मेरी 'बाणम्बरी' पढ़कर नयी दिल्ली की एक लड़की ने मुझे पत्र लिखा कि 'मैं ही आपकी मल्लिका हूँ। आपने मल्लिका के सौन्दर्य और गुणों की जो काव्यात्मक चर्चा की है, वह मुझ पर सटीक बैठती है।'

अरुणाचयन जी का शैक्षिक जीवन अत्यन्त ही तेज से युक्त था। उस तेज को आत्मप्रशंसक के रूप में इस प्रकार स्पष्ट किया है-

'पढ़ने में मैं इतना तेज था कि साल में छह महीने प्रकाशित कविताओं को सस्वर पढ़ने में मुझे बड़ा आनन्द आता था। पढ़ते-पढ़ते सारी कविताएँ कण्ठस्थ हो जाया करती थी। मै

तीसरी ही श्रेणी में था कि तुकबन्दी शुरू हो गयी।

अत्यधिक गरीबी के कारण ये प्रारम्भ से ही दिन पढ़ते थे क्योंकि रात में ढिवरी की रोशनी में इनका दम घुटने लगता था, इसके लिए इन्होंने लिखा है—'मैं अपनी अधिकांश रचनाएँ दिन में ही लिखा था...।

पत्नी इनके साहित्य की प्रेरणा स्रोत थी इस तथ्य को इन्होंने अपनी आत्मकथा में इस प्रकार लिखा है—

'एक ग्रामीण कन्या के साथ मेरा विवाह हुआ वह आगे चलकर मेरे काव्य जीवन के लिए सहायक सिद्ध हुआ।'

इनका उपनाम 'अरुण' है इस उपनाम को किन परिस्थितियों ने जन्म दिया, इसका विवेचन निम्नांकित पंक्तियों में इस प्रकार है—रात्रि के कवि सम्मेलन में मेरे कविता पाठ से सभी लोग इतने चमत्कृत हुए कि सर्वसम्मति से मेरा उपनाम 'अरुण' रख दिया गया।

सोलह वर्ष की अवस्था में ही 'अरुणिमा' काव्य-संग्रह प्रकाशित हुआ था जो साहित्यिक दृष्टि से अधिक महत्त्वपूर्ण है। इस कृति की अधिक प्रशंसा हुई है जैसा कि इन्होंने स्वयं भी लिखा है—'मात्र सोलह वर्ष की अवस्था में प्रकाशित मेरी 'अरुणिमा' पर पण्डित जानकी वल्लभ शास्त्री ने जो भूमिका लिखी, उसकी कुछ पंक्तियाँ यों है—'अरुण तरुण नहीं, किशोर कवि है। उनके कण्ठ में न अब शैशव की सुकुमारता है और न अभी यौवन की पौढ़ि।'

इनका जीवन तीव्र इच्छाओं से युक्त था जिसका वर्णन इस प्रकार किया है—

मेरी प्रबल इच्छा थी कि इंग्लैड के अंग्रेज कुली से अपना सूटकेस ढुलवाऊँ।

इस प्रकार अरुणायन जी ने अपने बाल्यकाल, परिवार एवं साहित्यिक जीवन का विवेचन पूर्णता के साथ किया है।

शैली एवं भाषागत विशेषताएँ—

शैली उस ढंग का नाम है जिसके द्वारा स्वयं की भावनाओं को आत्मकथाकार स्पष्ट कर देता है। अरुणायन जी की शैली में हमें प्रकृति प्रेम की अधिकता के कारण भावात्मकता के दर्शन स्थान-स्थान पर होते हैं एक उदाहरण द्रष्टव्य है—मैं तो देख रहा हूँ अपने गतिशील वातायन से आकाश की डूबती हुई लाली। लाली पर धीरे-धीरे विचरती हुई कालिमा। एकाएक रोशनी की चमचमाहट दीख पड़ी...।

सम्पूर्ण आत्मकथा में आत्मकथात्मक शैली का जो आदर्श दिखायी देता है वह प्रशंसनीय है अपने रामायण का पुनरावलोकन मैंने अपने कवि निवास से उत्तर पश्चिम दिशा में अवस्थित परमेश्वर चौधरी की छोटी सी फुलवारी में खिले हुए फूलों के बीच, एक विल्ववृक्ष के नीचे जाड़े की धूप में किया।

संक्षिप्तता, प्रभावोत्पादकता आदि गुण सम्पूर्ण आत्मकथा में विद्यमान हैं।

शैली के अतिरिक्त जहाँ तक भाषा का प्रश्न है अरुणायन जी ने अपनी आत्मकथा को विभिन्न भाषाओं से सजाकर आत्माभिव्यक्ति की है। अंग्रेजी शब्दों की अधिकता पायी जाती है जैसे-ग्रीन रूम (33), भैंस (49), कन्ट्रेक्टर (63), डंस (65), टेबुल (67), एरेंजमेण्ट (66), करेण्ट (66), तथा बाक्स न्यूज (76), आदि।

इसी प्रकार देशज व उर्दू के शब्दों का भी प्रयोग किया है-पिन्हा (9), टिकुली (10), चामना (15), समदाउन (29), हँसुली (31), फबना (30), बेफिक्री (41), इश्क (41), आदि।

शब्दों के अतिरिक्त कहीं-कहीं पर अंग्रेजी के वाक्यों का भी प्रयोग किया है–

"Please see the international flag..."

उद्देश्य–

अपने अतीत के सुनहरे समय को फिर से अवलोकन करने के लिए ही अरुणायन जी ने आत्मकथा का सृजन किया है। अपनी आत्मकथा के माध्यम से इन्होंने आत्म-विश्लेषण भी किया है। इस उद्देश्य की पूर्ति में इन्हें पूर्ण सफलता मिली है।

एक कमी अवश्य खटकती है कि आत्मकथा में आत्मप्रशंसा की प्रवृत्ति होती तो प्रत्येक आत्मकथाकार में है किन्तु अरुणायन की आत्मकथा में इस प्रवृत्ति की अतिशयता दृष्टिगोचर होती है। अपने विषय में अधिक प्रशंसात्मक शब्दों का प्रयोग मेरी समझ में मानव को अधिक उच्च शिखर पर नहीं बैठाता है।

मोहन राकेश की आत्मकथा–

मोहन राकेश (सन् 1925) स्वातन्त्र्य पूर्व युग के उच्च आत्मकथाकार के रूप में प्रतिष्ठित है। इन्होंने 'आखरी चट्टान तक' तथा 'बकलम खुद' दो पुस्तकों का प्रणयन आत्मकथा के रूप में प्रस्तुत करके अधिक प्रसिद्धि प्राप्त की है। इन दोनों ही कृतियों का आत्मकथागत विवेचन इस पकार है-

प्रेरणा : मोहन राकेश को अपनी अतीत की जिन्दगी में अनेक प्रकार की कठिनाइयों का सामना करना पड़ा था। वे चाहते थे कि उनकी जिन्दगी में आने वाली मुसीबतों से भावी समाज भी अवगत हो जाये। इसी भावना से प्रेरित होकर मोहन राकेश ने आत्मकथा लिखी है।

लेखन प्रकाशन : मोहन राकेश द्वारा रचित 'आखिरी चट्टान तक' का प्रकाशन सन् 1968 (द्वितीय संस्करण) में, भारतीय ज्ञानपीठ प्रकाशन, प्रधान कार्यालय, 9, अलीपुर पार्क प्लेस, कलकत्ता-27 से हुआ था तथा 'बकलम खुद' का प्रकाशन सन् 1974 (प्रथम संस्करण) में राजपाल एण्ड संस, कश्मीरी गेट, दिल्ली से हुआ था।

विषय वस्तु : 'आखिरी चट्टान तक' तथा 'बकलम खुद' के माध्यम से मोहन राकेश की अपनी जिन्दगी के अतीत में घटित विशिष्ट घटनाओं और साहित्यिक जीवन का जो चिट्ठा प्राप्त होता है वह उनकी ईमानदारी का ही प्रतीक कहा जा सकता है। इन्होंने अपनी जिन्दगी की एक महत्त्वपूर्ण घटना का उल्लेख इस प्रकार किया है–

'मेरे साथ अक्सर ऐसा होता है-कम से कम मुझे यह लगता तो है ही कि बस या ट्रेन में मैं जिस खिड़की के पास बैठता हूँ, धूप उसी खिड़की से होकर आती है।

जहाँ तक इनकी साहित्यिक जिन्दगी का प्रश्न है, इस क्षेत्र में इनकी अपनी मान्यता है उस सीमा से हटकर इन्होंने साहित्यिक प्रक्रिया को स्वीकार नहीं किया है जैसा कि 'बकलम खुद' में लिखा भी है-

'मैं निस्सन्देह साहित्य के क्षेत्र में किसी तरह की अराजकता के पक्ष में नहीं हूँ, परन्तु

वास्तविक लेखकीय नैतिकता की यह माँग तो है ही कि हम जीवन के जिस किसी पक्ष का चित्रण करें, पूरी सच्चाई और ईमानदारी के साथ करें।'

आत्मकथा में कहीं-कहीं पर एक विचारशील व्यक्ति के रूप में अपने को प्रस्तुत किया है जब उन्हें अपनी जिन्दगी ही निरर्थक सी लगने लगती है–'मैं बैठकर कई-कई घण्टे सोचता रहता हूँ और सोचते हुए मुझे लगता है कि मेरी जिन्दगी का कोई मतलब नहीं है। मैं रात दिन बसों गाड़ियों में सफर करता हूँ घटिया होटलों का गन्दा खाना खाता हूँ....।

इस प्रकार मोहन राकेश ने अपने साहित्यिक एवं सामाजिक व्यक्तित्व का मूल्यांकन बड़ी ही ईमानदारी के साथ किया है।

शैली एवं भाषागत विशेषताएँ–

अपनी बात को अच्छे ढंग से व्यक्त करना एक कला हुआ करती है जिसमें मोहन राकेश पटु थे। प्रसिद्ध कवि होने के कारण इनकी आत्मकथा में भावात्मकता के दर्शन अधिक होते हैं। भावात्मक शैली का एक उदाहरण इस प्रकार है–'मेरे नसीब में इतना सुख भी नहीं बदा कि अपनी शामें ही चन्द दोस्तों या अपने घर के लोगों के बीच बिता सकूँ। बीवी बच्चों की मुहब्बत भी मेरे लिए जैसे एक खयाली सी चीज है।

इसके अतिरिक्त आत्मकथात्मक शैली का तो आदर्श ही प्रस्तुत किया है। अपनी भावनाओं और विचारों को श्रेष्ठ अभिव्यक्ति प्रदान करने के लिए मोहन राकेश ने अंग्रेजी, उर्दू आदि शब्दों का प्रयोग बड़ी ही निडरता के साथ किया है। अंग्रेजी के निम्नांकित शब्दों का प्रयोग किया है थर्डक्लास (19), प्लीज (32), इनसाइट (79), तथा वेटिंग हाल (80), आदि। 2. शार्टकट (77), यूनिवर्सिटी (79) मार्किंग (79), इंटरप्रेटेशन (127), डिटेचमेंट (127), इन्वाल्वमेंट (127), कांक्रीट (127), तथा सिग्निफिकेंट (127) आदि।

उर्दू के भी शब्दों का इस प्रकार प्रयोग किया है–हुजूर (10), बेवकूफी (8), जिस्म (9), जलील (9), कज़लिस (10), खुशकिस्मती (13), अक्लमन्द (22), तथा बेतकल्लुफी (79), आदि। 2. कमबख्त (57), तथा बेमानी (127) आदि।

उद्देश्य–

मोहन राकेश की आत्मकथा एक विशिष्ट लक्ष्य को अपने में समाविष्ट किये है। अतीत की स्मृतियों को पुनर्जीवित करने के लिए तथा उसके माध्यम से स्वयं का विश्लेषण करने के उद्देश्य से इन्होंने आत्मकथा लिखी है। इस लक्ष्य की पूर्ति में इन्हें पूर्ण सफलता मिली है।

निष्कर्षतः कहा जा सकता है कि मोहन राकेश ने आत्मकथा लिखने में जिस ईमानदारी और सच्चाई का परिचय दिया है वह स्वातन्त्र्योत्तर आत्मकथा साहित्य के लिए अत्यन्त ही महत्त्वपूर्ण है।

कृष्ण चन्दर की आत्मकथा–'आधे सफर की पूरी कहानी'

स्व. कृष्ण चन्दर वर्तमान युग के महत्त्वपूर्ण आत्मकथाकार हैं। उनकी आत्मकथा 'आधे सफर की पूरी कहानी 'पुरानी परम्परा से हटकर लिखी गयी आप बीती है। यह आत्मकथा उनके

जीवन की आधी कहानी है, जिसने कहानी के सफर को आगे बढ़ाया और खुद मंजिल की खोज में आगे निकल गया। इनकी मृत्यु के पश्चात् उसे पूर्ण करने का कार्य इनकी पत्नी सलमा सिद्दीकी ने किया। प्रस्तुत आत्मकथा की विवेचना आत्मकथागत तत्त्वों के आधार पर इस प्रकार है–

प्रेरणा : इस आत्मकथा के लिखने में समयगत परिवर्तन का विशेष महत्त्व है। एक बार ये पत्नी सहित टालस्टाय के घर जब मास्को लौटने लगे तो रास्ते में अचानक ही पत्नी से कहा–

'मुझे अपनी बायोग्राफी अब लिख लेनी चाहिए' पता नहीं क्यों वह खयाल आ रहा है कि अब इसके लिखने का समय भी आ गया।'–...बस कल सुबह से ही शुरू कर दूँगा।

लेखन प्रकाशन : कृष्ण चन्दर द्वारा लिखित आत्मकथा 'आधे सफर की पूरी कहानी' का प्रकाशन सन् 1979 (प्रथम संस्करण) में राजपाल एण्ड संस, कश्मीरी गेट दिल्ली से हुआ है।

विषय वस्तु : कृष्ण चन्दर ने अपनी आत्मकथा के माध्यम से बचपन की यादें, 'फादर फिगर' नेहरू, पितरस से एक मुलाकात, फिल्मी जीवन की अंतरंग झाँकियाँ, हंगरी की यादें, रूस की साहित्य काँग्रेस, फिल्मी जीवन, महेन्द्र की जुदाई तथा आजादी की लड़ाई के वे दिन में सजीव चित्रांकन किया है। केवल एक सौ अठारह पृष्ठों में ही अतीत जीवन के अधिकतर महत्त्वपूर्ण क्षणों का विश्लेषण कर दिया है इन्होंने औरतों के प्रति एक विशेष धारणा अपने मन में बनायी थी जिसे इस रूप में लिखा है–

'औरतों में एक खास बात होती है कि वे कभी अकेली नहीं पाई जातीं। भाई हो, बच्चा हो, माँ-बाप हों, पति हो, सहेलियाँ हों–वे अक्सर ज्यादातर किसी के साथ देखी जा सकती हैं, अकेली नहीं। इसलिए उनकी गिनती दुनिया के मौलिक तत्त्वों में नहीं, बल्कि सम्मिश्रणों में की जाती है।'

इनकी मान्यता है कि यौवन के दिनों में चंचलता का साम्राज्य रहता है। यौवन के दिनों में इनकी दोस्ती फिल्म अभिनेत्री स्नेहप्रभा से हो गयी थी। वह दोस्ती इस सीमा पर पहुँच गयी कि दोनों ने मिलकर एक फिल्म कम्पनी की ही बुनियाद डाल दी। इस सुखद घटना को इस प्रकार व्यक्त किया है–

'यों भी ये जवानी के दिन थे। हम लोग हवाओं की तरह लहरा उठते, खुशबुओं की तरह बिखर जाते और नशे की तरह झूम जाते। ऐसे दिन जिन्दगी में एक ही बार आते हैं और जो लोग उन्हें किसी वजह से खो देते हैं, जिन्दगी भर पछताते हैं, मुँह बिसूरते रहते हैं और आखिरी दम तक अपनी हसरतों को दिल में दबाये दूसरों को नैतिकता का आदेश देते हैं।

इन्हें अपनी जिन्दगी में खेल से कोई भी लगाव नहीं था। इस सम्बन्ध में इन्होंने इस प्रकार लिखा है–

'मैंने जिन्दगी में दो बार रेस खेली है। एक बार पूना में और दूसरी बार बम्बई में। पूना में दस रुपये जीता था, बम्बई में दस रुपये हारा था। मुझे इससे कभी कोई लगाव नहीं रहा, लेकिन आदिल रशीद तो इस खेल का दीवाना था।'

कृष्ण चन्दर का व्यक्तित्व अनास्थावादी था। वे इस तथ्य से पूर्ण अवगत थे कि मानव चाहे कितने भी प्रयास क्यों न करे, जो ईश्वर की मर्जी होती है वही होता है–'मैं दुआ बहुत

कम करता हूँ, क्योंकि वह मेरी बहुत कम सुनता है। और मैं भी उसकी कम सुनता हूँ।'

अन्य क्षेत्रों के साथ ही साथ साहित्य में भी उनकी रुचि थी। दूसरों से पत्र-पत्रिकाएँ माँगकर पढ़ना भी इनके जिन्दगी की महत्त्वपूर्ण घटना है, जिसे इस प्रकार लिखा है—'मैं और महेन्द्र बहुधा दयानन्द जी से साहित्यिक पत्रिकाएँ माँग कर ले जाते थे—विशेषकर 'मस्ताना जोगी' और 'मानसरोवर'।

महेन्द्र इनके घनिष्ठ मित्र थे। उनकी हालत जब खराब दिखायी देने लगी। तो ये अधिक परेशान हुए। अपनी परेशानी को इस प्रकार लिखा है—

'उस समय मेरी मनोदशा बड़ी अजीब थी। लगता था शून्य में लटका हुआ हूँ। पता नहीं चलता था कि क्या हो रहा है। 'किशनलाल जी के साथ पीने बैठता तो पी नहीं गयी। रात के साढ़े नौ बजे मैंने अचानक उठकर किशनलाल को गले लगा लिया और रोते-रोते मेरे मुँह से यही उद्‌गार निकले, नहीं है, नहीं है, कोई कहता है कि मेरा भाई इस संसार में नहीं है। वह मुझे छोड़कर चला गया है। भाई साहब, मेरा भाई इस दुनिया में नहीं है।

इनका व्यक्तित्व कुछ विशेष विशिष्टताओं से युक्त था। अपने व्यक्तित्व की एक विशेषता को इस प्रकार लिखा है—'ऐसा बहुधा होता है कि जब मुझ पर कोई विपत्ति आती है तो मुझे बड़े जोर से भूख लगती है। इसका मनोवैज्ञानिक कारण क्या है, मैं नहीं जानता।'

इन घटनाओं के अतिरिक्त अपने व्यक्तित्व के पूर्ण स्पष्टीकरण हेतु जवाहर लाल नेहरू (फादर फिगर), एस. ए. बुखारी (पितरस), अज्ञेय, जैनेन्द्र कुमार तथा महेन्द्र के महत्त्वपूर्ण संस्मरण भी सुनाये हैं।

शैली एवं भाषा—

अपनी भावनाओं और विचारों को साज-सज्जा से युक्त करने के लिए आत्मकथा में इन्होंने भावात्मक और आत्मकथात्मक शैली का प्रयोग किया है। अपनी जिन्दगी की घटनाओं को व्यक्त करते समय कहीं-कहीं अधिक भावुक हो गये हैं जैसे-"मैंने जो इन औरतों का जिक्र किया तो किसी बुराई या पोल खोलने के लिए नहीं किया बल्कि बहुतों के तो मैंने नाम भी छुपाये ताकि पवित्र रहे उनकी ममता और हरे भरे रहें उनके घर और खुशियों से शादाब रहें उनके चमन।"

आत्मकथात्मक शैली का प्रयोग तो अत्यन्त ही अधिकता से हुआ है जिसका एक उदाहरण इस प्रकार है—

'आदमी बचपन से बुढ़ापे तक जाने में साठ बरस लेता है, हमने बुढ़ापे से बचपन तक की यात्रा साठ मिनट में पूरी कर ली।

जहाँ तक भाषा का प्रश्न है, चूँकि ये मूलतः उर्दू के लेखक थे, इसलिए इनकी आत्मकथा में उर्दू के शब्दों की बहुलता दृष्टिगोचर होती है जैसे-उम्दा (9), दफा (10), दरिया (10), सिपुर्द (10), हिदायत (10), कम्बख़्त (10), मुआयना (12), इश्तहार (13), मसविदा (14), बदतमीजी (17), नातजुर्बेकार (27), गुस्ताना (9), बरखुर्दार (28), चिलमन (39), दिलरुबाई (39), बदकिस्मती (77), तथा फरमाइश (109)।

उर्दू शब्दों के अतिरिक्त अवसरानुकूल अंग्रेजी के भी शब्दों का प्रयोग किया है-जैसे-फार्वड

(11), क्लियरेंस (21), असिस्टेंट (24), अंडरग्राउण्ड (54), कल्चर (32), डिपार्टमेंट (41), शापिंग सेण्टर (54), रश (68), बेडरूम (68), इनफार्मेशन (63), इन्टेंसिव (114), तथा बाथरूम (115) आदि।

उद्देश्य–

कृष्ण चन्दर की आत्मकथा एक सोद्देश्य रचना है। अतीत की स्मृतियों को पुनर्जीवित करने तथा आत्म विश्लेषण करने के उद्देश्य से इन्होंने आत्मकथा लिखना प्रारम्भ किया था। यह बात दूसरी है कि पूर्ण किये बिना ही काल के गाल में समा गये।

अन्ततः हम कह सकते हैं कि कृष्ण चन्दर ने अपनी आत्मकथा में क्रम को स्थान नहीं दिया है। जब जो बात याद आयी, उसे उसी समय लिखने लगे।

इनकी आत्मकथा उत्सुकतावर्धक नहीं है, 'जैसे हंगरी की स्मृतियाँ' पढ़कर ऊब सी होने लगती है वैसे आत्मकथागत तत्वों के आधार पर आधे सफर की पूरी कहानी सफल कही जा सकती है।

अमृता प्रीतम की आत्मकथा–

वर्तमान युग की आत्मकथा लेखिकाओं में अमृता प्रीतम (सन् 1919) श्रेष्ठ स्थान की अधिकारी हैं। इन्होंने अपनी आत्मकथा 'रसीदी टिकट' के अपरिवर्तित स्वरूप के माध्यम से अपनी जिन्दगी के अतीत स्वरूप का चित्रांकन किया है। इनकी आत्मकथा का विवेचन आत्मकथागत तत्त्वों के आधार पर इस प्रकार है–

प्रेरणा : मनुष्य ही मनुष्य के लिए उस प्रेरणा स्रोत का कार्य करता है जिसके परिणामस्वरूप वह लेखन के लिए मजबूर हो जाया करता है। अमृता प्रतीम की भी आत्मकथा का यही राज है जैसा कि उन्होंने लिखा भी है–

एक दिन खुशवन्तसिंह ने बातो-बातों में कहा, तेरी जवानी का क्या है, बस एक आध हादसा लिखने लगी तो रसीदी टिकट की पीठ पर लिखी जाये।

इसी बात से प्रेरित होकर अमृता प्रीतम ने अपनी जिन्दगी के अतीत के लेखे जोखे का बड़े ही ईमानदारी के साथ स्पष्टीकरण किया है।

लेखन प्रकाशन : अमृता प्रतीम ने अपने जिन्दगी के अतीत में घटित घटनाओं का बड़ी ही सच्चाई के साथ व्यक्तीकरण किया है। स्वयं की जिन्दगी के सोलहवें वर्ष का चित्रण बड़े ही मार्मिक शब्दों में किया है–

'मैं खुश हूँ, मैंने समाधि में चैन का वरदान नहीं पाया, भटकन की बेचैनी का शाप पाया है—और मेरा सोलहवाँ वर्ष आज भी मेरे हर वर्ष में शामिल है–सिर्फ कार्य करना इन्हें स्वीकार नहीं था इन्होंने अपनी आत्मकथा से इस तथ्य का उद्घाटन भी किया है–

'मैं धीमी से धीमी गन्ध भी सूँघ सकती हूँ, पर झूठ की तेज से तेज गन्ध सूँघने की मुझमें शक्ति नहीं है।

सन् 1960 का वर्ष इनकी जिन्दगी का महत्त्वपूर्ण वर्ष था जिसमें अपने को एक अलग वातावरण में देखने का इन्होंने [illegible] किया था। 'रसीदी टिकट' में इस बात का उल्लेख बड़ी

ही ईमानदारी के साथ इस प्रकार किया है।

'यह बरस (1960) मेरी जिन्दगी का सबसे उदास बरस था, जिन्दगी के कैलेण्डर में फटे हुए पृष्ठ की तरह। मन में घर की दहलीजों के बाहर पाँव रख लिया था, पर सामने कोई रास्ता नहीं था, इसलिए घबराकर काँपने लगा था।

इन्होंने अपनी जिन्दगी की बहुत बड़ी तमन्ना का उल्लेख निम्नांकित पंक्तियों में किया है—'मैंने जिन्दगी में अगर कोई तमन्ना की है तो केवल यह कि मेरी आगे की उम्र इन अक्षरों को लग जाये।'

साहित्यिक जिन्दगी का एक उदाहरण द्रष्टव्य है—देखा-जिन्दगी के हर उतार-चढ़ाव के समय जो मेरे साथ रही थी, वह मेरी लेखनी थी। चाहे कोई घटना मुझ अकेली पर घटती, चाहे देश के विभाजन जैसा कोई काण्ड लाखों लोगों के साथ हो जाता, यह लेखनी मेरी अंगो के समान मेरा एक अंग बनकर रहती थी, सो, केवल यही जिन्दगी का फैसला था। अन्य सब शौक जैसे खाद बनकर इसके रगों रेशों में समा गये।

इस प्रकार अपनी सामाजिक व साहित्यिक जिन्दगी का पूर्ण उल्लेख अमृता प्रीतम ने अपनी आत्मकथा में किया है।

शैली एवं भाषा–

अपनी बात को अच्छे ढंग से प्रस्तुत कर देना भी एक कला है। अमृता प्रीतम ने अपने विचारों एवं जिन्दगी में घटित घटनाओं को इस ढंग से प्रस्तुत किया है कि पढ़कर पाठक आकृष्ट हो जाता है। भाव प्रधान शैली का प्रयोग अधिकांश स्थलों में किया है। उदाहरणार्थ—

'सोचती हूँ-आज यह जो कुछ अपने मन के भीतर का कागजों पर रखकर दिखा रही हूँ, यह केवल उनके लिए है जो संसार की परम्पराओं और कठिनाइयों और उदासियों को दरवाजे के बाहर बिठाकर, मन के सच को जीने का साहस कर सकता है।

भावात्मक शैली के साथ-साथ आत्मकथा शैली का तो आदर्श ही प्रस्तुत किया है जैसे-

गेरी गिट्टी को सिर्फ मेरे बच्चों के, और इमरोज के हाथ काफी है।....सिर्फ काफी ही नहीं, गनीमत है।

जहाँ तक भाषा का प्रश्न है अमृता प्रीतम ने अपने भावों व विचारों को स्पष्ट करने के लिए अंग्रेजी व उर्दू के शब्दों का अधिकांश प्रयोग किया है। अंग्रेजी के निम्नांकित शब्द देखे जा सकते हैं—इन्स्टिंक्ट (57), पर्फेक्शन (79), आनरेरी (86), कम्प्लीमेंट (100), ऐड्रेस (100), यूनीवर्सिटी (100), मैण्टली (101), कल्चरल (106), कम्पाइल (107), ट्रान्समिट (107)।

अंग्रेजी के शब्दों के अतिरिक्त उर्दू के भी शब्दों का पर्याप्त प्रयोग किया है जैसे हकीकत (5), गलतफहमी (5), मोहताज, (5), गैर हाजिरी (10), हमसफर (29), खुशबू (41), मिजाज (75), मुखालिफ (78), तथा जुरअत (101) आदि।

अमृता प्रीतम ने समस्त आत्मकथा में पंजाबी भाषा का प्रयोग किया है जैसे—

'बाप वीर दोस्त ते साविन्द, किसे लफ्ज दा कोई नहीं रिश्ता, जंज जदों मैं तेनूं तविकया सारे अक्सर गूढ़े हो गये।

उद्देश्य–

अमृता प्रीतम द्वारा रचित आत्मकथा 'रसीदी टिकट' का उद्देश्य युक्त आत्मकथा है। अतीत की स्मृतियों एवं घटित घटनाओं को पुनर्जीवित करने के उद्देश्य से इन्होंने आत्मकथा लिखी है। इस उद्देश्य की पूर्ति में इन्हें पूर्ण सफलता मिली है। इसके माध्यम से इन्होंने आत्मविश्लेषण भी किया है।

इस प्रकार हम कह सकते हैं कि जिन्दगी के लेखे-जोखे का जो चित्रांकन अमृता प्रीतम ने किया है, वह वर्तमान आत्मकथा साहित्य के विकास में पूर्ण सहायक है। मानवीय संवेदना के चरम रूप का स्पष्टीकरण करने के कारण इनकी आत्मकथा अधिक लोकप्रिय हुई है।

अनीता राकेश की आत्मकथा–

अनीता राकेश भी वर्तमान युग की ही श्रेष्ठ आत्मकथा लेखिका हैं। जीवन की परिस्थितियों ने इन्हें अपनी कहानी लिखने के लिए बाध्य कर दिया। इनकी आत्मकथा 'चन्द सतरें और' है जिसका विवेचन इस प्रकार है–

प्रेरणा : अनीता राकेश की जिन्दगी संघर्षों की जिन्दगी है। स्वयं की जिन्दगी की मुसीबतों को वे अपनी ही सीमा में आबद्ध न कर सकीं, उसे जनमानस की भावनाओं तक पहुँचा देने की भावना से प्रेरित होकर आत्मकथा लिखी है।

लेखन प्रकाशन : अनीता राकेश द्वारा प्रणीत 'चन्द सतरें और' का प्रकाशन सन् 1974 में राधाकृष्ण प्रकाशन, 2 अंसारी रोड, दरियागंज, दिल्ली 110006 से हुआ था।

विषय वस्तु : अनीता राकेश ने 'चन्द सतरें और' के माध्यम से अपने अतीत के साहित्यिक एवं सामाजिक जीवन की जो यथार्थ झाँकी प्रस्तुत की है, वह अपने आप में अनुपम है। स्वयं के गुण एवं दोषों को बड़ी ही ईमानदारी के साथ व्यक्त किया है। इनका बचपन अत्यन्त ही दुःखद था उस समय का यथार्थ चित्र इस प्रकार खींचा है–

आज भी उस बीते बचपन की यादें रोमांचित कर जाती हैं। एक ऐसा घर जो अपने लिए एक सराय से ज्यादा कुछ नहीं था।

अनीता राकेश ने अपनी अतीत की जिन्दगी के उस रोमांच का भी स्पष्टीकरण किया है जो मोहन राकेश के सम्पर्क के परिणामस्वरूप हुआ था। 'पहली बार मुझे पुरुष की बाहें और सीने की सबलता से सम्पर्क हुआ था। पहली बार मैंने एक पुरुष के जिस्म की गन्ध पहचानी थी। पहली बार मैंने किसी की साँसों में अपनी साँसों को मिल जाने दिया और पहली बार ही किसी पर अपने आपको बिल्कुल छोड़ देने का विश्वास पाया था।

अनीता राकेश ने अपनी साहित्यिक जिन्दगी का भी स्पष्टीकरण किया है। इन्होंने अपने साहित्यिक जीवन को सामाजिक जीवन से अधिक महत्त्वपूर्ण सिद्ध किया है उदाहरण के लिए निम्नांकित पंक्तियाँ द्रष्टव्य हैं–'जिन्दगी में पहले नम्बर पर मेरे लिए मेरा लेखन है।'

अपने साहित्यिक जीवन के ही सम्बन्ध में अपनी प्रथम रचना का भी उल्लेख किया है–मैंने अपनी पहली कहानी कि 'मैं कैसी हूँ' लिखी थी जो शरद जी ने छापी भी थी।

इस प्रकार अपनी जिन्दगी का जो चिट्ठा अनीता राकेश ने प्रस्तुत किया है यह ईमानदारी और सच्चाई का आदर्श कहा जा सकता है।

शैली एवं भाषागत विशिष्टताएँ–

शैली अनुभूत विषय वस्तु को सजाने के उन तरीकों का नाम है जो विषयवस्तु की अभिव्यक्ति को सुन्दर एवं प्रभावपूर्ण बनाते हैं। अनीता राकेश द्वारा प्रयुक्त शैली में आद्यन्त प्रभावात्मकता के दर्शन होते हैं उदाहरणार्थ–

'मैं अब बेहोश जमीन पर पड़ी हुई थी नाक और कान से लहू बेदर्दी से वह रहा था। लोग मुझे चारों तरफ घेरे हुए थे। उसमें से एक राकेश जी भी थे।'

कहीं-कहीं पर इन्होंने भावात्मक शैली का भी सहारा लिया है जैसे–

'उस उमर में भी पहली बार हमें यह लगा कि कितना कुछ एक एक कहानी के जरिये आदमी कह सकता है।

जहाँ तक भाषा का प्रश्न है, भाषा भावाभिव्यक्ति का श्रेष्ठ साधन है। यदि भाषा शुद्ध, परिमार्जित एवं भावानुकूल होगी तो वह पाठक को अच्छी तरह प्रभावित कर सकती है। अनीता राकेश ने भावानुकूल भाषा का श्रेष्ठ अभिव्यक्तीकरण किया है उदाहरण के लिए निम्नांकित पंक्तियाँ देखी जा सकती हैं–

अनीता राकेश ने अंग्रेजी के अधिक शब्दों का प्रयोग किया है क्योंकि स्वातन्त्र्योत्तर साहित्य पश्चिमी साहित्य के अधिक निकट है। अंग्रेजी के निम्नांकित शब्दों का प्रयोग इन्होंने किया है–कोआपरेशन (14), कामन (15), एडजस्ट (15) डैडी (16), टेबिल (21), संडे (22), कम्पटीशन (22), होमवर्क (22), कमरी (22), एक्सचेंज (23), होल्डआल (24), वाइडअप (31), मैमोरेबुल (31), सिक्योरिटी (32), फ्री मिक्स (32), सिचुएशन (35), प्रोडक्शन (37), कल्चरल प्रोग्राम (37), परसनल लाइफ (38), गेट (39), लिमिट (41), लिटरेचर (43), रिजाइन (45), रेजिगनेशन (45), एक्सेप्ट (45), नर्वस (49), जाब (60), कम्प्रोमाइजिंग (60), सिचुएशन (60), रिवाइज (64), इन्ट्रोड्यूज (64), चैलेंज (75), शापिंग (76), हिल स्टेशन (79), ग्रुप (84), फार्मल (86), इमेज (87), स्टडी (88), रेसपान्सिविल (91) एक्सपैरीमेण्ट (91), तथा फ्रैंक (108), आदि।

अंग्रेजी के शब्दों के अतिरिक्त उर्दू के भी कुछ शब्दों का प्रयोग है जैसे बरकरार (17), बदहजमी (41), बदतर (64), बदनसीबी (70), तथा तकलीफ (87) आदि।

उद्देश्य–

'चन्द सतरें और' अनीता राकेश की एक सोद्देश्य आत्मकथा है। अतीत की स्मृतियों को पुनर्जीवित करके आत्मपरीक्षण के उद्देश्य से इन्होंने आत्मकथा लिखी है, जिसमें उन्हें पूर्ण सफलता मिली है।

अन्त में हम कह सकते हैं कि एक सौ आठ पृष्ठों में ही अपनी-अतीत की रागपूर्ण जिन्दगी का जो स्पष्टीकरण अनीता राकेश ने किया है वह आत्मकथा साहित्य के लिए बड़े ही गौरव की बात है। उपर्युक्त आत्मकथाओं के अतिरिक्त कन्हैयालाल नंदन की आत्मकथा 'मैं था और मेरा आकाश, कांतिकुमार जैन का 'बैकुंठपुर में बचपन, शीला इन्द्र का क्या कहूँ क्या न कहूँ, उषा महाजन का जिन्हें मैंने जाना तथा कृष्णा अग्निहोत्री की 'लगता नहीं है दिल मेरा तथा और...और...औरत है आदि। आज के समय की उत्कृष्ट आत्मकथाएँ हैं जिसमें स्वार्थ

तथा छल छद्म से ऊपर उठकर आत्मकथाकारों ने जिन्दगी के आयन्त स्वरूप का कच्चा चिट्ठा पाठकों के समक्ष रख दिया है।

आत्मकथा को व्यक्त करने वाली अन्य विधाएँ

डॉ. रामधारी सिंह 'दिनकर' के संस्मरण :

रामधारी सिंह 'दिनकर' (सन् 1908-1974), उच्च संस्मरणकार के रूप में प्रतिष्ठित हैं। इनके द्वारा रचित 'संस्मरण और श्रद्धांजलियाँ छायावादोत्तर युग की अमूल्य निधि स्वीकार की गयी है।

'संस्मरण और श्रद्धांजलियाँ' संस्मरण संग्रह का प्रकाश सन् 1969 ई. में उदयाचल, रोड नं. 12, राजेन्द्र नगर, पटना-16 से हुआ था।

दिनकर जी के व्यक्तित्व को जिन घनिष्ट मित्रों एवं समकालीन महापुरुषों ने प्रभावित एवं आकर्षित किया है, उन्हीं का पूर्ण विवरण अपने संस्करण संग्रह में किया है। संस्करणकार ने सत्ताइस व्यक्तियों के संस्मरण लिखे हैं जिनमें से कुछ तो साहित्यिक व्यक्तियों के हैं और अन्य राजनीतिक पुरुषों के हैं।

दिनकर जी काशी प्रसाद जायसवाल (1881) से विशेष प्रभावित थे। जायसवाल जी से इन्हें कभी प्यार मिला था जिसका व्यक्तीकरण इस प्रकार किया है

जायसवाल जी का प्रेम मेरे जीवन में सूर्य बनकर उदित हुआ और मेरे भीतर जो कमल बन्द था, उसके दल स्वयमेव उन्मुक्त होने लगे...।

इसी प्रकार दिनकर जी बच्चन के भी व्यक्तित्व एवं कृतित्व दोनों से ही विशेष प्रभावित थे जैसा कि अपने बच्चन जी से सम्बन्धित संस्मरण में लिखा भी है-

मैं जिससे अमृत की तलाश में हूँ, वह इस जीवन में मुझे प्राप्त होगा या नहीं, यह मैं नहीं जानता। किन्तु, यदि वह प्राप्त हो गया तो भगवान् से मेरी प्रार्थना होगी कि उसका स्वाद बच्चन को भी प्राप्त हो।

शैली एवं भाषा–

अपनी बात को अच्छे ढंग से प्रस्तुत करने के लिए दिनकर जी ने बड़ी ही सरल नवीन शैली का सहारा लिया है जिसके कारण वह सभी वर्ग के लिए ग्राह्म है उदाहरण के लिए निम्नांकित पंक्तियाँ द्रष्टव्य हैं–

'अभिनन्दन-पत्र के अर्पण के साथ निराला जी के हाथ में बाँस की एक खोली भी दी गई और सार्वजनिक रूप से कहा गया कि इस खोली के भीतर दस हजार रुपये हैं। सभा ने बड़े ही उत्साह से तालियाँ बजायी कवि आनन्द से खिल उठे।'

अपनी भावनाओं व विचारों की अभिव्यक्ति हेतु दिनकर जी ने भावानुकूल भाषा के ही प्रयोग का प्रयास किया है–

'अपने देश की जो स्थिति है, उसमें उस व्यक्ति की पूजा की जानी चाहिए, जो आज भी गाँधी जी की राह पर है...।

दिनकर जी ने अंग्रेजी के शब्दों का भी सहारा लिया है जैसे-स्पीकर (32), डायबीटीज (43), तथा डाक्टरेट (59), आदि।

इसके अतिरिक्त बेहूदगी (119), तथा कबूल (127), जैसे उर्दू के शब्दों का भी समावेश यत्र-तत्र किया है।

इस प्रकार भाषा और शैली का उच्चादर्श दिनकर जी ने प्रस्तुत किया है।

दिनकर जी के संस्मरण सोद्देश्य हैं। अतीत के जीवन पर पड़े महामानवों के प्रभावों को पुनः स्मरण करने के लिए इन्होंने विभिन्न व्यक्तियों से सम्बन्धित संस्मरण सुनाये हैं। इस उद्देश्य की पूर्ति में इन्हें पूर्ण सफलता भी मिली है।

निष्कर्ष रूप में हम कह सकते हैं कि 'संस्मरण और श्रद्धांजलि' संस्मरण साहित्य की अमूल्य निधि है।

संस्मरणकार उपेन्द्रनाथ 'अश्क'–

संस्मरण के क्षेत्र में उपेन्द्रनाथ 'अश्क' (सन 1910), का स्थान अमिट है। इन्होंने अपने जीवन के संस्मरणों को तीन पुस्तकों के रूप में प्रस्तुत किया है–प्रथम 'रेखाएँ और चित्र' जिसका प्रकाशन सन् 1955 में नीलाभ प्रकाशन गृह, 5, 'खुसरों बाग रोड', इलाहाबाद से हुआ था द्वितीय प्रसिद्ध संस्मरण संग्रह 'मण्टो मेरा दुश्मन' है, इस संस्मरण का प्रकाशन सन् 1956 ई. में नीलाभ प्रकाशन, इलाहाबाद से हुआ। इसके अतिरिक्त तीसरा संस्मरण 'ज्यादा अपनी कम पराई' जिसका प्रकाशन सन् 1959 में नीलाभ प्रकाशन, इलाहाबाद से ही हुआ था।

प्रेरणा : तीनों ही पुस्तकों में इन्होंने जिन महान् व्यक्तियों का सम्पर्क प्राप्त किया है उनसे जनमानस को अवगत करा देने की भवना से प्रेरित होकर संस्मरण लिखने की ओर अग्रसर हुए हैं।

विषय वस्तु : समस्त संस्मरणों में अश्क जी ने स्वयं के व्यक्तित्व की जो झाँकी प्रस्तुत की है वह अत्यधिक सुन्दर है। 'रेखाएँ और चित्र' में इन्होंने स्वयं के स्वभाव का जो स्पष्टीकरण किया है उसे निम्नांकित पंक्तियों में देखा जा सकता है–

'अपने अधिकार के लिए लड़ना मेरी आदत है मरते-मरते भी मैं इससे नहीं चूक सकता।

यशपाल संस्मरण के अन्तर्गत इन्होंने स्वीकार किया है कि मेरी सम्पूर्ण जिन्दगी संघर्षमय थी। अतीत के संघर्षमय जीवन के लिए इस प्रकार लिखा है–

'यों तो मेरा सारा जीवन संघर्षमय रहा है, लेकिन एक ही बरस में जैसा एकाग्रह संघर्ष मुझे इलाहाबाद आते ही करना पड़ा, वैसा कभी नहीं किया।

'ज्यादा अपनी कम पराई' में इन्होंने स्वयं के साहित्यिक दायरे का स्पष्टीकरण किया है उदाहरणार्थ–

'जहाँ तक मेरा व्यक्तिगत प्रश्न है, मैं चतुर्वेदी जी की बात से सहमत होते हुए भी किसान मजदूरों के बारे में ज्यादा नहीं लिख सका। मैं निम्न मध्य वर्ग में पैदा हुआ, पला और बढ़ा और उसी वर्ग का चरित्र चित्रण मैंने अपनी कृतियों में अधिकांशतः किया है।

शैली एवं भाषा–

अपनी बात को अच्छे तरीके से प्रस्तुत करने के लिए अश्क जी ने भावात्मक शैली का सहारा लिया है–

मैंने स्वयं जिन्दगी में बड़ी तकलीफें उठायी हैं। एक बार नहीं, कई बार मेरे सपने टूटे हैं और मेरे बने बनाये महल देखते-देखते ढह गये।

स्वयं की भावनाओं और विचारों के अभिव्यक्त करने के लिए अश्क जी ने अंग्रेजी के अधिक शब्दों का प्रयोग किया है जैसे-मूड (67), डिस्टर्ब (71), रिहर्सल (150), ग्रीन रूम (151), स्टूडेण्ट यूनियन (158), एडवोकेट (158), शू (169), प्रूफ (171), इन्चार्ज (179), एड्हीयन आप्रेशन (179), सोशलिस्ट (179), सीक्वेंस (187) आदि।

इसी प्रकार उर्दू के भी शब्दों का प्रयोग किया है उदाहरणार्थ मशविरा (79), कोफ्त (119), तजवीज (150), आफताब (200), खुशगवार (150), तथा बेतकल्लुफ (165) आदि।

उद्देश्य–

अश्क जी ने अतीत के जीवन में सम्पर्क में आने वाले व्यक्तियों की स्मृतियों को पुनर्जीवित करने के लिए संस्मरण लिखे हैं जिसमें उन्हें पूर्ण सफलता मिली है।

अन्त में हम कह सकते है कि संस्मरणों का सहारा लेकर अश्क जी ने अपने व्यक्तित्व को प्रकाशित करने का प्रयास किया है। इन संस्मरणों के ही साथ यदि वे कहानी, लेख तथा निबन्धों आदि के भी संग्रह न प्रस्तुत कर देते तो उनके संस्मरण इस क्षेत्र को और भी अधिक उज्ज्वल रूप प्रदान करने में सहायक होते।

सच्चिदानन्द हीरानन्द वात्स्यायन 'अज्ञेय'–

यायावरी वृत्ति को चरम सीमा पर पहुँचा देने वाले अज्ञेय (सन् 1911) छायावादोत्तर युग के श्रेष्ठ साहित्यकार स्वीकार किये जाते हैं। इन्होंने मूल रूपसे 'आत्मनेपद, 'अरे यायावर रहेगा याद' तथा 'एक बूँद सहसा उछली' रचनाएँ प्रस्तुत की हैं, जिनका विवेचन इस प्रकार है–

प्रेरणा : अज्ञेय जी का जीवन अत्यन्त ही क्रान्तिकारी एवं यायावरी वृत्ति से पूर्ण था। स्वयं के जीवन को पूर्णता प्रदान करने के लिए इन्होंने स्वदेशी एवं विदेशी यात्राएँ की थी। इसके अतिरिक्त इनका व्यक्तित्व एवं साहित्य इतना आकर्षक है कि उसे जनमानस तक पहुँचा देने की भावना से प्रेरित होकर उपर्युक्त रचनाओं का सृजन किया है।

लेखन प्रकाशनः अज्ञेय जी का जीवन अत्यन्त ही क्रान्तिकारी एवं यायावरी वृत्ति से पूर्ण था। स्वयं के जीवन को पूर्णता प्रदान करने के लिए इन्होंने स्वदेशी एवं विदेशी यात्राएँ की थी। इसके अतिरिक्त इनका व्यक्तित्व एवं साहित्य इतना आकर्षक ह कि उसे जनमानस तक पहुँचा देने की भावना से प्रेरित होकर उपर्युक्त रचनाओं का सृजन किया है।

लेखन प्रकाशन : अज्ञेय जी द्वारा रचित 'आत्मनेपद' का प्रकाशन सन् 1960 में भारतीय ज्ञानपीठ, दुर्गाकुण्ड रोड, वाराणसी से हुआ था। 'अरे यायावर रहेगा याद'का प्रकाशन सन् 1975 (नया संवर्द्धित संस्करण) नेशनल पब्लिशिंग हाउस, 23, दरियागंज, दिल्ली 110006 से तथा 'एक बूँद सहसा उछली' का प्रकाशन सन् 1960 में (प्रथम संस्करण), में भारतीय ज्ञानपीठ, दुर्गाकुण्ड रोड वाराणसी से हुआ था।

विषय वस्तु : अज्ञेय जी द्वारा लिखित 'आत्मनेपद' संग्रह में पाँचवें वर्ग के समस्त निबन्ध तथा चौथे वर्ग के 'जीवन का रस' और 'अशदान' नामक निबन्ध में अज्ञेय जी ने अपने

व्यक्तित्व एवं कृतित्व के सम्बन्ध में निजी धारणाओं का स्पष्टीकरण किया है। स्वयं के मन के बारे में इस प्रकार लिखा—'मेरा मन ही तो एक द्वार है जो एक अचरज भरी दुनिया की ओर खुलता है। (वह दुनिया घर है, कि खुला प्रदेश,) एक तनाव और दर्द और मनस्ताप-भरी अचरज दुनिया की ओर जिसमें कैसे-कैसे अद्‌भुत प्राणी रहते हैं...।

इसके अतिरिक्त 'अरे यायावर रहेगा याद' स्वदेश की यात्राओं से सम्बन्धित है तथा 'एक बूँद सहसा उछली' विदेशी यात्राओं से सम्बन्धित है। दोनों ही रचनाओं में लेखक ने जहाँ एक ओर विभिन्न महत्त्वपूर्ण स्थलों के साहित्य, संस्कृति, कला, दर्शन तथा धर्म विषयक महत्त्वपूर्ण सूचनाएँ प्रस्तुत की हैं, वहीं पर दूसरी ओर इनके माध्यम से अपनी वैचारिक मान्यताएँ भी हमारे सम्मुख रखी है। उदाहरण के लिए 'एक टायर की राम कहानी' शीर्षक यात्रा संस्मरण के अन्तर्गत इन्होंने स्वयं के विचारशील व्यक्तित्व का प्रस्तुतीकरण किया है—

'क्या यह यायावर है? नहीं हरी भरी पहाड़ी सर्वत्र मिल सकती है, किन्तु वह सर्वदा आगे रहती है और मानव पुंजीभूत होकर ही उसे आत्मसात करता है...पर यायावर तो अजातशत्रु होते हैं।

इसी प्रकार 'एक बूँद सहसा उछली' में 'ताल तलहटी, स्रोत और सृष्टा' शीर्षक यात्रा संस्मरण के अन्तर्गत वहाँ के समाज का चित्रण इस प्रकार किया है जैसे—"बड़े खानदान के गरीब और निकम्मे युवक धनवती बहू की खोज में यहाँ आते थे, रूपसी कन्याओं के लोभी या महत्त्वाकांक्षी माता-पिता उपयुक्त वर ढूँढने की आशा से। स्पष्ट ही ऐसी स्थिति में वहाँ का जीवन अत्यन्त कृत्रिम, भड़कीला, दिखावटी और दम्भपूर्ण रहा होगा।

फिरजे जिसे अज्ञेय जी ने यूरोप की पुष्पावती कहा है, की संस्कृति चरम सीमा को स्पर्श करती हुई दृष्टिगोचर होती है। इसके लिए इन्होंने इस प्रकार लिखा है—

मेरी समझ में तो फिरजे में कुछ है जिसे न देखना मानव संस्कृति की महत्त्वपूर्ण उपलब्धि से वंचित रह जाना है।

शैली एवं भाषागत विशेषताएँ—

अपनी बात को सुन्दर ढंग से सजाने के लिए अज्ञेय जी ने कहीं-कहीं पर आलंकारिक शैली का प्रयोग किया है—'

निर्धन, किन्तु सुनहली धूप खेतों से सम्पन्न सुन्दर प्रदेश। पहाड़ियों से लहराते हुए सागर-तट तथा क्रमशः उतरती तलहटियाँ, जिनके पके गेहूँ के कुन्दन में जहाँ तहाँ अप्रत्याशित ढंग से पोस्ते के फूल के लाल नगीने जड़े हैं।

गद्य रचना की शैली का एक प्रमुख गुण भावात्मकता भी हुआ करता है। अज्ञेय का कवि हृदय जहाँ प्रमुख रूप से हमारे समक्ष प्रस्तुत हुआ है वहाँ पर भावात्मक शैली के दर्शन सहज ही हो जाते हैं जैसे—निःस्वता, आनन्द और रहस्यमय समर्पण-संत फ्रासिस के जीवन के ये तीन बीज मंत्र थे। निर्धनता की स्तुति में उन्होंने गाया था—जहाँ माता ने भी मुझे छोड़ दिया था, वहाँ भी तेरी निःस्वता ने मुझे नहीं छोड़ा, तेरे साथ शूली पर चढ़ गयी...।

इन शैलियों के अतिरिक्त इन्होंने वर्णनात्मक, आत्मकथात्मक एवं व्यंग्यात्मक शैली का भी पर्याप्त प्रयोग किया है।

जहाँ तक भाषा का सम्बन्ध है, अपनी बात को स्पष्ट करने के लिए इन्होंने परिमार्जित भाषा का प्रयोग किया है उदाहरण के लिए निम्नांकित पंक्तियाँ द्रष्टव्य है—

इतर जन्तुओं में शिशु के सभी गुण अवगुण होते हैं दोनों का समान पर्यवेक्षण विकासवाद के सिद्धान्तों को सहज ग्राह्य बनाने के लिए सबसे अच्छी पाठशाला है।

अज्ञेय जी ने भावाभिव्यक्ति हेतु संस्कृत, अंग्रेजी तथा उर्दू के भी शब्दों का प्रयोग किया है। संस्कृत के निम्नलिखित शब्दों का अधिक प्रयोग किया है—वृष्टि (24), श्वेत (91), रिक्तहस्त (98), शुभ्र (34), एवं आभ्यंतर (237) आदि।

अंग्रेजी के शब्द इस प्रकार हैं—ह्वाइट (43), स्पेशल आर्डर (104), बैलेन्स (155), भाग 2-टूरिस्ट (34), इण्डियन कल्चर (56), मार्डन (56), इण्टरव्यू (149) आदि।

इसके अतिरिक्त दर्दे मुहब्बत (66), तकाजा (236), तथा बेलज्जत (83), जैसे उर्दू के भी शब्दों का यत्र तत्र प्रयोग किया है।

उद्देश्य—

अज्ञेय जी के यात्रा-साहित्य में उद्देश्यगत वैविध्य दृष्टिगोचर होता है। सामान्य रूप से प्रकृति श्री का अवलोकन, ज्ञानवृद्धि, अनुभव संचय, मनोरंजक एवं दर्शन मूलक दृष्टि निहित है। इनकी धारणा है कि यात्रा के माध्यम से कुछ जानना ही सब कुछ नहीं होता है अपितु जो देखा है इसके बारे में इस प्रकार लिखा है—फालतू असबाब से छुट्टी पाते हुए सहज भाव से यात्रा करना, सीखते चलना ही मेरा उद्देश्य रहा है।

इस प्रकार हम इस निष्कर्ष पर पहुँचते हैं कि अज्ञेय जी ने अपनी स्वाभाविक भ्रमण वृत्ति का श्रेष्ठ परिचय प्रदान किया है और साथ ही ज्ञानवृद्धि एवं अनुभव संचय के लिए देशाटन को महत्त्वपूर्ण बताया है। इनके समस्त यात्रा संस्मरण साहित्यिक, ऐतिहासिक, राजनीतिक, धार्मिक तथा सांस्कृतिक महत्त्व की जो रूपरेखा प्रस्तुत करते हैं वह इस क्षेत्र की अमूल्य निधि है। इनका यात्रा साहित्य अपने कलात्मक सौष्ठव तथा उद्देश्यगत विशिष्टता के लिए इस क्षेत्र में महत्त्व का परिचायक है।

विष्णु प्रभाकर का आत्मसंस्मरण—

छायावादोत्तर युग के श्रेष्ठ साहित्यकार के रूप में विष्णु प्रभाकर (1912), का नाम आदर से लिया जाता है। स्वयं के जीवन में घटित घटनाओं को आकार देने के लिए इन्होंने 'हँसते निर्झर दहकती भट्टी' का प्रणयन किया है।

इस कृति का प्रकाशन सन 1966 ई. में नेशनल पब्लिशिंग हाउस 'चन्द्रलोक' जवाहर नगर, दिल्ली-7 से हुआ था।

विष्णु प्रभाकर ने 'हँसते निर्झर दहकती भट्टी' के माध्यम से अपने अतीत के जीवन के उन उतार चढ़ावों का स्पष्टीकरण किया है जो अन्यत्र दुर्लभ ही है। एक सौ चालीस पृष्ठों में ही इन्होंने अपनी जिन्दगी के सत्य का उद्घाटन बड़ी ही ईमानदारी के साथ किया है। व्यावहारिक सत्य का प्रयोग करके इन्होंने स्वयं के जीवन दर्शन का वर्णन इस प्रकार किया है-

मुझे याद आ रही हे उन रंगदीप्त साँपों की और उन व्यापारिक मित्र की, जिन्होंने

सत्ताइस गुना लाभ की बात की थी। वे दोनों ही सत्य है, क्योंकि जहाँ भयानकता है, जहाँ संकट है, वहीं लाभ है, वहीं आनन्द है।

शैली एवं भाषा–

अपनी बात को अच्छे ढंग से प्रस्तुत करना भी एक बड़ी कला हुआ करती है, जिसमें विष्णु प्रभाकर पटु हैं। अपनी बात को ही महत्त्वपूर्ण सिद्ध करने के लिए इन्होंने भावात्मक शैली का सहारा लिया है उदाहरण के लिए निम्नांकित पंक्तियाँ द्रष्टव्य हैं–

'दुर्भाग्य है कि मैं न अमेरिका जा सका, न पश्चिम के देशों में। तब यह स्वाभाविक ही है कि मैं उसकी तुलना अपनी मातृभूमि से ही करूँ।'

अपने विचारों व भावों की श्रेष्ठ अभिव्यक्ति हेतु विष्णु प्रभाकर ने संस्कृत के शब्दों का अधिक सहारा लिया है जैसे-चतुष्पाद (2), निर्निमेष (2), धवलवर्ण (2), आवेष्टित (21), दुग्ध (31), शुभ्रतुषर (31), तथा निस्तब्ध (35) आदि।

कहीं-कहीं पर हुजूर (65) जैसे उर्दू के शब्दों का भी प्रयोग किया है जो उनकी भाषागत विशेषताओं में चार चाँद लगा देता है।

अपने अतीत के जीवन में घटित घटनाओं को पुनर्जीवित करने के उद्देश्य से इन्होंने आत्म संस्मरण लिखा है जिसमें पूर्ण सफल भी हुए हैं।

इस प्रकार युगीन परिस्थितियों के अनुकूल ही विष्णु प्रभाकर ने 'हँसते निर्झर दहकती भट्टी' के माध्यम से स्वयं के व्यक्तित्व का स्पष्टीकरण करके संस्मरण साहित्य के विकास में पूर्ण योगदान दिया है।

स्व. जगदीशचन्द्र माथुर के संस्मरण–

जगदीशचन्द्र माथुर (सन् 1917) हिन्दी संस्मरण साहित्य के विशिष्ट प्रतिभा सम्पन्न व्यक्ति हैं। इस क्षेत्र में इनकी दो रचनाएँ उपलब्ध हैं। प्रथम 'दस तस्वीरें' संस्मरण संग्रह है जिसका प्रकाशन सन् 1963 में, राजकमल प्रकाशन, दिल्ली से हुआ था तथा द्वितीय संस्मरण संग्रह 'जिन्होंने जीना जाना' है।

'दस तस्वीरें' में अमरनाथ झाँ, शिशिर भादुड़ी, श्रीराम वाजपेयी, सच्चिदानन्द सिन्हा, लाड, अल्टेकर सुधीन्द्रनाथ आदि के संस्मरण प्रस्तुत किये गये हैं। इन समस्त संस्मरणों के माध्यम से माथुर जी ने विभिन्न विद्वानों के प्रभाव को स्पष्ट करने का सफल प्रयास किया है। अकृत्रिम औ मार्मिक शैली का आदर्श भी इनके संस्मरणों में दृष्टिगोचर होता है। समस्त संस्मरणों की भाषा अत्यन्त ही सहज, सरल एवं स्पष्ट है।

माथुर जी का द्वितीय संस्मरण संग्रह 'जिन्होंने जीना जाना' है जिसमें इन्होंने रामवृक्ष बेनीपुरी, भिखारी ठाकुर तथा देविका रानी आदि व्यक्तियों के व्यक्तित्व का अंकन बड़ी ही सहृदयता के साथ किया है। उनके साहित्यिक एवं सामाजिक व्यक्तित्व का अधिक प्रभाव माथुर जी के ऊपर भी पड़ा है जिसका स्पष्ट उल्लेख संग्रह में किया गया है। बड़ी ही स्पष्ट और परिमार्जित भाषा का प्रयोग करके माथुर जी ने अपनी भाषा सम्बन्धी विशिष्टताओं का उल्लेख किया है।

इस प्रकार विभिन्न व्यक्तियों के व्यक्तित्व चित्रण का जो प्रयास किया है उसमें इन्हें पूर्ण सफलता मिली है।

निष्कर्ष–

इस प्रकार छायावादोत्तर तथा वर्तमान (सन् 1936-1980) युग की समस्त आत्मकथाओं का सिंहावलोकन करने पर हम इस निष्कर्ष पर पहुँचते हैं कि इस युग का आत्मकथा साहित्य विकास के नये पथ का अनुसरण कर रहा है।

विवेच्य काल में यशपाल तथा हरिवंशराय बच्चन जैसे व्यक्तियों की आत्मकथाएँ उपलब्ध हैं। यशपाल जी ने सशस्त्र क्रान्ति की कहानी के माध्यम से अपने को आत्मकथाकार ही नहीं अपितु एक महाकाव्यकार के नजदीक लाकर रख दिया है।

इसके अतिरिक्त बच्चन जी ने अपनी आत्मकथा के द्वारा अपने अतीत के जीवन की जो विविध स्मृतियाँ, कार्य दिशाओं और उपलब्धियों-अनुपलब्धियों का लेखा-जोखा ईमानदारी के साथ प्रस्तुत किया है वह इसी युग विशेष की ही नहीं अपितु भावी युगों के लिए भी स्मरणीय रहेगी। सम्प्रति यथार्थवादी कथाकार शैलेश मटियानी की आत्म कथा अमर उजाला दैनिक समाचार पत्र में 14 अगस्त 1999 से प्रकाशित हो रही है। विश्वास है कि शीघ्र ही पुस्तकाकार रूप धारण करेगी।

युगीन आत्मकथाकारों ने परिस्थितियों से संघर्ष किया है, वे उसके अधीन होकर सीमा में नहीं बँधे हैं। उन्होंने तो वर्तमान परिस्थिति को ललकारकर अपने व्यक्तित्व का ही झण्डा फहराया है।

भाषा के क्षेत्र में भी इन आत्मकथाकारो ने सभी भाषाओं के शब्दों को लेकर अपने व्यक्तित्व को जनसमाज के समक्ष प्रस्तुत किया है। हमें आशा ही नहीं अपितु पूर्ण विश्वास है कि यह स्वतन्त्र विधा विकास के ही रास्ते का अनुसरण करती रहेगी।

वर्तमान युग के आत्मकथा साहित्य के सर्वांग सिंहावलोकन के पश्चात् हम कह सकते हैं कि इस नव्य विधा का प्रचार एवं प्रसार हो रहा है।

वर्तमान आत्मकथाकारों ने अपनी आत्मकथा के माध्यम से जिस तथ्य का उद्घाटन किया है, वह आज की मनोवृत्ति का सच्चा आदर्श है, आत्मकथाकारों ने स्वयं के व्यक्तीकरण के माध्यम से समाज के व्यक्तित्व का मूल्यांकन किया है। सच तो यह है कि वर्तमान आत्मकथाएँ युगीन संस्कृति की सम्पूर्ण भूमिका अदा करने में पूर्ण सफल हैं।

कुल मिलाकर वर्तमान युग का आत्मकथा साहित्य भावी समृद्धि की ही सूचना देता है, जो हिन्दी साहित्य के नव्यतम इतिहास के लिए अत्यन्त ही गौरव की बात है।

साहित्यिक मूल्यांकन

'आत्मकथा लेखक जितना अपने बारे में जान सकता है, उतना लाख प्रयत्न करने पर भी कोई दूसरा नहीं जान सकता, किन्तु इसमें कहीं तो स्वाभाविक आत्मश्लाघा की प्रवृत्ति बाधक होती है और किसी के साथ शील संकोच आत्मप्रकाश में रुकावट डालता है। यद्यपि सत्य के आदर्श से तो दोनों ही प्रवृत्तियाँ निन्द्रय हैं तथापि आवश्यक आत्मविस्तार कुछ अधिक वांछनीय है।' **—गुलाबराय**

प्रेरणाएँ और प्रयोजन–

गद्य साहित्य की नवीन विधाओं की दृष्टि से आधुनिक काल अत्यन्त ही महत्त्वपूर्ण है। इसी युग में नव्य विधाओं का अभूतपूर्व विकास हुआ/इस विकास का मुख्य कारण है गद्य साहित्य के प्रति अत्यधिक आकर्षण की प्रवृत्ति के। इसी आकर्षण की प्रवृत्ति के परिणामस्वरूप कहानी, उपन्यास, निबन्ध, जीवनी, आत्मकथा, संस्मरण, रेखाचित्र तथा रिपोर्ताज जैसी नव्य विधाओं का जन्म हआ है।

आत्मकथा व्यक्ति की स्वलिखित और स्वयं की ही वह कहानी है, जिसमें आत्मकथाकार आत्मा का ही साक्षात्कार, अनावरण एवं पूर्ण अभिव्यंजन करता है। यह आत्मकथाकार का वह दर्पण है, जिसमें उसके आन्तरिक जीवन की ही नहीं, वाह्म जीवन की घटनाओं का भी रूप स्पष्ट प्रतिबिम्बित होता है। इस विधा के माध्यम से लेखक अपने जीवन के अच्छे और बुरे अनुभवों का पुनरावलोकन करने व अतीत की स्मृतियों के मध्य से गुजरने की प्रबल इच्छा को पूर्ण प्रश्रय देता है। इस प्रक्रिया में आत्मकथाकार की सबसे बड़ी कठिनाई यह होती है कि वह अपने अतीत के जीवन को किस प्रकार से प्रस्तुत करे क्योंकि अपने विषय में तटस्थ रहकर सत्यता और ईमानदारी के साथ कुछ भी कहना अधिक सम्भव नहीं होता है। ईमानदारी और सत्यता के अभाव में कोई भी आत्मकथा श्रेष्ठ आत्मकथा नहीं कही जा सकती है। इतना होने के बावजूद आत्मकथाकार विश्लेषणात्मक प्रवृत्ति को अपनाकर अपनी जीवन गाथा को सतर्कता के साथ प्रस्तुत ही करता है।

आत्मकथा जीवन के सत्य का अन्वेषण है, कल्पना की कोरी उड़ान नहीं है। आम आदमी का जीवन प्रेरणाप्रद नहीं हो सकता, महान् व्यक्तियों का व्यक्तित्व एवं कृतित्व आम आदमी के लिए दिशाबोध का काम करता है, उनके जीवन के श्रेष्ठ मूल्यों को स्वीकार करता हुआ उस पथ पर अपने आप को ढालने का प्रयास करता है। आत्मकथा सत्य व स्पष्टवादिता को लेकर चलती है। अतः हर आदमी के लिए सम्भव भी नहीं है कि वह इस

दिशा में कदम उठाने का अधिकारी हो लेकिन सर्वसाधारण के लिए यह आवश्यक है कि वह महापुरुषों की जीवनी एवं आत्मकथाओं का गम्भीर अध्ययन करके प्रेरणा प्राप्त करे।'

आत्मकथाएँ सदैव ही प्रेरणादायक होती हैं। वे व्यक्ति के जीवन तथा कार्यों पर तो प्रकाश डालती ही हैं, उस युग का चित्र भी सामने रखने में समर्थ होती हैं। इसी आधार पर हम यह देखने का प्रयास करेंगे कि आखिर वे कौन से तथ्य हैं जिनके वशीभूत होकर पाठक व लेखक पढ़ने व लिखने का प्रयास करता है।

पाठकनिष्ठ प्रेरणाएँ व प्रयोजन : आत्मकथा, आधुनिक साहित्य का सर्वाधिक उन्नतशील अंग है। आज का पाठक वर्ग इस विधा की ओर विशेष रूप से आकृष्ट हुआ है। इस विशेष आकर्षण का एक मात्र कारण है, पाठक वर्ग के उत्सुकता की वह भावना जो उसे किसी दूसरे के अपरिचित महान् जीवन के रहस्यों को जानने और पूर्ण रूप से पहचानने की ओर प्रेरणा देता है। मानव की यह प्राकृतिक विशेषता हुआ करती है कि वह दूसरों के गुणों व अवगुणों को स्पष्ट रूप से समझने के लिए जिज्ञासु रहा करता है। उदाहरण के लिए जब हम'मेरी जीवन गाथा' या 'अपनी कहानी' शीर्षक के द्वारा आत्मकथाकार ने किस रहस्य का उद्घाटन किया है या वे कौन सी उसके जीवन की महत्त्वपूर्ण घटनाएँ हैं जिसका विवेचन उसने इस शीर्षक के माध्यम से किया होगा। इस रहस्यात्मक प्रवृत्ति से या उस महान् मानव के वाह्य व अंतरंग से परिचित हो जाने की भावना से ही प्रेरित होकर आत्मकथा के आद्यन्त पठन हेतु अग्रसर हो जाते हैं। जब उस लेखक के सर्वांग से परिचित हो जाते हैं तो हमारी उत्सुकता को शान्ति मिलती है।

सामान्यतया आत्मकथा वे लोग ही लिखते हैं जिनके जीवन में विशिष्टता का समावेश होता है। इसी तथ्य को हम इस प्रकार भी लिख सकते हैं कि आत्मकथा लेखक स्वयं के जीवन में घटित विशेष अनुभवों को अपनी आत्मकथा के माध्यम से प्रकाशित करता है।

अतः निश्चित है कि विशेष अनुभवों से युक्त आत्मकथा के प्रति पाठक वर्ग में जिज्ञासा का जाग्रत होना आवश्यक ही नहीं अपरिहार्य हो जाया करता है। आत्मकथाकार के जीवन-रहस्यों से अवगत होने की भावना इतनी तीव्र हो जाती है कि पाठक वर्ग उस अभीष्ट या प्रयोजन तक पहुँचने का भरसक प्रयास करने लगता है।

स्वयं की जिज्ञासा को शान्त करने के उद्देश्य की पूर्ति के लिए ही पाठक-वर्ग आत्मकथा का पठन करते हैं और उद्देश्य की पूर्ति होने पर सभी जिज्ञासा शान्त हो जाती है।

आत्मकथा साहित्य के लिए यह माना जाता है कि कोई भी पाठक यौवनावस्था में इस विधा का अध्ययन करने में असमर्थ ही रहता है। क्योंकि इस समय तक वह कल्पना प्रधान विश्व की ओर ही अधिक आकृष्ट रहता है। इस आयु में वह कथा साहित्य की ओर ही विशेष रूप से झुका रहता है। यह सब प्रक्रिया स्वाभाविक भी है। इतना होने के बावजूद समय की धारा जैसे ही बदलती है अर्थात् प्रौढ़ावस्था में प्रवेश करने के साथ ही मानव की विचारधारा में एक मोड़ आता है। और वह कल्पना प्रेमी होने की अपेक्षा यथार्थ प्रेमी हो जाता है। वह कल्पना के दायरे से बाहर निकलकर आस-पास के जगत् के यथार्थ सत्य को जानने हेतु बेचैन हो जाता है।

आत्मकथा चूँकि आत्मकथाकार के जीवन का 'यथार्थ चित्रण' होती है इसीलिए पाठक वर्ग आत्मकथा के अध्ययन हेतु आगे बढ़ते हैं। वे नग्न सत्य से परिचित होने की भावना से प्रेरित होकर आत्मकथा का आद्यन्त पठन करते हैं। इस अवस्था में पाठक को विशेष प्रकार की सन्तुष्टि प्राप्त होती है इसी सत्य से अवगत होने के उद्देश्य को पूरा करने के लिए ही पाठक वर्ग आत्मकथा पढ़ते हैं।

पाठक वर्ग के आत्मकथा को पढ़ने के मूल में एक प्रेरणा सन्निहित होती है वह यह कि वह जीवन के नाना प्रकार के क्षेत्रों से अवगत होना चाहता है। घर पर बैठे ही हम किसी महान् साहित्यकार के जीवन के सभी पक्षों से अवगत हो जाते हैं। इन आत्मकथाओं के पठन से कभी यह भी होता है कि पाठक के जीवन की दिशा में ही एक नयापन आ जाता है। और कभी-कभी आत्मकथाएँ ही आत्मविश्वास का संचार कर देती है।

भिन्न-भिन्न क्षेत्रों के आत्मकथाकारों की आत्मकथाओं के अध्ययन से पाठक का ज्ञान विस्तृत हो जाया करता है। इसी बात को ध्यान में रखकर पाठक वर्ग, शास्त्रज्ञों, तत्वचिंतकों, कवियों, राजनीतिज्ञों, यायावरों तथा साहित्यकारों की आत्मकथाओं का पठन करते हैं।

इस प्रकार विभिन्न क्षेत्रों से अवगत होने की भावना से प्रेरित होकर एवं विभिन्न क्षेत्रों के व्यक्तियों से परिचित होने के उद्देश्य से पाठक वर्ग आत्मकथा का अध्ययन करते हैं।

इसके अतिरिक्त एक अन्य मनोवृत्ति है जिससे प्रेरित होकर पाठक आत्मकथा पढ़ने की ओर झुकता है। 'मानव जहाँ पर किसी व्यक्ति के जीवन की आसाधारणता-अद्वितीयता की ओर सहज रूप से आकर्षित हो जाया करता है, वहीं कई बार मनुष्य के पतन को झाँककर देखने का भी जबरदस्त आकर्षण मानव में अनायास उत्पन्न हो जाता है।'

स्पष्ट है कि उत्थान की अपेक्षा पतन को जानने की इच्छा मानव में अधिक हुआ करती है। आत्मकथा एक ऐसी विधा है, जो विगत जीवन के नग्न सत्य को प्रस्तुत करती है। लेखक कई बार विगत जीवन में किये गये दुष्कृत्यों की आत्म स्वीकृति देने की भावना से प्रेरित होकर भी आत्मकथा लेखन की ओर अग्रसर होता है। यही कारण है कि इस स्तर के जीवन के इन विशेष रहस्यों को जानने की तीव्र इच्छा भी पाठक वर्ग को आत्मकथाओं का अध्ययन करने की प्रेरणा देती है।

लेखकनिष्ठ प्रेरणाएँ व प्रयोजन : अब तक हमने इस तथ्य का विवेचन किया कि पाठक वर्ग किस प्रेरणा से प्रेरित होकर एवं कौन से प्रयोजन की सिद्धि हेतु आत्मकथा पढ़ता है। अब हम इस पर विचार करेंगे कि लेखक किस भावना से प्रेरित होकर एवं किस उद्देश्य की पूर्ति हेतु आत्मकथा लिखने की ओर कदम बढ़ाता है।

आधुनिक युग आत्मकथाओं का युग है। इस युग में कवि और लेखक निरन्तर स्वयं को व्यक्त करने के लिए व्यग्र रहते हैं। किसी न किसी प्रकार अपने को प्रकट करने की लालसा ने जहाँ उपन्यास, नाटक, प्रबन्ध, कहानी और गीतिकाव्य को जन्म दिया है। वहीं पर आत्मकथा जैसी नव्य विधा की भी जननी वही है।

आत्मकथा के सृजन के पीछे भी कोई न कोई प्रयोजन निहित होता है। आत्मकथागत प्रयोजन की यह विशेषता होती है कि वह अन्य विधाओं से भिन्न होता है। आत्मकथा लिखने के निम्नांकित प्रेरणाएँ व प्रयोजन हैं—

कम या अधिक रूप में आत्मप्रचार की भावना मानव की स्वाभाविक प्रवृत्ति हुआ करती है। किसी न किसी रूप में वह स्वयं के कार्यों एवं गुणों को जनमानस तक पहुँचा ही देना चाहता है। इस प्रवृत्ति का प्रचलन पाश्चात्य जगत् के अनुकरण से हुआ है जैसा कि डॉ. रत्नाकर पाण्डेय ने अपनी पुस्तक 'पत्रकार प्रेमचन्द और हंस' में लिखा है–

पाश्चात्य जगत् में विज्ञापन बाजी दैनन्दिन आवश्यकता के कारण साहित्यकारों ने आत्मविज्ञापन की महत्ता को समझकर आत्मकथाएँ लिखना बहुत पहले से प्रारम्भ कर दिया था। रूसी और गेटे द्वारा लिखित आत्मकथा अंग्रेजी साहित्य की शोभा बढ़ता है। सेण्ट अगस्टाइन के कन्फेसंस में व्यक्ति की आत्मचारित्रिक साधना की प्रधानता है।'

निश्चित है कि आत्मप्रचार की भावना से प्रेरित होकर लेखक आत्मकथा लेखन की ओर अग्रसर होता है। आत्मप्रचार की ही भावना को डॉ. श्यामसुन्दर दास ने भी अपनी आत्मकथा के प्रारम्भ में ही लिखा है–

"वह आत्मप्रचार चाहता है, अपने को समाज के सम्मुख ला देना चाहता है, वह अपने व्यक्तित्व का उभार चाहता है और अपने विचारों मनोभावों के प्रति समाज की सहानुभूति प्राप्त करना चाहता है-

जीवन-पथ पर चलते हुए लेखक की जिन्दगी अनेक अच्छे एवं बुरे अनुभवों से युक्त हो जाती है। इन अनुभवों को दूसरों के समक्ष प्रकट करने की तीव्र इच्छा मानव की सहज विशेषता होती है। कभी-कभी लेखक बुरे अनुभवों या प्रतिकूल घटनाओं से इतना अधिक कुण्ठा ग्रस्त हो जाता है कि वह उन तनावों से मुक्त होने का कोई न कोई साधन तलाश करने लगता है जिसके परिणामस्वरूप वह आत्मकथा लेखन के द्वारा अपने अशान्त मन को शान्त करता है एवं तनावों से मुक्त होने का प्रयास करता है। क्योंकि मानव की यह विशेषता होती है कि वह अपने दुःख को जब दूसरों के समक्ष रख देता है तो उसका भार कुछ हल्का हो जाया करता है। आत्मकथाकार बच्चन ने अपनी आत्मकथा की भूमिका में इस सम्बन्ध में अपने विचार इस प्रकार व्यक्त किये हैं–'मुझे कई वर्षों से लग रहा था कि जब तक मैं अपने अन्तर में उठती स्मृतियों को चित्रित न कर डालूँगा, तब तक मेरा मन शान्त नहीं होगा।'

स्पष्ट है कि मनुष्य की इसी स्वाभाविक भावना से प्रेरित होकर लेखकों ने आत्मकथाएँ लिखी हैं। उपर्युक्त बच्चन जी के द्वारा प्रस्तुत की गयी पंक्तियों ने यह सिद्ध कर दिया है कि अतीत के सुखद-दुःखद जीवन के अनुभव मनुष्य को आत्मकथा लिखने के लिए विवश कर देते हैं, इसी विवशता के परिणामस्वरूप आत्मकथा का सृजन होता है।

आत्मकथा लेखक का तृतीय प्रयोजन यह होता है कि महान् व्यक्ति स्वयं के अतीत में घटने वाली विशिष्ट घटनाओं के माध्यम से दूसरों को एक प्रकार की शिक्षा देना चाहता है। मानव जीवन में घटने वाली सुखमय एवं दुःखमय घटनाएँ मनुष्य को कोई सीख अवश्य ही दे जाती हैं यही कारण है कि आत्मकथाकार अपने द्वारा प्राप्त उन सीखों को जनमानस तक पहुँचाने का प्रयास करता है। अपनी आत्मकथा के माध्यम से वे अपने अनुभवों के सम्पर्क में पाठक वर्ग को लाते हैं। 'वे आत्मकथा के माध्यम से एक व्यापक जनसमूह को इच्छित जीवनादर्शों से परिचित एवं प्रभावित करने में समर्थ हो जाते हैं।' इसी बात को महात्मा गाँधी ने अपने आत्मकथा की भूमिका में इस प्रकार लिखा है–

आत्मकथा के बहाने मैंने सत्य के जो अनेक प्रयोग किये हैं उनकी कथा लिखनी है। यह जरूर है कि उसमें मेरा जीवन ओतप्रोत होने के कारण यह जीवन वृतान्त बन जायेगी। पर यदि उसके हर पन्ने में मेरे प्रयोग ही झलकें तो इस कथा को मैं स्वयं निर्दोष मानूँगा। मैं मानता हूँ कि मेरे सब प्रयोग इकट्‌ठे जनता को मिलना लाभदायक होगा।'

कभी-कभी अपने विशेष अनुभवों से पाठक को परिचित करा देने की भावना से प्रेरित होकर भी आत्मकथा लेखक स्वयं की कहानी का प्रस्तुतीकरण करने लगता है। इस प्रेरणा के मूल में लेखक का उद्देश्य उपदेश देना नहीं होता है बल्कि उन अनुभवों का परिचय मात्र देना होता है। जो उन्हें अतीत की घटनाओं के परिणामस्वरूप प्राप्त हुए हैं। उदाहरण के लिए राहुल जी ने अपनी जीवन यात्रा के दौरान जिन अच्छे बुरे अनुभवों को प्राप्त किया था उन्हीं अनुभवों के लिए वे चाहते थे कि भविष्य में पर्यटन करने वाले मनुष्य इस अनुभव से लाभ उठा सकें जैसे कि स्वयं के प्रयोजन को स्पष्ट करते हुए लिखा है—

'मेरी जीवन यात्रा' मैंने क्यों लिखी, मैं बराबर इसे महसूस करता रहा हूँ कि ऐसे ही रास्तों से गुजरे हुए दूसरे मुसाफिर यदि अपनी जीवन यात्रा को लिख गये होते तो मेरा बहुत लाभ होता ज्ञान के खयाल से भी समय के परिमाण में भी। मैं मानता हूँ कि दो जीवन यात्राएँ बिल्कुल एक सी नहीं हो सकती, तो भी इसमें सन्देह नहीं कि सभी जीवनों को उसी आन्तरिक वाह्य विश्व की तरंगों में तैरना पड़ता है।'

कभी-कभी प्रदर्शन की भावना से प्रेरित होकर भी लेखक आत्मकथा लिखने की ओर अग्रसर होते हैं। कई बार ऐसा हो जाता है कि अत्यधिक प्रयास के बाद भी सफलता की प्राप्ति नहीं होती है। इस हताशा के प्रतिक्रिया स्वरूप अपने महत्त्व को प्रस्तुत करने के लिए लेखक आत्मकथा लिखने लगता है। आचार्य चतुरसेन शास्त्री ने इसी भावना से प्रेरित होकर आत्मकहानी लिखी है—

'मेरी रचना प्रणाली में मेरे अहंकार का ही मुझे आलंबन मिला है, किसी दूसरे का नहीं... साहित्यकार तो हूँ...बात साहित्य की ही चलनी चाहिए। अच्छा नाप तौल कीजिए गिनिए मेरी साहित्य सम्पदा को।'

अस्तु, आत्मकथा लेखन के मूल में एक प्रयोजन और सिद्ध हो जाता है कि आत्म प्रदर्शन की प्रवृत्ति को अपनाकर लेखक आत्मकथा लिखने के लिए प्रेरित होता है।

आत्मकथा लेखक का एक प्रयोजन यह भी हो सकता है कि लेखक आत्मकथा लेखन के बहाने अतीत की स्मृतियों का पुनर्स्मरण करता है। इस स्मरण का मूल कारण यह है कि अतीत की कटु एवं सुखद सभी प्रकार की स्मृतियों के मध्य फिर एक बार जीने में भी सुखद अनुभव प्राप्त होता है। कभी-कभी तो दुःखद स्मृतियों के स्मरण के द्वारा भी एक प्रकार के आनन्द की ही प्राप्ति होती है। आत्मकथाकार बच्चन ने अपनी आत्मकथा 'क्या भूलूँ क्या याद करूँ' के माध्यम से इसी बात का स्पष्टीकरण किया है—

'जीरो रोड से आते जाते अक्सर मेरी दृष्टि देवी मन्दिर और शिवाले पर पड़ी है और बिजली के खम्भे पर भी और वहाँ मैं थोड़ी देर को ठहर गया हूँ और मेरे बचपन से मेरे यौवन तक का सारा इतिहास मेरी आँखों के सामने से सर्र से गुजर गया है, जैसे सड़क पर जाती हुई

कोई तेज मोटर जैसे किसी लम्बी तस्वीर की पूरी रील, दो चार मिनटों में बड़ी तेजी के साथ परदे पर गुजार दी गयी हो और अनेकानेक रंगो, रूपों, ध्वनियों, घटनाओं, भावनाओं से मस्तिष्क की शिरा-शिरा झनझना उठी हों।'

धीरेन्द्र वर्मा ने हिन्दी साहित्यकोश में इसी उद्देश्य का स्पष्टीकरण किया है-

'आत्मकथा साहित्य का उद्देश्य होता है-आत्म निर्माण, आत्म परीक्षण या आत्म समर्थन, अतीत की स्मृतियों को पुनर्जीवित करने का मोह या जटिल विश्व के उलझावों में अपने आपको अन्वेषित करने का सात्विक प्रयास।'

अतः आत्मकथाकार पुनः प्रतीति के आनन्द को प्राप्त करने के लिए आत्मकथा लिखता है।

आत्मकथा का एक और प्रयोजन परिलक्षित होता है। वह यह कि कभी-कभी लेखक आत्म पश्चाताप की भावना से प्रेरित होकर भी वह आत्मकथा लेखन की ओर अग्रसर होता है। मनुष्य अपने जीवन प्रवाह में कभी-कभी बहुत ही बुरे कर्म भी कर बैठता है। समय के व्यतीत होने के साथ ही वह अपने किये पर पश्चात्ताप करता है। इसी बुरे कर्म की स्वीकृति हेतु एवं पश्चात्ताप की अग्नि में जलने के लिए वह आत्मकथा लिखता है। यदि वह आत्मकथा के माध्यम से इन कृत्यों को प्रस्तुत करके अपना भार हल्का न करे तो उस चुभन को वह बरदाश्त करने में असमर्थ हो जायेगा।

स्वयं की आत्मकथा में आत्म पश्चात्ताप के माध्यम से लेखक आत्म-समाधान का प्रयास करता है।

इस प्रकार अपराध की अनुभूति पर किये गये प्रायश्चित से जिस प्रकार मानसिक समाधान का अनुभव होता है, ठीक उसी प्रकार आत्मकथा में अपने अतीत के कुकर्मों को स्वीकृति देने पर मन का बोझ हल्का होकर मानसिक तनावों से मुक्ति का अनुभव होता है।

अन्ततः आत्मकथा के पाठक निष्ठ व लेखक निष्ठ प्रेरणाओं व प्रयोजनों का विवेचन करने पर निष्कर्ष रूप में यह कहा जा सकता है पाठक वर्ग किसी न किसी प्रकार के आकर्षण व उत्सुकता की भावना से प्रेरित होकर एवं उत्सुकता को शान्त करने के उद्देश्य से ही आत्मकथा का पठन करते हैं। इसी प्रकार लेखक 'स्व' को अभिव्यक्त करने की इच्छा से आत्मकथा लिखते हैं क्योंकि मनुष्य एक भावानयुक्त प्राणी होता है। उसे अपनी आन्तरिक अनुभूतियों को जनमानस के सम्मुख व्यक्त कर देने के लिये विवश हो जाना पड़ता है। यही विवशता उसे आत्मकथा सृजन हेतु अग्रसर करती है।

आत्मकथा का स्वरूप : 'स्व' के जीवन की रचित कथा ही आत्मकथा है। 'स्व' को किसी न किसी रूप में व्यक्त करने की इच्छा शाश्वत है। यह गद्य की वह नवीनतम विधा है जिसके माध्यम से लेखक अपने अतीत की घटनाओं का आसानी से पुनर्स्मरण करता है।

आत्मकथा किसी महान् व्यक्ति के जीवन का इतिहास है, इतिहास ही नहीं बल्कि उसमें वर्णित घटनाओं की क्रिया प्रतिक्रियाओं का भी उल्लेख है। इसमें लेखक अपने जीवन का वर्णन ही नहीं करता है अपितु विश्लेषण भी करता है। डॉ. जगदीश मिश्र ने आत्मकथा के स्वरूप को इस प्रकार व्यक्त किया है-

'आत्मकथा में लेखक स्वयं अपने जीवन और कार्यों को इस प्रकार प्रस्तुत करता है। जिससे उसके व्यक्तित्व एवं उसके गुण की स्पष्ट झलक मिल जाये।'

इसी प्रकार पाश्चात्य समीक्षक स्टीवेन्सन ने आत्मकथा के सन्दर्भ में लिखा है-

"There is truer sort of writing then wath is to be found in autobiographies and certainly none more entertaining."

उपर्युक्त विवेचकों के द्वारा आत्मकथा के स्वरूप का निर्धारण किया, जिसके आधार पर यह निश्चित हो जाता है कि आत्मकथा अपने आप में एक नव्य साहित्यिक विधा है जिसके माध्यम से व्यक्तित्व का व्यक्तीकरण सहज ही किया जा सकता है। अब हम आत्मकथा के स्वरूप में निहित तत्त्वों का विवेचन करेंगे–

(क) आत्मकथा में घटनाओं का चयन और इसके आधारः आत्मकथाकार के अतीत का जीवन अनेक प्रकार की पारिवारिक, सामाजिक एवं साहित्यिक घटनाओं से युक्त हुआ करता है। इन सभी क्षेत्रों से सम्बन्धित उसके जीवन में कुछ छोटी-छोटी घटनाओं का भी महत्त्वपूर्ण स्थान होता है। अपने अतीत के जीवन की समस्त छोटी व बड़ी घटनाओं का चित्रण वह आत्मकथा के माध्यम से नहीं कर सकता।

लेखक स्वयं के वर्तमान बोध के आलोक में अतीत के विस्तृत व विविध घटना प्रसंगों में से अनिवार्य घटना व प्रसंगों का चयन कर लेता है, अर्थात् अपने व्यक्तित्व को अभिव्यक्त करने वाली कुछ ही घटनाओं का चयन करके उनको ही आधार बनाकर अपने व्यक्तित्व का विश्लेषण करता है। इस सम्बन्ध में राय पास्कल का मत द्रष्टव्य है–

"...आत्मकथा में जीवन की उलझी हुई प्रक्रिया के बीच तथ्यों का चुनाव महत्त्वपूर्ण घटनाओं का विभाजन, विश्लेषण, अभिव्यक्ति का चुनाव–इस सबका आधार लेखकीय वर्तमान दृष्टिकोण से निश्चित होता है।

स्पष्ट है कि अतीत की विस्तृत घटनाओं में से महत्त्वपूर्ण घटनाओं का चयन लेखक कर लेता है फिर उसी के माध्यम से अपने व्यक्तित्व को स्पष्ट करता है। यहाँ पर एक बात विशेष ध्यान देने की है कि महत्त्वपूर्ण धटनाओं का मतलब महान् घटनाएँ ही नहीं होती है। कभी-कभी साधरण सी घटना लेखक के सम्पूर्ण जीवन को इस प्रकार प्रभावित कर देती है कि उसका सम्पूर्ण जीवन एक मोड़ ले लिया करता है। उदाहरण के लिए वृन्दावनलाल वर्मा (सन् 1889 ईसवी) के बचपन की चोरी की आदत और एक दुःस्वप्न जिसने उनके जीवन के सिद्धान्त को ही परिवर्तित कर दिया जो इस प्रकार है-

'...मैंने चट दोनों पैसे अपने छोटे से चंगुल में दबाये और लेट गया...सपने में देखा कि मऊरानीपुर से झाँसी स्टेशन पर आये तो माँ न जाने कहाँ! डिब्बे से सामान उतारा गया। सामान में एक बोरी भी निकली। उसे खोला तो उसमें माँ की लाश के टुकड़े भरे हुए थे।'

इस प्रकार हालाँकि चोरी बच्चे के बचपन की एक छोटी सी घटना है लेकिन वर्मा जी की माँ से उसका सम्बन्ध है इसलिए उसका विवेचन महत्त्वपूर्ण घटना के रूप में किया है।

निष्कर्षतः आत्मकथाकार अपने दृष्टिकोण के अनुसार ही घटनाओं का चुनाव करता है। और उनके माध्यम से स्वयं के व्यक्तित्व का विश्लेषण करता है।

आत्मकथा की घटनाओं के चयन एवं उनके आधार के सम्बन्ध में एक बात यह भी कही जा सकती है कि लेखक के सार्थक दृष्टिकोण का सम्बन्ध मनोवैज्ञानिक रूप से मनुष्य की उम्र से रहता है। इस बात को हम इस प्रकार भी कह सकते हैं कि व्यक्ति अपने जीवन में अनेक प्रकार के उतार-चढ़ावों से गुजरता है। वह अपने अतीत के जीवन के घात-प्रतिघातों से विशिष्ट अनुभव ग्रहण करता रहता है। भावी जीवन में एक विशेष समय में उन्हीं अनुभवों में से वह कुछ विशेष अनुभवों का चयन कर लेता है और उन्हीं के माध्यम से अपने व्यक्तित्व का स्पष्टीकरण करता है। इस सम्बन्ध में डॉ. नारायण विष्णुदत्त शर्मा ने अपने विचार इस प्रकार व्यक्त किया है—

'सर्वसामान्य व्यक्ति अपनी रूढ़िवादिता का शिकार बनकर जीवन के मध्याह्न में ही पुनरावलोकन का स्थिर दृष्टिकोण बना लेता है। यानी उसके दृष्टिकोण में अब किसी तरह के परिवर्तन की गुंजाइश ही नहीं रहती। इस स्थिति में निस्सन्देह स्तरात्मक आत्मकथा की निर्मिति के मार्ग में संकट उठ खड़ा होगा, और वह संकट यही है कि आत्मकथाकार का विश्लेषण मिथ्या बन जायेगा।'

कभी-कभी यह भी दृष्टिगोचर होता है कि उच्चकोटि की आत्मकथाओं में लेखक के व्यक्तित्व का प्रभाव परिवेश पर भी पड़ता है। मेरे कहने का आशय यहाँ पर यह कदापि नहीं है कि आत्मकथाकार का व्यक्तित्व परिस्थिति पर हावी हो जाता है, बल्कि यह है कि अपने व्यक्तित्व को महत्त्वपूर्ण सिद्ध करने के लिए आवश्यकतानुसार परिवेश में परिवर्तन कर लेता है। तत्पश्चात विखरे हुए विगत जीवन के अनुभवों में से विशिष्ट अनुभवों को ढूँढ़कर उनके आधार पर आत्म-विश्लेषण करता है।

अतीत की घटनाओं का ही विवेचन आत्मकथा में होता है। किन्तु घटनाओं के विश्लेषण मात्र से ही आत्मकथा सफल नहीं हो जाया करती है, बल्कि विगत जीवन के अनुभव खण्डों को जोड़कर जब उस घटना को अन्तर्मुखी बना दिया जाता है तभी आत्मकथा की शर्त पूरी होती है और वह सफलता की कोटि में भी आ जाती है।

इस प्रकार आत्मकथा में घटनाओं का चयन अत्यन्त महत्त्वपूर्ण होता है उसी पर आत्मकथा की सफलता व असफलता निर्भर करती है। आत्मकथा लेखन हेतु अतीत की बिखरी घटनाओं में से यदि महत्त्वपूर्ण घटनाओं का चयन सतर्कता के साथ किया जायेगा तो उसके माध्यम से आत्मकथाकार सहज ही अपने व्यक्तित्व का विश्लेषण कर लेगा।

(ख) आत्मकथा में वर्तमान-बोध और अतीत का अन्तर्गुम्फन : आत्मकथा एक ऐसी साहित्यिक विधा है जिसके माध्यम से वर्तमान-बोध का स्पष्टीकरण किया जाता है। वर्तमान बोध के स्पष्टीकरण के लिए ही अतीत-बोध का सहारा लिया जाता है। आत्मकथा में अतीत बोध की अपेक्षा वर्तमान बोध की ही प्रमुखता होती है। दोनों का ही आपस में घनिष्ठ सम्बन्ध है। अतीत जीवन की बिखरी हुई घटनाओं में से आत्मकथाकार कुछ महत्त्वपूर्ण घटनाओं के सहारे वर्तमान बोध को उभारकर हमारे समक्ष प्रस्तुत कर देता है। किसी भी आत्मकथा में वर्तमान बोध जब तक स्पष्ट नहीं हो जाता तब तक वह आत्मकथा सफल नहीं कहलाती है।

अतीत बोध की अपेक्षा वर्तमान बोध का महत्त्व होता है कि अतीत बोध के अभाव में

वर्तमान बोध सम्भव ही नहीं होता है। यदि अतीत बोध रूपी साधन आत्मकथाकार के पास नहीं होगा तो वर्तमान बोध रूपी साध्य तक पहुँचना उसके लिए अत्यन्त कठिन जो जायेगा। इसे हम इस प्रकार भी कह सकते हैं कि अतीत बोध के बिना वर्तमान बोध का कोई भी महत्त्व नहीं है। वर्तमान बोध की स्थिति एवं सार्थकता अतीत पर ही निर्भर करती है। वैसे दोनों के व्यावहारिक पहलू पर जब हम दृष्टिपात करते हैं तो यह आभास होता है कि दोनों का ही अपना स्वतन्त्र अस्तित्व है। आत्मकथा के निर्माण में जब तक दोनों बोधों में अन्तर्गुम्फन नहीं होगा तब तक आत्मकथा केवल आत्मकथा ही बनकर रह जायेगी उसमें किसी पहलू विशेष का महत्त्व नहीं होगा।

इस प्रकार वर्तमान बोध व अतीत बोध में घनिष्ठ सम्बन्ध होना अत्यन्त ही आवश्यक होता है। जब तक दोनों अन्तर्गुम्फन नहीं होगा, तब तक बृहद आकार वाली आत्मकथाएँ आत्मकथात्मकता का आभास ही दे पायेंगी उनका कोई विशिष्ट रूप निर्धारित नहीं किया जा सकेगा। उदाहरण के लिए राहुल जी की आत्मकथा 'मेरी जीवन यात्रा' एक प्रकार से इस दृष्टि से असफल ही है। राहुल जी ने अपने जीवन में की गयी यात्राओं का इस प्रकार से आद्योपान्त वर्णन किया है कि उसे पढ़कर हम लेखक के साथ ही बड़े-बड़े स्थानों की सैर भले ही कर लें पर कोई भी लेखकीय बोध का स्पष्टीकरण नहीं हो पाता है।

इस सम्बन्ध में एक बात और भी ध्यान देने योग्य है कि आत्मकथा का सृजन उस बिन्दु पर प्रारम्भ हुआ करता है जहाँ पर वर्तमान बोध परिपक्व स्थिति को प्राप्त हो जाता है। जिस स्तर का वर्तमान बोध होगा उसी स्तर की आत्मकथा का भी सृजन होता है। वर्तमान बोध को परखने की स्थिति मानव को उस समय आती है जबकि प्रत्येक नया अनुभव उसके लिए अतीत का विषय बन चुका हो। जब उसके जीवन में अनुभवों की नवीनता समाप्त हो जाती है वही वह अन्तिम बिन्दु हुआ करता है जहाँ ठहरकर लेखक विगत जीवन का पुनरावलोकन करके अतीत की स्मृति के ही आधार पर जीने की कामना करने लगता है। यही वह अन्तिम सीमा होती है जहाँ से आत्मकथा सृजन का प्रारम्भ होता है अर्थात् जीवन दर्शन का अन्तिम बिन्दु ही आत्मकथा का प्रारम्भिक बिन्दु है।

(ग) आत्मकथा में स्मृति तत्त्व : स्मृति तत्त्व एक महत्त्वपूर्ण तत्त्व है। इस तत्त्व के आधा पर आत्मकथा का सृजन होता है। मनुष्य का जीवन घटनामय हुआ करता है। मनुष्य के जीवन की कुछ घटनाएँ ऐसी होती हैं जिन्हें बहुत समय तक मानव भुला नहीं पता है। उसका सम्पूर्ण व्यक्तित्व ही उन स्मृतियों के प्रभाव से प्रभावित हो जाता है। उन्हीं खास स्मृतियों को चिरस्थायी बनाने के लिए लेखक स्मृतियों का पुनरावलोकन करता है और आत्मकथा लेखन की ओर प्रेरित होता है। लेखक के लिए यह सम्भव नहीं होता है कि वह विगत स्मृतियों को सदैव याद रख सके इसीलिए आत्मकथा जैसी विधा का सहारा लेकर सार्थक एवं विशिष्ट घटनाओं को हमारे समझ प्रस्तुत करता है।

स्मृतियों के सम्बन्ध में एक प्रश्न अक्सर उठता है कि आत्मकथाकार जिन स्मृतियों को अपनी आत्मकथा में स्थान देता है वे उसकी वास्तविक स्मृतियाँ हैं या परिवर्तित? इस प्रश्न का एक सही हाल यह है कि आत्मकथाकार जिन स्मृतियों को अपनी आत्मकथा में स्थान देता

है उसे हमें वास्तविक ही मानना पड़ेगा। हमारे पास कोई भी ऐसा आधार नहीं है जिससे हम यह कह सकें कि अमुक आत्मकथा में परिवर्तित घटनाओं का अंकन किया गया है। अपने अतीत जीवन की घटनाओं से जितना लेखक परिचित होता है उतना पाठक नहीं इसलिए बिना किसी तर्क के उसके द्वारा जो भी घटनाएँ वर्णित हों उस पर विश्वास कर लेना चाहिए।

आत्मकथाकार स्वयं के विगत जीवन से जितना परिचित होता है उतना पाठक उसके जीवन से परिचित नहीं हो सकता है यही कारण है कि लेखक अपनी विगत स्मृतियों को बड़े ही अधिकारपूर्ण ढंग से प्रस्तुत करता है। उदाहरण के लिए वृन्दावन लाल वर्मा ने विगत जीवन की शिकारी प्रवृत्ति की एक घटना का वर्णन बड़े ही अधिकार से किया है–

"मैं जंगल के एक सुनसान स्थान में शाम के पहले ही जा बैठा...नरभक्षी शेरों के जो वर्णन पढ़े थे और सुने थे आँखों के पीछे चक्कर काटने लगे। मैं बन्दूक जाँघ पर रखे था, अब कन्धे पर जमाई-यदि शेर मेरे ऊपर आया तो पीछे से ही आयेगा, तुरन्त गोली चला दूँगा. ..मैंने मन ही मन प्रण किया कि ऐसी ऊलजलूल हरकत कभी नहीं करूँगा, शेर का शिकार धरती पर बैठकर नहीं खेलूँगा।"

इस प्रकार आत्मकथाकार की स्मृति में कितनी सच्चाई है यह जानना पाठक के लिए बिल्कुल ही आवश्यक नहीं होता है। उसने जो भी स्मृति के पुनरावलोकन के लिए लिख दिया है उसे हमें उसी रूप में स्वीकार ही करना पड़ेगा। क्योंकि आत्मकथा लेखक अतीत की स्मृतियों की केवल पुनर्रचना ही नहीं करता है अपितु अतीत की स्मृतियों के सहारे वह आत्मविश्लेषण का भी प्रयास करता है। हमें पाठक के रूप में केवल यह देखना चाहिए कि वह अपने दृष्टिकोण को प्रमाणित करने के लिए जिन प्रसंगों का चयन करता है, क्या उनका उसकी अपनी अनुभूति से सम्बन्ध है अथवा नहीं?

स्पष्ट है कि कलाकार विगत जीवन की उन्हीं स्मृतियों का वर्तमान जीवन में पुनर्स्मरण करता है जिन्होंने उसके स्मृति पटल पर कोई विशेष चिह्न अंकित किये है। आत्मकथा की श्रेष्ठता लेखक की गुणवत्ता पर निर्भर है। इस सम्बन्ध में राय पास्कल का मत है-'हम किसी श्रेष्ठ आत्मकथा में व्यक्तित्व, परिवेश तथा घटनाएँ आदि के अलावा कुछ और भी देखना चाहते हैं।

आत्मकथा में सत्य का स्वरूप : 'आत्मकथा जीवन का सत्यान्वेषण है, कल्पना के आकाश की कोरी उड़ान नहीं है।'

किसी भी आत्मकथा को श्रेष्ठतम रूप प्रदान करने के लिए यह पूर्ण आवश्यक होता है कि उसमें सत्य का प्रतिपादन हो। आत्मकथा में जब तक सत्य का पूर्ण समावेश नहीं होगा तब तक आत्मकथाकार का वास्तविक व्यक्तित्व प्रकाश में नहीं आयेगा। आत्मकथा के सम्बन्ध में वास्तविकता यह है कि सत्य प्रतिपादन के पूर्व ही उसके चुनाव की समस्या पहले ही आ खडी होती है क्योंकि लेखक विगत जीवन की सभी सत्य घटनाओं को आत्मकथा में प्रस्तुत नहीं कर सकता है, उसके समक्ष भी प्रस्तुतीकरण की एक सीमा होती है जिसमें रहकर ही वह आत्मकथा की रचना करता है।

आत्मकथा, लेखक के विगत जीवन का लेखा-जोखा प्रस्तुत करती है इसलिए जब तक

'स्व' के सत्य का निरूपण नहीं होगा तब तक पाठक अपने प्रेरक के व्यक्तित्व से परिचित भी नहीं हो पायेगा। सत्य के प्रतिपादन के लिए तटस्थता की आवश्यकता होती है। तटस्थ दृष्टिकोण अपनाने पर आत्मकथा में यथार्थ का समावेश आसानी से हो जाता है। सत्य के स्वरूप के सम्बन्ध में एक बात यह कही जाती है कि सत्य के प्रतिपादन से आत्मकथा में नीरसता आ जाती है किन्तु ऐसा नहीं है क्योंकि लेखक अपने जीवन के अनुभवों को उसी रूप में प्रस्तुत कर देता है। तो उसके पठन से सरसता का ही संचार होता हैं सत्य का निरूपण किसी भी आत्मकथा का वह गुण होता है जो उसे श्रेष्ठता प्रदान करता है। भगवानशरण भरद्वाज ने 'हिन्दी जीवन साहित्य सिद्धान्त और अध्ययन' में भी इसी बात को स्वीकार किया है–

'यथार्थता आत्मकथा का विशिष्ट गुण है। यथार्थ रचनात्मक साहित्य में भावनामूलक सत्य के रूप में व्यक्त होता है, किन्तु आत्मकथा का सत्य भाव सत्य से अधिक वस्तु सत्य होता है। इस अर्थ में वह ऐतिहासिक तथा वैज्ञानिक सत्य के समकक्ष होता है। सत्य की रक्षा में एक इतिहासकार की भाँति आत्मकथाकार को भी सतर्क रहना पड़ता है। सय की रक्षा के लिए यह आवश्यक है कि तथ्यों को पवित्र माना जाय और उनको तोड़ा मरोड़ा न जाय।

कहने का आशय यह है कि सत्य से युक्त आत्मकथाएँ जहाँ एक ओर विशिष्ट व्यक्ति के निजी जीवन से सम्बन्धित वास्तविकता से परिचित कराती हैं वहीं वे आत्मकथाएँ विशिष्ट स्तर का आनन्द भी प्रदान करती हैं। स्टीवेन्सन ने भी इसी बात को इस प्रकार कहा है–

'आत्मकथाओं में दृष्टिगोचर होने वाले सत्य से अधिक सत्यतर तथा मनोरंजक रचना और कोई नहीं।'

इस प्रकार विगत जीवन के अनुभवों को बिना तोड़े-मरोड़े तथा उसके स्वरूप को बिना विकृत किये यदि आत्मकथा का सृजन होता है तो निश्चित ही वह आत्मकथा श्रेष्ठ एवं स्तरीय होती है।

आत्मकथा में सत्य के चयन की कठिनाइयाँ : आत्मकथा में सत्य की प्रतिष्ठा हेतु 'चयन का महत्त्वपूर्ण स्थान होता है। आत्मकथाकार अपने सम्पूर्ण विगत जीवन की घटनाओं को अपनी कृति का विषय बनाने में असमर्थ होता है क्योंकि आत्मकथा लेखन की भी कुछ सीमाएँ एवं मजबूरियाँ हुआ करती हैं। यही कारण है कि आत्मकथा लेखन से पूर्व प्रत्येक आत्मकथाकार विगत जीवन में घटने वाली घटनाओं में से कुछ विशिष्ट घटना प्रसंगों का चुनाव कर लेता है। आत्मकथाकार किसी विशेष मानक के आधार पर विगत जीवन के अनेक घटना प्रसंगों में से महत्त्वपूर्ण घटनाओं का चयन करता है।

इतना होने के बावजूद देखा यह जाता है कि आत्मकथाकार सत्य के सम्पूर्ण पक्ष की अपेक्षा किसी आंशिक पक्ष का ही स्पष्टीकरण कर पाता है, ऐसा करना उसकी मजबूरी भी है। कई कारणों से विगत का सत्य अपने समग्र रूप में आत्मकथा में चित्रित नहीं हो पाता है जिसका विवेचन इस प्रकार है–

आत्मकथाकर स्वयं के जीवन का जब पुनर्मूल्यांकन करता है। तो कोई विशेष कठिनाई नहीं प्रस्तुत होती है। क्योंकि उन घटनाओं का सम्बन्ध उससे ही होता है। उन घटनाओं का

प्रस्तुतीकरण वह आसानी से कर लेता है। कठिनाई उस समय उपस्थित होती है जब उसे अन्य व्यक्ति के सम्बन्ध में लिखना पड़ता है। इस स्थिति में वह कई परेशानियों में पड़ जाता है-प्रथम तो यह है कि व्यक्तियों के अच्छे या बुरे संस्मरण वह अपनी आत्मकथा में लिख रहा है वे उसके सम्बन्ध में आक्षेप भी उठा सकते हैं या द्वितीय परेशानी यह है कि यदि बुरे संस्मरणों का समावेश किया गया है तो उस व्यक्ति की बदनामी की भी आशंका रहती है। यही कारण है कि कुछ पाश्चात्य आत्मकथाकारों ने स्वयं की मृत्यु के पश्चात् अपनी आत्मकथा प्रकाशित कराने की माँग की है। इसमें परेशानी यह है कि यदि आत्मकथा लेखक मृत्योंपरान्त आत्मकथा प्रकाशन के पक्ष में है तो निश्चित है कि वह सत्य को स्पष्ट करने में घबरा रहा है। ऐसी आत्मकथाएँ स्तरीय नहीं हो पाती हैं।

सत्य के चयन में दूसरी कठिनाई यह है कि प्रत्येक आत्मकथा लेखक पाठक के मनःस्थल पर अपनी आत्मकथा का अच्छा चिह्न अंकित कराना चाहता है। इसी इच्छा से प्रेरित होकर वह सत्य को तोड़ मरोड़कर आत्मकथा में प्रस्तुत करता है जिससे आत्मकथा की श्रेष्ठता समाप्त हो जाती है। लेखक सत्य के स्वरूप को विकृत कर एक उपदेशक की भूमिका अदा करता है।

इन कठिनाइयों के समाधान हेतु एक बात यह कही जा सकती है कि बाल्यावस्था की घटनाएँ बड़ी ही तथ्यात्मक होती हैं किन्तु आत्मकथाकार जब इनका विवरण प्रस्तुत करता है, तब निश्चय ही उस काल को अपनी प्रौढ़ावस्था के दृष्टिकोण के आधार पर विश्लेषित करता है।

आत्मकथाकार अतीत की घटनाओं का पुनर्विश्लेषण स्वयं की स्मृति के ही आधार पर करता है। 'स्मृति तत्त्व' उपचेतन से सम्बन्धित वह प्रभावपूर्ण तत्त्व है जो लेखक की इच्छा शक्ति के अनुसार स्मृतियों को रूप देने का कार्य करती है। यही कारण है कि सत्य अपने मूलरूप में कभी-कभी स्पष्ट नहीं हो पाता है।

स्पष्ट है कि आत्मकथाकार सत्य के स्वरूप से चिपकने का पूर्ण प्रयास करता है। वह बात दूसरी है कि किसी विशेष कारणवश वह कभी-कभी सत्य से अलग हट जाता है।

वर्ण्य विषय : वर्ण्य विषय किसी भी कृति का महत्त्वपूर्ण तत्त्व होता है। वर्णित विषय जितना श्रेष्ठ एव उच्च होगा, कृति उतनी ही श्रेष्ठ एवं स्तरीय होगी। वर्ण्य विषय आत्मकथा जैसी नव्य विधा के लिए अत्यन्त ही प्रमुख तत्त्व है।

'आत्मकथा' शब्द से ही स्पष्ट है कि इस विधा के द्वारा आत्मकथाकार अपने ही जीवन को व्याख्यायित करता है। इस सम्बन्ध में डॉ. 'चन्द्रावी' सिंह ने इस प्रकार लिखा है–

'आत्म चरित्र अपने ही जीवन और मस्तिष्क का विश्लेषण कर जीवन और संसार को समझने का प्रयत्न है।'

सर्वप्रतिष्ठित एवं सर्वमान्य व्यक्तियों की ही आत्मकथाएँ पाठक को प्रभावित करती हैं। आत्मकथाकार किसी भी क्षेत्र का हो किन्तु उसका महत्त्वपूर्ण होना अत्यन्त ही आवश्यक होता है। हिन्दी के आत्मकथा साहित्य के अवलोकन से यह स्पष्ट है कि जहाँ हमें साहित्यिकों की आत्मकथाएँ प्राप्त होती हैं। वहीं राजनीतिक, सामाजिक एवं धार्मिक पुरुषों की भी आत्मकथाएँ

प्राप्त होती हैं। जैसा व्यक्ति होता है वैसा ही आत्मकथा का विषय भी हो जाता है। सामाजिक व्यक्ति होगा तो उसमें समाज की परिस्थितियों का वर्णन अवश्य होगा क्योंकि उसका व्यक्तित्व उन्हीं परिस्थितियों से निर्मित हुआ है। इसी प्रकार साहित्यिक व्यक्ति की आत्मकथा में हमें तत्कालीन साहित्यिक परिवेश का आभास मिलेगा।

सत्यवादिता एवं यथार्थता आत्मकथा के वर्ण्य विषय का सर्वप्रथम गुण है। सत्य से युक्त आत्मकथाएँ ही उच्चकोटि की होती हैं। पाश्चात्य लेखक राय पास्कल ने सत्य के सम्बन्ध में अपने विचार इस प्रकार व्यक्त किये हैं–

"It will not be an objective truth but the truth in the confines of a limited purpose, a purpose that grows out of the author's life and imposes itself on him as his specific quality and thus determines his choise of events and the manner of his treatment and expression".

कहने का आशय यह है कि प्रत्येक आत्मकथा का विषय अनुभूत्यात्मक होता है, काल्पनिक नहीं इसलिए इसमें वास्तविकता होती है। आत्मकथा में सत्य से अभिप्राय विषयगत सत्य से नहीं कुछ सीमित विषय तक का सत्य है जिससे लेखक का जीवन बढ़ता है एवं जिससे विशेष गुण एवं घटनाओं को परिपक्व होने की दृढ़ता एवं व्यवहारिक गुण एवं आकृति स्पष्ट होती है। साहित्यिकों की आत्मकथाओं में यह गुण कहीं-कहीं स्पष्ट दृष्टिगोचर होता है। प्रसिद्ध आत्मकथाकार डॉ. श्यामसुन्दर दास द्वारा लिखी हुई आत्मकथा 'मेरी आत्म कहानी' में सत्यवादिता एवं स्पष्टता पूर्णरूपेण परिलक्षित होती है।

इसी गुण विशेष के कारण इनकी आत्मकथा श्रेष्ठ एवं आदर्श बन गयीं है। हरिवंशराय बच्चन ने भी 'क्या भूलूँ क्या याद करूँ' 'नीड़ का निर्माण फिर' एवं 'बसेरे से दूर' नामक आत्मकथा में इस गुण का समाहार करने का सफल प्रयास किया है।

'ईमानदारी भी वर्ण्य विषय का गुण स्वीकार किया गया है। ईमानदारी के अभाव में आत्मकथा कृत्रिमता से मण्डित हो जाती है उसमें स्वाभाविकता का समावेश नहीं हो पाता है। पूर्ण ईमानदारी के साथ आत्मकथा लिखना वर्ण्य विषय को उत्कृष्ट रूप प्रदान करता है। बच्चन ने अपनी आत्मकथा की भूमिका में ही कहा है–

'मैं जो भी लिखूँगा ईमानदारी से लिखूँगा...।'

आजकल होता क्या है कि अतीत में घटित घटनाओं को लेखक छिपा जाते हैं या उसमें उलट फेर करके प्रस्तुत करते हैं जिससे कि उसमें विशेष प्रकार की अशुद्धि का समावेश हो जाता है। फिर भी इतना तो आत्मकथाओं के अध्ययन से स्पष्ट ही है कि अधिकतर आत्मकथाकारों ने ईमानदारी से ही विगत का मूल्यांकन किया है।

इनके अतिरिक्त रोचकता भी वर्ण्य विषय में होना अत्यन्त ही आवश्यक होता है। आत्मकथा लेखक को स्वयं के अतीत की कहानी इस ढंग से प्रस्तुत करनी चाहिए जो अत्यन्त ही रुचिकर हो क्योंकि पाठक वर्ग उन्हीं आत्मकथाओं का आद्यन्त अध्ययन करने की ओर अग्रसर होते हैं जिनमें रुचिकर प्रसंग हो। यही कारण है कि साहित्यकारों की आत्मकथाओं का अध्ययन अधिक किया जाता है राजनीतिक आत्मकथाओं का कम, क्योंकि उसमें नीरसता का

समावेश अधिक होता है। छायावादी आत्मकथाकार आचार्य चतुरसेन शास्त्री ने अपनी आत्मकथा 'मेरी आत्मकहानी' का प्रारम्भ ही रोचक ढंग से किया है कि पाठक आगे पढ़ने के लिए अपने आप ही उत्सुक हो जाता है जैसे-

'मैं एक आहत किन्तु पराजित योद्धा हूँ। अपने चिर जीवन में मैंने सब कुछ खोया है पाया कुछ भी नहीं। मैंने एक भी मित्र जीवन में नहीं उत्पन्न किया। आज जीवन की संध्या में अपने को सर्वथा एकाकी, असहाय और निस्संग अनुभव करता हूँ। मेरी स्थिति उस मुसाफिर के समान है जो दिन भर निरन्तर मंजिल काटता रहा हो और जब निर्जन राह ही में सूर्य अस्त हो गया हो, वह बसरों सामान थककर राह के एक वृक्ष के सहारे रात काटने पड़ गया हो।'

इस प्रारम्भिक भाग को पढ़कर पाठक आगे पढ़ने के लिए अपने आप ही मजबूर हो जाता है।

उपर्युक्त विशेषताओं के अतिरिक्त संक्षिप्तता भी आत्मकथा के वर्ण्य विषय का एक महत्त्वपूर्ण गुण माना गया है। अनावश्यक विस्तार विषय को नीरस बना देता है। वैसे भी आज के मशीन के युग में पाठक वर्ग के पास इतना समय नहीं है कि किसी की जिन्दगी के महत्त्वपूर्ण पहलू से परिचित होने के लिए विस्तृत अध्ययन करे। अनावश्यक विस्तार न हो पाये, इसके लिए आवश्यक यह है कि आत्मकथाकार विगत जीवन की घटनाओं में से महत्त्वपूर्ण घटनाओं का चयन सतर्कतापूर्वक करे। केवल उन्हीं तथ्यों का स्पष्टीकरण करे जिससे उसके व्यक्तित्व का विश्लेषण आसानी से हो जाय। स्वातन्त्र्योत्तर आत्मकथा लेखिका 'अमृता प्रतीम' ने अपनी आत्मकथा 'रसीदी टिकट' में संक्षिप्तता का उच्चादर्श प्रस्तुत किया है। उदाहरणार्थ-

'कुछ पंक्तियाँ लिख रही हूँ कुछ ऐसे, जैसे जिन्दगी के लेखे जोखे के कागजों पर एक छोटा सा रसीदी टिकट लगा रही हूँ-नज्मों और नावलों के लेखे-जोखे की कच्ची रसीद को पक्की रसीद करने के लिए।'

इस प्रकार स्पष्ट हो जाता है कि आत्मकथा के वर्ण्य विषय में स्पष्टवादिता, ईमानदारी, रोचकता एवं संक्षिप्तता आदि गुणों का होना परमावश्यक है। वर्ण्य विषय ही आत्मकथा का मुख्य आधार होता है जिस पर सम्पूर्ण आत्मकथा का प्रसाद निर्मित किया जाता है यदि इसमें ही किसी प्रकार की कमी रह गयी तो पूरी आत्मकथा लड़खड़ाती हुई सी प्रतीत होने लगती है।

आत्मकथा में चरित्र एवं परिवेश : चरित्र-चित्रण आत्मकथा साहित्य का द्वितीय महत्त्वपूर्ण तत्त्व है। जैसा कि इस विधा के नाम से ही स्पष्ट है कि लेखक इसमें अपने ही चरित्र का चित्रण करता है। इसे हम इस प्रकार भी कह सकते हैं कि आत्मकथाकार आत्मकथा के माध्यम से आत्मविवेचन करता है।

स्वयं के व्यक्तित्व का विवेचन करने के लिए लेखक गुण एवं दोष दोनों को ही लेकर चलता है। जहाँ तक गुणों का प्रश्न है प्रत्येक मानव आत्मश्लाघा चाहता है। जब वह स्वयं लिखने बैठता है तो इससे बच नहीं पाता और अपनी ही लेखनी से अपनी प्रशंसा के शब्द लिखने लग जाता है। श्रेष्ठ आत्मकथाकार डॉ. श्यामसुन्दर दास ने अपनी आत्मकथा 'मेरी

आत्मकहानी' में अपने व्यक्तित्व की विशेषताओं का वर्णन करते हुए स्वयं के स्वाभिमान का वर्णन इस प्रकार किया है–

'मैंने नागरी प्रचारिणी सभा तथा हिन्दी भाषा और साहित्य की उन्नति में भरसक उद्योग किया और अपनी तथा अपने कुटुम्ब की चिन्ता छोड़कर इनकी सेवा में अपना शरीर अर्पण कर दिया...नागरी प्रचारिणी सभा की स्थापना, सरस्वती पत्रिका के प्रकाशन तथा हिन्दी साहित्य सम्मेलन की आयोजना से हिन्दी दृढ़ता से उन्नति करने लगी।'

इनके अतिरिक्त आचार्य चतुरसेन शास्त्री ने भी अपनी आत्मकथा में अपने अहं को स्वीकार किया है। उन्होंने इस बात को माना है कि आत्मकथा में अहंकार एवं आत्मप्रशंसा के दोष से बच सकना अत्यन्त ही कठिन है। इसीलिए उन्होंने आत्मनिवेदन में कहा है 'अब आज मैं अपने अहं का एक दूसरा प्रमाण इस निवेदन में दे रहा हूँ।'

इन दोषों एवं दुर्बलताओं से युक्त आत्मचरित्र, आत्मपरीक्षण एवं आत्मविश्लेषण का सर्वश्रेष्ठ साधन अवश्य है। एच. जी. वेल्स ने अपनी पुस्तक 'एक्सपेरीमेंट इन आटोबायग्राफी' की भूमिका में इसी बात को इस प्रकार लिखा है।

"If I did not take an immense interest in life through the medium of myself, I should not have emberked upon this analysis...I am being my own rabbit, because I find no other specimen so convenient for dissection."

अर्थात् यदि मैं जीवन में अत्यधिक दिलचस्पी न लेता तो आत्मचरित्र लिखने का प्रयास न करता और चूँकि अपने ही जीवन की विवेचना और परीक्षण के द्वारा जीवन की गुत्थियाँ समझी जा सकती हैं इसलिए अपनी आत्मकहानी लिखने का प्रयास किया है।

स्पष्ट है कि लेखक अपने लेखन में गुण एवं दोषों का विवेचन निरपेक्ष भाव से करता है। वह आत्मकथा सफल नहीं कही जा सकती है जिससे गुण एवं दोष का पूर्ण समाहार न हो। लेखक के व्यक्तित्व का व्यक्तीकरण तभी सम्भव हो पाता है जब गुण एवं दोष दोनों को ही कृति में समान स्थान दिया गया हो।

स्वयं के चरित्र को स्पष्ट करने के लिए आत्मकथाकार अपनी रुचि, स्वभाव गुण एवं दोषों का वर्णन करता है। वहीं पर वह उन व्यक्तियों का भी विवचेन करता है जिनका प्रभाव उसके व्यक्तित्व पर पड़ा है। इस प्रक्रिया के अपनाने पर उसका व्यक्तित्व और भी अधिक आसानी से समझने योग्य हो जाता है। डॉ. श्यामसुन्दर दास ने ऐसे अनेक व्यक्तियों के नाम गिनाये हैं जिनसे उनका सम्बन्ध था जैसे-राधाकृष्ण दास, मदनमोहन मालवीय एवं बाबू जगन्नाथ प्रसाद रत्नाकर आदि। बाबू राधाकृष्ण दास के विषय में इस प्रकार लिखा है–

'बाबू राधाकृष्ण दास सा सज्जन और सहृदय मित्र मिलना तो कठिन है। उनकी कृपा का मैं कहाँ तक उल्लेख करूँ उन्होंने मुझे हस्तलिखित पुस्तकों की खोज का नाम सिखाया और हिन्दी के सम्बन्ध में अनुसन्धान करने की रीति सिखायी।'

दूसरे व्यक्तियों को अपनी कृति में स्थान देने से कई लाभ होते हैं। एक तो लेखक का व्यक्तित्व स्पष्ट हो जाता है एवं द्वितीय जिस व्यक्ति के बारे में लिखा गया है उसका भी आंशिक व्यक्तित्व पाठक के समक्ष प्रस्तुत हो जाता है।

उपर्युक्त विवेचन से पूर्णतया स्पष्ट है कि आत्मकथा लेखक अपने चरित्र को पाठक के सम्मुख स्पष्ट रूप से व्यक्त करता है। इसी स्पष्टता के लिए ही वह अपने गुण दोषों का भी अंकन करता है, क्योंकि मानव की सम्पूर्णता गुण एवं दोष दोनों को मिलाने में ही है। इसके अभाव में आत्मकथा एकपक्षीय हो जायेगी और पाठक भी उसे रुचि से नहीं पढ़ेगा। लेखक अपने स्वभाव, अपनी रुचि आदि से पूर्ण रुपेण परिचित करा देने के लिए अन्य सम्पर्क में आने वाले व्यक्तियों के संस्मरण भी बीच-बीच में सुनाता रहता है। जिन आकांक्षाओं को प्राप्त करने के लिए वह विगत जीवन में प्रयासशील रहा है उसके विवेचन से पाठक वर्ग को भी एक विशेष प्रकार की शिक्षा मिलती है। उसके चरित्रांकन में उसका वाह्य व्यक्तित्व तो प्रकाश में आता ही है, आन्तरिक व्यक्तित्व का स्पष्टीकरण हो जाता है, जो व्यक्तित्व की सम्पूर्णता के लिए आवश्यक है। यही कारण है कि आत्मकथा को व्यक्ति के चरित्र को समझने का खुला दरवाजा कहा गया है।

चरित्रांकन के अतिरिक्त परिवेश का भी आत्मकथा में महत्त्वपूर्ण स्थान होता है। परिवेश उन समस्त परिस्थितियों का सामूहिक नाम है जिससे आत्मकथाकार को संघर्ष करना पड़ता है। लेखक जिस वातावरण में रहता है उसका अंकन उसकी कृति में स्पष्ट परिलक्षित होता है। जैसा कि दशरथ ओझा ने भी अपनी पुस्तक 'समीक्षा शास्त्र' में लिखा है–

'आदमी जिस प्रकार के समाज में रहता है वैसा तो कार्य करता ही है परन्तु उसके भाव भावना और विचार भी उसकी अनुकूलता और प्रतिकूलता में सहायक होते है।'

परिवेश इतना सशक्त तत्व होता है कि आत्मकथाकार इसके अभाव में आत्मकथा निर्मित ही नहीं कर सकता है। सामाजिक, राजनीतिक, धार्मिक, साहित्यिक, नैतिक एवं आर्थिक आदि जिन परिस्थितियों से वह गुजरता है उनका अंकन वह अपनी कृति में सहज ही कर देता है। आत्मकथागत परिवेश के सम्बन्ध में भगवानशरण भारद्वाज ने अपनी पुस्तक हिन्दी जीवनी साहित्य सिद्धान्त और अध्ययन सृष्टा में इस प्रकार लिखा है–

'आत्मकथा का सृष्टा अपने परिवेश के प्रति आत्मीय लगाव रखता है और उसके सम्बन्ध में छोटे से छोटे विवरण की भी उपेक्षा नहीं करता। शैशवकालीन परिवेश के प्रति रचनाकार एक भावुकता का शिकार हो जाता है और उसके सम्बन्ध में तटस्थ दृष्टि का परित्याग प्रायः कर बैठता है।'

जिस प्रकार का व्यक्ति होता है उसकी कृति में उसी प्रकार की परिस्थितियों का भी अंकन होता है। आत्मकथाकार यदि धार्मिक प्रवृत्ति का है तो उसकी आत्मकथा में धार्मिक परिस्थितियों का वर्णन अधिक मिलेगा। छायावाद युग के प्रमुख आत्मकथाकार 'भवानीदयाल संन्यासी' में इसी प्रवृत्ति की प्रमुखता दृष्टिगोचर होती है, यही कारण है कि उनकी आत्मकथा में धार्मिक परिस्थिति का पूर्ण आभास पाठक को मिल जाता है जैसे-जीवन के परिशोधन के लिए बहिन धर्म को महत्त्व देती थी। धर्म उसके लिए रुढ़ियों में जड़ीभूत नहीं, बल्कि अन्तः शिराओं में चैतन्य था। सांस-सांस में उसी की स्वस्थ साधना करती रहती थी।'

इसी प्रकार साहित्यिक व्यक्तियों की आत्मकथाओं में युगीन साहित्यिक परिस्थिति का सफल अंकन होता है। डॉ. श्याम सुन्दर दास की आत्मकथा 'मेरी आत्मकहानी' में युगीन साहित्यिक परिस्थिति का सफल चित्रण है। इनका सम्पूर्ण जीवन साहित्य सेवा में ही व्यतीत

हुआ था। इसलिए आत्मकथा में उन परिस्थितियों का वर्णन व दिग्दर्शन आवश्यक नहीं अपितु अपरिहार्य हो जाता है। डॉ. साहब के व्यक्तिगत जीवन की प्रत्येक घटना का सम्बन्ध इन परिस्थितियों से है। अपनी आत्मकथा में एक स्थान पर 'हिन्दी शब्दसागर' के प्रकाशन की परिस्थितियों के विषय में लिखा है–

'अप्रैल 1910 से सितम्बर 1910 तक तो कोश के सम्पादन का कार्य बहुत उत्तमतापूर्वक और निर्विघ्न होता रहा पर पीछे इसमें विघ्न पड़ा-1910 में छुट्‌टी लेकर प्रयाग आना पड़ा।. ..1911 को गंगाप्रसाद गुप्त ने इस्तीफा दे दिया...में लाला भगवानदीन पुनः इस विभाग में सम्मिलित कर लिए गये।'

परिवेश में वास्तविकता का पुट देने के लिए आत्मकथाकार अपनी कृति में स्थानीय ज्ञान को भी महत्त्व देता है। हिन्दी आत्मकथा साहित्य में राहुल सांकृत्यायन ही ऐसे आत्मकथाकार हैं। जिन्होंने इस पक्ष की ओर विशेष ध्यान दिया है। स्वयं की 'जीवन यात्रा' में जिन-जिन स्थानों का भ्रमण किया है, उनका बहुत ही विस्तार से वर्णन किया है। 'जीवन यात्रा' का द्वितीय खण्ड इसका आदर्श कहा जा सकता है। उदाहरण के लिए कश्मीर यात्रा के अन्तर्गत स्थानीय छोटी-छोटी बातों का भी उल्लेख किया है जैसे–

'कुम्हार नदी के किनारे गढ़ीहवीबुल्ला अच्छी बस्ती है इधर कुछ दूर तक पहाड़ों में जंगल नहीं मिला था, लेकिन आगे चढ़ाई आयी। पहाड़ चीड़ के जंगल से ढका था।'

अतः हम देखते हैं कि आत्मकथाओं में लेखकों के व्यक्तित्व के अनुसार ही तत्कालीन परिस्थितियों का वर्णन मिलता है। आत्मकथा का मुख्य उद्देश्य होता है स्वयं के व्यक्तित्व को उभारना या आत्मविश्लेषण करना। व्यक्तित्व को उभारने के लिए ही कृति में परिस्थितियों का अंकन सहज में ही हो जाता है, क्योंकि व्यक्तित्व को निर्मित करने वाली ये परिस्थितियाँ ही होती हैं। आत्मकथा व्यक्ति के व्यक्तित्व का तो दर्पण है ही, इसके साथ ही साथ युग का भी दर्पण है, क्योंकि आत्मकथाकार अपनी आत्मकथा में उस समय की राजनीतिक, सामाजिक, धार्मिक एवं साहित्यिक परिस्थितियों का पूर्ण अंकन करता है।

आत्मकथा में मानवीय संवेदना का तत्त्व : आधुनिक काल ही ऐसा काल है, जिसमें आत्मकथा विधा पर नव्य प्रयोग हुए हैं। युगीन आत्मकथाओं में संवेदना के समस्त रूपों (दर्द, स्पर्श, तापमान, दबाव तथा कम्पन) का उच्च स्वरूप दृष्टिगोचर होता है। आत्मकथाकारों ने अपने बीते हुए जीवन की मार्मिक घटनाओं का स्पष्ट उल्लेख किया है। इस दिशा में हरिवंशराय बच्चनकृत आत्मकथा में तीनों खण्ड ('क्या भूलूँ क्या याद करूँ, नीड़ का निर्माण फिर, तथा बसेरे से दूर) तथा अमृता प्रीतम की आत्मकथा 'रसीदी टिकट' का विशेष महत्त्व है।

डॉ. बच्चन की प्रथम आत्मकथा 'क्या भूलूँ क्या याद करूँ' में बड़े ही हृदय विदारक प्रसंगों की चर्चा है। इन्होंने राधा नाम की महिला (बच्चन जी के पिता के पिता के पिता की पुत्री) के जीवन की मार्मिक घटनाओं का उल्लेख किया है। इसी प्रकार चम्पा की मृत्यु का भी वर्णन बड़ा ही मार्मिक है–

'चम्पा की अर्थी उठी तो किसी ने मुझे कमरे से उठाकर मेरा कन्धा अर्थी से छुआ दिया,

और 'राम राम सत्य है कहते हुए उसके भाई बन्धु उसे लेकर चले गये। चम्पा की शायद सबसे पहली मौत है, जो मैंने अपनी आँखों से देखी है।'

श्यामा (पत्नी) की मृत्यु भी बच्चन जी की आत्मकथा की एक दर्दनाक घटना है। उदाहरणार्थ–

'श्यामा से प्रथम मिलन से उससे अन्तिम विदा के दिन-दिन को जैसे एक बार मैंने फिर जिया। पिछले नौ वर्षों के जीवन की कितनी बातें, कितनी घटनाएँ, कितनी स्थितियाँ-परिस्थितियाँ याद आईं और अपने पूरे ब्यौरे में आँखों के आगे साकार ही होकर शून्य में विलीन हुईं।'

श्यामा की मृत्यु के पश्चात् अपने मानसिक जगत् को व्यवस्थित करने के लिए इन्होंने इलाहाबाद स्कूल में नौकरी कर ली। उस समय की मनः स्थिति का चित्रण इस प्रकार किया है–

'मेरा भावना जगत् अब भी विशृंखल था, पर अपने भौतिक जगत् में मैंने एक व्यवस्थित मार्ग पर पाँव रख दिये थे। मैं जानता था कि अपने भावना जगत् में सफलता प्राप्त करना मेरे श्रम यत्न से सम्भव न था, पर भौतिक जगत् में श्रम-यत्न से जो पाया जा सकता था उसे मैंने प्राप्त कर लिया।'

'रसीदी टिकट मानवीय संवेदना का आदर्श रूप प्रस्तुत करती है। इस आत्मकथा में 'सिर्फ औरत' शीर्षक के अन्तर्गत इन्होंने संवेदनात्मक रूप का श्रेष्ठ प्रस्फुटीकरण किया है। उदाहरण के लिए निम्नांकित पंक्तियाँ द्रष्टव्य हैं–औरत थी, चाहे बच्ची सी, और यह भय सा विरासत में पाया था कि दुनिया के जंगल में से मैं अकेली नहीं गुजर सकती, और शायद इसी भय में से अपने साथ के लिए मर्द के मुँह की कल्पना करना-मेरी कल्पना का अन्तिम साधन था...।

इसी प्रकार एक उदाहरण इस प्रकार है-छाती का ईमान कहता था, मैं अपने खाविन्द को उसका हक नहीं दे रही हूँ, उसकी छाया मैंने गदर के माल की तरह चुरायी है, उसे लौटाना है. ..उसे लौटाना है...।'

इस प्रकार इनकी आत्मकथा भाव-विह्वलता का चरम रूप प्रस्तुत करती है। मार्मिक अभिव्यक्तियों के कारण ही यह आत्मकथा अधिक लोकप्रिय हुई है।

इनके अतिरिक्त वियोगी हरि,पाण्डेय बेचन शर्मा 'उग्र' तथा शान्तिप्रिय द्विवेदी आदि आत्मकथाकारों की आत्मकथा में मानवीय संवेदना दृष्टिगोचर होती है। मानवीय संवेदना भी आत्मकथा के अन्य तत्त्वों की भाँति एक महत्त्वपूर्ण तत्त्व है, जिसका समाहार आत्मकथाकारों ने किया है।

साहित्येतिहास के आलोक में आत्मकथाएँ : साहित्य और मानव जीवन एक दूसरे के पूरक हैं, अन्योन्याश्रित हैं। मानव जीवन ही साहित्य का मूल स्रोत है और साहित्य जीवन के अभिव्यक्तिकरण का श्रेष्ठ साधन है। मानव जिन्दगी का ऐसा कोई भी भाग नहीं है जिसका उल्लेख साहित्य में कोई आकर्षण नहीं रखता है।

हिन्दी साहित्य के इतिहास में मानव जीवन को अभिव्यक्त करने के दो तरीके हैं–गद्य एवं पद्य। गद्य में लेखक अपने व्यक्तित्व एवं विचारों को उपन्यास, कहानी तथा नाटक आदि

विधाओं के द्वारा परोक्ष रूप में ही व्यक्त कर पाता है। परोक्ष अभिव्यक्तीकरण के द्वारा कभी-कभी लेखक अपने पूर्ण जीवन का विवेचन नहीं कर पाता है। यही कारण है कि आधुनिक युग में साहित्येतिहास में एक नव्य विधा का उद्भव पश्चिम के प्रभावस्वरूप हुआ है। जिसके द्वारा मानव अपने अतीत के जीवन में घटित सभी घटनाओं एवं अपने सम्पूर्ण व्यक्तित्व का उद्घाटन आत्मकथात्मक शैली में करता है ऐसे साहित्य में समष्टि की अपेक्षा व्यष्टि की ही प्रधानता होती है।

आत्मकथा साहित्य के द्वारा आत्मकथाकार अपने सम्पूर्ण जीवन की घटनाओं को इस प्रकार से व्यक्त करता है कि पाठकगण उससे प्रेरित हो सकें।

हिन्दी साहित्य के जो प्राचीन प्रकाशित इतिहास हैं उनके अवलोकन से स्पष्ट पता चलता है कि उनमें आत्मकथात्मक तत्त्वों का समाहार नहीं है। साहित्य के प्राचीन इतिहास ग्रन्थ ग्रार्सा दासी शिवा सिंह सेंगर तथा ग्रियर्सन का इतिहास है। ग्रार्सा दासी के इतिहास का अनुवाद लक्ष्मीसागर वार्ष्णेय ने किया। इस इतिहास में लेखक ने जिन कवियों का उल्लेख किया है। उनके वंश, जन्म स्थान एवं जन्मतिथि का ही उल्लेख किया है। उनके जीवन की घटनाओं का वर्णन नहीं किया है। इससे स्पष्ट है कि आत्मकथात्मक तत्त्वों का समावेश नहीं है।

हिन्दी साहित्य के प्रथम लेखक शिवसिह सेंगर की पुस्तक 'शिवसिंह सरोज' में भी कवियों का अपूर्ण परिचय ही दिया गया है। इन्होंने भी कवियों के जन्मस्थान, तिथि एवं साहित्यिक व्यक्तित्व का ही स्पर्श किया है।

इसके पश्चात् मिश्र बन्धुओं के द्वारा लिखा हुआ हिन्दी साहित्य का इतिहास 'मिश्रबन्धु विनोद' के नाम से प्रकाशित हुआ है। इसके तीनों भागों में कवियों का परिचय अंश रूप में ही दिया गया है।

इनके पश्चात् आचार्य रामचन्द्र शुक्त का 'हिन्दी साहित्य का इतिहास' प्रकाशित होता है। शुक्ल जी ने इतिहास के प्रारम्भ में ही लिखा है—'साहित्य जनता की विचारधारा का प्रतिबिम्ब होता है।'

इस प्रकार जब हम इस उक्ति को दृष्टि में रखकर उनके इतिहास का अध्ययन करते हैं तो देखते हैं कि इनके इतिहारा में भी कवियों एवं लेखकों के जीवन चरित्रों को इस ढंग से नहीं लिखा गया है जिनसे उनकी गुप्त बातों का विश्लेषण हो राके।

शुक्ल जी के पश्चात् डॉ. श्याम सुन्दर दास ने अपने 'हिन्दी साहित्य के इतिहास' में हिन्दी की विविध धाराओं, उनके विकास और विस्तार का निरूपण किया है। जिन भी कवियों एवं लेखकों का परिचय दिया है उन्हें समाज से प्रभावित दिखाकर उनकी साहित्यिक कृतियों का ही उल्लेख किया है। उनके अतीत जीवन में कौन सी महत्त्वपूर्ण धटनाएँ घटी हैं? इससे उनका कोई मतलब नहीं है।

अयोध्या सिंह उपाध्याय ने भी अपनी पुस्तक 'हिन्दी भाषा और साहित्य का विकास' में तत्कालीन परिस्थितियों का वर्णन करते हुए हिन्दी भाषा की प्रगति की ओर ही विशेष ध्यान दिया है। जिन कवियों एवं लेखकों का नामोल्लेख किया है, उनकी साहित्यिक कृतियों का ही वर्णन किया है, उनके व्यक्तित्व के छिपे पक्षों का नहीं।

संवत् 1963 में गौरीशंकर सत्येन्द्र ने 'साहित्य की झाँकी' प्रस्तुत किया है। इसमें भी कवियों के जीवन को उनके शब्दों में निरूपित नहीं किया गया है।

संवत् 1994 में राहुल सांकृत्यायन द्वारा लिखित 'पुरातत्व निबन्धावली' पुस्तक प्राप्त होती है। इस पुस्तक में भी किसी कवि या लेखक का आत्मकथात्मक कथन प्राप्त नहीं होता है।

इसी प्रकार डॉ. रामकुमार वर्मा का 'हिन्दी साहित्य का आलोचनात्मक इतिहास' तथा हजारी प्रसाद द्विवेदी की भी 'हिन्दी साहित्य की भूमिका' पुस्तक प्राप्त होती है। किन्तु उनमें आत्मकथात्मक तत्त्वों का समावेश नहीं किया गया है।

विगत वर्षों में नागरी प्रचारिणी सभा, काशी ने हिन्दी साहित्य के इतिहास को नये सन्दर्भों से युक्त करके 17 खण्डों में प्रकाशित किया है। जिसमें इस नव्य विधा को भी पूर्ण स्थान दिया गया है। यही स्थिति तथा आकलन डॉ. नगेन्द्र के 'हिन्दी साहित्य के इतिहास' में भी मिलता है।

भारतेन्दु युग आत्मकथा साहित्य की प्रारम्भिक अवस्था थी। द्विवेदी युग में कवियों व लेखकों ने अपने बारे में कुछ अधिक लिखने की हिम्मत की और छायावाद आते-आते आत्मकथा साहित्य उन्नति के चरम शिखर पर पहुँच गया। इस प्रकार के लेखक का व्यक्तित्व निर्भीकता व ईमानदारी से ओतप्रोत हो गया। अब लेखक का उद्देश्य स्वयं के गुह्य तत्त्वों को उभारना ही हो गया। इन गुह्य तत्त्वों को उभारने से लेखक को एक प्रकार का आत्मसन्तोष प्राप्त होता है।

आत्मकथा साहित्य प्राचीन हिन्दी साहित्येतिहासों में भले ही उपेक्षा की दृष्टि से देखा गया हो किन्तु आज वह साहित्येतिहास में स्वतन्त्र विधा के रूप में प्रतिष्ठित हो चुका है। प्रत्यक्ष रूप से जितना लेखक इस विधा के माध्यम से स्पष्ट कर सकता है उतना अन्य किसी भी माध्यम से नहीं। आज का कलाकार अपने को छिपाने में विश्वास नहीं रखता है बल्कि पूर्ण ईमानदारी व सच्चाई के साथ वह अपने को समाज के सम्मुख स्पष्ट कर देता है। इस नव्य विधा ने पाठक वर्ग को एक नव्य दृष्टि प्रदान किया है जो सराहनीय है। इस विधा के द्वारा हिन्दी साहित्य के इतिहास को भी नये दृष्टिकोण एवं नये तत्त्व प्राप्त हुए हैं। साहित्येतिहास के निर्माण में मूल स्रोत और सम्बन्धित सामग्री के रूप में आत्मकथाओं का महत्त्वपूर्ण योगदान है। साहित्य के इतिहास के निर्माण में आत्मकथा साक्ष्य का कार्य करती है। उदाहरण के लिए डॉ. 'बच्चन' की आत्मकथा के तीनों खण्ड अत्यन्त उपादेय तथा इतिहास-उद्घाटनकारी हैं। इसी प्रकार प्राचीन साहित्य जैसे-वार्ता साहित्य तथा बीतक साहित्य के द्वारा भी साहित्य के इतिहास को शुद्ध सामग्री प्राप्त होती है।

चौरासी वैष्णवन की वार्ता तथा दो सौ बावन वैष्णवन की वार्ता का महत्त्व साहित्येतिहास के निर्माण में कई दृष्टियों में है। एक तो इस सम्प्रदाय की साहित्यिक देन प्रभूत है। अतः उसकी प्रामाणिकता-निर्धारण के लिए इसका आश्रय लिया जा सकता है। दूसरी बात इनकी गद्यात्मकता है। साथ ही अनेक भक्तों की जीवनियाँ गुम्फित होने के कारण इनका धार्मिक एवं साम्प्रदायिक महत्त्व भी है।

बीतक साहित्य का भी साहित्येतिहास के सृजन में विशेष योगदान है। इस शब्द का प्रयोग

वृतान्त के अर्थ में हुआ है। बीतक साहित्य प्रणामी सम्प्रदाय का जीवन साहित्य है, इसमें प्राणनाथ तथा उनके गुरु देवचन्द के जीवन का वर्णन है। इस सम्प्रदाय के 17 बीतकों में स्वामी लालदासकृत बीतक, जयरामदासकृत बीतक, मुकुन्दस्वामीकृत बीतक, हंसराज स्वामीकृत बीतक, स्वामी लल्लू महाराज कृत बीतक, जयराम दासकृत बीतक तथा बहुरंगी स्वामीकृत बीतक का विशेष महत्त्व है। इनमें वर्णित चरित्रों में अतिरंजिता कम है एवं ऐतिहासिकता का भी समावेश है।

उपर्युक्त साहित्यों के अतिरिक्त कविवृत्त संग्रह, पूर्ववर्ती साहित्य, भक्तमाल साहित्य, अन्य ग्रन्थों में आए उद्धरण, दरबारी ग्रन्थ तथा शिलालेख आदि प्राचीन साहित्यों का साहित्येतिहास के निर्माण में अधिक बल तथा योगदान है। इन बहुमुखी स्रोतों के द्वारा साहित्य का सृजन अत्यन्त ही सरल हो जाता है और सामग्री भी शुद्ध रूप में प्राप्त हो जाती है।

उद्देश्य : साहित्येतिहास की प्रत्येक विधा का कोई न कोई उद्देश्य अवश्य होता है आत्मकथा भी एक सोद्देश्य विधा है। इसे लेखक का जीवन दर्शन या उसके जीवन की आलोचना भी कह सकते हैं।

आत्मकथा का उद्देश्य साहित्य की अन्य विधाओं से थोड़ा भिन्न होता है। आत्मकथा साहित्य का उद्देश्य होता है—आत्मनिर्माण, आत्मपरीक्षण, अतीत की स्मृतियों को पुनर्जीवित करना तथा आत्म-विश्लेषण आदि। आत्मकथात्मक साहित्य के सृजन के द्वारा आत्मकथाकार आत्मपरिष्कार एवं आत्मोन्नति का सफल प्रयास करता है।

आत्मकथा लेखन का एक दूसरा उद्देश्य भी आत्मकथा में निहित होता है वह है—अपने अनुभवों से पाठक वर्ग को लाभान्वित करना। बड़ी-बड़ी घटनाओं या मुसीबतों का सामना करने से आत्मकथाकार को यह आशा होना स्वाभाविक भी हो जाता है कि आगामी युगों में उसकी रचना रुचिपूर्वक पढ़ी जायेगी और यदि पाठक पढ़ेंगे तो उसका लाभ अवश्य ही उन्हें मिलेगा।

इतने विवेचन से स्पष्ट हो जाता है कि लेखक का उद्देश्य आत्मविश्लेषण, आत्मपरीक्षण एवं आत्मविवेचन ही होता है। इसी उद्देश्य की पूर्ति हेतु लेखक आत्मकथा की रचना करता है। डॉ. श्याम सुन्दर दास ने अपनी आत्मकथा के उद्देश्य को इस प्रकार स्पष्ट किया है—

'बहुत दिनों से मेरी इच्छा थी कि मैं अपनी कहानी स्वयं लिख डालता तो अच्छा होता, क्योंकि मेरे जीवन से सम्बन्ध रखनेवाली मुख्य-मुख्य घटनाओं को जान लेना तो किसी के लिए कठिन न होगा...इसलिए मेरी यह इच्छा है कि इस समय इन घटनाओं का वृत्तान्त तथा अपना भी कुछ-कुछ लिख डालूँ जिससे समय पड़ने पर मैं इन बातों से काम न ले सकूँ और मेरे पीछे दूसरे लोग इन घटनाओं की वास्तविकता जानकार इस समय के ऐतिहासिक तथ्य का यथार्श निर्णय कर सकें।'

इसी प्रकार शान्तिप्रिय द्विवेदी ने भी अपनी आत्मकथा 'परिव्राजक की प्रजा' के उद्देश्य को इस प्रकार लिखा है—

'काल के प्रखर प्रहार से जीवन की स्मृतियाँ क्षीण होती जा रही हैं। विस्मृति में विलीन होने के पहिले मैंने कुछ स्मृतियों को सँजो लिया है, आशा है, इससे पाठकों को सामाजिक प्रेरणा मिलेगी।'

द्विवेदी जी की तरह राहुल जी ने भी अपनी जीवन यात्रा के उद्देश्य का व्यक्तिकरण किया है। वे भी चाहते थे कि पाठक वर्ग उनकी कृति से पूर्ण लाभ उठा सकें और अपने जीवन को नवीन आयामों से युक्त कर सकें। इन्होंने अपने आत्मकथागत उद्देश्य का वर्णन इस प्रकार किया है–

'मेरी जीवन यात्रा' मैंने क्यों लिखी, मैं बराबर इसे महसूस करता रहा कि ऐसे ही रास्तों से गुजरे हुए दूसरे मुसाफिर यदि अपनी जीवन यात्रा को लिख गये होते तो मेरा बहुत लाभ हुआ होता-ज्ञान के खयाल से ही नहीं, समय के परिमाण में भी... ।'

निश्चित है कि आत्मकथाकार का उद्देश्य पाठक के लिए प्रेरणा का कार्य करता है।

निष्कर्ष : उपर्युक्त तथ्यों के विवेचन के पश्चात् कहा जा सकता है कि आत्मकथा साहित्य तथा इतिहास का उन्नतिशील अंग है। इस नव्य विधा में एक विशेष प्रकार का आकर्षण एवं उत्सुकता की प्रवृत्ति होती है, जो पाठक को आद्योपान्त पढ़ने हेतु प्रेरित करती है। लेखक भी अपने व्यक्तित्व से जनसमाज को अवगत करा देने के लिए आत्मकथा लेखन की ओर अग्रसर होता है।

आत्मकथा लेखन में घटनाओं का प्रमुख स्थान है। इसीलिए साहित्यकारों की अपेक्षा राजपुरुषों की आत्मकथाएँ अधिक व्यापक, परिवेश पूर्ण और तीव्रता के साथ सम्प्रक्त रहती हैं। आत्मकथा में ये घटनाएँ कहीं प्रधान और कहीं गौण रूप में दृष्टिगोचर होती हैं। आत्मकथा में वर्णित घटनाएँ लेखक के निजी जीवन के अतिरिक्त उसे किसी न किसी प्रकार प्रभावित करने वाले पात्रों के जीवन से भी सम्बन्ध रखती है। केन्द्रीय व्यक्तित्व आत्मकथाकार का होता है, अतएव उसी के जीवन से सम्बद्ध घटनाएँ प्रमुख तथा अन्य से सम्बन्धित घटनाएँ गौण रूप में आती हैं। घटना के अतिरिक्त वर्तमान एवं अतीत बोध का अन्तर्सम्बन्ध, स्मृति तत्त्व, देश काल एवं वातारण तथा उद्देश्य आदि आत्मकथा के विशेष अंग होते हैं। एक के भी अभाव में आत्मकथा पंगु या महत्त्वहीन हो जाती है। आत्मकथा की सम्पूर्णता इन्हीं तत्त्वों की पूर्णता में निहित होती है। इस दृष्टि से आत्मकथा चिर नवीन विधा है।

आत्मकथा का सृजन और उसकी रचना प्रक्रिया : आत्मकथा स्वयं व्यक्तीकरण का नव्य साधन है। जब कोई लेखक अपने अतीत जीवन की घटनाओं को अभिव्यक्ति प्रदान करने के लिए व्यग्र हो जाता है, तभी आत्मकथा का सृजन सम्भव होता है। वैसे तो अपने को दूसरों के समक्ष व्यक्त करने के लिए सभी मनुष्य व्याकुल रहते हैं किन्तु जो लेखक अत्यन्त ही स्वच्छन्दता, निर्मलता और आवरणहीन होकर अपने अतीत को व्यक्त करता है, वह रचना असंदिग्ध रूप से साहित्य की सफल निधि मानकर पाठकों के द्वारा बार-बार पढ़ी जाती है। ऐसी आत्मकथा में आत्मकथाकार का व्यक्तित्व स्पष्ट झलकता है। इसी बात को स्पष्ट करने के लिए डॉ. रत्नाकर पाण्डेय ने अपनी पुस्तक 'पत्रकार प्रेमचन्द्र और हंस' में इस प्रकार स्पष्ट किया है–

'जैसे आइने में किसी वस्तु का उसी के समान प्रतिबिम्ब दिखाई देता है, ठीक उसी भाँति सफल आत्मकथा लेखक का भीतरी और बाहरी संसार आत्मकथा के आइने में पाठक से बोल देता है।'

आत्मकथा लेखन से पूर्व आत्मकथाकार के विगत जीवन की पूर्वानुभूतियाँ, स्मृतियाँ एवं भावनाएँ आदि उसके मानस में बिल्कुल ही धुँधली और अस्पष्ट ही रहती हैं किन्तु जैसे ही वह आत्मकथा सृजन की ओर अग्रसर हो जाता है। वैसे ही विगत जीवन की सम्पूर्ण स्मृतियाँ उसके मानस पर स्पष्ट रूप से अंकित हो जाती हैं और जैसे ही वह स्मरण करता है, वे स्मरण हो जाती हैं।

स्मृतियों को ज्यों ही आत्मकथाकार अभिव्यक्ति प्रदान करने लगता है, वैसे ही उसका विगत बोध वर्तमान का आलोक बन जाता है। अभिव्यक्ति के पूर्व आत्मकथाकार वर्तमान बोध को रूपायित करना चाहता है, क्योंकि उसका कथ्य ही वर्तमान बोध है। यहाँ पर एक बात और भी ध्यान देने की है कि लेखक का कथ्य स्पष्ट एवं प्रभावशाली ढंग से तब तक नहीं उभर सका है जब तक कि विगत बोध पूरक न बने। अभिव्यक्ति के पूर्व अतीत बोध एवं वर्तमान बोध दोनों ही स्वतन्त्र अवस्था में रहते हैं। यद्यपि विगत बोध के ही कारण वर्तमान बोध को अस्तित्व प्राप्त होता है फिर भी इन दोनों ही घटकों में दृष्टि का अन्तर तो रहता ही है इसी दृष्टिगत भिन्नता के कारण मानस पर उभरी स्मृतियों में विशिष्ट स्मृति खण्ड अनुभूति के विषय बन जाते हैं और जो विगत की घटनाएँ महत्त्वपूर्ण नहीं होती हैं उन्हें वह फिर से भुला देता है। इस प्रकार महत्त्वपूर्ण स्मृति तथा वर्तमान बोध में अन्तर्सम्बन्ध होकर अतीत बोध वर्तमान बोध के अनुकूल हो जाते हैं।

वर्तमान बोध की स्थिरता का कारण विगत की गतिशीलता ही हुआ करता है। 'प्रतिभा सम्पन्न साहित्यकार इसी स्थिर वर्तमान बोध को अनुभूति के क्षणों में गतिशील बना देता है। यदि अनुभूति के क्षणों में वर्तमान बोध लचीला नहीं बन पाया तो निश्चय ही इन दो घटकों में अन्तर्नाट्य होगा ही नहीं और न ही वर्तमानबोध की अभिव्यक्ति में प्रतीति हो सकेगी।' यही कारण है कि इन दोनों ही घटकों में अन्तर्नाट्य होना आत्मकथा के सृजन के लिए आवश्यक ही नहीं अपरिहार्य होता है। वर्तमान बोध की गतिशीलता का क्या रूप रहा, यह तब तक नहीं जाना जा सकता है जब तक अतीत बोध की वर्तमान बोध तक की विकासशीलता दिखायी नहीं जाती है। जब दोनों एक दूसरे के पूरक हो जाते हैं तो आदान प्रदान होकर व परस्पर पूरक परिवर्तन होकर संश्लेषण की प्रक्रिया पूर्ण हो जाती है। इसी स्थिति में विगत बोध तथा वर्तमान बोध अलग-अलग न होकर संश्लिष्ट होकर आत्मकथाकार की प्रतिभा विगत जीवन के अनुभव खण्डों की बिखरी कड़ियों को अनुभूतियों की सार्थक एवं जीवन्त शृंखला का रूप प्रदान करती है। कहने का आशय यह है कि उस समय विगत बोध एवं वर्तमान बोध संश्लिष्ट हो जाते हैं।

इस सम्बन्ध में एक बात और भी विचारणीय है कि जहाँ विगत बोध तथा वर्तमान बोध में संश्लेषण की प्रक्रिया कार्यरत होती है, वहीं पर इन दोनों ही घटकों में नव्य व्यवस्थापन एवं संगठन का निर्माण होता रहता है। जहाँ पर संश्लेषण की क्रिया पूर्ण होती है वहीं पर व्यवस्थापन एवं संगठन की प्रक्रिया भी पूर्ण होती हुई दृष्टिगोचर होने लगती है। प्रत्येक आत्मकथाकार का कथ्य तथा कथानक अर्थात् उसका अतीत एवं वर्तमान बोध अन्य पूर्ववर्ती आत्मकथाकारों से भिन्न होता है, इसलिए इन दोनों ही बोधों का संश्लेषण तथा व्यवस्थापन

एवं संगठन एक नवीन वस्तु को ही मूर्त करता है। इन दो घटकों के संश्लेषण एवं व्यवस्थापन-संगठन के साथ ही आत्मकथाकार द्वारा व्यवस्थापित संगठन तथा आत्मकथाके स्वीकृत विधागत स्वरूप में परस्पर पोषण परिवर्तन करने पर ही आत्मकथा सिद्ध होती है। इसका अर्थ यह हुआ कि आत्मकथा जिये हुए अतीत को तथा वर्तमान बोध को संश्लिष्ट करके उसको नवीन रूप प्रदान करती है। आत्मकथा जीवन को एक प्रकार की आकृति प्रदान करती है, और उसी में सुसंगत तथा गठित की जाती है। यहीं पर आत्मकथाकार की सम्पूर्ण अभिव्यक्ति एक नवीन कलाकृति का रूप धारण कर स्वतन्त्र अस्तित्व प्राप्त कर लेती है।

निष्कर्ष रूप से हम कह सकते हैं कि स्तरीय आत्मकथा के निर्माण में सृजन एवं उसकी रचना प्रक्रिया का महत्त्वपूर्ण योगदान होता है। रचना प्रक्रिया के ही द्वारा आत्मकथा की कलात्मकता स्वतः सिद्ध हो जाती है। श्रेष्ठ अभिव्यक्ति हेतु व्यग्र आत्मकथा लेखक के मानस की अस्पष्ट अनुभूतियाँ जब उसकी विशिष्ट प्रतिभा शक्ति के माध्यम से अभिव्यक्ति की ओर अग्रसर होने लगती हैं, तब आत्मकथाकार का अतीत बोध उसके सजग मानस पर मूर्त रूप धारण करके प्रस्तुत होता है। यही 'वह' बिन्दु होता है जहाँ लेखक के वर्तमान बोध व अतीत बोध के मध्य परस्पर आदान-प्रदान की प्रक्रिया प्रारम्भ हो जाती है।

इस सृजन प्रक्रिया के सम्बन्ध में प्रायः लोगों को यह भ्रम हो जाता है कि शायद अन्य साहित्यिक विधाओं और आत्मकथा के स्वरूप में कोई विशेष अन्तर नहीं है, परन्तु स्थिति यह नहीं है। आत्मकथा साहित्य एवं साहित्य की अन्य विधाओं में अनुभूति के क्षेत्र में ही प्रारम्भिक अन्तर होता है। अन्य कथात्मक विधाओं के अनुभूति का क्षेत्र अत्यन्त ही विस्तृत होता है, वे किसी भी विषय को एवं किसी भी व्यक्ति को अभिव्यक्ति का आधार बना सकते हैं। यह स्वतन्त्रता आत्मकथाकार को नहीं हुआ करती है। उसे 'स्व' की निश्चित सीमा में रहना पड़ता है। प्रतिभाशाली आत्मकथाकार 'स्व' की सीमा में बँधकर भी असीम का, निजी जीवन के अभिव्यक्तीकरण के साथ ही विश्व की उद्‌भावना भी कर लेता है। निश्चित ही इस प्रकार की आत्मकथाएँ आदर्श एवं कलात्मक आत्मकथा की कोटि में आ जाती हैं।

शैली और शिल्प : 'शैली शब्द आजकल अंग्रेजी शब्द 'स्टाइल' के हिन्दी पर्याय के रूप में प्रचलित है।'

'स्टाइल' शब्द ग्रीक के स्टाइलोस और लैटिन के स्टाइल्स से व्युत्पन्न है। पहले वह नोकदार लेखनी के लिए प्रयुक्त होता था, आगे चलकर लिखने का ढंग या अभिव्यक्तिगत वैशिष्ट्य के अर्थ में उसका प्रयोग होने लगा।'

शैली रचनाकार के व्यक्तित्व का एक सहज गुण है। इसके द्वारा लेखक के व्यक्तित्व की प्रत्यक्ष अभिव्यक्ति देखी जा सकती है। गेटे ने शैली को इस प्रकार परिभाषित किया है–'शैली रचना का वह उच्च और सक्रिय सिद्धान्त है जिसके द्वारा लेखक अपने विषय की गहराई में उतरकर विषय के अन्तस का उद्‌घाटन करता है।'

गेटे ने अपनी परिभाषा में यह सिद्ध कर दिया है कि शैली लेखक के अन्तःकरण की वाह्य आकृति होती है। उसी के द्वारा वह अपने मन की बात को एक विशेष आकार प्रदान करता है।

मरी ने भी शैली को एक विशेष परिभाषा में बाँधने का प्रयास किया है–

"Style is quality of language which communicates precisely emotions or thoughts."

अर्थात् शैली भाषा की उस विशेषता का नाम है जो किसी के भाव अथवा विचार को ठीक-ठाक व्यक्त करती है।

प्रत्येक व्यक्ति का व्यक्ति अन्य लोगों से अलग होता है और उसके व्यक्तित्व के अनुरूप ही उसकी अभिव्यंजना पद्धति भी होती है। जैसा कि इसके सम्बन्ध में धारणा भी है कि शैली स्वयं आदमी (स्टाइल इज दि मैन हिमसेल्फ) कहने का आशय यह है कि प्रत्येक व्यक्ति अपने द्वारा प्रयुक्त शैली में प्रतिबिम्बित होता है। व्यक्ति की शैली उसके व्यक्तित्व के ही अनुकूल होती है। पाश्चात्य साहित्य में आत्मकथा लेखन की विभिन्न शैलियाँ प्रचलित हैं। उसी की अनुकृति पर हिन्दी के आत्मकथाकारों ने कई प्रकार की शैली अपनाकर अपनी व्यक्तिगत धारणा को प्रस्तुत किया है–

(क) निबन्धात्मक शैली : 'शैली ही व्यक्तित्व है' इस उक्ति की सार्थकता निबन्ध के ही क्षेत्र में परिलक्षित होती है। किसी आत्मकथा का विषय कितना भी रोचक हो उसकी महत्ता शैली पर ही निर्भर करती है। इस शैली के माध्यम से आत्मकथा लेखक एक निबन्ध की भाँति ही अपनी आत्मकथा लिखता है अपने अतीत जीवन की सम्पूर्ण घटनाओं को शीर्षकों में विभाजित करके प्रस्तुत करता है। यही कारण है कि प्रत्येक शीर्षक का अपना स्वतन्त्र अस्तित्व होता है। आत्मकथा से यदि एक भाग को निकाल दिया जाए तो भी शेष भाग अपने स्वतन्त्र अस्तित्व को रखता है। आत्मकथा का एक भाग दूसरे से एवं दूसरा भाग तीसरे से बिल्कुल सम्बद्ध नहीं होता है।

हिन्दी आत्मकथा साहित्य में निबन्धात्मक शैली में डॉ. श्यामसुन्दर दास, महावीर प्रसाद द्विवेदी और बाबू गुलाबराय ने स्वयं की कहानी लिखी है। श्यामसुन्दर दास ने 'मेरी आत्मकहानी' में इस प्रकार से शीर्षक को विभाजित किया है कि प्रत्येक भाग का कोई भी आपस में सम्बन्ध नहीं है उदाहरणार्थ आत्मकथा का पहला अध्याय है-वंश परिचय और शिक्षा जिसका एक उदाहरण इस प्रकार है-

'एक शनिवारको कालेज के पास बगीचे में जो वरुणा नदी के किनारे पर है, हम लोगों की यहाँ भाँग छनी। घर आते खूब नशा चढ़ा...डर के मारे माँ से बहाना किया कि सर में दर्द है। माँ ने गोदी में सिर रखकर तेल लगाना प्रारम्भ किया, मुझे नींद आ गयी। इस प्रकार मेरी जान बची।'

इसके पश्चात् आत्मकथा का द्वितीय अध्याय है-'नागरी प्रचारिणी सभा' जिसका एक उद्धरण इस प्रकार है–

'हिन्दी पुस्तकों की खोज का काम आरम्भ करके मैंने 9 वर्षों तक उसे चलाया और उस कार्य की सात रिपोर्टें तैयार कीं।'

इन दोनों ही भागों में कोई सम्बन्ध नहीं है। यदि एक भाग को निकाल भी दिया जाय तो एक भाग की महत्ता पर कोई प्रभाव नहीं पड़ेगा।

इसी प्रकार अमृता प्रीतम अपनी आत्मकथा 'रसीदी टिकट' में इस शैली का प्रयोग यत्र-तत्र किया है उदाहरणार्थ—

'मैंने जिन्दगी में अगर कोई तमन्ना की है तो केवल यह कि मेरी आगे की उम्र इन अक्षरों को लग जाय। आज आपने, दिल्ली यूनीवर्सिटी ने, इन अक्षरों को पहचाना है, इनकी आग को पहचाना है, और इस पहचान के लिए मैं अक्षरों की इस आग की ओर से आपका शुक्रिया अदा करती हूँ।' इसी प्रकार गुलाबराय तथा देवेन्द्र सत्यार्थी आदि ने भी इसी शैली का प्रयोग अपनी आत्मकथा में किया है।

(ख) संस्मरणात्मक शैली : मानव जीवन का अतीत अनन्य स्मृतियों का पुंज होता है। उन्हीं में से स्मरणीय एवं रोचक अनुभूतियों को जब विशिष्ट तरीका अपनाकर लेखक वर्णित कर देता है तो उसको ही हम संस्मरणात्मक शैली के नाम से पुकारने लगते हैं।

संस्मरणात्मक शैली में प्रभावोत्पादकता का होना अत्यन्त ही आवश्यक होता है। प्रभावपूर्ण ढंग से लिखा गया संस्मरण ही रोचकता ग्रहण कर पाता है इसका एक उदाहरण इस प्रकार है-'साहित्य के एक काम को बड़ा और दूसरे को छोटा वे नहीं समझते थे। जिस मनोयोग और आन्तरिक प्रसन्नता के साथ वे रचकर निबन्ध तैयार करते थे, उसी मनोयोग और प्रसन्नता के साथ वे प्रूफ भी देते थे।'

शैली की स्पष्टता भी संस्मरण के लिए आवश्यक होती है। महादेवी वर्मा के संस्मरणों की शैली सर्वथा स्पष्टता को लिए हुए हैं उदाहरण के लिए निम्नांकित पंक्तियाँ द्रष्टव्य हैं—'आकण्ठ और अवगुण्ठित करती हुई हल्की सी चादर, कन्धों पर लहराते हुए कुछ सुनहले से केश, तीखे नक्श और गोरे वर्ण के समीप पहुँचा हुआ गेहुआँ रंग, सरल दृष्टि की सीमा बनाने के लिए लिखी हुई सी भवें, खिचे हुए से होठ, कोमल पतली उँगलियों वाले हाथ आदि को देखकर में निर्णय न कर सकी यह व्यक्ति मेरे वर्ग का नहीं है।'

इसके अतिरिक्त संक्षिप्तता भी संस्मरणात्मक शैली का प्रमुख गुण है। लेखक को घटना अथवा विषय का वर्णन इस ढंग से करना चाहिए कि वह संक्षिप्तता में भी पूर्ण एवं आकर्षक हो। संस्मरण में अत्यधिक विस्तार अवरोध का कारण बन जाता है। उदाहरण के लिए जैनेन्द्र ने मैथिलीशरण गुप्त के व्यक्तित्व का वर्णन कुछ ही पंक्तियों में इस प्रकार कर दिया है।

'बहुत कुछ अनायास सिद्ध है। कविता में शब्द और तुक। सफर में तीसरा दर्जा। भूषा में सादगी, वेष में चिरगांवता, प्रेम में अपत्य प्रेम। वाणी में मितभाषण और साहित्य में सुरुचि...'

इस प्रकार वर्णन में संक्षिप्तता का होना अत्यावश्यक होता है।

स्पष्टता, रोचकता एवं संक्षिप्तता के अतिरिक्त सुसंगठितता तथा आत्मीयता आदि गुणों को भी संस्मरणात्मक शैली में होना अत्यन्त ही आवश्यक होता है।

(ग) डायरी शैली : डायरी शैली जिसके माध्यम से लेखक दिनचर्या के रूप में स्वयं के जीवन की घटनाओं और मानसिक विचारों का लेखा-जोखा प्रस्तुत करता है। डायरी शैली गद्य की अन्य विधाओं की शैलियों से भिन्न होती है। इसमें लेखक का उद्देश्य आत्मनिरीक्षण एवं आत्मविश्लेषण ही होता है। डायरी शैली की कुछ अपनी विशिष्टताएँ होती हैं जिनका होना इसमें आवश्यक होता है।

डायरी शैली की सर्वप्रथम विशेषता निस्संकोच आत्मविश्लेषण है जो इस शैली का प्रमुख अंग है। लेखक अपने जीवन की घटनाओं का आवरणहीन वर्णन करता है। इस शैली के माध्यम से लेखक अपने व्यक्तित्व के दुर्बल पक्ष को नग्नता के साथ चित्रित करता है। इसका एक उदाहरण इस प्रकार है–

'दुनिया में दो आदमियों से मेरे दिल में ऊँचे रहने की बहस सी पड़ गयी थी, परन्तु मुझे सफलता नहीं मिली। एक से हार गया, दूसरे से बहस समाप्त हो गयी।'

निस्संकोच आत्मविश्लेषण के अतिरिक्त स्पष्टता भी डायरी के लिए अत्यन्त ही आवश्यक होता है। जीवन की घटनाओं को उसी रूप में स्पष्टता के साथ चित्रित कर देना एक बहुत बड़ी कला होती है। जिसका पूर्ण समाहार डायरी शैली में होता है। उदाहरण के लिए निम्नांकित पंक्तियाँ द्रष्टव्य हैं–'विवाह के प्रस्ताव में यह नहीं कहना चाहिए कि मेरी कल्पना की साकार प्रतिमा हो। तुम मेरी कामनाओं की मूर्ति हो, तुम मेरी लैला हो, जिसका मैं मजनूँ बनना चाहता हूँ। यह कहने से क्या होता है? कल को मर्द का मन अगर भर गया तो पत्नी से उसे कौन सा सूत्र बाँध कर रखेगा?'

संक्षिप्तता भी डायरी शैली का गुण है। अत्यधिक विस्तार विषय को नीरस बना देता है। गजानन माधव मुक्तिबोध ने अपनी डायरी में केशव के व्यक्तित्व के सन्दर्भ में इस गुण को इस प्रकार प्रस्तुत किया है।

'वह बालक सचमुच बहुत दयालु, धीर गम्भीर, भीषण कष्टों को भी सह लेने वाला अत्यन्त क्षमाशील था। किन्तु साथ ही वह शिथिल, स्थिर, अचंचल यन्त्रवत और सहज स्नेही था...।'

इसी विशेषता के दर्शन हमें गिरधर शर्मा चतुर्वेदी की डायरी में भी होते हैं–'आश्विन वदी 11 (सितम्बर 20) दिन के 11 बजे से 12 बजे तक सनातन धर्म कालेज में श्राद्ध पर व्याख्यान। विद्यार्थियों का प्रश्नोत्तर। शरीराविरिक्तात्मसाधन पर विचार।'

इन डायरियों के अतिरिक्त भगवती चरण वर्माकृत 'डायरी का एक पृष्ठ' (सन् 1947), महादेव भाई की 'डायरी' (सन् 1950), इलाचन्द्र जोशी द्वारा लिखित 'डायरी के नीरस पृष्ठ' तथा विनयमोहन शर्माकृत 'डायरी के पन्ने' में भी उपर्युक्त गुणों के अतिरिक्त रोचकता तथा सुसंगठितता आदि गुण भी परिलक्षित होते हैं।

(घ) ऐतिहासिक शैली : हिन्दी साहित्य में ऐतिहासिक शैली में डॉ. राजेन्द्र प्रसाद ने अपनी आत्मकथा लिखी है। वैसे तो गाँधी जी एवं जवाहरलाल नेहरू ने भी मेरी कहानी इसी शैली के माध्यम से प्रस्तुत किया है किन्तु ये दोनों ही आत्मकथाएँ हिन्दी की नहीं अपितु हिन्दी भाषा में अनुवादित हैं इसलिए उनका विवेचन हम आवश्यक नहीं समझते हैं। इस शैली का सहारा लेकर लेखक अपने जीवन के संघर्षों का व्यक्तीकरण करता है। ऐतिहासिक आत्मकथाकार के जीवन के दो ही महत्त्वपूर्ण पहलू होते हैं–उत्थान और पतन। भाग्य उन्हें किस पहलू पर कब ले जाय यह निश्चित नहीं हुआ करता है। इस प्रकार की आत्मकथाओं का सौन्दर्य उत्थान एवं पतन की कहानी को ईमानदारी एवं सच्चाई से व्यक्त कर देने में ही होता है।

अन्य शैलियों की भाँति इस शैली की भी एक प्रमुख विशेषता है निस्संकोच अभिव्यक्तीकरण।

ऐतिहासिक आत्मकथाकार डॉ. राजेन्द्र प्रसाद ने अपनी आत्मकथा में कुछ भी छिपाने का प्रयास नहीं किया। अपने जीवन की दीर्घकालीन घटनाओं को ज्यों का त्यों चित्रित कर दिया है। उनका जीवन राष्ट्रकी स्वतन्त्रता के इतिहास का एक महत्त्वपूर्ण अंग बनकर रह गया था। जितने उतार-चढ़ाव जितनी युग परिवर्तनकारी घटनाएँ और जितने संकट उनके जीवन में आये-उनका सही-सही वर्णन बड़े निस्संकोच भाव से उन्होंने कर दिया प्रथम गिरफ्तारी पर जेल के अनुभवों का वर्णन इस प्रकार है–

'मेरे सम्बन्ध में कोई खास हुकुम भी न था। इसलिए मैं लोहे के तसले में जो कुछ वहाँ मिलता, वही खाता। घर से लोगों ने खाना भेजा पर मैने मना कर दिया और उसे नहीं खाया। जेलर का कहना था कि मैं जब तक हाजती (अण्ड ट्रायल) हूँ तब तक घर का खाना खा सकता हूँ, पर फाटक पर जाकर खाना होगा। मैं तो यों ही इनकार करता, इस शर्त ने और भी मजबूर कर दिया।'

स्पष्टता भी इस शैली की मुख्य विशेषताओं में से एक है। राजेन्द्र प्रसाद की भी आत्मकथा में इसका पूर्ण समाहार किया गया है। इसके अतिरिक्त सुसंगठितता, रोचकता आदि गुण इस शैली के अंग हैं। राजेन्द्र प्रसाद की आत्मकथा के अतिरिक्त द्रोण की आत्मकथा, द्रौपदी की आत्मकथा, तथा कर्ण की आत्मकथा भी इसी शैली के सहारे लिखी गयी है जिनमें उपर्युक्त गुण पर्याप्त मात्रा में दृष्टिगोचर होते हैं।

3. शैली की विशेषताएँ : अनुभूत विषय वस्तु को सजाने के लिए आत्मकथाकार जिन शैलियों का प्रयोग करता है उनकी निम्नांकित विशेषताएँ हैं : (क) प्रभावोत्पादकता (ख) सुसंगठितता (ग) लाघवता (घ) स्पष्टता।

(क) प्रभावोत्पादकता : प्रभावोत्पादकता आत्मकथा शैली की प्रमुख विशिष्टता है। जब लेखक अपने अतीत की घटनाओं का वर्णन निस्संकोच होकर करता है तभी उसमें प्रभावात्मकता की वृद्धि होती है। वे चरित्र ही पाठकगण को प्रभावित करते हैं जिनके जीवन में उत्थान-पतन एवं गुण-दोष का पूर्ण परिपाक हो। लेखक को चाहिए कि वह अपने अतीत के उत्थान-पतन एवं गुण-दोषों को इस प्रकार से वर्णित करे कि वह पाठक को रुचिकर प्रतीत हो, तभी उस शैली में प्रभावोत्पादकता के दर्शन हो सकते हैं। उदाहरण के लिए निम्नांकित पंक्तियाँ द्रष्टव्य हैं–

'कभी सोचता हूँ कि जो भी जीवन में करुण है, कातर है, रहस्यपूर्ण है, रोमांचकारी है वह प्रायः आधी रात को ही क्यों घटित होता है...।'

हिन्दी की अधिकांश आत्मकथाओं में इस गुण के दर्शन होते हैं। इस प्रकार निस्संकोच आत्मविश्लेषण शैली को प्रभावोत्पादक बनाने के लिए अत्यन्त ही आवश्यक होता है।

(ख) सुसंगठितता : सुसंगठितता का तात्पर्य है—भावों एवं विचारों को पूर्ण तारतम्य में ही प्रस्तुत करना। अतीत जीवन में घटित घटनाओं को इस प्रकार प्रस्तुत करना चाहिए कि वे एक दूसरे से सम्बन्धित मालूम हों। घटनाओं के क्रम के अभाव में आत्मकथा में नीरसता सी आ जाती है। जिसका परिणाम यह होता है कि रुचि के अभाव में पाठक उस आत्मकथा को नहीं पढ़ता है। उदाहरणार्थ शान्तिप्रिय द्विवेदी ने बाल्यकाल से लेकर उत्तर काल तक का वर्णन

क्रमपूर्ण रूप में किया है कहीं पर भी सम्बद्धता का अभाव दृष्टिगोचर नहीं होता है। इनकी आत्मकथा से प्रस्तुत निम्नलिखित पंक्तियों में इसी गुण का प्राधान्य है—

'एक दिन रात के समय माँ का दूध पीने के लिए मैं बहुत हठ करने लगा। बहिन ने समझाया कि माँ की तबियत ठीक नहीं है...किन्तु दूसरे दिन तो माँ की मृत्यु हो गयी।'

इसी गुण के दर्शन हमें देवेन्द्र सत्यार्थी की आत्मकथा 'चाँद सूरज के बीरन' में भी होते हैं—'एक दिन हमारी गली के लोगों को मालूम हुआ कि मैं बहुत अच्छे अंक लेकर मैट्रिक परीक्षा में पास हो गया, तो बारी-बारी से आसपास के घरों के लोग हमारे यहाँ बधाई देने आये...मोगा से गाँव में लौटकर मैंने देखा कि मैट्रिक पास करके मैंने परिवार के सम्मुख एक समस्या खड़ी कर दी है।'

(ग) लाघवता : लाघवता अर्थात् संक्षिप्तता भी आत्मकथात्मक शैली का प्रधान गुण है। आत्मकथाकार को अतीत की घटनाओं का वर्णन इस ढंग से करना चाहिए कि वह छोटे पन में भी पाठकों का आकर्षण का केन्द्र बन सके। शैली का अत्यधिक विस्तार पाठकों के मन को उबा देने वाला होता है। शैली में इस गुण का पूर्ण समाहार हो, इसके लिए आवश्यकता इस बात की होती है कि आत्मकथाकार को अनावश्यक घटनाओं का उल्लेख नहीं करना चाहिए जो अत्यन्त ही महत्त्वपूर्ण न हों। डॉ. श्याम सुन्दर दास की आत्मकथा 'मेरी आत्मकहानी' से इस गुण का एक उदाहरण इस प्रकार है—

'सन् 1925 में मुझे मृत आत्माओं को बुलाने की अभिरुचि हुई। इस कृत्य में एक दिन अचानक मिस्टर सी. आर. दास की आत्मा आ गयी...।'

बालकृष्ण शर्मा 'नवीन' ने भी अपनी आत्मकथा 'मेरी अपनी बात' में इसी गुण को प्रयुक्त करने का प्रयास किया है उदाहरणार्थ—

'पढ़ाई लिखाई के सम्बन्ध में मैं निहायत साधारण और थर्ड क्लास था। स्मरण शक्ति बहुत मामूली, परिश्रम की मात्रा कम।

स्पष्ट है कि संक्षिप्त घटनाओं के द्वारा किसी के भी व्यक्तित्व से सहज ही परिचित हुआ जा सकता है। इस प्रक्रिया के द्वारा पाठक वर्ग के समय की भी बचत हो जाया करती है क्योंकि इस वर्ग के पास इतना समय नहीं होता है कि विस्तार में किसी आत्मकथाकार के जीवन की घटना का पठन करे।

(घ) स्पष्टता : स्पष्टता आत्मकथा शैली का वह गुण है जिसके द्वारा शैली में सजीवता के दर्शन लगते हैं। लेखक जब तक अपने अतीत की घटनाओं को स्पष्ट रूप से वर्णित नहीं करेगा तब तक पाठक वर्ग उसके वास्तविक व्यक्तित्व से अवगत ही नहीं हो पायेंगे।

स्पष्टता के गुण का समावेश हो इसके लिए ईमानदारी की अत्यधिक आवश्यकता होती है। पूर्ण ईमानदारी के साथ आत्मकथा का वर्णन विषय को अधिक उत्कृष्ट एवं वास्तविक बना देता है। आत्मकथा की यही कमी है कि लेखक को जब अपने गुणों का विवेचन करना होता है तब तो वह ईमानदारी का पूर्ण परिचय देता है किन्तु जब अपनी कमियों का वर्णन करना होता है तब ईमानदारी का परिचय न देकर आत्मगोपन की प्रवृत्ति को अपना लेता है। वैसे अधिकांश आत्मकथाओं में शैली के इस गुण के दर्शन होते हैं। एल. पी. नागर की

आत्मकथा 'आत्मकथा या समय का फेर' में इस गुण के दर्शन पूर्णरूपेण होते हैं।

'मेरी नियत में फर्क आ गया, बुद्धि मलीन हो गयी। जो सामान बाजार से आता अथवा किसी भी प्रकार व्यय होता, में मूल्य में वृद्धि कर लिखने लगा इस 4.5 दिन में मैंने 75 रु. बेईमानी से बचाया।'

शरत भी श्रेष्ठ आत्मकथाकार माने जाते हैं इन्होंने भी अपनी आत्मकथा में शैली के इस गुण को पूर्ण पश्रय दिया है, उदाहरण के लिए निम्नांकित पंक्तियाँ द्रष्टव्य हैं—'मेरा शैशव और यौवन, दोनों ही घोर दरिद्रता में व्यतीत हुए। अर्थाभाव के ही कारण मुझे पूरी शिक्षा प्राप्त करने का सौभाग्य प्राप्त नहीं हो सका।'

अपनी कमी के अतिरिक्त आत्मप्रशंसा भी आत्मकथाकार स्पष्ट रूप से करता है। डॉ. श्यामसुन्दर दास जी की आत्मकहानी में इसे स्पष्ट रूप से देखा जा सकता है-

'मेरे सम्पादकत्व में इसमें 50 ग्रन्थ प्रकाशित हुए जिनमें कई के कई संस्करण हुए तथा कुछ का दूसरी भाषाओं में भी अनुवाद हुआ करता है।'

उपर्युक्त गुणों के अतिरिक्त रोचकता एवं प्रभावोत्पादकता भी शैली के गुण हैं जिनका होना अत्यन्त ही आवश्यक है।

निष्कर्ष रूप से कहा जा सकता है कि उपर्युक्त विशिष्टताएँ आत्मकथा शैली में होनी अत्यन्त ही आवश्यक हैं। इनके अभाव में आत्मकथा एकांगी हो जाती है।

4. अभिव्यंजना कौशल तथा प्रस्तुतीकरण : 'अभिव्यंजना' शब्द अंग्रेजी साहित्य के 'एक्सप्रेशन' के हिन्दी रूपान्तर के रूप में आज प्रचलित है जिसका शाब्दिक अर्थ है-मन के विचारों और भावों का शब्दों में चित्रण। मानक हिन्दी कोश में इस शब्द को इस प्रकार परिभाषित किया गया है—

'विचारों या भावों को शब्दों या संकेतों के द्वारा ठीक तरह से तथा स्पष्ट रूप से प्रकट करने की क्रिया या भाव ही अभिव्यंजना है।'

इसी शब्द को डॉ. सावित्री सिन्हा ने विस्तार से इस प्रकार समझाया है—

'भौतिक उपादानों के जिस संगठन के द्वारा कवि अथवा कलाकार अपने अभिप्रेत की अभिव्यक्ति करता है वही अभिव्यंजना है। इन उपादानों में अन्तस्थ व्यंजक शक्तियों को संकलित तथा संगठित करके कवि अपनी भावनाओं को आबद्ध करता है। इस संगठन द्वारा आविर्भूत रूपात्मक विन्यास ही कलाकृत का आयाम है और यही अभिव्यंजना है।'

उपर्युक्त परिभाषाओं से स्पष्ट है अभिव्यंजना' शब्द साहित्यकार के आन्तरिक अनुभव की सम्पूर्ण भौतिक या वाह्य अभिव्यक्ति का ही वाचक है।

इसी अभिव्यक्तीकरण की प्रक्रिया में प्रयुक्त साहित्यकार की कुशलता ही अभिव्यक्ति की कुशलता या 'अभिव्यंजना कौशल' के नाम से अभिहित किया जाता है। अभिव्यंजना शब्द जहाँ लेखक के अनुभव की वाह्य अभिव्यक्ति का द्योतक है वहाँ 'कौशल' शब्द से अभ्यास-साध्य कुशलता, निपुणता या कारीगरी प्रकट होती है।

जब हम आत्मकथागत अभिव्यंजना कौशल का विवेचन करते हैं तो उसका आशय यह है कि आत्मकथाकार अपने अतीत जीवन में घटित घटनाओं का वर्णन इस कारीगरी या चतुरता

के साथ करे कि पाठक बरबस ही उसकी आत्मकथा का आद्यन्त अध्ययन करने हेतु अग्रसर हो जाये। उदाहरण के लिए अरुण ने अपनी आत्मकथा से प्यार से वंचित अपने व्यक्तित्व का वर्णन करके अभिव्यंजना कौशल' का परिचय इस प्रकार दिया है–

'सम्मिलित परिवार में जब पारस्परिक प्रेम का चन्द्रोदय होता है, तभी स्वर्ग की चाँदनी अपना उज्ज्वल अमृत लुटाती है। जिस घर में कलह हो वहाँ बच्चों को भला कितना प्यार मिलेगा।'

इसी प्रकार बच्चन ने भी अपनी आत्मकथा के द्वितीय खण्ड 'नीड़ का निर्माण फिर' में अभिव्यंजना कौशल का परिचय दिया है–'आइरिश के निकट एक अनुभूति मुझे सदा होती थी, एक ताजे खिले फूल के पास मुरझाये फूल की। आइरिश ने उत्फुल्ल यौवन की ड्यौढ़ी पर पाँव रखा था। और मैं भग्न स्वरूप मुसाफिर-सा उसके खँडहरों से निकट रहा था। आज भी मेरे मन में स्पष्ट है कि, आइरिश से कभी विवाह करने की बात उस समय तक मेरे मन में नहीं उठी थी और इसी वजह से कि मैं आइरिश को बहुत प्यार करने लगा था।'

इस प्रकार अभिव्यक्तीकरण की कुशलता आत्मकथा को अत्यन्त ही रोचक रूप प्रदान कर देती है जिससे पाठक आद्यन्त पढ़ने के लिए लालायित हो उठता है। 'अभिव्यंजना कौशल' से इन दोनों ही शब्दों का एक साथ प्रयोग अभिव्यक्ति के स्वतः प्रवर्तित एवं सायास अर्जित, सूक्ष्म एवं स्थूल सभी तत्त्वों का संकेत मिल जाता है।

5. चित्रण कला : किसी चीज को चित्रित कर देना भी एक कला होती है। अनुभवी साहित्यकार किसी चीज को इस प्रकार से चित्रित कर देता है कि उसका एक चित्र सा पाठक के सम्मुख खिंच जाता है।

आत्मकथा के सम्बन्ध में भी उल्लेखनीय है कि आत्मकथाकार अपने बीते हुए जीवन में से कुछ महत्त्वपूर्ण घटनाओं को एक चित्र के रूप में पाठक के सम्मुख अंकित कर देता है। उदाहरणार्थ कन्हैयालाल माणिकलाल मुंशी ने अपनी आत्मकथा में प्रेम का एक चित्र इस प्रकार प्रस्तुत किया है–

'रूस, रस, गन्ध, स्पर्श और शब्द की मेरी शक्ति लीला के विषय में अतीव सूक्ष्म बन गयी। क्षण-क्षण उसके बाल, उराकी चाल, उसके कपड़े पहनने का ढंग मुझे दिखलाई पड़ने लगे। सच बात तो यह थी कि प्रणय ने मेरी सारी शक्ति को तीव्र और असाधारण बना दिया था।'

इसी कलाकारी के दर्शन पदुमलाल पुन्नालाल बख्शी की आत्मकथा 'मेरी अपनी कथा' में दृष्टिगोचर होते हैं–

'संसार का काम कब रुकता है? काल की गति कब अवरुद्ध हुई? प्रकृति की चाल कब बन्द हुई? सभी कुछ ज्यों का त्यों बना रहता है। परन्तु, कोई एक चुपचाप चला जाता है। एक विटप का फूल झड़ जाता है, उसकी सौरभ निधि नष्ट हो जाती है। एक तड़ाग का कमल सूख जाता है और उसकी शोभा लुप्त हो जाती है, परन्तु प्रकृति का व्यापार चलता ही रहता है।'

अतः स्पष्ट है कि आत्मकथाकार की कलाकारी अनुभूत विषय को एक चित्र के रूप में अंकित कर देती है जिससे पाठक का उसमें रुचि लेना स्वाभाविक सा हो जाता है। यही तथ्य सम्पूर्ण आत्मकथा के अध्ययन में भी सहायक सिद्ध होता है।

6. (क) आत्मकथा में सम्बन्धित व्यक्ति के युग की भाषा और आत्मकथा की भाषा का सम्बन्ध : आत्मकथाकार युगीन परिस्थितियों में ही जन्म लेता है। उन परिस्थितियों के द्वारा ही आत्मकथाकार की मनीषा को एक निश्चित रूप एवं दिशा प्राप्त होती है। उसकी रचना में उस वातावरण की स्पष्ट झलक दृष्टिगोचर होती है।

अतीत की घटनाओं को अभिव्यक्ति प्रदान करने हेतु आत्मकथा लेखक जिस माध्यम का प्रयोग करता है वही भाषा है। वह भाषा उस युग की ही देन होती है जिसमें आत्मकथाकार कृति की रचना करता है। उस वातावरण के अनुरूप ही आत्मकथा लेखक की भाषा होती है। जो उसके विगत जीवन की सम्पूर्ण उपलब्धियों को प्रतिबिम्बित करती है। युगीन वातावरण से भिन्न भाषा आत्मकथाकार के व्यक्तित्व का सम्यक विवेचन करने में असमर्थ ही होती है। लेखक स्वयं के जीवन को देश काल से जोड़कर ही प्रस्तुत नहीं करता अपितु युगीन वातावरण की सृष्टि करने के लिए उस युग की भाषा को भी आत्मसात करके उसे अभिव्यक्तीकरण का प्रधान उपकरण भी बनाता है। यही कारण है कि आत्मकथा लेखक और उसके युग की भाषा का अन्तराल समाप्त सा हो जाता है और कृति अत्यन्त ही प्रभावपूर्ण हो जाती है। आत्मकथाकार अपनी आत्मकथा को देश और काल से ही नहीं जोड़ता है अपितु उस देश और काल विशेष की भाषा को भी आत्मसात करके उसे ही भावों के व्यक्तीकरण का मुख्य माध्यम बनाता है। उदाहरणार्थ स्वामी दयानन्द सरस्वती द्वारा लिखित आत्मकथा स्व लिखित व स्व कथित आत्मचरित्र पर युगीन भाषा की पूर्ण छाप है—

'उस समय अन्य धार्मिक ग्रन्थों के अतिरिक्त मेरे पास निम्नांकित पुस्तकें भी थीं—शिव सन्ध्या, हठ प्रदीपिका, योगाबीज, केशराणि संगीत। प्रायः मैं इन्हीं पुस्तकों को यात्रा में पढ़ा करता था। उनमें इस विषय का ऐसा लम्बा चौड़ा विवरण था कि पुरुष पढ़ता थक जाता है। मैं उन्हें कभी भी पूर्णतया अपनी बुद्धि में न ला सका।'

इन पंक्तियों में युगीन प्राचीन भाषा का प्रयोग सरस्वती जी ने किया है। इसी प्रकार डॉ. श्यामसुन्दर दास ने अपनी आत्मकथा 'मेरी आत्मकहानी' में अपने अतीत के जीवन की घटनाओं को अभिव्यक्ति प्रदान करने के लिए युगीन भाषा खड़ी बोली का ही प्रयोग किया है। उदाहरण के लिए निम्नांकित पंक्तियाँ द्रष्टव्य हैं—

'मेरी सम्मति में अभिनन्दन की कामना उन्हीं में प्रबल है जिन्हें कदाचित यह विश्वास नहीं है कि उनके पीछे उनकी कृतियाँ उनकी स्मृति को चिर स्थायी बनाये रखेगी। ऐसी यशोलिप्सा आदरणीय नहीं है।

उपर्युक्त विवेचना से स्पष्ट हो जाता है कि आत्मकथाकार जिस वातावरण में जन्म लेता है और विकास करता है उसी समाज की भाषा का प्रभाव उसकी कृति में दृष्टिगोचर होता है। उस समाज की भाषा ही उसे वह उद्दीपन व उद्‌बोधन प्रदान करती है जिससे वह अनुरूप भाषा का ही सहारा लेकर अपने विगत जीवन को जनमानस के समक्ष प्रस्तुत कर देता है।

(ख) आत्मकथा में भाषा का स्वरूप : भाषा हृदय के भावों के प्रकाशन का श्रेष्ठ माध्यम है। भावनाओं और विचारों के सर्वाधिक प्रभावशाली माध्यम के रूप में न केवल आत्मकथा साहित्य के सन्दर्भ में, वरन सम्पूर्ण साहित्यिक विधाओं की रचना के सन्दर्भ में भाषा का महत्त्व असंदिग्ध है।

भाषा के सम्बन्ध में डॉ. भोलानाथ तिवारी ने अपना मत इस प्रकार व्यक्त किया है–

भाषा उच्चारण अवयवों द्वारा उच्चरित यदच्छित ध्वनि प्रतीकों की वह व्यवस्था है जिसके द्वारा किसी भाषा समाज के लोग आपस में विचार विनिमय करते हैं।'

इसी प्रकार डॉ. श्याम सुन्दर दास ने भाषा को इस प्रकार परिभाषित किया है–मनुष्य और मनुष्य के बीच वस्तुओं के विषय में अपनी इच्छा और मति का आदान-प्रदान करने के लिए व्यक्त ध्वनि संकेतों का जो व्यवहार होता है उसे भाषा कहते हैं।'

कहने का आशय यह है कि भाषा ही वह नींव है जिस पर आत्मकथा का महल निर्मित होता है। किसी भी साहित्यिक कृति की उत्कृष्टता का मापदण्ड भाषा के ही द्वारा सम्भव होता है। अनुकूल भाषा के अभाव में बहुत सी महत्त्वपूर्ण घटनाओं का अभिव्यक्तिकरण लेखक नहीं कर पाता है। भाषा का स्तर कृतिकार की क्षमता पर निर्भर करता है। भाषा ही अभिव्यक्तीकरण का वह ढंग है जिसके द्वारा साहित्यकार अपनी कृति को रोचक भी बना सकता है और अरुचिकर भी बना सकता है। अतएव भाषा ही रचनाकार की कसौटी है।

जहाँ तक आत्मकथा के विषय भाषा के स्वरूप का प्रश्न है। आत्मकथा में सरल एवं सामान्य भाषा का ही प्रयोग अपेक्षित होता है। आत्मकथाकार यह प्रयास करता है कि क्लिष्ट शब्दों का समाहार न होने पाये क्योंकि आत्मकथा में जनमानस तक पहुँचने की सामर्थ्य का होना आवश्यक होता है। प्रत्येक युग की आत्मकथा की भाषा पर युगीन समाज का पूर्ण प्रभाव दिखायी देता है। राधाचरण गोस्वामी जैसे प्रारम्भिक आत्मकथाओं की भाषा पर उस युग का पूर्ण प्रभाव है-

'मेरा जन्म फाल्गुन कृष्ण 5 संवत 1915 तारीख 25 फरवरी, 1859 को 4 बजे दिन में हुआ। मेरे पिता का नाम गोस्वामी गल्लू जी महाराज, माता का नाम सूर्या देवी, जाति गौड़ ब्राह्मण, गोत्र शान्डिल, असित देवल, यजुर्वेद, माध्यान्दिनी शाखा, वृत्ति सेवा पूजा अग्रवाल वैश्यों की गुरुता निवास श्री वृन्दावनधाम जिला मथुरा है।'

इस उद्धरण में हमें किसी भी प्रकार की कृत्रिमता के दर्शन नहीं होते हैं जो जनसामान्य के लिए आसानी से ग्राह्य हो जाती है।

सामान्य भाषा की दृष्टि से लज्जराम शर्मा की आत्मकथा उल्लेखनीय है। पं. लज्जाराम साहित्यकार एवं पत्रकार थे इसलिए इनकी सामान्य भाषा में भी एक प्रकार का निखार परिलक्षित होता है। एक उदाहरण द्रष्टव्य है–

'ले बच्चा तू खूब फलेगा और खूब कमावेगा। आस्तिक पिताजी ने बिना किसी प्रकार की आनाकानी के उसे (रोटी का टुकड़ा) ले लिया और कई वर्षों तक उसे अपने पास डिबिया में बन्द करके बड़ी इज्जत और आस्था के साथ रक्खा।'

साहित्यिक भाषा या परिष्कृत भाषा का शुद्ध स्वरूप भी आत्मकथाओं में दिखायी देता है। सरसता, प्रांजलता, अनौपचारिकता आदि गुणों का समाहार साहित्यिक भाषा में आवश्यक होता है। इस प्रकार की भाषा में भावों और विचारों के परिष्कृत रूप का प्राधान्य होता है। इस प्रकार की भाषा का एक उदाहरण निम्नांकित पंक्तियों में द्रष्टव्य है–

'कला के सहयोग से ही संस्कृति साम्प्रदायिकता से मुक्त हो जाती है। उसमें गुण

ग्राहकता आ जाती है। संस्कृति और कला का ही अभिन्न नाम धर्म है, जैसे स्वर और उनकी रागनी का नाम पंगीत।'

गम्भीर से गम्भीर भावों और विचारों को सीमित शब्दों में व्यक्त करने की क्षमता साहित्यिक भाषा में होती है। कन्हैयालाल माणिकलाल मुंशी ने अपनी आत्मकथा के प्रथम भाग 'सीधी चढ़ान' में इस भाषा का प्रयोग इस प्रकार किया है–

'सुख शब्द मुझे कितना कर्कश मालूम देता है। मेरे लिए सुख है ही कहाँ? सब दुःख का रूप धरकर आते हैं...।'

इस भाषा में चित्रात्मकता का गुण भी पूर्णरूपेण दिखायी देता है इस भाषा को पढ़कर लगता है मानों चित्र सामने खिंच गया हो। वृन्दावनलाल वर्माकृत 'अपनी कहानी' में इस गुण से युक्त भाषा के दर्शन सहज ही हो जाते हैं–

'एक दिन मेरे एक वकील मित्र ने शिकार में साथ चलने की कामना प्रकट की। मई का महीना था। लू चल रही थी।उनका स्वास्थ्य अच्छा था, पर थे कामल तन के। तीन चार मील की ही घूमाफिरी में बेचारे परेशान हो गये। पैरों में छाले पड़ गये।'

भाषा में बहुत लम्बे वाक्य भी भाषा को जटिलता की ओर ले जाने वाले होते हैं। आज के युग में पाठक सरल और सार्थक शब्दों को ही पढ़ने हेतु अग्रसर होता है अतः ऐसे ही शब्दों से युक्त भाषा का प्रयोग अपनी आत्मकथा में करना चाहिए। उदाहरणार्थ–

'मेरे मुदर्रिसी जीवन का यह विशाल भाग मुदर्रिसी तक ही सीमित नहीं रहा। मैंने अपनी साहित्यिक अभिरुचि बनाये रखी। स्वाध्याय होता रहा। इतिहास की धुन रही। शिक्षा साहित्य के उन क्षेत्रों की भी खोज की जो ट्रेनिंग कालेज के पाठ्यक्रम के बाहर रह गये थे।'

इस प्रकार आत्मकथागत भाषा के स्वरूप से आत्मकथा की श्रेष्ठता का आभास सहज ही हो जाता है। आत्मकथाकार अपनी इच्छा, सुविधा एवं युगानुरूप ही भाषा का प्रयोग अपनी आत्मकथा में करता है।

7. भाषा की विशेषताएँ : भाषा आत्मकथा का वह परिधान है जिसके द्वारा लेखक अपनी भावनाओं और विचारों को सजाकर पाठक के सम्मुख प्रस्तुत कर देता है। आत्मकथा लिख देना ही आत्मकथा लेखक का उद्देश्य नहीं होता है, अपितु उसके लिए यह भी आवश्यक होता है कि वह पाठक के मन को स्पर्श कर ले अथवा पाठक को लेखकमय हो जाने के लिए मजबूर कर दे। भाषा की कुछ ऐसी विशिष्टताएँ होती हैं जिनका प्रयोग आत्मकथा को श्रेष्ठ एवं कृति को पाठक तक पहुँचाने वाली बना देती है। वे विशिष्टताएँ निम्नांकित हैं-

(क) सघनता : सघनता का शाब्दिक अर्थ है-ठोस भावों से युक्त होना। आत्मकथा लेखक के लिए यह आवश्यक होता है कि उसके अतीत की जिन्दगी की जो ठोस घटनाएँ हैं अर्थात् जिन घटनाओं से पाठक को किसी प्रकार की शिक्षा मिलेगी, उन्हीं घटनाओं का व्यक्तीकरण अपनी आत्मकथा में करें। इस गुण के अभाव में आत्मकथा एक रचना का रूप भले ही धारण कर ले, वह पाठक के मन को स्पर्श कदापि नहीं कर पाती है। उदाहरण के लिए निम्नांकित पंक्तियाँ इस प्रकार हैं–

'मेरी साहित्य साधना से अल्प परिधि विशिष्ट रही है। सम्भवतः यही मेरी त्रुटि है, सम्भवतः यही मेरी सम्पदा है...।'

इन पंक्तियों में शरत जी ने पाइक वर्ग को साहित्य की ओर उन्मुख होने की अच्छी सीख दी है।

इसी प्रकार ठाकुद दत्त शर्मा ने आत्मकथा विशेषांक में अपनी आत्मकथात्मक उक्तियों के अन्तर्गत इस प्रकार लिखा है–

'मैं ईश्वर को मानने वाला हूँ, और मेरा विश्वास है कि उसका अनुग्रह किसी भी महान् कार्य की सिद्धि के लिए परमावश्यक है।'

इन पंक्तियों के माध्यम से शर्मा जी ने पाठक के समक्ष आस्तिकता के महत्त्व का प्रतिपादन किया है। इस प्रकार सघनता आत्मकथागत भाषा का विशिष्ट गुण है जिसका होना परमावश्यक होता है।

(ख) रचनाशीलता : 'रचनाशील भाषा में संकुचन और प्रसार, व्यापकता और गहराई तथा संयोजनशीलता और उद्‌भावन क्षमता होती है।'

कहने का आशय यह है कि इस गुण से युक्त भाषा के द्वारा आत्मकथाकार अपने सँजोये हुए अतीत से एक नवजीवन पुनर्निमित कर देता है जो उसके व्यक्तित्व के प्रत्येक पहलुओं का परिचय प्रदान करती है। इस गुण के अभाव में साहित्य सजीवता से मण्डित नहीं हो पाता है। रचनाशीलता से युक्त भाषा भावना एवं कल्पना का आश्रय ग्रहण कर श्रेष्ठ अभिव्यक्ति की शक्ति से पूरित हो जाती है और मानव के विगत जीवन के बिताये गये अच्छे और बुरे क्षणों को पाठक के सम्मुख प्रस्तुत कर देती है। उदाहरण के लिए निम्नलिखित पंक्तियाँ देखी जा सकती हैं :

'अंग्रेजों के देश में कारखाने थे। उन्होंने यहाँ भी शिक्षा के कारखाने खोले। कुलपति उस कारखाने का संचालक था और शिक्षक उसके नौकर थे सहयोगी शिक्षक उसके भाई हों, विद्यार्थी उसके पुत्र हों, यह तो गुरुकुल की ही बात हो सकती थी, कारखाने की नहीं।'

प्रस्तुत पंक्तियों के द्वारा आत्मकथाकार ने शिक्षा के विकृत रूप का व्यक्तिकरण किया है जो किसी भी देश के लिए हितकारी सिद्ध नहीं होता है।

अपने संचित अनुभवों को ही रचनाशील भाषा के सहारे आत्मकथा लेखक जब प्रस्तुत करता है तो उससे उसका एक नया व्यक्तित्व ही प्रस्तुत हो जाता है–

'कालेज जीवन में मैं एक तरफ कालेज पढ़ने जाता था तथा परीक्षा की तैयारी करता था, दूसरी ओर हिन्दी साहित्य सम्मेलन की परीक्षाओं की तैयारी करता था और तीसरी तरफ नागरी प्रचारिणी सेवा समिति, होम रूल लीग आदि सार्वजनिक सभाओं में खुल्लमखुल्ला काम करता था तथा क्रान्तिकारी दल के लोगों के साथ लुके छिपे मिलता जुलता था...।'

(ग) चित्रांकन सामर्थ्य : आत्मकथा की भाषा में वर्ण्य विषय का एक चित्र अंकित कर देने की क्षमता का होना आवश्यक होता है। अनुभूत विषय को मूर्तरूप में प्रस्तुत कर देना भाषा का विशेष गुण होता है। इस गुण से युक्त भाषा के लिए यह आवश्यक होता है कि वह अपने विगत जीवन की साधारण से साधारण घटना को भी इस प्रकार प्रस्तुत करे कि उसका चित्र पाठक वर्ग के समक्ष खिंच जाये यही भाषा की चित्रांकन सामर्थ्य है जिसका एक उदाहरण इस प्रकार है–

'सन्ध्या होते ही माँ ने खाना खिलाया। वे ब्यालू करने चली गयी और मैं बिस्तरे में जा पहुँचा। खटिया के निकट ही छोटा सा ताक था। दीवाल के सहारे मैं खटिया पर खड़ा हो गया। दिया टिमटिमा रहा था। उसके धुँधले प्रकाश में देखा कि ताक में ताँबे के दो मोटे पैसे रखे हुए हैं। ये पैसे बालासाही कहलाते थे। मैने चट से दोनों पैसे अपने छोटे से चुगंल में दबाये और लेट गया। नींद आ गयी।'

इन पंक्तियों में वर्मा जी ने अपने प्रारम्भिक जीवन का एक चित्र हमारे समक्ष अंकित कर दिया है जो भाषा का विशेष गुण है। डॉ. बच्चनकृत 'क्या भूलूँ क्या याद करूँ' तथा प्रणवकुमार की आत्मकथा 'विदा बन्धु विदा' में भाषा के इस गुण का चरमोत्कर्ष दृष्टिगोचर होता है। इस गुण के माध्यम से वर्ण्य विषय को एक सूत्र में पिरो दिया जाता है। यही कारण है कि इस गुण युक्त भाषा में गतिशीलता की चंचलता नहीं होती है। इस भाषा के दर्शन हमें रेखाचित्रों में अधिक देखने को मिलते हैं क्योंकि वहाँ भी शब्दों के ही सहारे व्यक्ति के व्यक्तित्व का एक चित्र अंकित करना.होता है। इस गुण के द्वारा वर्ण्य विषय का चित्र तो अंकित ही होता है, उस चित्र के द्वारा ही पात्र की आकृतिगत और आचरणगत विलक्षणताएँ सहज रूप से सिमटकर हमारे सम्मुख प्रस्तुत हो जाती है।

इस प्रकार चित्रांकन सामर्थ्य से युक्त भाषा आत्मकथा साहित्य में एक महत्त्वपूर्ण भूमिका सम्पादित करती है।

(घ) अनौपचारिकता : अनौपचारिकता या स्वाभाविकता ढंग से अपनी भावनाओं और विचारों को व्यक्त करते जाना भी आत्मकथात्मक भाषा का एक गुण है। औपचारिकता का समावेश होने से आत्मकथा लेखक का आत्मन अपने सहज रूप से व्यक्त नहीं हो पाता है। आत्मकथा में उसका व्यक्तित्व तिरोहित सा हो जाता है। उस समय वह व्यक्तीकरण हेतु स्वतन्त्र प्रवृत्ति का व्यक्तीकरण नहीं कर पाता है। धारावाहिक रूप से अपने विगत जीवन की घटनाओं का व्यक्तीकरण करने के लिए अनौपचारिकता जैसे गुण का होना अधिक आवश्यक होता है। इस गुण से युक्त भाषा के प्रयुक्तीकरण के द्वारा ही आत्मकथा लेखक अपनी कृति में ईमानदारी का भी परिचय देने में पूर्ण सफल होता है। यदि वह प्रत्येक घटना पर ठहरकर विचार करने के बाद उसका उल्लेख करेगा तो निश्चित है कि आत्मकथाकार अपनी जिन्दगी की घटनाओं को स्वतन्त्र रूप से तथा स्वाभाविक रूप से स्पष्ट करे तभी उसकी कृति श्रेष्ठता का पूर्ण परिचय देने में समर्थ हो सकेगी। बेचन शर्मा 'उग्र' की आत्मकथा 'अपनी खबर' इस गुण से युक्त है एक उदाहरण उनकी आत्मकथा में इस प्रकार है-

'मेरा खयाल है कि अक्षरारम्भ से पहले ही मेरे कान में 'वेश्या' या 'रण्डी' शब्द पड़ चुका था। मैं पाँच ही छः साल का रहा हूँगा जब मेरे घर में मिर्जापुर की एक टकैल वेश्या का प्रवेश हुआ था।...भाभी रोने लगी थी, पर ये कुलीन औरतें मुखर विरोध करने में असमर्थ थीं....।'

इसी प्रकार इन्होंने अपनी आत्मकथा में अन्यत्र भी लिखा है—

'यहाँ तक कि आज भी जब मैं खानाबदोशों, बंजारों, जिप्सियों का गन्दगी, जवानी, जादू और मूर्खता से भरा गिरोह देखता हूँ, तब मेरा मन कहता है कि ललक कर उन्हीं में लीन हो जाऊँ। उन्हीं के साथ आवारा घूमूँ फिरूँ, किसी हरजाई आवारा, बंजारन युवती के मादक मोह में नगर-नगर, शहर-शहर, दर-दर छूरी, छूरे, मूँगे, कस्तूरी, मग के नाफे शिलाजीत बेचता।'

इन पंक्तियों से स्पष्ट है कि उग्र जी का व्यक्तित्व बाल्यकाल में किन प्रवृत्तियों से आबद्ध था।

वृन्दावन लाल वर्मा कृत अपनी कहानी, पदुमलाल पुन्नालाल बख्शी कृत 'मेरी अपनी कथा' भी भाषा के इस गुण का आदर्श प्रस्तुत करती है। वर्माजीकृत 'अपनी कहानी' से एक उदाहरण इस प्रकार है–

'चौथे दर्जे पास तो हो गया, परन्तु गणित में चौथाई से भी कम नम्बर आये थे। अंग्रेजी और हिन्दी में बहुत अच्छे नम्बर होने के कारण क्लास में मेरा नम्बर चौथा रहा। पुरस्कार में राबिन्सन क्रूसों नाम की पुस्तक मिली। पाँचवें में जाकर अंग्रेजी कुछ अधिक सीख ली और इन पुस्तकों को थोड़ा-थोड़ा समझने लगा।'

इस प्रकार निश्चित हो जाता है कि अनौपचारिक भाषा आत्मकथा की प्रभावकता को बढ़ाने वाली होती है। यह गुण आत्मकथा की श्रेष्ठ एवं उच्च बना देती है।

उपर्युक्त विशेषताओं के अतिरिक्त सरलता, स्पष्टता और रोचकता आदि गुणों का भी होना श्रेष्ठ आत्मकथा के लिए आवश्यक होता है। प्रसाद एवं माधुर्य गुणों का भी होना आत्मकथा को आदर्श बनाने के लिए आवश्यक होता है।

निष्कर्षतः कहा जा सकता है कि इन समस्त विशेषताओं का होना आत्मकथा की पूर्णता के लिए अत्यावश्यक होता है। इन विशेषताओं से युक्त आत्मकथा मानव के सम्पूर्ण व्यक्तित्व को प्रकाशित करने में पूर्ण समर्थ होती है। यही कारण है कि इन विशेषताओं का किसी भी आत्मकथा में अपना विशेष महत्त्व होता है।

8. मुहावरे और कहावतों एवं सूक्तियों के प्रयोग : वे शब्द समूह जो शाब्दिक अर्थ से भिन्न अर्थों का बोध कराते हैं उन्हें ही मुहावरा कहा जाता है। आत्मकथा व्यक्ति के जीवन का महाकाव्य होता है। उसमें आत्मकथाकार के गुणों एवं अवगुणों का पूर्ण समाहार होता है कभी-कभी आत्मकथा लेखक अपने व्यक्तित्व के किसी विशेष पक्ष को सीधे रूप में या उसी रूप में व्यक्त नहीं कर पाता है। उस समय उस पक्ष के व्यक्तीकरण हेतु वह दूसरे वाक्यों को लिख देता है। यह महत् कार्य मुहावरों के द्वारा ही सम्भव होता है। हिन्दी आत्मकथाकारों ने मुहावरों का प्रयोग यथास्थान किया है गुलाबराय ने अपनी आत्मकथा 'मेरी असफलताएँ' में मुहावरों के प्रयोग किये हैं जो इस प्रकार है-'काला अक्षर भैंस बराबर।' आपुन करनी भाँति बहुबरनी।'

कालीदास कपूर ने 'मुदर्रिस की रामकहानी' में भी मुहावरों का प्रयोग किया है। एक मुहावरा इस प्रकार है–'बिना बत्ती का दीपक जलाना।' वियोगी हरि ने भी 'मेरा जीवन प्रवाह' में मुहावरों का प्रयोग किया है जैसे-'पठित कूप मण्डूप।'

इस प्रकार मुहावरों के प्रयोग भी आत्मकथा को श्रेष्ठ बनाने में सहायक होते हैं। इनके सामयिक प्रयोग से भाषा महत्त्वपूर्ण, सजीव, आकर्षक एवं पुष्ट बन जाती है।

कहावतें : कहावत का शाब्दिक अर्थ होता है-'जो कहा जाय'। बहुधा बड़े-बड़े कवियों, लेखकों एवं विचारकों के कहे गये वाक्य ही कहावत के रूप में अभिहित किये जाते हैं। इनका प्रयोग किसी को चेतावनी देने, व्यंग्य करने तथा उलाहना आदि देने के लिए किया जाता है।

आत्मकथा साहित्य भी कहावतों की दृष्टि से धनी है। अनेक आत्मकथाकारों ने किसी को चेतावनी आदि देने के लिए कहावतों का पर्याप्त प्रयोग किया है। भवानी दयाल संन्यासी, सन्तराम बी. ए. तथा गुलाबराय आदि आत्मकथा लेखकों ने कहावतों के पर्याप्त प्रयोग किये हैं। उदाहरणार्थ इनकी आत्मकथाओं से कुछ कहावतें इस प्रकार हैं–

'जोरदार मर्द नाहर, घर रहे चाहे बाहर।' 'रोग की मारी बिल्ली, बन रहे चाहे दिल्ली।' 'गंगा तेली राजा भोज की बराबरी।' 'निज चरित केहि लाग न नीका।'

इस प्रकार यथास्थान कहावतों के प्रयोग से आत्मकथा सजीव एवं उपदेश प्रधान हो जाती है।

सूक्तियों का प्रयोग : सूक्ति का शाब्दिक अर्थ है-अच्छी उक्ति। अपने कथन पुष्टि में किसी को शिक्षा या चेतावनी देने के लिए संक्षिप्त, सारगर्भित तथा विशिष्ट कथन को सूक्ति कहते हैं आत्मकथाकार अपने कथन की पुष्टि में प्रमाण प्रस्तुत करने के लिए सूक्ति का प्रयोग करता है। सूक्तियों से आत्मकथा लेखक के चिरकालीन अनुभूत ज्ञान का परिचय मिलता है। सूक्तियों के द्वारा ही व्यक्ति के अन्तर्मन के चिन्तन का सम्बन्ध लोक की चिंतनधारा से जुड़ जाता है। ये सूक्तियाँ पाठक वर्ग को एक विशेष आनन्द से युक्त कर देती हैं।

हिन्दी आत्मकथाकारों ने अपनी आत्मकथा में सूक्तियों का प्रयोग बड़ी ही सफलता के साथ किया है। पदुमलाल पुन्नालाल बख्शी ने 'मेरी अपनी कथा' में सूक्तियों के अधिक और बड़े ही सफल प्रयोग किये हैं। उदाहरणार्थ निम्नांकित सूक्तियाँ द्रष्टव्य है–

'जीवन अनित्य है इसलिए वह स्पृहणीय है।' 'संसार परिवर्तनशील है इसी से वह उन्नतिशील है।' 'जहाँ योग्यता की कमी है, वहीं प्रमाण-पत्र की माँग है।'

डॉ. श्यामसुन्दर दास ने 'मेरी आत्मकहानी' में अत्यन्त ही श्रेष्ठ सूक्तियों का प्रयोग किया है। एक सूक्ति इस प्रकार है–

'अस्ताचल में गये सूर्य की कोई पूजा नहीं करता।'

इसी प्रकार शान्तिप्रिय द्विवेदी, वियोगी हरि, भवानीदयाल संन्यासी, गुलाबराय, बच्चन तथा देवेन्द्र सत्यार्थी ने अपनी-अपनी आत्मकथाओं में सूक्तियों के बड़े ही सफल प्रयोग किये हैं।

इस प्रकार सूक्ति प्रयोग की भी दृष्टि से आत्मकथा साहित्य समृद्ध है।

समग्र रूप से मुहावरों, कहावतों और सूक्तियों का विवेचन करने के पश्चात् हम कह सकते हैं कि आत्मकथा साहित्य में मुहावरों, कहावतों एवं सूक्तियों का अत्यन्त ही महत्त्वपूर्ण स्थान होता है। जनजीवन पर इन उक्तियों का अधिक प्रभाव पड़ता है। नैतिकता की दृष्टि से भी इन उक्तियों का विशेष स्थान होता है क्योंकि कोई भी पाठक इन उक्तियों का पठन करने के पश्चात् उन्हें अपने व्यक्तित्व के साथ आत्मसात करने को बाध्य हो जाता है। इन उक्तियों के द्वारा आत्मकथा साहित्य अत्यन्त ही प्रभावक हो जाता है। इन उक्तियों का आत्मकथा की संफलता में महान् योगदान होता है।

9. शब्द सम्पदा : अपने अतीत जीवन की घटनाओं को अभिव्यक्त करने के लिए आत्मकथाकार विभिन्न भाषाओं के शब्दों का प्रयोग करता है। जिन आत्मकथाकारों को

जितनी भाषाओं का ज्ञान होगा, वे अपनी आत्मकथाओं में उतनी ही अधिक भाषाओं के शब्दों का प्रयोग करेंगे।

आत्मकथा साहित्य में अंग्रेजी, संस्कृत, उर्दू, अरबी-फारसी तथा देशज शब्दों के प्रयोग सफलता के साथ एवं पर्याप्त मात्रा में हुए हैं। आत्मकथा लेखक का मुख्य उद्देश्य होता है-अपने हृदयस्थ भावों को जनसामान्य तक पहुँचा देना। इस प्रक्रिया हेतु वह विभिन्न भाषाओं के शब्दों का प्रयोग करता है। कुछ उदाहरण इस प्रकार हैं–

संस्कृत के शब्द : रक्ताभ, काषायिक, तथा क्षुब्धबन्धु आदि।

अंग्रेजी के शब्द : प्लीडर, मार्निंग कोट, ऐड्रेस, स्टैन्डर्ड तथा मिशनरी आदि।

युगीन आत्मकथा की आलोचना करते समय अपने विभिन्न भाषाओं के शब्दों का पूर्ण प्रयोग किया है इसलिए यहाँ पर उनका प्रयोग संक्षेप में ही करके अपनी बात स्पष्ट कर रहे हैं।

इस प्रकार शब्द सम्पत्ति की दृष्टि से भी आत्मकथा साहित्य सफल है।

10. शब्द शक्तियों के प्रयोग : प्रत्येक कार्य किसी न किसी शक्ति के द्वारा सम्पन्न होता है। शब्द भी अपना अर्थ व्यक्त करने का कार्य जिस शक्ति के द्वारा सम्पादित करता है, उसे शब्द कहते हैं। शब्द की तीन शक्तियाँ होती हैं–

(1) अभिधा शक्ति (2) लक्षणा शक्ति (3) व्यंजना शक्ति।

अभिधा शब्द की वह शक्ति है जिसमें मुख्य अर्थ का बोध होता है। वह वाचक कहलाता है तथा उससे निकलने वाला मुख्य अर्थ वाच्यार्थ कहलाता है। मम्मट ने काव्य प्रकाश में इसकी परिभाषा इस प्रकार दिया है-

'साक्षात् संकेतिक (गुण, गति, द्रव्य तथा क्रियावाचक) अर्थ जिसे मुख्य अर्थ कहा जाता है, उसके व्यापार को अभिधा करते हैं।'

मुख्यार्थ या वाच्यार्थ बाधा या व्याघात होने पर रूढ़ि या प्रयोजन के सहारे उससे सम्बन्धित, जहाँ पर अन्य अर्थ लक्षित होता है, वहाँ पर लक्षणा शक्ति का काम करती है। रामदहिन मिश्र ने काव्य दर्पण में लक्षणा शक्ति को इस प्रकार परिभाषित किया है-मुख्यार्थ की बाधा होने पर रूढ़ि के कारण जिस शक्ति के द्वारा मुख्यार्थ से सम्बन्ध रखनेवाला अन्य अर्थ रक्षित हो उसे लक्षणा कहते हैं।'

अभिधा और लक्षणा के अपना-अपना अर्थ-बोध कराकर विरत हो जाने पर जिस शक्ति के द्वारा व्यंग्यार्थ का बोध होता है उसे व्यंजना कहते हैं।

व्यंजना की परिभाषा मम्मट ने काव्य प्रकाश में इस प्रकार किया है–

'अनेक अर्थ वाले शब्द का जब संयोगादि के द्वारा वाचकत्व नियत हो जाता है, तब भी उस शब्द के किसी और अर्थ का ज्ञान उत्पन्न होता है, वैसे ज्ञान के उत्पन्न करने वाले व्यापार का नाम व्यंजना है।'

इन तीनों ही शब्द शक्तियों का प्रयोग आत्मकथा साहित्य में अवसरानुकूल हुआ है। आत्मकथाकार जब अपने अतीत जीवन की किसी घटना विशेष को उसी रूप में व्यक्त करने के लिए इच्छुक हो जाता है तो वहाँ पर अभिधा शक्ति का व्यक्तिकरण हो जाता है। हरिवंशराय बच्चन ने इस शक्ति का प्रयोग बड़ी ही सफलता से किया है क्योंकि वे अपनी

विगत जिन्दगी के दुःखों को उसी रूप में पाठक वर्ग के समक्ष प्रस्तुत कर देना चाहते थे। एक उदाहरण उनकी आत्मकथा के द्वितीय भाग 'नीड़ का निर्माण फिर' से इस प्रकार है-

'न मैंने श्यामा के शव से पहने कपड़े उतारने की अनुमति दी, प्रतिदिन की तरह उसके तन पर आज भी मेरे हाथ के धुले कपड़े थे और मैंने चाहा कि वह अन्तिम यात्रा पर उनहीं में जाए—न उसे बाँस की टिकटी में बाँधने दिया...।

इसी प्रकार वृन्दावन लाल वर्माकृत आत्मकथा 'अपनी कहानी' से इस शक्ति का एक उदाहरण द्रष्टव्य है-

'योग की ओर मेरा रुझान तभी से है जब से मैंने गौतम बुद्ध का जीवन चरित्र पढ़ा था और लिखा था। जब मैं 19-20 वर्ष का था। उसके विभिन्न अंगों का अध्ययन करता रहा...।'

इस शक्ति का प्रयोग करीब-करीब सभी आत्मकथाकारों ने किया है। लक्षणा शक्ति का भी प्रयोग आत्मकथा लेखकों ने यथावसर किया है। जहाँ वे अतीत के किसी अवगुण या कभी को सीधे रूप में व्यक्त करने में असमर्थ हो गये हैं वहीं इस शक्ति के सहारे अपने जीवन की उस घटना का अभिव्यक्तीकरण किया है। अपने जीवन के किसी विशेष पक्ष से पाठक को अवगत कराने के लिए शब्दों के द्वारा अन्य अर्थ लक्षित करा देता है। अनीता राकेश ने 'चन्द सतरें और' में इस शक्ति का प्रयोग किया है। उदाहरणार्थ—

'मैं इतनी सड़ियल और जिद्दी हो गयी की माँ तक मुझे कहती थी कि मैं कुढ़-कुढ़कर मर जाऊँगी।'

भवानी दयाल संन्यासी की आत्मकथा 'प्रवासी की आत्मकथा' से इस शक्ति का एक उदाहरण द्रष्टव्य है-

'पहले दिन चतुर्वेदी जी बड़े ठाट-बाट से मिलने आये। मैंने उनका हार्दिक स्वागत किया। उस समय आकाश में घटा छायी हुई थी। कुछ देर पहले ही वर्षा हो चुकी थी। हवा में ठण्डक और मौसम में ताजगी थी। सारा वातावरण धरती के गन्ध से गमक रहा था।'

अधिकांश आत्मकथाकारों ने अपने व्यक्तित्व के व्यक्तीकरण हेतु इस शक्ति का भी प्रयोग किया है।

दोनों शक्तियों के अतिरिक्त व्यंजना शक्ति का प्रयोग भी आत्मकथा लेखकों ने अपनी कृति में किया है। इस शक्ति का प्रयोग करके भी आत्मकथाकार अपने व्यक्तित्व का उद्घाटन करता है। इस शक्ति का प्रयोग उसके ज्ञान व अनुभव पर निर्भर करता है। इस शक्ति के प्रयोग का एक उदाहरण निम्नांकित पंक्तियों में इस प्रकार है-

'जमुना की लहरियों ने विगत स्मृतियों से क्षत-विक्षत मेरे मन पर कितना मरहम लगाया होगा इसे बताना मेरे लिए सम्भव नहीं। जमुना के किनारे थोड़ी देर बैठने के बाद मुझे ऐसा लगता जैसे उसकी लहरें मेरी पलकों, भौहों, मेरे माथे, मेरे सिर पर से होती निकली जा रही है और मस्तिष्क उनका शीतल तरल-कोमल स्पर्श अनुभव कर रहा है।'

स्पष्ट है कि इन्हीं शब्द शक्तियों के सहारे आत्मकथाकार अपने अतीत व्यक्तित्व के गुणों एवं अवगुणों का व्यक्तीकरण करता है। ये शक्तियाँ भाषा के सौन्दर्य की वृद्धि करने वाली होती हैं। कोई भी आत्मकथाकार जितना भाषाविज्ञ होगा और उसे विभिन्न क्षेत्र की

परिस्थितियों का जितना अधिक ज्ञान होगा, वह इन शक्तियों का प्रयोग उतनी ही अधिकता के साथ करने में समर्थ सिद्ध हो सकेगा। अतएव ये शक्तियाँ भी आत्मकथा साहित्य की समृद्धिसूचक हैं।

निष्कर्ष : शैली एवं भाषा के सर्वांग विवेचन के उपरान्त कतिपय निष्कर्षों की उदभावना करते हुए हम कह सकते हैं कि आत्मकथा साहित्य में शैली एवं शिल्प की उपादेयता असन्दिग्ध है। शैली एवं भाषा दोनों का ही सम्बन्ध अभिव्यक्ति से होता है जिस आत्मकथालेखक में भाषा और शैली शिल्प की जितनी अधिक निपुणता होती है उसका प्रतिपाद्य उतना ही अधिक कलात्मक होता है। चूँकि साहित्य का सम्बन्ध हृदय की रागात्मिका वृत्ति से होता है इसी कारण इसमें विज्ञान की अपेक्षा शैली एवं भाषा का महत्त्व अधिक होता है।

भाषा अथवा शिल्प रचना प्रक्रिया का ही एक अंग है। प्रत्येक रचनाकार को अपने व्यक्तित्व और वर्ण्य विषय की प्रकृति के अनुरूप ही भाषा का प्रयोग करना पड़ता है। वास्तविकता यह है कि जीवन और जगत् के प्रति आत्मकथाकार के पैठ और दृष्टि उसकी अभिव्यक्ति के अन्तर और वाह्य रूप का निर्धारण करती है। आत्मकथा साहित्य, साहित्य की एक सुकोमल विधा है, जिये गये जीवन की अनुभूतियों को पाठक तक यथावत सम्प्रेषित करने के लिए उसे भावाभिव्यक्ति हेतु श्रेष्ठ माध्यम को अपनाना पड़ता है। आत्मकथा लेखक को निश्चित अर्थ वाली, संवेदनशील तथा अत्यन्त ही विश्वसनीय भाषा अन्वेषित करनी होती है तभी पाठक उसके विचारों और भावों को उसी रूप में आत्मसात करने में सफल हो सकेगा। भाषा एवं शैली की दृष्टि से जब पाठक वर्ग आत्मकथा को अपने ढंग से स्वीकार कर लेता है तभी आत्मकथा की श्रेष्ठता एवं सर्वमान्यता निश्चित हो जाती है।

शैली एवं शिल्प तो वह माध्यम है जिसके सहारे लेखक अपने विगत जीवन की लपटों को पाठक तक पहुँचा देता है। वह माध्यम जितना ही तीव्र होगा उतनी ही सरलता से पाठक वर्ग उसे ग्रहण भी कर लेगा। भावों का शैली के अभावा में कोई भी महत्त्व नहीं होता है। भाव और शैली दोनों सहजाति ही होते हैं। कृति के अनुकूल उनका विकास और रूप परिवर्तन सम्भव हो सकता है किन्तु यह कभी-भी नहीं हो सकता कि ये दोनों अलग-अलग हो जायें।

शैली एवं भाषा को उद्दीप्त करने के लिए मुहावरों, कहावतों, सूक्तियों, शब्द भण्डार तथा शब्द शक्तियों का भी विशेष स्थान होता है। इनके प्रयोग से भाषा में कमनीयता एवं स्वाभाविकता के दर्शन सहज ही होने लगते हैं। देशज शब्द तो आत्मकथा को कृत्रिम अलंकरण से दूर करके वास्तविकता से मण्डित कर दिया करते हैं।

यही कारण है कि प्रत्येक आत्मकथाकार का व्यक्तित्व उसकी भाषा में उसकी अनुभूति और अभिव्यक्ति के आधार पर स्पष्ट रूप से रूपायित हो जाता है। आत्मकथा साहित्य में शिल्प एवं शैली का महत्त्व अतीत काल से रहा है और सदैव ही रहेगा।

अन्त में

'अतीत स्मृति के सम्बन्ध रखने के कारण आत्मकथा भी संस्मरण की सीमा में रहेगी, किन्तु वह सम्पूर्ण जीवनवृत्त का कालक्रमानुसार स्मरण है, किसी विशेष कालखण्ड में घटित और अनुभूत घटना या व्यक्ति का नहीं। आत्मकथा और संस्मरण की विधाओं में कलेवर का ही नहीं तत्त्वगत अन्तर भी है। प्रथम में लेखक अपने आप को केन्द्र बनाकर अपने परिवेश में स्थित अन्य व्यक्तियों और वस्तुओं पर आलोक फेंकता चलता है और दूसरी विधा में अन्य का ऐसा स्मरण है जिसमें लेखक या स्मरणकर्ता और के आलोक में स्वयं उद्भाषित होता रहता है।'

1. आत्मकथाओं का स्वरूप : 'आत्मकथा' लेखक का आत्मचित्रण है, जिसमें अतीत जीवन का सिंहावलोकन किया जाता है। अतीत को वर्तमान में परिवर्तित कर देना अत्यन्त ही दुष्कर कार्य होता है। मानव का विगत जीवन अनन्त घटनाओं का समुदाय होता है, उनमें से सार्थक एवं महत्त्वपूर्ण क्षणों को खोज निकालना असामान्य कार्य ही होता है, फिर भी मनुष्य में दूसरों के समक्ष अपने को व्यक्त करने की इच्छा स्वाभाविक रूप से विद्यमान रहती है।

अपने को पूर्णता के साथ यदि किसी साहित्यिक विधा के माध्यम से व्यक्त किया जा सकता है तो वह है साहित्य की नव्य विधा-'आत्मकथा', उपन्यास, कहानी तथा नाटक आदि विधाओं के द्वारा लेखक का 'स्व' अभिव्यक्त अवश्य होता है। किन्तु अप्रत्यक्ष रूप से आत्मकथा ही ऐसी अनुकूल व सहज विधा है जिसके द्वारा लेखक के जीवन की घटनाएँ प्रत्यक्ष व सीधे रूप में पाठक वर्ग के सम्मुख प्रस्तुत हो जाती हैं।

आत्मकथा के द्वारा लेखक के विगत जीवन का अनुवीक्षण तो होता ही है, प्रायश्चित की भावना भी इससे परिपुष्ट हो जाती है। तटस्थ भाव से जब आत्मकथाकार गत के किसी विशेष पहलू का प्रायश्चित करता है तो उसमें भी उसे आनन्दानुभूति ही होती है।

आत्मकथा लेखन के पलिए तटस्थता की परम आवश्यकता होती है। लेखक अपने गत जीवन को आगत करता है। अपने जीवन की विगत घटनाओं को यदि वह तटस्थ भाव से नहीं देखेगा तो उसके लिए कुछ भी लिखना असम्भव हो जायेगा। उसका जीवन जो भी एवं जैसा भी रहा हो, उसे उसी रूप में प्रस्तुत कर देना ही तटस्थता है जिसकी माँग पूर्ण आत्मकथा के लिए होती है। कभी-कभी आत्मकथाकार अपने विगत जीवन की घटनाओं को रूपान्तरित करके प्रस्तुत कर देता है, उस समय वह अपने साध्य से च्युत हो जाता है और उसकी कृति सत्य से दूर हो जाती है। ऐसी आत्मकथाएँ उस ईमानदारी, साहस एवं धैर्य का व्यक्तीकरण नहीं कर पातीं, जो किसी भी श्रेष्ठ आत्मकथा के लिए आवश्यक ही नहीं बल्कि

अपरिहार्य है। पूर्ण आत्मकथा के लिए आवश्यक है कि आत्मकथाकार आवेग रहित होकर एक शान्त वैज्ञानिक के समान अपने विगत जीवन का पुनर्दशन करे।

उपर्युक्त विवेचन से स्पष्ट है कि हिन्दी साहित्य में सच्चा अन्तर्दशन आत्मकथाओं के द्वारा ही सम्भव है। इसमें कथनी और करनी का भेद समाप्त हो जाता है और आत्मकथाकार निश्छल भाव से सत्य की प्रतिष्ठा में सफल हो जाता है।

2. साहित्येतिहास के परिप्रेक्ष्य में आत्मकथा साहित्य की महत्ता : हिन्दी साहित्य के इतिहास के परिप्रेक्ष्य में जब हम समग्र आत्मकथा साहित्य का अवलोकन करते हैं, तो इस नव्य विधा की महत्ता स्पष्ट हो जाती है।

साहित्येतिहास के सृजन हेतु मूलस्रोत और सम्बन्धित सामग्री के रूप में आत्मकथाओं का अधिक महत्त्व होता है। साहित्य के इतिहास के निर्माण में आत्मकथाएँ साक्ष्य का कार्य करती हैं। उदाहरण के लिए यदि किसी आत्मकथाकार ने अपनी आत्मकथा के माध्यम से स्वयं का जन्म, सन्, जन्म स्थान, रचनाकाल तथा अन्य तथ्यों को मुखरित किया है तो साहित्य का इतिहास लिखते समय साहित्येतिहास लेखक को उस आत्मकथा लेखक विशेष की रचनाओं तथा काल आदि को निर्धारित करने में सहायता मिल जाती है।

बीतक साहित्य, जो प्रणामी सम्प्रदाय का बीतक साहित्य है तथा जिसका अर्थ ही है-बीते हुए का वर्णन करना। यह भी साहित्य के निर्माण में योगदान देता है। इतिहास लेखक इस साहित्य से भी शुद्ध सामग्री ग्रहण कर साहित्य के इतिहास का सृजन करता है।

चौरासी वैष्णवन की वार्ता तथा दो सौ बावन वैष्णवन की वार्ता का भी महत्त्व साहित्येतिहास के निर्माण में कई दृष्टियों से हैं। अतः उसकी प्रामाणिकता निर्धारित करने के लिए इसका आश्रय लिया जाता है।

आत्मकथा साहित्य के ही द्वारा साहित्य के इतिहास में नव्य तत्त्वों का समावेश होता है और इसी आधार पर कहा जा सकता है कि साहित्येतिहास के परिप्रेक्ष्य में आत्मकथा साहित्य ही महत्त्वपूर्ण है।

3. आत्मकथा साहित्य का युगीन परिवेश : साहित्य युगीनी परिवेश का प्रतिबिम्ब होता है। किसी भी देश के ऐतिहासिक, सामाजिक, सांस्कृतिक एवं साहित्यिक स्वरूप को समझने हेतु उस देश के साहित्य का अध्ययन परमावश्यक होता है। साहित्यकार स्वयं के इर्द-गिर्द जो कुछ भी देखता या सुनता है उसी को आधार मानकर साहित्य सर्जना की ओर उन्मुख हो जाता है। प्रत्येक व्यक्ति को अपने समाज में युग-विशेष की परिस्थितियों के मध्य ही रहना पड़ता है। कभी-कभी कुछ विशिष्ट परिस्थितियाँ व्यक्ति को साहित्यकार बना देती हैं। यही कारण है कि आत्मकथा साहित्य में भी युगीन आकलन अत्यधिक महत्त्वपूर्ण स्थान रखता है।

आत्मकथाओं की पूर्णता तथा आत्मकथाकार के आत्मचित्रण की सफलता युगीन परिस्थितियों के चित्रण पर ही निर्भर रहती है। युगीन परिस्थितियों के सफल चित्रांकन से आत्मकथा में विश्वसनीयता की वृद्धि होती है। युगीन परिस्थितियों के चित्रण से ही आत्मकथा में स्वाभाविकता आ पाती है।

अब हम देखेंगे कि आत्मकथाकार की कृति पर युगीन परिस्थितियों का कितना प्रभाव है? उस युग के कथ्य, तथ्य एवं शिल्प से युगीन आत्मकथा लेखक किस सीमा तक प्रभावित है?

सर्जनात्मक उर्वरता की दृष्टि से भारतेन्दु-युग बेजोड़ कहा जा सकता है। इस युग का आत्मकथा साहित्य, आत्मकथा लेखन का प्रयास काल ही है। युगीन आत्मकथाकारों ने अपने पूर्वजों तथा स्वयं के जन्म तथा स्थान आदि तथ्यों का वर्णन अपनी कृति में किया है। उनकी विगत जिन्दगी के कौन से महत्त्वपूर्ण तथ्य थे, इसका अभिव्यतीकरण भारतेन्दुयुगीन किसी भी आत्मकथाकार ने नहीं किया है। इस युग में धर्म एक प्रेरक शक्ति का कार्य कर रहा था, इसलिए अपने सम्पूर्ण व्यक्तित्व का उद्‌घाटन आत्मकथाकारों ने उचित नहीं समझा। दो चार पृष्ठों में ही अपने वंश और जन्म आदि का उल्लेख करके आत्मकथात्मक तत्त्वों का समावेश कर दिया।

नवीन युग के संदेशवाहक भारतेन्दु ने युगीन सामाजिक एवं आर्थिक परिस्थितियाँ का बड़ा ही सजीव चित्रण किया है। उनकी आत्मकथा 'एक कहानी कुछ आप बीती कुछ जग बीती' के माध्यम से नौकरों और दलालों का बड़ा ही सजीव वर्णन है। इसी प्रकार प्रताप नारायण मिश्र तथा राधाचरण गोस्वामी आदि लेखकों ने युगीन परिस्थितियों के अनुकूल ही अपने जीवन की गाथा का व्यक्तीकरण नहीं बल्कि स्वयं के पूर्वजों तथा अपने जन्म स्थान आदि का स्पष्टीकरण आत्मकथा के नाम पर किया है।

भारतेन्दु युग में खड़ी बोली का ही प्राधान्य था जिसका पूर्ण समाहार युगीन आत्मकथ्यों में दृष्टिगोचर होता है।

द्विवेदी युग आत्मकथा साहित्य की दृष्टि से पल्लवित है। युगीन आत्मकथाकारों ने कथ्य के अतिरिक्त तथ्यों और युग के शिल्प का पूर्ण समाहार अपने साहित्य में किया है। आत्मगोपन की चली आती हुई परम्परा को इन आत्मकथा लेखकों ने बुद्धि के सहारे समाप्त कर दिया। श्रीधर पाठक, महावीर प्रसाद द्विवेदी, मुंशी प्रेमचन्द एवं आचार्य रामचन्द्र शुक्ल आदि ने अपने आत्मकथ्य के सहारे युगीन सामाजिक, आर्थिक परिस्थितियों का सजीव चित्रांकन किया है। मानवतावादी दृष्टिकोण होने के कारण इन लेखकों ने जनसाधारण को सुखमय जीवन बिताने की शिक्षा देने के लिए ही आत्मकथाएँ लिखी हैं। उदाहरण के लिए महावीर प्रसाद द्विवेदी ने अपने पारिवारिक जीवन की दरिद्रता का वर्णन करके गरीबी में भी प्रसन्न रहने की शिक्षा पाठक वर्ग को दी है। इसी प्रकार मुंशी प्रेमचन्द ने साहित्यिक एवं सामाजिक समस्याओं को अपने आत्मसंस्मरण के ही द्वारा जनसामान्य तक पहुँचाया है। इन समस्त आत्मकथाकारों के जीवन का कष्ट युग कष्ट है जिसका वर्णन अपनी कृति के सहारे किया है।

इस युग के साहित्य सृजन का प्रेरक तत्त्व राष्ट्रीय सांस्कृतिक जागरण था। इस जागरण ने शैली एवं शिल्प को भी उत्थान मार्ग पर अग्रसर किया था जिसका पूर्ण विवेचन हमें युगीन आत्मकथा साहित्य में दृष्टिगोचर होता है।

छायावाद युग आत्मकथाओं की दृष्टि से पूर्ण सम्पन्न है इस काल में आत्मकथा साहित्य में आशातीत समृद्धि के दर्शन होते हैं। गुलाबराय, चतुरसेन शास्त्री, राहुल सांकृत्यायन, वियोगी हरि, बेचन शर्मा 'उग्र', सेठ गोविन्ददास तथा शान्तिप्रिय द्विवेदी ने अपने जीवन के अतीत को जिस प्रकार शब्दबद्ध किया है, उसे पूर्णरूपेण युग की ही देन कहा जा सकता है।

छायावादी आत्मकथाकार ने तटस्थ होकर अपने माध्यम से युगीन जीवन दर्शन को ही

मुखरित किया है। आत्मकथा का विकास जिस वातावरण में हुआ, उस धूप, ओस और हवा का सजीव अंकन अपनी आत्मकथा के माध्यम से किया है।

उदाहरण के लिए बेचन शर्मा 'उग्र' ने अपनी आत्मकथा 'अपनी खबर' के माध्यम से युगीन जीवन के सुख-दुःख, अच्छाइयों तथा बुराइयों से युक्त परिवेश को समग्र रूप से चित्रित कर दिया है। वृन्दावनलाल वर्माकृत 'अपनी कहानी' उस जीवन का अभिव्यक्तीकरण है जो संकटों का सहचर रहा है। यह आत्मकथा चुनौती देने एवं चुनौती स्वीकार करने की आदर्श कहानी है। विपरीत परिस्थितियों का सामना करके इन्होंने विरोधों से जूझने की शिक्षा पाठक को दी है। स्वदेश के प्रति उन्हें विशेष अभिमान था, जिसका प्रस्तुतीकरण आत्मकथा में किया है। वियोगी हरि का 'मेरा जीवन प्रवाह' जीवन की प्रेरणाओं और कृत्यों को समझने का नया दृष्टिकोण प्रदान करता है। इस आत्मकथा में वियोगी हरि ने बुन्देलखण्ड की निर्धनता का बड़ा ही हृदयद्रावक चित्र अंकित किया है। साहित्य सेवा, हरिजनोद्धार की प्रबल इच्छा इस आत्मकथा की प्रत्येक पंक्ति में दृष्टिगोचर होती है। 'आत्मनिरीक्षण' के लेखक ने भी स्वयं के जीवन के माध्यम से मानव की विकृतियों को पाठक के सम्मुख रखा है। युगीन परिस्थितियों के अनुकूल ही असहयोग आन्दोलन के आह्वान का वर्णन किया है।

इस प्रकार छायावादी समस्त आत्मकथाओं के विहंगम अवलोकन से स्पष्ट हो जाता है कि समग्र परिवेश की रक्षा करते हुए युगीन आत्मकथाकारों ने सत्य की प्रस्तुति में निर्भीकता का ही सम्बल लिया है। परिमाण और गुण दोनों की ही दृष्टि से यह युग पाठक का ध्यान आकृष्ट करता है। कथ्य, तथ्य और शिल्प का जो आदर्श इस युग की आत्मकथाओं में दिखायी देता है वह अन्य किसी भी युग में दुर्लभ ही है। युगीन आत्मकथाकारों ने आत्मकथागत समस्त तत्त्वों जैसे विषय वस्तु शैली, भाषा तथा उद्देश्य आदि का पूर्ण समाहार किया है। इन आत्मकथाकारों ने अपने व्यक्तित्व का ही प्रस्फुटन कृति के माध्यम से नहीं किया है अपितु सम्पूर्ण परिस्थितियों का भी स्पष्टीकरण किया है।

छायावादोत्तर तथा वर्तमान युग (सन् 1936-1980 ई.) भी आत्मकथा साहित्य की दृष्टि से धनी कहा जा सकता है। युगीन आत्मकथाकारों ने अपने अतीत के जीवन का पुनःसर्जन बड़े ही कौशल के साथ किया है। यशपाल, हरिवंशराय बच्चन तथा देवेन्द्र सत्यार्थी ने जिन्दगी के विगत जीवन के महत्त्वपूर्ण तथ्यों का विवेचन बड़ी ही ईमानदारी के साथ किया है। इस युग में अधिक आत्मकथाएँ तो नहीं प्राप्त हैं किन्तु ऐसे लेखकों की आत्मकहानी पढ़ने को मिलती है जो गुण की दृष्टि से अत्यधिक महत्त्वपूर्ण है। उदाहरण के लिए यशपाल द्वारा लिखित 'सिंहावलोकन' (तीन भागों में उपलब्ध) केवल एक व्यक्ति विशेष का जीवन वृतान्त ही नहीं है, वरन् भारतीय समाज के एक राजनीतिक युग के वृहद आलेख का व्यक्तीकरण भी है। सिंहावलोकन के तीनों ही भागों में हमें कहीं व्यक्ति विशेष की प्रधानता दिखायी देती है तथा कहीं युग विशेष की। इन्होंने देश प्रेग और अंग्रेजों के प्रति धृणा की भावना का व्यक्तीकरण किया है। क्रान्तिकारी जीवन व्यतीत करने के कारण इनकी रुचि मार्क्सवाद की ओर विशेष रूप से दृष्टिगोचर होती है तत्कालीन परिस्थितियों और प्रेरणाओं का चित्रण बड़े ही प्रभावशाली ढंग से हुआ है।

हरिवंशराय बच्चन इसी युग के आदर्श आत्मकथाकार हैं। अपनी आत्मकथा के तीनों ही

खण्डों (क्या भूलूँ क्या याद करूँ, नोड़ का निर्माण फिर, और बसेरे से दूर) के द्वारा आत्मकथा साहित्य को जो विशिष्ट योगदान दिया है, वह अविस्मरणीय है। निजी जीवन के आरोहों और अवरोहों की जो कहानी शब्दबद्ध किया है, वह छायावाद की ही नहीं, भावी युगों के लिए भी मार्गदर्शन का कार्य करेगी। बच्चन ने जिन परिस्थितियों में जन्म लिया, बढ़े और विकास मार्ग प्रशस्त किया, उन समस्त आन्तरिक एवं वाह्य परिवेश का अंकन बड़ी ही ईमानदारी के साथ किया है।

इसी युग में बरसानेलाल चतुर्वेदी, पोद्दार रामावतार 'अरुण', मोहन राकेश, अमृता प्रीतम तथा अनीता राकेश की श्रेष्ठ आत्मकथाएँ होती हैं, जो इस युग की अमूल्य निधि कही जा सकती हैं।

मोहन राकेश ने स्वयं के जीवन की कठिनाइयों को सच्चाई के साथ स्पष्ट करके समाज के यथार्थ को उसके समक्ष प्रस्तुत किया है।

आज का साहित्यकार अहं से अधिक पीड़ित है जिसका पूर्ण समाहार हमें अमृता प्रीतम की आत्मकथा 'रसीदी टिकट' में दृष्टिगोचर होता है। इसी प्रकार अनीता राकेश ने जिन अतीत की घटनाओं को अभिव्यक्त किया है वे उस परिवेश की देन है जिन्होंने आत्मकथा लेखिका को जन्म दिया और विकास हेतु अग्रसर किया है।

इस युग में अन्य विधाओं में अभिव्यक्त आत्मकथात्मक अंशों के दर्शन भी होते हैं। जैसे—डॉ. रामधारीसिंह 'दिनकर' के संस्मरण, अज्ञेय के यात्रा वृत्तान्त तथा जगदीशचन्द्र माथुर के संस्मरण आदि।

इस प्रकार छायावादोत्तर तथा वर्तमान युग की आत्मकथाओं में ठोस यथार्थ को आधार बनाकर स्वयं के जीवन की वास्तविकता को प्रकट करने का सफल प्रयास किया गया है।

4. आत्मकथा साहित्य का साहित्य की अन्य विधाओं के सहजीकरण में योगदान : आत्मकथा हिन्दी साहित्य की सर्वोत्कृष्ट विधा है। यह ही एक ऐसी विधा है, जिसके द्वारा आत्मकथा लेखकों का सम्पूर्ण व्यक्तित्व तो पाठक के समक्ष प्रस्तुत ही होता है साथ ही उसके द्वारा अपनायी गयी अन्य साहित्यिक विधाओं की पृष्ठभूमि को भी समझने में आसानी हो जाया करती है।

हमें किसी भी साहित्यकार की कृति को सहजतः समझने में सुविधा हो जाती है। जब तक किसी भी कृतिकार के सर्वांग जीवन का अध्ययन न करें, जब हम हरिवंशराय 'बच्चन' की आत्मकथा (क्या भूलूँ क्या याद करूँ, नीड़ का निर्माण फिर तथा बसेरे से दूर) का अध्ययन करते हैं तो उनके काव्य की पृष्ठभूमि से भी अवगत हो जाते हैं तथा उनके जीवन के प्रभावकारी सूत्रों का भी ज्ञान हो जाता है बच्चन ने आत्मकथा के माध्यम से ही स्वयं के जीवन के प्रेरणा स्रोतों का ज्ञान हमें करा दिया है। इसी प्रकार वृन्दावनलाल वर्मा ने अपनी आत्मकथा 'अपनी कहानी' के द्वारा ही अपनी औपन्यासिक प्रतिभा का भी पूर्ण परिचय दिया है। यदि वे आत्मकथा का सृजन न करते तो उपन्यास लेखन की प्रतिभा तथा अन्य उनके जीवन के प्रभावक तत्त्वों से हम अनभिज्ञ ही रह जाते। इसी प्रकार से अन्य आत्मकथाकारों ने भी अपनी आत्मकथा के द्वारा स्वयं के जीवन के प्रेरणा स्रोतों एवं व्यक्तित्व की समस्त विशिष्टताओं को प्रस्तुत किया है। आत्मकथा के अध्ययन से भी पाठक को यह पता चल

जाता है कि आत्मकथाकार का जीवन किन-किन व्यक्तियों, आन्दोलनों तथा परिस्थितियों आदि से प्रभावित हुआ है। इस प्रकार पाठक लेखक के मानसिक एवं भावात्मक जीवन से भली भाँति परिचित हो जाता है। यही कारण है कि साहित्यकार की अन्य साहित्यिक विधाओं के सहजीकरण में इस विधा का विशेष महत्त्व है। आत्मकथाकार के द्वारा रचित आत्मकथा के माध्यम से उसकी अन्य कारयित्री प्रतिभा का प्रकाशन सहज ही जो जाया करता है।

5. हिन्दी आत्मकथा साहित्य की उपलब्धियाँ : आत्मकथा, व्यक्ति के जीवन का वह महाकाव्य है, जिसमें आत्मकथाकार स्वयं सर्वांग का व्यक्तीकरण बड़ी ही ईमानदारी एवं सत्यता के साथ करता है।

आत्मकथा साहित्य की सम्पूर्ण उपलब्धियों को निम्नांकित रूपों में अभिव्यक्त किया जा सकता है—

(क) ऐतिहासिक उपलब्धि
(ख) सामाजिक उपलब्धि
(ग) सांस्कृतिक उपलब्धि
(घ) साहित्यिक उपलब्धि
(ङ) शैली विज्ञान
(च) स्वतन्त्र विधा

(क) ऐतिहासिक उपलब्धिः आत्मकथा साहित्य ऐतिहासिक सन्दर्भों में विशेष स्थान का अधिकारी है। आत्मकथाकारों ने ऐतिहासिक घटनाओं को अपनी कृति में स्थान देकर अधिक सार्थक बना दिया है। उदाहरण के लिए माखनलाल चतुर्वेदी की आत्मकथा ने उनके जीवन के अतीत के प्रस्तुतीकरण के साथ ही राष्ट्रीय घटनाओं को भी अभिव्यक्त किया है। बालकृष्ण शर्मा 'नवीन' ने 'मेरी अपनी बात' में अपने जीवन के क्रान्ति के क्षणों का भी उल्लेख किया है। इसी प्रकार यशपाल तथा सेठ गोविन्द दास ने भी वैयक्तिक, राष्ट्रीय और संघर्षमय घटनाओं का उल्लेख करके अपनी आत्मकथा को साहित्यिकता के साथ ही साथ ऐतिहासिक से भी मण्डित कर दिया है।

आत्मकथा किसी भी दृष्टि से इतिहास से कम महत्त्वपूर्ण नहीं है। आत्मकथा में जिस ऐतिहासिक तथ्य का वर्णन आत्मकथाकार करता है, वह अत्यधिक प्रामाणिक और यथार्थपूर्ण होता है। इस प्रकार कतिपय आत्मकथाकारों ने अपनी कृति के माध्यम से ऐतिहासिक तथा राजनीतिक सामग्री को प्रचुरता के साथ प्रस्तुत किया है, जो आत्मकथा साहित्य की विशेष उपलब्धि है।

(ख) सामाजिक उपलब्धिः आत्मकथा मानव जीवन के यथार्थ का व्यक्तीकरण है। आत्मकथा जैसी कलात्मक विधा के द्वारा मानव अपने जीवन की सच्चाई को उसी रूप में पाठक के सम्मुख प्रस्तुत कर देता है। सामाजिक परिवेश इतना विस्तृत होता है कि आत्मकथाकार उससे प्रभावित हुए बिना रह ही नहीं सकता है। वह समाज की समस्याओं को बड़ी ही कलात्मकता के साथ अपनी कृति में उठता है और उनके समाधान हेतु अपने विचारों को भी रख देता है। आत्मकथाओं में लेखक समयानुसार तत्कालीन सामाजिक व्यवस्था के रीति-रिवाजों का गम्भीर विश्लेषण करता है। इस दृष्टि से सामाजिक कुरीतियाँ, अर्थ समस्या,

स्त्री शिक्षा, पर्दे की प्रथा, बाल विवाह एवं अन्धविश्वासों का आत्मकथा साहित्य में विशेष रूप से वर्णन हुआ है। उदाहरण के लिए हरिवंशराय बच्चन ने सामाजिक कुरीतियों का भरसक विरोध अपनी आत्मकथा-'क्या भूलूँ क्या याद करूँ' में किया है। पत्नी श्यामा की मृत्यु के पश्चात् ही मृत शरीर को जब जमीन में लिटाने की बात आई तो इन्होंने इसका विरोध किया और पलंग पर ही मृत शरीर को रखने का आदेश दिया।

आत्मकथाकारों ने सामाजिक समस्याओं को इस प्रकार पाठक के सम्मुख प्रस्तुत किया है कि उससे वे पूर्णरूपेण प्रभावित हो जायें। ऐसी समस्याओं में वर्ग संघर्ष, जातिवाद तथा धर्म भेद आदि महत्त्वपूर्ण हैं। स्पष्ट है कि साहित्य समाज का प्रतिबिम्ब है, इसलिए पूरे समाज की समस्याएँ उसकी कृति में विशेष स्थान प्राप्त करती हैं। मानव जीवन की समस्याओं से आत्मकथा का घनिष्ठ सम्बन्ध है क्योंकि आत्मकथाकार अपनी आत्मकथा के ही माध्यम से सामाजिक समस्याओं का प्रस्फुटन करता है।

सांस्कृतिक उपलब्धियाँ : आत्मकथा सभ्यता एवं संस्कृति के भी विकास में महत्त्वपूर्ण भूमिका अदा करती है, इसीलिए इस दृष्टि से भी आत्मकथा साहित्य का विशेष महत्त्व है। आत्मकथा के द्वारा, वैयक्तिक घटनाओं का ही प्रस्फुटन नहीं होता, अपितु मानवीय चेतना और उसके उन्नत तत्त्वों के संकेत भी प्राप्त हो जाते हैं। मानव जीवन के विविध क्षेत्रों का जितना सम्यक् चित्रण आत्मकथा साहित्य के द्वारा सम्भव है उतना किसी अन्य विधा के द्वारा नहीं।

किसी भी युग का जीवन और उसकी संस्कृति आत्मकथा में मूर्तरूप धारण करती है। उसके यथार्थ रूप का अंकन आत्मकथा के द्वारा ही सम्भव होता है। संस्कृति मानव जीवन की वह मुख्य विशेषता है जो उसके विकास का स्वरूप स्पष्ट करती है। आत्मकथा के द्वारा युगीन समाज में सभ्यता व संस्कृति का क्या स्वरूप है? इसका व्यक्तीकरण सहज ही हो जाता है। वृन्दावनलाल वर्मा, बेचन शर्मा 'उग्र' तथा हरिवंशराय बच्चन जैसे श्रेष्ठ आत्मकथाकारों ने अपने युग की संस्कृति व सभ्यता का पूर्ण विवेचन अपनी आत्मकथा में किया है।

आत्मकथा साहित्य आज अन्य विधाओं की अपेक्षा अधिक लोकप्रिय तो हो ही गया है साथ ही चिन्तन के क्षेत्र में भी गहनता को ग्रहण कर लिया है। आज का आत्मकथा लेखक, आत्मकथाकार ही नहीं है, वह सत्य का अन्वेषक भी बन गया है। आज आत्मकथा लेखन में उसका एकमात्र यही उद्देश्य रहता है कि वह विगत की घटनाओं का सत्यता एवं ईमानदारी के साथ ही प्रस्तुतीकरण करें यह विधा अपने व्यापक सांस्कृतिक परिवेश के कारण सरल प्रतीत होती है, किन्तु जब इस विधा के द्वारा आत्मकथाकार अपने जीवन के अतीत की यथार्थ अभिव्यक्ति करने में संलग्न हो जाता है, तो उसमें कुछ जटिलता का समावेश भी हो जाता है। यही कारण है कि बहुरूपी संस्कारों से युक्त व्यवहार का ही स्पष्टीकरण वह कृति में करता है। इस प्रकार सांस्कृतिक दृष्टि से भी आत्मकथा साहित्य अधिक महत्त्वपूर्ण है।

(घ) साहित्यिक उपलब्धि : हिन्दी साहित्य में आत्मकथा विधा की साहित्यिक उपलब्धि भी अन्यतम है। इसी विधा के द्वारा व्यक्ति को समझने का एक श्रेष्ठ माध्यम हमें मिलता है। आत्मकथा का अध्ययन करके हम कृतिकार के सामाजिक, राजनीतिक तथा उसके सम्पूर्ण सृजनात्मक व्यक्तित्व से भली भाँति अवगत हो जाते हैं। मनुष्य के जीवन का परोक्ष साक्षात्कार

तो साहित्य की अन्य विधाओं के द्वारा हो जाता है किन्तु उसकी जिन्दगी का प्रत्यक्ष साक्षात्कार केवल आत्मकथात्मक विधा से ही सम्भव है। इस विधा के माध्यम से लेखक अपने सम्पूर्ण जीवन के गुण एवं दोषों को लेकर स्वयं हमारे समक्ष प्रस्तुत हो जाता है। स्वयं के यथार्थ को उद्घाटित करने की जितनी शक्ति इस विधा में है, उतनी अन्यत्र दुर्लभ है। मानव के अन्तर्मन का दर्शन हमें आत्मकथा के द्वारा ही होता है। आत्मकथा विधा के ही कारण हिन्दी साहित्य में तटस्थता तथा सत्यता जैसे नव्य तत्त्वों का समावेश हुआ है।

भाव-पक्ष की तरह आत्मकथा साहित्य का कलापक्ष की दृष्टि से भी अत्यन्त महत्त्वपूर्ण स्थान है। इस विधा में जीवनगत घटनाओं के अनुकूल ही भाषा एवं शैलियों का प्रश्रय ग्रहण किया जाता है। आत्मकथा लेखक के जीवन के क्षेत्रों में विविधता होने के कारण विविध भाषा एवं शैलियों का भी समावेश इस विधा में किया जाता है। कवि जब अपने जीवन की कहानी आत्मकथा के रूप में प्रस्तुत करता है तो उसके द्वारा प्रयुक्त शैली का सहारा लेकर अपने व्यक्तित्व को स्पष्ट करता है। इसी प्रकार यदि कोई आलोचक अपने विगत जीवन को लिखता है तो वह तटस्थता का सहारा लेकर गम्भीर शैली को अपनाता है। शैली की भाँति आत्मकथाकार स्पष्टता, सजीवता, सुसंगठितता तथा अनौपचारिकता आदि विशेषताओं से युक्त भाषा का आश्रय लेकर अपनी भावनाओं और विचारों को स्पष्ट करता है।

इस प्रकार आत्मकथा साहित्य की साहित्यिक उपलब्धि भी अत्यधिक महत्त्वपूर्ण है।

(ङ) शैली विज्ञान : शैली विज्ञान की दृष्टि से आत्मकथा साहित्य का विशेष महत्त्व है। शैली और व्यक्तित्व दोनों अन्योन्याश्रित हैं। एक के अभाव में दूसरे का कोई भी अस्तित्व नहीं होता है, इसी कारण यह कह दिया जाता है कि 'शैली ही व्यक्तित्व है'। शैली के रूप में विस्तार एवं विकास इसी विधा के द्वारा सम्भव हुआ है। अपने व्यक्तित्व के व्यक्तीकरण हेतु वर्णनात्मक, भावात्मक, चित्रात्मक एवं गम्भीर शैलियों का प्रयोग तो परम्परा से चला हुआ है जो आत्मकथा साहित्य की विशिष्ट उपलब्धि कही जा सकती है। यही एक ऐसी शैली है जिसके द्वारा आत्मकथा लेखक अपने जीवन की घटनाओं को प्रत्यक्ष रूप में प्रस्तुत कर सकता है। आज आधुनिक साहित्य के आत्मन् के प्रस्तुतीकरण हेतु यह एक प्रमुख शैली स्वीकार कर ली गयी है। आज विविध विधाओं में इसी शैली का सहारा लिया जाता है।

आत्मकथा शैली की महत्त्वपूर्ण उपलब्धि यह है कि इस शैली से युक्त साहित्य के साथ पाठक सहज ही तादात्म्यता स्थापित करने में सफल हो जाता है। इसी तादात्म्य के ही कारण वह कृति को आद्यन्त उत्सुकता के साथ पढ़ने में संलग्न रहता है। इस शैली से युक्त रचना में स्वाभाविकता, मार्मिकता तथा रोचकता आदि के दर्शन बड़ी ही आसानी से हो जाते हैं।

अतः शैली विज्ञान की दृष्टि से आत्मकथा साहित्य अधिक उपादेय है।

(च) स्वतन्त्र विधा : आत्मकथा स्वतन्त्र और नवीन विधा के रूप में आज स्थापित हो चुकी है। आधुनिक युग में इस विधा का पर्याप्त साहित्य उपलब्ध है, जो मात्रा और गुण दोनों ही दृष्टियों से अधिक महत्त्वपूर्ण है। इसी विधा के सहारे आत्मकथाकार अपने जीवन की सच्ची झाँकी प्रस्तुत करने में समर्थ होता है। आज इस विधा ने अपने गुणों के ही कारण इतनी सबलता, मार्मिकता, व्यापकता एवं लोकप्रियता ग्रहण कर लिया है कि अब इसे एक पृथक विधा मानने में किसी भी प्रकार की शंका का जन्म नहीं होता है। आत्मकथा के

अतिरिक्त आधुनिक युग की कुछ अन्य भी विधाएँ हैं जिन्होंने स्वतन्त्र अस्तित्व प्राप्त कर लिया है जैसे-ललित निबन्ध। इस विधा के स्थापक आचार्य हजारी प्रसाद द्विवेदी, विवेकी राय, डॉ. विद्यानिवास मिश्र तथा कुबेरनाथ राय हैं। इस विधा की व्यापकता एवं लोकप्रियता के ही कारण इन ललित निबन्धकारों ने सर्वप्रथम इस विधा को स्वतन्त्र रूप प्रदान किया।

आंचलिक उपन्यास भी आज के युग में स्वतन्त्र विधा के रूप में अपना लिया गया है। इस विधा के संस्थापक वृन्दावनलाल वर्मा, नागार्जुन तथा फणीश्वरनाथ 'रेणु' है। **व्यंग्य** भी सन् 1960 में स्वतन्त्र विधा के रूप में ही अपना ली गयी है क्योंकि इसके माध्यम से समाज का सत्य अप्रत्यक्ष रूप से हमारे समक्ष प्रस्तुत हो जाता है। इसके स्थापक हरिशंकर परसाई, शरद जोशी तथा रवीन्द्रनाथ त्यागी हैं। **बाल साहित्य** भी आज नव्य विधा के रूप में स्वीकृत कर लिया गया है। **नव साक्षर साहित्य** या प्रौढ़ साहित्य ने भी आज के युग में विशेष स्थान का अधिकारी होने के कारण स्वतन्त्र अस्तित्व ग्रहण कर लिया है। विनयमोहन शर्मा और डॉ. लक्ष्मीनारायण दुबे इस साहित्य के विशेष रूप से समर्थक कहे जा सकते हैं। इन्होंने इस साहित्य को भी स्वतन्त्र विधा मानने पर जोर दिया है।

उपर्युक्त स्वातन्त्र्योत्तर स्वतन्त्र विधाओं के प्रस्तुतीकरण के पश्चात् निष्कर्षतः हम कह सकते हैं कि आत्मकथा विधा को भी पूर्णरूपेण स्वतन्त्र विधा के रूप में ही स्वीकार किया गया है तथा इसी रूप में इसकी आराधना भविष्य में भी होती रहेगी।

6. **प्रमुख आत्मकथाकारों का तुलनात्मक अध्ययन :** इस शीर्षक के अन्तर्गत हम दो प्रकार की तुलना का स्पष्टीकरण करेंगे-

1. हिन्दी आत्मकथाकारों की पारस्परिक तुलना।
2. हिन्दी आत्मकथाकारों और पाश्चात्य आत्मकथाकारों का तुलनात्मक अध्ययन।

हिन्दी आत्मकथाकारों की पारस्परिक तुलना–

आत्मकथाकारों की जब हम तुलना करते हैं तो उनके द्वारा व्यक्त की गयी जीवन की घटनाओं में हमें साम्य एवं वैषम्य दोनों ही स्थितियों के दर्शन होते हैं। कुछ आत्मकथाकार अपने जीवन की रोचक घटनाओं को ही कृति की सर्जना हेतु चुनते हैं तथा कुछ आत्मकथाकार नीरस घटनाओं को ही प्रस्तुत करने हेतु आत्मकथा का सृजन करते हैं। उदाहरण के लिए डॉ. श्यामसुन्दर दास और बाबू गुलाबराय दोनों ही आत्मकथाकारों ने अपने विगत जीवन की महत्त्वपूर्ण घटनाओं का वर्णन बड़ी ही ईमानदारी एवं तटस्थता के साथ किया है किन्तु गुलाबराय के गत जीवन की घटनाओं में सरसता एवं रोचकता का प्राधान्य है। उनके जीवन की घटनाओं का पठन करके पाठक एक क्षण के लिए स्वयं को उसी परिस्थिति में पाने लगता है क्योंकि आत्मकथाकार के जीवन की व्यक्त घटनाएँ जनसामान्य के ही जीवन की घटनाएँ होती हैं, इसीलिए पाठक उनसे तादात्म्य स्थापित कर लेता है। डॉ. श्यामसुन्दर दास की आत्मकथा जीवन सत्य के अभिव्यक्तीकरण का आदर्श भले ही हो किन्तु अंग्रेजी के उद्धरणों की अधिकता के कारण सर्वग्राह्य नहीं है। इन्होंने स्वयं के जीवन का वर्णन कम किया है, नागरी प्रचारिणी सभा और काशी का इतिहास अधिक लिखा है जो पाठक के मन को उबाने वाला है। इसके विपरीत गुलाबराय की आत्मकथा 'मेरी असफलताएँ' विषय एवं

शैली दोनों ही दृष्टियों से अधिक लोकप्रिय है। इसी प्रकार जबहम चतुरसेन शास्त्री और वृन्दावनलाल वर्मा की आत्मकथाओं की तुलना करते हैं तो साम्य एवं वैषम्य स्पष्ट परिलक्षित होने लगता है। आकार की दृष्टि से चतुरसेन शास्त्री ने वृहद् आत्मकथा लिखी ई। इसका एकमात्र कारण यह है कि कुछ घटनाएँ तो स्वयं चतुरसेन शास्त्री ने लिखी है तथा उनके ही जीवन की कुछ घटनाओं को उनके अनुज ने लिख दिया है। वृन्दावनलाल वर्मा की आत्मकथा 'अपनी कहानी' स्वयं के द्वारा प्रस्तुत की गयी है इसीलिए अनावश्यक विस्तार नहीं हो पाया है। जहाँ तक विगत की घटनाओं का प्रश्न है, दोनों ही आत्मकथाकारों ने अपने अतीत जीवन की महत्त्वपूर्ण घटनाओं को हमारे समक्ष प्रस्तुत किया है जो प्रेरक तत्त्व का कार्य करने में पूर्ण सफल है।

इसी प्रकार हरिवंशराय बच्चन को यशपाल की आत्मकथाएँ भी स्वातन्त्र्य-पूर्व युग का प्रतिनिधित्व करती हुई परिलक्षित होती हैं। बच्चन ने तीन खण्डों के माध्यम से अपने सम्पूर्ण जीवन का जो कच्चा चिट्ठा प्रस्तुत किया है वह अमूल्य है तथा यशपाल ने भी सिंहावलोकन के चारों खण्डों के सहारे अपने क्रान्तिकारी जीवन का वर्णन उसी रूप में ईमानदारी के साथ किया है। 'बच्चन' की आत्मकथा जहाँ भावनात्मक स्तर की है वहीं यशपाल की आत्मकथा बौद्धिक स्तर की। दोनों ही आत्मकथाएँ अपने युग के दो पहलुओं का पूर्ण प्रतिनिधित्व करती हैं।

इस प्रकार आत्मकथाकारों की पारस्परिक तुलना से उनका व्यक्तित्व और भी अधिक उभरकर हमारे सम्मुख आता है।

हिन्दी आत्मकथाकारों और पाश्चात्य आत्मकथाकारों की तुलना

जब हम हिन्दी आत्मकथाकारों और पाश्चात्य आत्मकथाकारों की तुलना करते हैं तो देखते हैं कि इस नवचेतना के युग में इंग्लैण्ड की परिस्थितियों का अधिक प्रभाव है। इस शताब्दी में भारत के सामाजिक, राजनीतिक तथा अध्यात्मिक और धार्मिक दृष्टिकोण में एक क्रान्तिकारी परिवर्तन आ गया। भारतीय जीवन की प्रत्येक गतिविधी इंग्लैण्ड की विचारधारा से प्रभावित हुई। साहित्य, काव्य, कला आदि पर इंग्लैण्ड की अधिक छाप पड़ी।

आधुनिक आत्मकथा साहित्य ने अंग्रेजी आत्मकथा साहित्य से विशेष रूप से प्रेरणा और पथ-प्रदर्शन प्राप्त किंया है। किपलिंग द्वारा रचित 'समथिंग आफ माइसेल्फ; हैवलोक की आत्मकथा 'माई लाइफ', 'एडवर्ड गिबन की' आटोबायोग्राफी तथा वड्सवर्थ की आत्मकथा अंग्रेजी आत्मकथा साहित्य की निधि है। अपने अतीत जीवन की कमियों को छिपा देने की प्रवृत्ति पाश्चात्य आत्मकथाकारों की प्रमुख विशेषता रही है। इस प्रवृत्ति के दर्शन हमें हिन्दी आत्मकथाकारों में भी होते हैं।

आज हिन्दी में जो आत्मकथाएँ लिखी जा रही हैं उनमें आत्मगोपन की प्रवृत्ति से मुक्ति पाने का सफल प्रयास किया जा रहा है। आज का आत्मकथाकार अपनी कमी और अच्छाई दोनों का ही व्यक्तीकरण करता है। इंग्लैण्ड के गोपन के प्रभाव को आज का आत्मकथा लेखक कम करने में संलग्न है।

वर्तमान युग विवेचनात्मक, वैज्ञानिक और साहित्यिक युग है। अनेक परिस्थितियाँ ऐसी

होती हैं जिनमें मनुष्य का कार्य, स्वभाव और मनोवृत्ति को समझना अत्यन्त कठिन होता है। इस विधा ने इन समस्त कठिनाइयों को कम कर दिया है।

हिन्दी आत्मकथाकारों पर पाश्चात्य आत्मकथाकारों का प्रभाव अवश्य है किन्तु अत्यल्प रूप में हरिवंशराय बच्चन ने जो आत्मकथा (तीन भागों में) लिखी है उसकी प्रेरणा स्रोत पाश्चात्य आत्मकथाएँ ही हैं। प्रारम्भिक अवस्था में ये पाश्चात्य आत्मकथाओं का अध्ययन बड़े ही मनोयोग से किया करते थे। इन आत्मकथाओं ने इनके व्यक्तित्व को इस सीमा तक प्रभावित किया कि ये स्वयं अपने व्यक्तित्व के सम्पूर्ण पक्षों को आत्मकथा के माध्यम से प्रस्तुत करने हेतु अग्रसर हो गये।

इस प्रकार आज हिन्दी आत्मकथा साहित्य की जो समृद्ध परम्परा दृष्टिगोचर होती है, उस पर पाश्चात्य आत्मकथाओं का प्रभाव परिलक्षित होता है। पाश्चात्य आत्मकथाकारों की जो कमियाँ थीं आज उसे हिन्दी आत्मकथाकार दूर करने के प्रयास में लगे हुए हैं।

7. आत्मकथा साहित्य का हिन्दी साहित्य को प्रदेय–

समस्त हिन्दी साहित्य का इतिहास इस नव्य विधा के द्वारा जितना लाभान्वित हुआ है उतना किसी भी अन्य विधा के द्वारा नहीं।

आत्मकथा साहित्य ने हिन्दी साहित्य के इतिहास लेखक को किसी भी कृतिकार के जन्मकाल, जन्मस्थान, सामाजिक, राजनीतिक तथा साहित्यिक व्यक्तित्व को प्रस्तुत करने के लिए मूलस्रोत प्रदान किया है। यह विधा हिन्दी साहित्य को वह सूक्ष्म दृष्टि प्रदान करती है जिसके सहारे इतिहास लेखक उसके बारे में लिख देता है।

हिन्दी साहित्य इसी नव्य विधा से साक्ष्य ग्रहण कर परोक्ष रूप से अपने महत्त्व को प्रस्तुत करता है। आत्मकथा साहित्य हिन्दी साहित्य को मौलिक सामग्री प्रदान करता है जिससे कि इतिहास लेखक किसी के भी विषय में निस्संकोच लेखनी चलाने हेतु अग्रसर हो जाता है।

हिन्दी साहित्य के इतिहास के सृजन में बीतकों का भी महत्त्वपूर्ण स्थान होता है। इतिहास लेखक जब किसी के बीते हुए जीवन से पूर्ण अवगत हो जाता है तो उसे उसके सम्बन्ध में लिखने में किसी प्रकार की कठिनाई नहीं होती है।

इस प्रकार आत्मकथा विधा के द्वारा हिन्दी साहित्य को सम्पूर्णता की उपाधि मिली है। अनेक दृष्टियों से यह विधा हिन्दी साहित्य के इतिहास के लिए लाभकारी है।

इस विधा ने हिन्दी साहित्य को अनेक दृष्टियों से लाभान्वित किया है। यही कारण है कि यह एक स्वतन्त्र विधा के रूप में प्रतिष्ठित है। हिन्दी साहित्य के मर्मज्ञों को प्रेषित प्रश्नावली के उत्तरों से भी यही निष्कर्ष निकलता है जो निम्न प्रकार है–

डॉ. विनयमोहन शर्मा : 'आत्मकथा तो स्वतन्त्र विधा है ही। उसे मान्यता देने में कोई आपत्ति नहीं हो सकती। जहाँ कथा में कल्पना का विशद अंश रहता है, आत्मकथा में कल्पना का प्रवेश उसे आत्मकथा नहीं रहने देगा।

विजयेन्द्र स्नातक : आत्मकथा साहित्य की एक स्वतन्त्र विधा के रूप में स्वीकृत है। मान्यता देने का प्रश्न उस विधा के लिए उठता है जो सर्वथा नयी हो और साहित्य शास्त्र में उसकी चर्चा न हो। आत्मकथा अपने अनेक गुणों के कारण स्वतन्त्र विधा ही बन गयी है।

डॉ. विजयपाल सिंह : आगे चलकर निश्चित रूप से पृथक विधा मानी जायेगी। आज भी मानी जानी चाहिए।

डॉ. विश्वम्भर नाथ उपाध्याय : 'आत्मकथा' स्वतन्त्रविधा है ही, अनेक सफल और आकर्षक आत्मकथाएँ प्रमाण है।

उपर्युक्त विद्वानों ने अपने मतों के द्वारा यह स्पष्ट कर दिया है कि अपने मौलिक गुणों के कारण आत्मकथा आज श्रेष्ठ, स्वतन्त्र विधा के रूप में जानी जाती है।

सम्भावनाएँ : हिन्दी आत्मकथा साहित्य के सम्यक् सिंहावलोकन से यह स्पष्ट हो चुका है कि आत्मकथा विधा एक स्वतन्त्र एवं नीवन विधा है। हिन्दी साहित्येतिहास के अतीत को देखते हुए हम कह सकते हैं कि इस विधा का न्यूनाधिक साहित्य उपलब्ध है। इस विधा में एक ओर स्तरीय लेखकों का प्राचुर्य दृष्टिगोचर होता है तथा दूसरी ओर आत्मकथाएँ क्रमशः तथा उत्तरोत्तर लोकप्रियता भी प्राप्त कर रही हैं।

आज समब के साथ ही हिन्दी की समस्त नव्यतम विधाएँ तीव्र गति से विकास की ओर उन्मुख हो रही हैं, किन्तु यह बात वर्तमान सन्दर्भों में आत्मकथा विधा पर अधिक चरितार्थ नहीं हो रही है। आधुनिक मानव ईमानदारी से अधिक दूर हो गया है, जिससे आत्मकथाओं का सृजन पर्याप्त मात्रा में नहीं हो रहा है। इस सम्बन्ध में डॉ. लक्ष्मीनारायण दूबे का कहना है कि आज का लेखक आत्मकथा लिखने की हिम्मत नहीं करता है क्योंकि वह जानता है कि यदि वह आत्मकथा लिखेगा तो वह उसका अभिनन्दन ग्रन्थ बन जायेगी।

इतना होते हुए भी जो आत्मकथाएँ प्राप्त हैं, वे आत्मकथा का आदर्श प्रस्तुत करने में पूर्ण समर्थ हैं और भविष्य में लिखी जाने वाली आत्मकथाएँ सत्यता, निश्छलता, तटस्थता तथा ईमानदारी का ही परिचय देंगी, ऐसी अपेक्षा की जाती है।

हिन्दी के आत्मकथात्मक साहित्य के लिए एक सम्भावना और की ज.ाती है कि भविष्य में आत्मकथा लेखकों का क्षेत्र भी व्यापक होगा। अब तक समाज में प्रतिष्ठा प्राप्त व्यक्ति ही आत्मकथाएँ लिखते रहे हैं और पाठक भी प्रतिष्ठा प्राप्त व्यक्ति की आत्मकथा का ही पठन करना पसन्द करता था क्योंकि ऐसी धारणा है कि प्रतिष्ठित व्यक्ति की आत्मकथाएँ ही उसे शिक्षा देने में सहायक सिद्ध हो सकेंगी, किन्तु ऐसा नहीं है, कठिनाइयों से गुजरने वाला प्रत्येक व्यक्ति स्तर की आत्मकथाएँ लिख सकता है। भविष्य में सामान्य स्तर का व्यक्ति विशिष्ट स्तर की आत्मकथाएँ लिख सकता है। भविष्य में सामान्य स्तर का व्यक्ति भी जैसे–वेश्याएँ आदि की भी आत्मकथाएँ हिन्दी में विशिष्ट स्थान ग्रहण करेंगी। प्रत्येक वर्ग के व्यक्ति को अपनी कहानी लिखकर अपने ऊपर हँसने के सुखद व दुःखद अवसर प्राप्त ही होना चाहिए।

आज कतिपय आत्मकथाओं में आत्मकथाकार का जो आत्मप्रशंसक रूप पाठक वर्ग के समक्ष आंशिक रूप में आ जाता है, भविष्य में ऐसी अपेक्षा की जाती है कि वह केवल आत्म व्यक्तित्व को ही तटस्थ भाव से समाज के सम्मुख रख देगा प्रशंसा और अपनी कमी का पूरा भार पाठक पर ही सौंप देगा।

अन्य समस्त विधाओं की अपेक्षा यही विधा सत्य के अधिक निकट है और भविष्य में भी रहेगी।

अतएव भविष्य में यदि उपर्युक्त सभी सम्भावनाएँ आत्मकथा साहित्य पर चरितार्थ हो

गयी तो हिन्दी का आत्मकथा साहित्य निश्चय ही पथ के दीपक का कार्य करेगा और साहित्य का स्वरूप उज्ज्वल एवं सर्वोत्तम हो जायेगा।

निष्कर्ष

हिन्दी के आत्मकथात्मक साहित्य का समग्र रूप से विवेचन एवं विश्लेषण करने के पश्चात् हम कतिपय निष्कर्षों की अवधारणा करते हुए कह सकते हैं कि आत्म कथा साहित्य हिन्दी साहित्य की नव्यतम एवं स्वतन्त्र विधा है। यह विधा हमारी उस लालसा को तृप्त करती है जो मनुष्य के चरित्र एवं तत्सम्बन्धी अनुभवों के लिए उत्पन्न होती है। अन्य विधाओं की अपेक्षा आत्मकथा विधा के द्वारा आत्मकथाकार का वास्तविक प्रतिबिम्ब हमारे समक्ष प्रस्तुत हो जाता है। अपनी आत्मकथा के द्वारा आत्मकथा लेखक एक साथ कई प्रयोजनों की सिद्धि कर लेता है। वह अतीत की स्मृतियों को जाग्रत ही नहीं करता अपितु वर्तमान बोध के आलोक में उन्हें परखता भी है।

आत्मकथा एक कलात्मक विधा है क्योंकि आत्मकथाकार वर्तमान बोध के ही आधार पर चुने हुए घटना प्रसंगों में कलात्मक प्रतिभा के बल पर उसे आज के सन्दर्भों में स्थापित करके अपने व्यक्तित्व के विकास की प्रक्रिया को दर्शाता है।

आत्मकथा विधा सत्य के आविष्कार की दृष्टि से अत्यधिक महत्त्वपूर्ण है। सत्य के आविष्कार का तात्पर्य केवल आत्म जीवन के रहस्यों का उद्घाटन ही नहीं होता है अपितु जीवन मूल्यों की विशिष्ट व्यवस्था को प्रस्तुत करना होता है। आत्मकथा के सन्दर्भ में यही विचार सत्य का विचार होता है। जिसके द्वारा किसी भी आत्मकथा का सही मूल्यांकन हो पाता है।

आज जो स्तरीय आत्मकथाएँ लिखी जा रही हैं उनका प्रभाव भावी आत्मकथाकारों पर पड़ेगा। इन्हीं आत्मकथाओं से प्रेरणा प्राप्त कर लेखक स्तरीय आत्मकथाओं के सृजन हेतु अग्रसर होगा, इसमें सन्देह नहीं है।

❑❑